O que estão falando sobre BRUXARIA ELEMENTAL

"Heron Michelle compartilha sua prática pessoal em uma obra que é parte texto de referência, parte guia de estudo e parte roteiro. Praticantes novos e antigos encontrarão um conteúdo rico em informações bem pesquisadas. Como uma bela ponte entre a história da feitiçaria e a aplicação atual, Bruxaria Elemental pode muito bem se tornar a versão do século 21 do *Complete Book of Witchcraft* de Buckland... Você precisa ter!"

— Raina Starr,
anfitriã e produtora de *Desperate House Witches Podcast*

"A Bruxaria Elemental vai muito além do básico dos livros de 'como fazer' sobre Bruxaria. É um livro erudito, que fornece aos praticantes experientes novas ideias e insights para aprofundar sua prática e ensino, e para os recém-chegados oferece uma visão de como a Bruxaria contemporânea pode fornecer um caminho para uma profunda transformação espiritual."

— Dr. Vivianne Crowley,
autora de *Wicca: The Old Religion for the New Millennium*

"Heron Michelle escreve com ousadia e estilo. Ela compartilha uma visão poderosa da Bruxaria que está firmemente enraizada no passado, mas faz parte do presente progressivo. Há algo para cada Bruxa neste livro, não importa seu nível de experiência."

— Jason Mankey,
autor de *The Horned God of the Witches*.

"Bruxaria Elemental é uma obra magnífica, uma análise da Antiga Religião seguindo o caminho dos Elementos... Há uma riqueza de informações aqui, apresentadas com a sagacidade, o charme e a atenção aos detalhes da autora... Este é um livro que você vai ler e reler de novo e de novo."

— Miles Batty,
aft

"No brilhante livro de Heron Michelle, ela apresenta uma fantástica visão geral dos elementos fundamentais desse caminho, combinando a antiga sabedoria do passado com revelação e inovação modernas."
— Mat Auryn,
autor de *Bruxa Psíquica*

"O trabalho de Heron Michelle é uma integração perspicaz de Herméticos e Bruxos em um caminho distinto de Bruxaria. Com os elementos como base e estrutura, o Caminho do Pentáculo revela uma tradição escrita como um todo."
— Canu Nodiad,
Ancião da Wicca Georgiana

"Bruxaria Elemental é um trabalho incrível, dedicado ao treinamento de novas Bruxas, mas também está entre os livros que podem aprofundar uma prática espiritual para qualquer praticante, independentemente da duração do estudo... Este é um estudo de um ano que pode ser repetido nos próximos anos, criando uma conexão mais profunda com o Deus/Deusa e nós mesmos."
— Amy Blackthorn,
autora de *Blackthorn's Botanical Magic*
e dona *Blackthorn's Botanicals*

"Heron Michelle puxa o véu e nos mostra a alma de uma Bruxa... Há força e bondade em suas palavras, Heron transmite um resumo de sua jornada através da magia e seus insights interligados para apresentar uma visão completa e holística de um caminho de feitiçaria... Bruxaria Elemental é talvez o melhor esforço que já vi para condensar a plenitude de uma Tradição vibrante em um volume. Se você fizer o trabalho que o livro sugere, vai encontrar um novo caminho para o coração da Bruxaria."
— Ivo Dominguez Jr.,
autor de *The Four Elements of the Wise*

BRUXARIA ELEMENTAL

UM GUIA PARA VIVER UMA VIDA MÁGICA ATRAVÉS DOS ELEMENTOS

HERON MICHELLE

BRUXARIA ELEMENTAL

UM GUIA PARA VIVER UMA VIDA MÁGICA
ATRAVÉS DOS ELEMENTOS

BRUXARIA ELEMENTAL

Traduzido de: *Elemental Witchcraft: A Guide to Living a Magickal Life Through the Elements*

Direitos autorais © 2021 Heron Michelle | Publicado por Llewellyn Publications

Woodbury, MN 55125 EUA | www.llewellyn.com

© 2022 Editora Nova Senda

Tradução: Renan Papale

Preparação e revisão: Luciana Papale

Diagramação e capa: Décio Lopes

Ilustrações: Heron Michelle, Mickie Mueller e Llewellyn

DADOS INTERNACIONAIS DE CATALOGAÇÃO NA PUBLICAÇÃO (CIP)

Angélica Ilacqua CRB-8/7057

Michelle, Heron

Bruxaria Elemental: um guia para viver uma vida mágica através dos elementos/ Heron Michelle; Tradução de Renan Papale. São Paulo: Editora Nova Senda, 2022. 1ª edição. 480 páginas.

ISBN 978-65-87720-14-2

Título original: *Elemental witchcraft: a guide to living a magickal life through the elements*

1. Wicca   2. Magia   3. Feitiçaria   4. Elementos (quatro)   I. Título

22-5366   CDD 133.43

Índices para catálogo sistemático:
1. Feitiçaria / Wicca

Proibida a reprodução total ou parcial desta obra, de qualquer forma ou por qualquer meio, seja eletrônico ou mecânico, inclusive por meio de processos xerográficos, incluindo ainda o uso da internet sem a permissão expressa da Editora Nova Senda, na pessoa de seu editor (Lei nº 9.610, de 19/02/1998).

Direitos de publicação no Brasil reservados para Editora Nova Senda.

EDITORA NOVA SENDA

Rua Jaboticabal, 698 – Vila Bertioga – São Paulo/SP

CEP 03188-001 | Tel. 11 2609-5787

contato@novasenda.com.br | www.novasenda.com.br

*Dedicado com gratidão ao meu amado L. B.,
minha estrela guia;*

*Para meus filhos Lauren e Nathan,
meu coração e propósito;*

*Para Sondra, Solomon, Linda e Heather Anne,
minha inspiração para viver autenticamente;*

*Para minha Árvore Guardiã, minha Sacerdotisa Álamo Tulipa,
que sob seus ramos esses pensamentos tomaram forma;*

*E para Afrodite e Hermes,
esta oferenda de amor é em sua homenagem.*

Isenção de responsabilidade

Este livro contém sugestões que podem melhorar seu equilíbrio holístico em todos os aspectos do bem-estar: físico, mental, emocional e espiritual. No entanto, essas sugestões não tentam diagnosticar ou prescrever tratamento para qualquer condição. Este sistema espiritual é mais eficaz quando associado aos conselhos de médicos licenciados e profissionais da saúde mental. Sempre tome precauções seguras para queima de velas, cuidado com incêndios. Não ingira preparações à base de plantas sem autorização prévia do seu médico. Nunca ingira óleos essenciais; tome cuidado para diluir adequadamente os óleos essenciais antes de qualquer contato com a pele. Cuidado com os efeitos potencialmente nocivos que alguns materiais vegetais e óleos essenciais podem ter sobre animais domésticos e crianças. A feitiçaria devolve ao indivíduo a responsabilidade de cultivar um equilíbrio saudável; no entanto, ela é praticada por sua conta e risco. À autora e ao editor não cabem qualquer responsabilidade por quaisquer efeitos não intencionais que sua Bruxaria possa incorrer.

Sumário

Prefácio 21

Introdução 27
    Bruxaria Moderna 30
    O Caminho do Pentáculo 31
    O que Esperar deste Livro 33
    Seção Um: Fundamentos da Bruxaria Moderna 35
    Seção Dois: Fundamentos da Magia Elemental 36
    Seção Três: Girando a Roda Através da Bruxaria Elemental 36

SEÇÃO UM: FUNDAMENTOS RELIGIOSOS DA BRUXARIA MODERNA

Capítulo 1: Bruxaria para o Século 21 41
    Pavimentando a Estrada das Bruxas 41
    Buscando o Ser 44
    Definindo o Paganismo 47
    Derrubando as Ortodoxias Invasoras 50
    Ferramentas Elementais para Transformar nossa Cultura 50
    Definindo o Panenteísmo 53
    Definindo a Bruxaria Moderna 56
    O Caminho do Retorno 59
    Bruxaria para o Século 21 60

Capítulo 2: Fundações Herméticas.................................65
    Filosofia Hermética...65
    O Divino Pimandro: Uma Cosmologia Oculta....................67
    Sete Esferas Celestiais Estabelecem a Astrologia..................72
    O Caibalion: Uma Filosofia Hermética..........................74
    Princípios da Bruxaria Hermética Moderna....................81
    Estabelecendo uma Prática de Meditação........................84

Capítulo 3: Tealogia e Ética..87
    A Joia da Divindade da Bruxa.................................87
    Poesia Sagrada da Wicca......................................93
        Credo das Bruxas..94
        A Carga da Deusa
        A Rede Wiccana..97
    Tealogia da Perfeição: Perfeito Amor e Perfeita Confiança..........98
    Quatro Regras para Soberania Pessoal..........................103

Capítulo 4: Tempo Astrológico e a Grande Obra de Magia............113
    O Caminho do Pentáculo: Microcosmo e Macrocosmo..........114
    Definição de Magia..115
    Momento Favorável Através da Astrologia......................116
    A Roda do Ano...118
    Ciclos Estelares: Estrelas do Zodíaco...........................119
    Ciclos Solares: Sabbats do Sol.................................120
    Ciclos Elementais: Caminhos do Pentáculo......................123
    Ciclos Lunares: Esbats da Lua.................................125

SEÇÃO DOIS: MAGIA ELEMENTAL E O EU QUÍNTUPLO

Capítulo 5: Fundamentos Elementais 133
    Forças Elementais da Natureza................................133
    As Quatro Direções Sagradas.................................142
    Pentáculo: a Estrela da Bruxa................................144
    Mapeando os Elementos Dentro dos Três Mundos................148

Capítulo 6: A Joia do Poder da Bruxa 155
    Os Quatro Poderes da Esfinge de Levi 156
    A Faca vai no Copo 162
    A Joia do Poder da Bruxa 163

Capítulo 7: Corpo Energético e o Eu como Pentáculo................ 171
    O Caminho do Pentáculo para o Equilíbrio:
    um Plano de Cinco Pontas 172
    Canal Aberto: Cinco Corpos 176
    Auras, Chacras e Nosso Eu Quíntuplo 179

Capítulo 8: Ferramentas Elementais 191
    Ferramentas do Elemento Terra...............................192
    Ferramentas do Elemento Ar..................................194
    Ferramentas do Elemento Fogo...............................196
    Ferramentas do Elemento Água...............................199
    Preparação de Ferramentas Elementais 200

Capítulo 9: Espaço Sagrado, Vida Sagrada 205
    O Altar da Bruxa 205
    Elementos de Consagração: Sal, Água, Vela, Incenso..............208
    Consagrando seu Altar 210

Capítulo 10: O Templo das Bruxas 219
    A Cruz do Círculo 219
    Técnicas Rituais para Construir o Templo das Bruxas 220
    Desconstruindo o Templo......................................235

Capítulo 11: Preparações Mágicas 239
    Planejando seu Grande Trabalho de Bruxaria Elemental..........240
    Momento Favorável ao Longo da Seção Três....................242
    Noções Básicas de Técnicas Mágickas..........................249
    Fundamentos do Formulário: Herbalismo Mágico................249
    Preparando-se para a Dedicação à Grande Obra 255

SEÇÃO TRÊS: TRILHANDO O CAMINHO DO PENTÁCULO DA BRUXARIA ELEMENTAL

Capítulo 12: O Elemento Terra e o Caminho da Soberania 265
    A Grande Obra: Roda do Ano 265
    Mistérios do Elemento Terra 267
    A Joia do Poder da Bruxa: Silenciar, Calar 268
    A Joia do Poder da Bruxa: Ressoar, Emitir.....................269
    O Caminho da Soberania 271
    Formulário para o Elemento Terra 278
    Viagem aos Reinos da Terra 283
    Magia da Soberania 292

Capítulo 13: O Elemento Ar e o Caminho da Verdade 297
    A Grande Obra: Roda do Ano 297
    Mistérios do Elemento Ar....................................299
    A Joia do Poder da Bruxa: Conhecer, Aprender 300
    A Joia do Poder da Bruxa: Questionar, Dúvidar 300
    O Caminho da Verdade......................................301
    Formulário para o Elemento Ar...............................311
    Viagem aos Reinos do Elemento Ar 316
    Magia da Verdade...324

Capítulo 14: O Elemento Fogo e o Caminho do Poder 337
    A Grande Obra: Roda do Ano 337
    Mistérios do Elemento Fogo. 339
    A Joia do Poder da Bruxa: Vontade, Desejo 340
    A Joia do Poder da Bruxa: Render-se, Entregar-se 341
    O Caminho do Poder. 342
    O Chacra do Plexo Solar: Missão Sagrada 349
    Formulário para o Elemento Fogo. 356
    Viagem aos Reinos de Fogo 361
    Magia da Vontade. 370

Capítulo 15: O Elemento Água e o Caminho do Amor 379
    A Grande Obra: Roda do Ano 379
    Mistérios do Elemento Água 381
    A Joia do Poder da Bruxa: Ousar, Desafiar. 382
    A Joia do Poder da Bruxa: Aceitar, Permitir. 383
    O Caminho do Amor. 384
    Formulário para o Elemento Água 393
    Viagem aos Reinos da Água 400
    Magia do Amor. 409

Capítulo 16: Quintessência do Espírito e o Caminho da Conclusão 421
    A Grande Obra: Conclusão da Roda do Ano. 421
    Mistérios da Quintessência. 422
    A Joia do Poder da Bruxa: Espírito como Yin e Yang 423
    O Caminho da Conclusão. 428
    Consagração das Ferramentas do Altar 433
    Formulário para o Espírito como Deus/Deusa 438
    Viagem aos Reinos do Espírito. 443
    A Magia da Conclusão. 452

Capítulo 17: O Caminho do Retorno............................. 463
Conclusão... 467
Agradecimentos.. 469
Glossário.. 471
Leitura adicional... 479

Exercícios, Feitiços, Rituais e Meditações

CAPÍTULO 1
Reflexão do Diário: Registros Diários 63

CAPÍTULO 2
Meditação 1: A sala de meditação dentro de sua mente 85

CAPÍTULO 3
Relaxamento da Respiração Prânica. 110

CAPÍTULO 6
Meditação 3: Árvore Axis Mundi: Respiração através dos elementos 166

CAPÍTULO 7
Meditação 4: Equilíbrio dos Chacras Através dos Poderes do Pentáculo . . 186

CAPÍTULO 9
Ritual 1: Construindo um Altar Pessoal com Consagração 214

CAPÍTULO 10
Ritual 2: Construindo o Templo de uma Bruxa 224
Reflexão do Diário: Criação do Templo. 238

CAPÍTULO 11
Exercício 1: Planejando seu ano de estudo 240
Exercício 2: Criando e Dedicando sua Vela de Santuário 256
Ritual 3: Rito de Dedicação ao Caminho do Pentáculo
e Construção de um Templo Astral 258
Reflexão do Diário: Declaração de Intenção 262

CAPÍTULO 12

Exercício 3: Mapeamento da Soberania..............................273
Exercício 4: Construindo um Caráter Forte..........................275
Exercício 5: Elaboração do Formulário da Terra....................280
Incenso do Elemento Terra – Magia Planetária da Terra..............281
Óleo de Unção do Elemento Terra...................................282
Vela do Elemento Terra..282
Ritual 4: Templo do Elemento Terra................................284
Meditação 5: Viagem Guiada aos Reinos da Terra....................286
Feitiço 1: Eu Sou a Magia...292
Reflexão do Diário: o Caminho da Soberania........................296

CAPÍTULO 13

Exercício 6: Respondendo à Dissonância Cognitiva em Doze Passos.....305
Exercício 7: Internalizando seu Locus de Controle..................308
Exercício 8: Elaboração do Formulário do Ar.......................312
Incenso do Elemento Ar – Magia Planetária de Mercúrio..............313
Óleo de Unção do Elemento Ar......................................314
Vela do Elemento Ar...315
Ritual 5: Templo do Elemento Ar...................................316
Meditação 6: Viagem Guiada aos Reinos do Ar.......................319
Feitiço 2: Pote de Acerto de Contas de Saturno....................324
Feitiço 3: Pote da Verdade de Mercúrio............................329
Reflexão do Diário: O Caminho da Verdade..........................334

CAPÍTULO 14

Exercício 9: Reflexão de Poder....................................344
Exercício 10: Missão Sagrada e seu Retorno de Saturno.............350
Exercício 11: Elaboração do Fomulário do Fogo.....................358
Incenso do Elemento Fogo – Magia Planetária de Marte e do Sol.....359
Óleo de Unção do Elemento Fogo....................................360
Vela do Elemento Fogo...360
Ritual 6: Templo do Elemento Fogo.................................362
Meditação 7: Viagem Guiada aos Reinos do Fogo.....................364

Feitiço 4: Escudo de Marte..........370
Reflexão do Diário: O Caminho do Poder..........376

CAPÍTULO 15
Exercício 12: Consertando o Cálice Quebrado..........388
Exercício 13: Elaboração do Formulário da Água..........395
Incenso do Elemento Água – Magia planetária da Lua..........396
Óleo de Unção do Elemento Água..........397
Vela do Elemento Água..........397
Ritual 7: Templo do Elemento Água..........401
Meditação 8: Viagem Guiada aos Reinos da Água..........403
Sachê de Banho de Purificação Emocional..........409
Manteiga Corporal "Triunfo do Coração"..........410
Feitiço 5: Curando o Coração Ferido na Lua Negra..........412
Feitiço 6: Coração da Totalidade na Lua Cheia..........415
Reflexão do Diário: O Caminho do Amor..........418

CAPÍTULO 16
Exercício 14: Equilibrando Deus/Deusa Interior..........430
O Banquete Simples — Grande Rito Simbólico..........431
Ritual 8: Consagração das Ferramentas Elementais..........433
Exercício 15: Elaboração do Formulário do Espírito..........440
Incenso do Espírito..........440
Óleo de Unção do Espírito..........441
Velas de Santuário Deus/Deusa..........442
Ritual 9: Templo Espiritual da Deusa e Deus..........444
Meditação 9: Viagem Guiada para Encontrar Deusa e Deus..........446
Banquete Simples: Cerimônia do Grande Rito Simbólico..........450
Exercício 16: Fortalecendo a Deusa – *Anima*..........453
Exercício 17: Fortalecendo o Deus – *Animus*..........455
Exercício 18: A Joia do Poder da Bruxa – Leitura de Tarô..........458
Reflexão do Diário: O Caminho da Conclusão..........461

Prefácio

Fui apresentado a Heron Michelle quando ela participou de um grupo de estudo para um dos meus livros, *Wicca: Another Year and A Day,* isso já tem vários anos. Lembro-me de ter pensado o quanto ela era tímida e ficava sempre deslocada. Quando contribuía à Arte, fazia super humildemente. Por causa disso, poucos de nós naquele grupo testemunharam seu brilhantismo integrador. Só fui descobrir um ano depois que Heron era uma colaboradora do Patheos, onde ela forneceu insights inteligentes e escaldantes.

Quando considerado sob o pano de fundo histórico do que antes era esperado e aceitável no caminho, às vezes excessivamente tradicional, da Wicca, alguns veteranos na Arte podem ter considerado suas ofertas modernas como um excesso radical e provocativo. Nem um pouco. Em minha opinião, Heron, com seus esforços, está muito empenhada em nos atualizar.

Quando comecei a escrever, fiz isso para cumprir minha obrigação para com os Deuses e para com aqueles que me ensinaram. Depois de revisar seu livro inaugural, *Bruxaria Elemental*, posso ver esse mesmo impulso levando Heron para frente. Temos sorte de hoje a autora ter compartilhado generosamente seus tesouros conosco, desenterrados por ela durante sua jornada bastante pessoal e heroica. A partir disso, ela trouxe de volta um roteiro que todos podemos seguir, destinado a nos levar cada vez mais perto do empoderamento mágico.

Escrevi meus primeiros livros durante a última parte do século 20. Havia telefones celulares, mas eram grandes e desajeitados, reservados para pessoas sobre as quais não gostávamos de falar. A internet ainda era pouco mais do que uma novidade. Foi uma época em que a disseminação de informações sobre feitiçaria, tradição e costumes mágicos era um assunto pessoal, feito sob circunstâncias muito específicas.

Foi-se o tempo em que haviam regras muito rígidas na Wicca, e tínhamos que segui-las. As partes que compartilhavam informações tinham que ser iniciadas na Arte e serem "devidamente preparadas" por meio de métodos mágicos. Havia necessidade também de ser traçado um Círculo Mágico. Isso tudo teve um avanço rápido nos últimos trinta anos, quando quase todos os autores pagãos e eu oferecemos instruções e orientações on-line para iniciados e não iniciados. Uma experiência muito diferente, de qualquer forma.

Mas essas diferenças foram necessárias para que as tradições mágicas da Wicca e da Bruxaria prosperassem em meio a uma nova geração de buscadores, muitos dos quais nada sabiam daquele mundo quase "bárbaro" pré-internet. As formas tradicionais de transmitir métodos mágicos mudaram para serem relevantes. Hoje em dia, estar "preparado adequadamente" significa quase a mesma coisa que ter um laptop e um bom sinal de Wi-Fi.

Antes de os leitores mergulharem na oferta abrangente que Heron nos traz, acho que vale a pena que façam uma pausa para entender o contexto da transição da Wicca de uma prática guardada e secreta para uma que prolifera no ciberespaço, como "cogumelos mágicos", e que contribuiu, em parte, para compor o livro que você tem agora em suas mãos.

Na década de 1980, quando fui formalmente iniciado, os Wiccanianos americanos mal haviam começado a adotar a ética do "faça você mesmo". Ainda havia fundamentos muito tradicionais que era preciso observar para que os outros que já trilhavam esse caminho o considerassem "legítimo". Mas às escondidas, muitos praticantes estavam explorando e expandindo o que sabiam. Era uma coisa ousada de se fazer, dado a constante averiguação de colegas iniciados que eram um pouco como espiões e se sentiam no direito de denunciar qualquer um que se desviasse da estrita adesão aos velhos costumes.

Os fundadores da Wicca Tradicional Britânica – Gerald Gardner, Doreen Valiente e, segundo muitos relatos, o ocultista inglês Aleister Crowley – nem se quer imaginavam nenhum dos avanços sociais ou tecnológicos das últimas décadas, ao remexer seus Caldeirões para criar a Tradição Wicca, na década de 1940 e início dos anos de 1950. Mas quando Raymond Buckland, dentre outros, levaram a Wicca para os Estados Unidos, eles o fizeram durante o alvorecer da Era de Aquário.

A revolução cultural da década de 1960 foi, em sua essência, um repúdio (ou pelo menos uma reimaginação) das tradições e valores que sustentavam o tecido social da América. Os jovens de todos os lugares estavam destruindo as formas conhecidas de costumes, cultura e crenças, não porque não tivessem mais valor, mas por tentar desenterrar qualquer coisa que impedisse o potencial e a liberdade de todo ser humano. Todas as ideias sociais, culturais e religiosas eram forragem para desconstrução e reintegração. E bem na hora, quase tão simbólico quanto os elementos de um sonho freudiano, a própria Lua – uma vez divindade e esfera de veneração – torna-se um lugar para os humanos pisarem e explorarem.

Em seu livro *The Religious Crisis of the 1960s*, Hugh McLeod observa que o período de 1958 a 1975 marcou uma mudança explosiva no pensamento religioso, fomentada por uma onda de reexame político, secular e teológico. A revolução social e espiritual produziu uma ruptura nas tradições tão profunda quanto a provocada pela Reforma. Essas mesmas forças afetaram a maneira como as pessoas abordavam Tradições como a Wicca e a Bruxaria em geral.

Vale a pena mencionar novamente, que sempre houve tradicionalistas *"hardcore"* dentro das fileiras da Wicca, que parecem se envolver com um processo espiritual pagão com uma ética que lembra o fundamentalismo cristão ocidental. Todas as formas de fundamentalismo se tornam obsessivas e muitas vezes superestimada pela preservação histórica. Essa abordagem pode ser necessária para desenvolver um livro de história ou de ciência – realizar algum trabalho com base em fatos verificáveis, conclusões lógicas e resultados mensuráveis. No entanto, quando empreendemos uma jornada espiritual, como a que Heron prescreve, precisamos aquiescer a um processo e a uma linguagem de símbolos, poesia e energia. Precisamos entender o que os símbolos significam, em vez de considerá-los somente pelo seu valor nominal.

As décadas anteriores de revoluções e revelações haviam feito sua mágica majoritariamente na época de minha iniciação na Wicca Gardneriana. Uma boa parte dos iniciados da American Craft (pelo menos na Califórnia hippie) buscava práticas que orientassem sua jornada pessoal, levassem ao crescimento, à cura, à expansão de consciência ou simplesmente os ajudassem a viver uma vida com sanidade. As pessoas não queriam fazer um círculo, moer ervas, acender uma vela, tocar um sino e chamar isso de "espiritualidade".

No Coven Gardneriano de Los Angeles, chamado *Oruborus et Ova*, nossa Sacerdotisa iniciadora fez do cultivo de estudos complementares que enriqueceram a compreensão Wiccana, um pré-requisito para a elevação ao Segundo e Terceiro graus da Arte. Nada daquilo que Gerald Gardner exigia de seus Iniciados, até onde eu sei. Mas era um requisito inteligente.

Com esse sinal verde, nossos membros do Coven começaram a ler o mitólogo Joseph Campbell e o psicólogo Carl Jung, e também Marija Gimbutas, o antropólogo cultural Michael Harner, Wade Davis, Bruno Bettelheim e Carlos Castaneda. Fomos a círculos de tambor e de dança africanos. Participamos de cerimônias de Santeria. Dois de nós nos formamos e fizemos mestrados; o meu foi em psicologia clínica. A base sobre a qual desenvolvi minha gnose pessoal decorreu de um requisito do nosso professor e incluiu diversas fontes, como o druidismo moderno, a Magia Cerimonial, as práticas xamânicas-extáticas e o misticismo oriental.

Ao mesmo tempo, escritoras como Starhawk apontaram de que maneira o feminismo, a ecologia e a política se encaixaram nessa mistura mágica, formando as práticas de feitiçaria. A dançarina e musicista Gabrielle Roth, mostrou-nos como alcançar o reino do êxtase na vida urbana. Cerimonialistas célebres, como o autor Lon Milo DuQuette, confirmaram inflexivelmente que a magia era arte, não ciência. A Arte não era mais composta apenas por pessoas que procuravam por "fórmulas secretas" ocultas e restritas. A Bruxaria se tornou um caminho holístico genuíno, que se expandiu em todos os aspectos da vida.

Aqui estamos na segunda década do novo século, e chegamos à *Bruxaria Elemental* de Heron Michelle – um livro que me permite saber que todos os meus esforços e riscos continuarão. Eu vejo que Heron pegou esse bastão e incitará ainda mais os mais novos participantes da Wicca a se envolverem no caminho como uma jornada espiritual transformadora. Ela está abrindo uma grande limusine enfeitada, escancarando a porta e convidando todos nós para um grande passeio. Mas nem todo mundo quer esse tipo de passeio, e ninguém precisa de uma Jacuzzi no porta-malas de um carro. E tudo bem. Ainda há espaço suficiente para todos neste caminho de "faça você mesmo". Encontre sua própria aventura.

Heron entendeu (e nos permite saber) que, embora a Wicca iniciática tenha seu lugar, este não é o único lugar. As pessoas que estão começando neste caminho – e mesmo aquelas que fazem isso há muito tempo – não precisam se preocupar se estão fazendo algo "errado" por não ter uma Iniciação ou um Coven para autenticar suas experiências e sua jornada.

Heron seguiu a liderança de muitos outros pioneiros, extraída de inúmeras fontes, tão vastas e díspares quanto o *Tao-te Ching* e os antigos tratados alquímicos. A autora anuncia suas escolhas ecléticas e junta-as para o leitor de uma maneira que ilustra seus princípios subjacentes e defende essas escolhas com nenhum sussurro de autoconsciência. Graças aos Deuses. Na verdade, ela os faz vibrar com força vital. Como disse Joseph Campbell, um herói deve aparecer de vez em quando para renovar a palavra. Ensinar com a autoridade do fogo que arde em seu ventre, no chacra do Plexo Solar (ou em qualquer outro chacra que você quiser) e nos mostrar todo o caminho. Entra Heron!

Com sua visão clara do futuro da Bruxaria, Heron anuncia do alto da montanha que não vai ficar presa no concreto das formas e práticas tradicionais. Ela alcança o vasto desconhecido e ajuda você a evocar seu Eu autêntico. E evoca os recursos mais profundos da sua mente, corpo e espírito, ajudando-o a saber que, cada ação que você realiza, tem um significado. Ela dá permissão para encontrar o Espírito no comum. E quando vamos procurá-lo aqui mesmo, sob nossos próprios pés, descobrimos, assim como Dorothy – que esteve na fazenda o tempo todo –, que não há lugar como o nosso lar.

— Timothy Roderick, Junho de 2021, Los Angeles.

Introdução

Considero este Caminho do Pentáculo que percorro uma forma de feitiçaria panenteísta, neopagã, hermética, moderna. É um sincretismo nascido das várias influências que tive em minha vida, incluindo um estudo comparativo aprofundado de antropologia e religião, e ainda toda magia que encontro nas raízes mais profundas deste Planeta Terra. Fui criada principalmente em Taylors, Carolina do Sul, onde minha mãe nos levava três vezes por semana para diversas igrejas cristãs, evangélicas, conservadoras, intolerantes, que pregavam desde o fogo do inferno e o enxofre, ao "temor e a admoestação do Senhor". No entanto, dos nove aos doze anos, o trabalho de meu pai nos levou para Jeddah, na Arábia Saudita, que é uma teocracia islâmica e fica a apenas trinta minutos de carro da cidade sagrada de Meca. Apesar da estranheza que isso possa causar, desfrutei de um lar amoroso, cheio de aventuras internacionais e experiências reveladoras. Com o tempo, abandonei as restrições religiosas da minha juventude para me tornar uma Bruxa e Sacerdotisa por conta própria.

Quando criança, sempre me senti... diferente... como uma observadora alienígena vestindo uma roupa de carne humana. Guardei memórias da minha vida e morte passadas mais recentes. Lembrei-me de *flashbacks* do tipo TEPT (transtorno de estresse pós-traumático) sendo um Soldado do Exército dos EUA, lutando e morrendo na França durante a Primeira Guerra Mundial. Quando você é criança, é difícil saber que sua maneira de perceber o mundo é diferente de como as outras pessoas o percebem. Em retrospectiva, eu tinha uma habilidade natural para o psiquismo clarividente. Vivi tão intensamente cada momento desse *déjà vu*, que eu mal sabia se estava vendo o passado, o presente ou o futuro. Eu podia ver a energia fluindo como luz colorida dentro e ao redor de tudo. Na cama, à noite, eu brincava de mover os fluxos das cores com minha mente, girando-as em padrões. Da mesma maneira pude ver auras de luz ao redor de pessoas e de outros seres vivos. Eu as chamava de *halos*, e por esse halo eu conhecia seu humor e suas emoções. Mal sabia eu que levaria até meus quarenta e poucos anos para entender que essa hiperconsciência, hipersensação, hiperfoco, hipercomunicação eram o "H" na minha neurodivergência, que é conhecida como o TDAH (transtorno de déficit de atenção/hiperatividade) se expressa em mulheres cisgênero (Cis, é um termo utilizado para se referir ao indivíduo que se identifica, em todos os aspectos, com o seu "gênero de nascença").

Passei minha infância vagando pela floresta, subindo em árvores, atravessando riachos, acendendo fogueiras ilícitas e sonhando com a Lua. As árvores do meu bairro eram minhas amigas, e a interconexão que eu sentia com a floresta era como se fosse minha família. Por mais estranha que eu soubesse ser, comparativamente falando, nunca me senti realmente sozinha em minha floresta. Não como a disparidade desesperada que senti enquanto estava dentro da igreja da minha mãe. Essa dissonância me levou a uma profunda depressão pré-adolescente e a crises existenciais por rejeitar inteiramente a religião da minha família.

A noite mais importante da minha vida aconteceu quando eu tinha cerca de treze anos. Em uma noite de lua cheia particularmente brilhante, fui despertada para uma divindade muito diferente daquela que eu estava questionando na escola dominical. Eu chamo isso de meu "momento sarça ardente", meu "despertar", quando eu realmente podia ouvir o coro da divindade cantando ao luar, encorajando-me a seguir em frente para cumprir meu destino ao longo de um tipo diferente de caminho espiritual.

Em 1992, quando completei dezoito anos, encontrei meu lar espiritual nos primeiros livros sobre a religião da Deusa, a Wicca. Por dez anos eu escondi meu interesse e fiquei intimidada demais para me aventurar além das capas de livros como este. Aos 28 anos, durante meu primeiro Retorno de Saturno, dei à luz meu primeiro filho, e a própria Grande Deusa apareceu em uma visão clarividente como minha parteira. O parto foi uma iniciação cataclísmica! Entre uma memória e outra, esbarrei momentaneamente no êxtase unificado da criação. Minha chama interior de Bruxa, totalmente inflamada em um inferno de propósitos sagrados, não poderia mais ser apagada. Desde então, tenho sido uma Bruxa em chamas. A partir daquele momento comovente de lucidez, dediquei-me a explorar os mistérios, ensinar feitiçaria, organizar ações comunitária e, eventualmente, aventurei-me a abrir uma livraria neopagã e também uma loja de suprimentos espirituais, chamada *The Sojourner Whole Earth Provisions*.

Na The Sojourner, criamos um espaço sagrado como um refúgio pagão acessível ao público em plena luz do dia de Greenville, Carolina do Norte. Ao longo de uma década de magia realizada em nossa sala de aula desde então, o Sojo Circle Coven entrou em forma e eu tive a honra de ser eleita a Alta Sacerdotisa fundadora daquele grupo. No decorrer desse caminho, fui sintonizada ao nível de mestre na linhagem Lotus Blossom de Usui Reiki, um método de cura natural. Também obtive proficiência no sistema de adivinhação das cartas do Tarô de Thoth e ofereço consultas e recuperação de vidas passadas para outras pessoas. Em 2015, fiz votos como Sacerdotisa e respondi ao chamado a serviço da humanidade por Afrodite, Deusa do amor, da graça e da beleza, e por Hermes, o Deus da sabedoria, da magia e da comunicação. Comprometi-me a compartilhar sua mensagem de Amor Divino por meio da minha escrita. O que nos traz a este momento propício, nestas páginas, e ao cumprimento de sua missão.

Conto minha história para transmitir a todos que, a Bruxa que hoje sou, é resultado de uma aspiração determinada, seguindo as migalhas da orientação divina ao longo de um caminho autoiniciatório. Qualquer experiência que eu possa ter é resultado de parcerias de base e autorrealização. Não posso me gabar de nenhuma iniciação de feitiçaria concedida por linhagens bem conceituadas, apesar do meu respeito por esses tipos de credenciais. Mas apreciei a orientação de várias Bruxas notáveis, a quem devo muita gratidão por conversas profundas, convites para seus rituais públicos e por seus trabalhos escritos. Embora eu não tenha tido acesso a materiais Wiccanianos "mediante juramento", também não tenho segredos para guardar. Eu continuei aparecendo na encruzilhada da magia para fazer muito trabalho duro, questionar e aprender por conta própria. Como uma exploradora do oculto, mapeei meu caminho até aqui. E estar aqui é muito bom. Essa é a minha instrução resumida da Bruxaria que posso compartilhar.

Com mil atos de teimosia, as Bruxas buscam um relacionamento com o Deus/Deusa que acena das margens selvagens da Natureza. E a Natureza é nossa melhor instrutora, com lições cantadas como brisas através de galhos, de raios de luar, fogo fumegante e chuva torrencial. Todas as Bruxas em nosso Coven de autoiniciação continuaram girando a roda sagrada dos Sabbats e buscando inspiração divina. Então fizemos coisas inspiradoras e comparamos notas sobre o que descobrimos. Não que fosse fácil ou mais correto seguir o Caminho da Autoiniciação, mas funcionou bem para mim. O Grande Deus/ Deusa nunca falhou em entregar.

Bruxaria Moderna

Por minha definição, entendo que a Bruxaria Moderna é um Caminho de Sabedoria. Esse caminho enfatiza uma nova forma radical de Soberania pessoal, busca da verdade, empoderamento e responsabilidade que se ergue orgulhosamente sobre os fundamentos culturais e religiosos de nossos ancestrais. No entanto, criamos uma conexão significativa com a Natureza que vai servir para o nosso futuro.

A Bruxaria Moderna também é uma espiritualidade que combina conhecimento científico e misticismo antigo, com o objetivo de evoluir além das armadilhas de outras religiões. Trabalhamos para vencer os medos que impulsionam a superstição e para criar um novo modo de ser que traga cura, paz e equilíbrio ao buscador. Esforçamo-nos para criar um modo de vida saudável neste mundo moderno e louco da qual possamos desfrutar. A Bruxaria Moderna fornece uma lente que nos possibilita manter uma perspectiva equilibrada, oferecendo uma estrutura pela qual podemos processar os desafios da vida e crescer com graça.

Trilhar o Caminho das Bruxas é muito parecido com uma dança ao ritmo da Natureza. Nós nos movemos através da dança em parceria com o Deus/ Deusa. Às vezes é uma valsa; outras vezes uma rodinha punk, mas a Arte nos ensina a amarrar nossas botas de combate e se jogar de vez.

A maneira pela qual este livro compartilha a Bruxaria Moderna é uma forma recuperada da religião neopagã. Especificamente, um "panenteísmo" influenciado pela filosofia greco-egípcia, conhecida como hermética. É também um sistema mágico oculto emergente dentro das Tradições Esotéricas Ocidentais: Filosofia Neoplatônica, Alquimia Hermética, Ordem Rosacruz, Teosofia, Maçonaria, Teurgia, Cabala, Astrologia, Cartas de Tarô, Ioga, Sistemas de Chacras, Wicca, Novo Pensamento, Nova Era, Metafísica e Psicologia. Todas essas escolas e sistemas de mistérios codificam o percurso pela qual vamos buscar nosso caminho de volta à união com o Espírito. Todos os caminhos aplicaram estruturas poéticas e desenvolveram técnicas de meditação, cerimônia e truques da mente, para que pessoas de consciência e percepção excepcionais pudessem lidar melhor com a vida. Fazer uma compostagem básica, por exemplo, é uma das formas místicas aplicadas de psicoterapia. A Bruxaria Moderna pode ser uma nova muda dentro desta nobre floresta, mas suas raízes extraem nutrientes daquele solo fértil e então se inclina esperançosamente para uma nova luz. Apesar das fontes antigas, a Cosmologia e o paradigma Hermético se alinham facilmente com os avanços nas descobertas científicas e ainda fornecem uma estrutura naturalmente progressiva, ecologicamente sustentável, culturalmente transformadora e radicalmente inclusiva com a qual evoluímos para um século 21 globalmente consciente.

O Caminho do Pentáculo

Passei a chamar esse estilo particular de feitiçaria, que se aglutinou ao longo de uma década de prática e ensino de Coven, como "o Caminho do Pentáculo da Bruxaria Moderna". Um benefício de compartilhar a Bruxaria com as mais diversas pessoas é que você começa a perceber como as marés universais fluem e diminuem ao longo da vida. Padrões óbvios se formam, simplificando o entendimento de uma Bruxa ao longo do tempo. O que parece tão aleatório e caótico no início, acaba se tornando uma elegância simples.

Lembre-se, este Caminho do Pentáculo nem sempre é um tango através das flores ao luar; às vezes somos arrastados pela nuca, gritando, em meio a alguma vegetação perversamente espinhosa. O caminho que uma Bruxa trilha ziguezagueia através da luz do sol e da sombra, êxtase e agonia, beleza e horror, ganho e perda. Trilhar propositalmente o Caminho da Bruxa com sensibilidade não é fácil. Nosso ser é desafiador, mas nosso trabalho é necessário, e sou grata por você estar aqui.

A feitiçaria é um conjunto de habilidades que qualquer um pode empregar, mas penso na Bruxaria como uma orientação espiritual. A essência de uma verdadeira Bruxa está apenas codificada em nossos ossos. Uma vez que nossa chama de Bruxa se acenda totalmente, o desejo por uma existência significativa grita de nossas profundezas e não pode ser reprimido. O espírito se agita incansavelmente dentro de nós, sentido como nosso anseios mais profundos de interconexão. Memórias de êxtase divino e encantamento borbulham por todas as rachaduras; entre...

Uma vez que uma Bruxa voluntariamente coloca os pés no Caminho do Pentáculo, percebemos que sempre estivemos aqui. Agora carregamos a tocha de nossa Vontade Divina para iluminar o caminho. Nenhuma vida é sem luta, mas pelo menos reconhecemos isso! A Bruxaria nos oferece métodos para lidar com os desafios da vida de forma eficaz, enquanto celebra propositadamente a alegria e o triunfo em todas as ocasiões possíveis.

A primeira lição da Bruxaria que quero transmitir é esta: a totalidade do Cosmos natural, e toda a vida dentro dele, é sagrada, incluindo você. Viver é adorar essa sacralidade. Não há distinção entre o sagrado e o mundano. Cada ato, seja uma cerimônia no altar-mor, preparar uma refeição, limpar a gaveta de tralhas ou dar uma festa de Natal, são todos atos de magia. Somos encarregados de "beber o bom vinho para os Deuses Antigos, e dançar e fazer amor em seu louvor"[1]. Nosso dever sagrado é desfrutar desta vida que nos é dada.

Eu o chamo de Caminho do Pentáculo, porque assim como desenhar a estrela de cinco pontas em uma série contínua de linhas iguais, o caminho que uma Bruxa trilha faz paradas programadas regularmente através dos mistérios elementais e divinos. Esses mistérios são mapeados para o ciclo ritual neopagão de oito feriados solares, que chamamos de Roda do Ano. Dessa forma, à medida que giramos a roda, permanecemos atentos às lições elementais em um contexto mais amplo. As marés elementais, lunares e solares são celebradas como um padrão entrelaçado contra o pano de fundo do Cosmos estrelado. A vida se torna um sigilo mágico de equilíbrio, poder e proteção que incorporamos com a prática de nossos rituais.

Esta Bruxaria fornece uma estrutura prática e adaptável por meio da qual desfrutamos de nossa encarnação aqui na Terra. Ao se conectar com a Natureza, uma Bruxa alinha regularmente seu espírito individual, sua mente, vontade, coração e corpo com o Espírito transcendental do Deus/Deusa. Na interconexão quíntupla, despertamos para sua Mente Divina, sua Vontade Divina e seu Amor Divino. Lembre-se de que nossos corpos são divinos! Isso não soa nada assustador! Mas por onde começar?

O provérbio chinês do *Tao-te Ching* aconselha sabiamente: "A jornada de mil milhas começa sob os pés".[2] Em outras palavras, junte seu bom senso e ataque de onde quer que você esteja agora. A primeira e mais duradoura lição da Bruxaria começa por nos tornarmos totalmente presente exatamente onde

---

1. Doreen Valiente, "The Charge of the Goddess" em *The Charge of the Goddess: Expanded Edition with New and Previously Unpublished Poems* (Fundação Doreen Valiente, 2014), 1921.
2. Ralph Keyes, *The Quote Verifier: Who Said What, Where, and When* (New York: St. Martin's Griffin, 2006), 107. Constantemente atribuído ao Lao Tzu.

vivemos: no Planeta Terra, nestes lindos corpos mágicos e durante estes tempos bizarros. Para explorar completamente como todos nós estamos espiritualmente interconectados, começaremos com as lições alquímicas ensinadas a nós pelos elementos Ar, Fogo, Água, Terra e Espírito.

Os seres humanos são o Pentagrama encarnado. À medida que nos engajamos na práxis da Bruxaria Elemental, equilibramos e alinhamos com sucesso essas energias em nós mesmos, o que revela a própria encruzilhada da magia em nosso núcleo. Seu poder, o Templo da Divindade, o controle sobre sua vida e o Deus/Deusa que você procura nunca estiveram "lá fora". Estes sempre estiveram no centro do seu ser. O poema litúrgico da Wicca, conhecido como "A Carga da Deusa" nos assegura: "se o que procura, não encontra dentro de você, nunca o encontrará fora. Pois eis que estou contigo desde o princípio; e eu sou aquilo que se alcança no fim do desejo"[3].

O que Esperar deste Livro

A herança da sabedoria oculta é uma integração de pensamento e prática do Oriente e do Ocidente que realmente não conhece fronteiras. Às vezes, a Wicca é confundida como sendo exclusivamente derivada das culturas pagãs europeias e britânicas. No entanto, ela também tem muitas influências africanas, do Oriente Médio e do Leste e do Sudeste Asiático. A Bruxaria Moderna oferecida nestas páginas é eclética, sincrética, feminista interseccional, progressista, igualitária e radicalmente inclusiva. Reconcilia o paradoxo divino: em Espírito somos um; no entanto, na família do Deus/Deusa todas as diversas distinções que trazemos para a festa são um presente sagrado que estamos aqui para celebrar plenamente. Essas ferramentas espirituais são oferecidas como um meio de transformar nossa cultura, corrigir nosso curso humano e resolver os problemas que enfrentamos no século 21.

A Bruxaria Elemental estabelece uma base para uma prática mágica com o objetivo de descobrir quem somos como indivíduos e onde nos encaixamos no esquema cósmico das coisas. Descobrimos o que é "verdadeiro", recalibramos nossa bússola moral, estabelecemos a Soberania pessoal, internalizamos nossa fonte de empoderamento e desenvolvemos nossos relacionamentos divinos. Depois de nos curarmos, podemos nos esforçar para curar a Terra e seu povo. Podemos transformar a toxicidade da cultura patriarcal dominadora

---

3. Valiente, *The Charge of the Goddess*, 12–13.

na cultura cooperadora do Deus/Deusa. É pela integração de nossos corpos físico, mental, emocional, espiritual e de vontade que desbloqueamos nosso potencial humano.

Este sistema de Bruxaria Moderna é distinto por várias razões:

- Construída sobre um paradigma panenteísta: a divindade sendo inerente à Natureza e tendo consciência transcendente, torna-se radicalmente inclusiva de todos os outros "ismos".
- A Grande Deusa e o Grande Deus estão engajados como "os DOIS que se movem como UM", porque são divindades em reflexão, um espectro espelhado de todas as possibilidades. Para facilitar a escrita, refiro-me a eles como "Deus/Deusa", incluindo todos os gêneros.[4]
- Baseado nas antigas filosofias herméticas atribuídas a Hermes Trismegisto, de origem greco-egípcia, o hermetismo estabeleceu as ciências esotéricas da astrologia, alquimia e os princípios herméticos. Que informam no calendário mágico o momento favorável, os formulários e as práticas mágicas da Bruxaria.
- Inspira-se nos mitos Wiccanianos da Deusa da Lua e do Deus Cornífero, inspirados nos rituais e na poesia sagrada da Wicca, como *A Rede Wicanna* apresentado por Lady Gwen Thompson e *A Carga da Deusa* e *O Credo das Bruxas*, por Doreen Valiente. No entanto, a Bruxaria Moderna fornece um sistema individualizado e autoiniciatório de realização que se aproxima diretamente do Espírito.
- Envolve-se na Grande Obra da Magia Alquímica, com a intenção de evoluir a consciência humana, mas fazendo isso uma Bruxa de cada vez.
- Segue os Caminhos do Pentáculo de Soberania, Verdade, Poder, Amor e Perfeição como meio de alcançar o bem-estar e a totalidade, reconhecendo que os humanos são seres divinos multidimensionais dentro de um Cosmos multidimensional.[5]

---

4. Ouvi pela primeira vez a frase "os DOIS que se movem como UM" em um ritual de oficina com o autor Christopher Penczak e mais tarde em sua série de livros *Temple of Witchcraft*.
5. Denominei os quatro caminhos elementais para os "ingredientes internos" simbolizados pelas ferramentas do altar da Bruxa, conforme nomeado por Christopher Penczak em seu livro *Outer Temple of Witchcraft*, na página 163. O nome do caminho da conclusão foi inspirado nos ensinamentos de Vivianne Crowley em *Wicca: The Old Religion in the New Millennium*, capítulo 12.

- Utiliza a práxis da magia ritual, trabalho de jornada e feitiçaria para se envolver totalmente com os poderes da Natureza.
- Explora os mistérios elementais simbolicamente como a Joia do Poder da Bruxa, baseada no sólido platônico conhecido como "octaedro" ou "bipirâmide".
- Introduz as Nove Condições de Amor Divino do Deus/Deusa para melhor compreender e aplicar o *ethos* Wicca de Perfeito Amor e Perfeita Confiança.
- Oferece as Quatro Regras para a Soberania Pessoal como uma estrutura ética para reconciliar o paradoxo da Soberania dentro de uma rede interconectada de existência.
- Introduz ferramentas de igualdade e cooperação dentro do paradigma da lua de mel da Deusa amando o Deus, reconciliando paradoxos ao longo de contínuos: profano em sagrado, maldade em benevolência, violência em paz, etc.

Quando Começar

Sempre que você pegar este livro é um excelente momento para mergulhar nele. As leituras e meditações das seções Um e Dois podem ser exploradas em qualquer época do ano. Existem exercícios que vão prepará-lo antecipadamente para as lições aplicadas de Bruxaria Elemental que você vai encontrar na Seção Três. Esses capítulos elementais são sincronizados com a Roda do Ano e explorarão a astrologia e os fluxos sazonais específicos dessas estações, conforme experimentado no Hemisfério Norte. Para as Bruxas do Hemisfério Sul, os mistérios são espelhados no lado oposto do zodíaco e podem ser correspondidos. É magicamente oportuno começar as lições elementais da Terra imediatamente após o Sabbat de Samhain (Norte, 15 graus Escorpião. Sul, 15 graus Touro). Antes de iniciar os trabalhos mágicos, revise os capítulos de preparação e colete os materiais necessários.

Seção Um: Fundamentos da Bruxaria Moderna

Primeiro vamos definir a Bruxaria Moderna e explorar alguns fundamentos históricos e teológicos dentro do Neopaganismo, da Wicca e da Filosofia Hermética. Vamos explorar o paradigma panenteísta e as considerações éticas através das lentes da Poesia Sagrada Wiccana. Em seguida, vamos mapear tudo para a Grande Obra da Magia conforme ela é encenada nas celebrações da Roda do Ano da Bruxa: elemental, lunar, solar e estelar.

Seção Dois: Fundamentos da Magia Elemental

Em seguida, mergulharemos no conhecimento e na história da magia elemental e nos mistérios revelados através da Joia do Poder da Bruxa. Ao todo, este roteiro revela os padrões repetidos que se espelham acima e abaixo, dentro e fora. Eles nos dão uma base e uma estrutura em torno da qual construir nossa prática elemental pessoal na Seção Três.

Seção Três: Girando a Roda Através da Bruxaria Elemental

Esta é a seção onde nos aprofundamos na práxis da Bruxaria e começamos a aplicar tudo o que aprendemos. Cada capítulo oferece uma visita guiada pelos mistérios elementais, sincronizada com as marés sazonais do ano. Mais uma vez, eles começam após o Sabbat de Samhain e assumem que o leitor os está celebrando simultaneamente.

Essas aulas são projetadas para serem apropriadas para o iniciante, mas também podem aprofundar a experiência para quem já percorreu o caminho há muito tempo. Através da magia de cada ano, renovamos nosso equilíbrio à medida que evoluímos na nossa prática. Nosso objetivo na Seção Três é desenvolver relacionamentos com o Grande Deus/Deusa da natureza e nossos aliados elementais.

Na conclusão, o leitor vai criar um altar pessoal com a seleção e a consagração das ferramentas rituais tradicionais da Bruxa. Os exercícios vão estabelecer uma prática de meditação e ensinar técnicas rituais de como lançar um Círculo e abrir os Portais Elementais para o Plano das Forças e evocar o Deus/Deusa e os ancestrais. Cada capítulo elemental inclui um formulário de fitoterapia mágica com instruções para criar suas próprias velas carregadas (energizadas), incensos, óleos, loções e poções variadas necessárias para os ritos e feitiços. Ao final deste trabalho, seus armários mágicos vão conter tudo o que você precisa para uma prática robusta de feitiços no futuro.

Os rituais deste ano se complementam, guiando a construção de seu Templo Energético camada por camada. Primeiro, fazemos as apresentações, depois colocamos esses poderes em uso por meio de feitiços mágicos para criar mudanças em sua vida. No geral, esta Grande Obra culmina no rito de conclusão do Caminho do Pentáculo: equilíbrio quíntuplo dentro da divindade na encruzilhada de si mesmo.

Construa seu Próprio Templo

A beleza da Bruxaria é que você constrói seu próprio Templo. Independentemente de como o constrói, de quando escolhe celebrar os momentos favoráveis, ou quais técnicas usa, eu imploro para que busque uma consistência lógica, interna, que transcenda a religiosidade vazia. A vida tem um grande significado, mas cabe a você descobri-lo, atribuir-lhe valor e depois celebrar essa descoberta. Faça o que quiser, mas faça-o da maneira mais benéfica e significativa que puder!

A estrutura para a Grande Obra de Magia proposta por este sistema pode ser aplicada a qualquer forma de devoção religiosa mágica ou neopagã. Para esse fim, as estruturas rituais Wiccanas apresentadas aqui permanecem simples, invocando metáforas naturais e arquetípicas para a divindade sem ter um panteão ou uma cultura específica. Vamos manter este sistema de forma geral para as sete esferas celestes da magia planetária e a partir daí eu encorajo você a adaptar os rituais às suas divindades preferidas e mitos culturais de maneiras criativas.

Discernimento é a Chave

Enquanto você estuda, eu o desafio a não aceitar nenhuma fé cega, superstições do tipo "faça o que eu digo" ou tolices em sua feitiçaria, começando por este livro. Embora eu sugira que experimente as técnicas apresentadas aqui pelo menos uma vez, sinta-se à vontade para personalizá-las de acordo com sua prática pessoal assim que descobrir o que funciona e o que não funciona para você. A verdadeira compreensão da Arte leva uma vida inteira. Lembre-se de que, às vezes, a maneira antiquada e analógica como as Bruxas faziam as coisas pode ser exatamente a cura que você precisa nesta vida moderna enlouquecida pela tecnologia. Outras vezes, a nova tecnologia pode ajudar sua Arte de maneiras que nossos ancestrais invejariam.

Na sociedade moderna, acostumamo-nos à gratificação instantânea. Com um smartphone, temos vastos dados ao nosso alcance. Os antigos chamariam isso de "tábua do feiticeiro" ou algo assim grandioso, e nós seríamos os seres mais poderosos que eles já conheceram. O que, naturalmente, provavelmente nos queimaria na fogueira! No entanto, conhecimento é diferente de sabedoria. Você pode ter todos os dados do mundo e, a menos que descompacte completamente essas informações e as aplique de maneira pessoal, isso não ajudará muito.

Uma tarefa crítica para qualquer estudante do ocultismo é separar a exatidão histórica da arrogância e dos erros honestos encontrados nos textos dos séculos 19 e 20. Somos desafiados a nos adaptar à medida que informações mais precisas vêm à tona, para não cairmos nas armadilhas do fundamentalismo teimoso. Infelizmente, só porque um pouco de conhecimento ou teoria de estimação de alguém foi impresso em livros ocultistas que todos referenciaram por décadas, isso não necessariamente o torna factual. Como exemplo temos os primeiros trabalhos antropológicos como *O Culto das Bruxas na Europa Ocidental*, de Margaret Murray, e *O Ramo De Ouro*, de Sir James Frazer. Apesar de esses trabalhos lançarem um interesse renovado no paganismo, suas teorias mais tarde provaram ser falhas. No entanto, a divindade se moveu através desses livros para criar raízes na imaginação moderna de maneiras muito reais e benéficas. A verdade mítica é uma fera com nuances.

Sugiro que examine criticamente tudo o que já ouviu falar sobre Bruxaria. Faça sua própria pesquisa, busque sua intuição, experimente as coisas com uma dose saudável de ceticismo científico e tire suas próprias conclusões. Isso inclui este livro. A velocidade de comunicação e a disponibilidade de informações permitem que qualquer factoide seja verificado instantaneamente no Google, o equivalente da Biblioteca de Alexandria em nossos bolsos. A ignorância é uma opção que ninguém tem que tomar. Da mesma forma, só porque algum *meme* de Bruxaria está em alta nas mídias sociais, também não o torna necessariamente preciso; discernimento é fundamental.

Tudo bem, chega de apresentações.

Bem-vindo ao corajosamente errante, belo desafiador, arrebatador e humilde Caminho do Pentáculo da Bruxaria Moderna.

SEÇÃO UM
FUNDAMENTOS RELIGIOSOS DA BRUXARIA MODERNA

Além de ser uma prática espiritual, não há muito com o que as variadas Tradições da Arte possam concordar, então, qualquer discussão sobre "fundamentos" requer algumas ressalvas. Há Bruxas cujas práticas devocionais ressuscitam o "paganismo" politeísta que chamamos de "Antiga Religião". Há também Bruxas que argumentam veementemente que sua Bruxaria não é nem pagã nem religiosa. A Soberania pessoal exige que cada um de nós tenha o direito de definir nossas próprias identidades e crenças e depois viver de acordo com elas. Para maior clareza, ao me referir a "Bruxas" ou "Bruxaria", saiba que só posso falar por minha própria experiência. Na Seção Um, definiremos o Caminho do Pentáculo da Bruxaria Moderna como uma das tradições religiosas neopagãs que está emergindo recentemente, e suas influências fundamentais na filosofia antiga e nas práticas mágicas.

Em que ponto a espiritualidade também se qualifica como religião? Concordo que as práticas de Bruxaria são igualmente eficazes para ateus, como são para politeístas devocionais, porque as práticas se alinham com a existência da mecânica cósmica. Esses mecanismos não se importam muito com a maneira como você os chama. No entanto, as "religiões" têm qualidades comuns, e essas qualidades têm o potencial de enriquecer profundamente a vida de uma Bruxa.

As religiões tentam responder às mesmas questões existenciais. Com base nessas respostas, elas definem sistemas de ética e escolhas de estilo de vida. Elas oferecem celebrações em momentos favoráveis significativos, com práticas rituais que exemplificam esse significado. As religiões respondem a perguntas do tipo: como o Cosmos e os humanos surgiram? Por qual poder criativo? Foram criados por um Deus? Por uma Deusa? Qual a nossa relação com essas divindades? Agora que estamos aqui, a que propósito servimos? O que acontece quando morremos?

Os humanos podem apenas teorizar, mas essas teorias de visão de mundo estabelecem o paradigma ou estrutura de uma religião para entender nosso Cosmos. Um paradigma religioso, então, leva a metodologias pelas quais experimentamos esse Cosmos. Que tipo de sociedade refletiria melhor esse paradigma? Quais valores e ideais atenderia melhor a alguém dentro desse paradigma? Quais comportamentos sustentam esses ideais? Qual é o ponto principal de tudo isso?

Ao longo dos capítulos da Seção Um, tentaremos responder às questões existenciais que definem as qualidades únicas dessa Bruxaria Moderna de uma perspectiva neopagã hermética, equilibrada entre Deus e Deusa. Vamos explorar os fundamentos históricos e filosóficos que informam nossa tealogia (com "a"), nossa ética e construir nossas práticas. Examinaremos esses conceitos conforme são expressos pela liturgia inspirada e dos mitos apresentados na Wicca Moderna. Isso oferece uma redescoberta da cultura cooperadora do Deus/Deusa que poderia resolver os problemas modernos que enfrentamos e apoiar melhor nossa saúde e felicidade no século 21 e além.

CAPÍTULO 1

Bruxaria para o Século 21

Podemos dizer que a jornada ao longo do Caminho do Pentáculo começa da mesma maneira que todas as outras jornadas, pelo início! Mas onde seria esse início? A Natureza nos ensina que toda vida é um ciclo sem começo nem fim, de modo que cada momento "presente" depende do equilíbrio entre causa e efeito, passado e potencial. Antes de cuidarmos desse negócio de equilibrarmos nossa vida por meio da Bruxaria Elemental, vamos precisar de algum contexto. De onde veio esse caminho mágico? Quem abriu a estrada para nós até aqui e deixou todas essas placas misteriosas e marcadores de milhas ao longo do caminho? Para reconhecer um pouco mais deste terreno, vamos começar com uma história muito breve e incompleta dos colaboradores da Wicca e da Bruxaria nos últimos oitenta anos. Em seguida, definiremos uma feitiçaria moderna neopagã, panenteísta, inspirada na Wicca e como isso se encaixa no contexto da supercultura. Finalmente, apresentaremos as ferramentas mágicas do Deus/Deusa que podem transformar nossa cultura, evoluindo para atender às demandas de nosso futuro.

Pavimentando a Estrada das Bruxas

A religião mágica da Wicca e as práticas conhecidas como Bruxaria surgiram em diversas formas nos últimos cem anos. Esse movimento é tão jovem que alguns de seus fundadores ainda estão vivos até o momento em que este texto está sendo escrito. Nossos textos fundamentais e nossa Poesia Sagrada ainda são protegidos por direitos autorais. Não existe um cânone comum de Bruxaria, nenhuma lei religiosa, princípios unificadores, nem qualquer autoridade central para definir ou impor tal coisa. Gostamos assim! Bruxos bem informados tendem a ser "ratos de biblioteca", porque as sementes do conhecimento devem ser coletadas de muitas fontes, que muitas vezes se contradizem. Então, você precisa forjar seu próprio caminho por meio de experiência em primeira mão. Vamos começar, portanto, com uma breve menção de alguns desses textos fundamentais e dos fundadores da Wicca que os escreveram.

Os fundadores da Wicca e do Movimento Neopagão se inspiraram nas obras antropológicas e folclóricas do final de 1800 e início de 1900. Importantes obras de arqueólogos como *O Culto das Bruxas na Europa Ocidental* (1921) e *O Deus das Feiticeiras* (1933), de Margaret Murray; obras de folcloristas como *Aradia: O Evangelho das Bruxas*, de Charles Godfrey Leland (1899), *O Ramo de Ouro*, de Sir James George Frazer (1890), e *A Deusa Branca: Um Gramática Histórica do Mito Poético* (1948) do poeta e classicista Robert Graves.[6]

Graves foi especialmente influente para a religião moderna da Deusa/Deus, pois acredita-se que ele tenha canalizado uma mitologia feminista heterodoxa em reverência à Grande Deusa do amor, da destruição e da inspiração, que era adorada nas culturas matriarcais do passado antigo antes de ser suplantada pelos deuses patriarcais da guerra, da lógica e da razão.[7]

Sobre esses fundamentos, adicione os escritos do século 20 do mago cerimonial e infame ocultista Aleister Crowley (1875-1947), as influências Rosacruz da Ordem Hermética da Aurora Dourada, da qual Crowley era membro (1898), e a tradução de MacGregor Mathers de *A Chave de Salomão* (1888). Agora, adicione as influências da psicologia teosófica e junguiana de outro ex-membro da Golden Dawn, Dion Fortune (1890-1946), em seus livros *A Cabala Mística* (1935), *A Sacerdotisa do Mar* (1935) e *A Sacerdotisa da Lua* (1956, publicado postumamente). Em seguida, misture as técnicas rituais dos Co-Maçons e da Ordo Templi Orientis (a O.T.O. organização oculta de Crowley). Agora, filtre tudo isso através da experiência de um funcionário público e arqueólogo, vivenciada na Malásia[8]. Adicione um estilo de vida nudista e naturista e uma iniciação secreta dos anos 1930, em um Coven de Bruxas na região de New

---

6. As datas descritas referem-se ao ano de publicação original dos livros.
7. "The White Goddess", Enciclopédia Britânica, acesso em 5 de Fevereiro de 2021, https://www.britannica.com/topic/The-White-Goddess; Robert Graves, *The White Goddess: A Historical grammar of Poetic Myth*, ed. Grevel Lindop (Nova Iorque: Farrar, Straus and Giroux, 2013), n.p.
8. "Gerald Brousseau Gardner", *World Religions Reference Library*, Encyclopedia.com, 15 de Abril de 2021. https://www.encyclopedia.com/religion/encyclopedias-almanacs-transcripts--and-maps/gardner-gerald-brousseau.

Forest, na Inglaterra[9]. Desta vida cheia de experiências místicas, um novo sonho do Deus/Deusa veio a se formar por meio da magia de um inglês chamado Gerald Brousseau Gardner (1884-1964), que é reconhecidamente o "pai" da Bruxaria Moderna.[10]

Depois que as leis antibruxaria foram finalmente revogadas na Inglaterra, em 1951, Gardner apresentou sua religião híbrida de Bruxaria ao público com suas publicações *Com o Auxílio da Alta Magia* (1949) e *A Bruxaria Hoje* (1951), que incluiu uma introdução de Margaret Murray. Essa tradição de sua própria criação viria a ser chamada de "Wicca Gardneriana".

Em 1953, Doreen Valiente (1922-1999) foi iniciada no Coven de Gardner e o ajudou a reescrever os rituais e a liturgia de seu Livro das Sombras. Esses seriam copiados à mão nos Livros das Sombras dos iniciados em sua linhagem. Notável entre suas contribuições é a adaptação do poema em prosa de "A Carga da Deusa", que misturou passagens da *Aradia* de Leland e sua própria poesia inspirada na mitologia grega clássica. Valiente e Gardner também colaboraram em seu livro *O Significado da Bruxaria* (1959), introduzindo ainda mais a Wicca ao mundo. Valiente é amplamente considerada a mãe da Bruxaria Moderna. Seu discernimento aguçado e habilidades de pesquisa, além de um profundo conhecimento oculto e uma bela poesia, influenciaram enormemente o ressurgimento da Bruxaria ao longo de muitos caminhos diversos pelos jardins da Deusa.

Durante o mesmo período, outro inglês, chamado Alexander Sanders (1926-1988), tendo recebido uma iniciação e uma cópia do Livro das Sombras Gardneriano, estabeleceu uma Tradição de influência egípcia com sua então esposa, Maxine Sanders (n. 1946), uma Sacerdotisa iniciada dos deuses egípcios.[11] Sua linhagem passou a ser conhecida como "Wicca Alexandrina". Ao longo dos anos 1960 e 1970, eles frequentemente trabalharam como jornalistas e companhias de teatro e como consultores para produções de televisão e cinema, trazendo sua prática de Bruxaria para uma ampla consciência popular.[12]

---

9. Philip Heselton, "Lighting the Shadows and Searching for Dorothy" in *Doreen Valiente Witch* (Doreen Valiente Foundation and The Centre for Pagan Studies, Woodbury, MN: Llewellyn Publications, 2016), n.p.
10. Heselton, *Doreen Valiente Witch*, 81
11. Maxine Sanders, *Fire Child: The Life and Magick of Maxine Sanders, 'Witch Queen'* (Oxford: Mandrake, 2007), 28–35.
12. Sanders, capítulo 14, em *Fire Child*.

Ao longo do restante século 20, esses Covens britânicos originais iniciaram muitos Sacerdotes e Sacerdotisas, dividindo Covens em todo o mundo, cujos iniciados iriam refinar o ofício e publicar livros influentes nas décadas seguintes. Assim, as tradições iniciáticas da Wicca proliferaram.

Concomitante à revelação da Wicca de Gardner, uma forma totalmente independente de Bruxaria tradicional da Grã-Bretanha também veio à tona, principalmente trazida por Robert Cochrane (1931-1966) e seu clã; o Clã de Tubal Cain. As correspondências de Cochrane com um Bruxo chamado Joseph Wilson seriam amplamente distribuídas entre os Covens da América, fundando a Tradição 1734, dentre outras. Curiosamente, depois de romper com Gardner, em 1957, Doreen Valiente foi mais tarde iniciada por Cochrane, em 1964, e passou um ano em seu Coven, antes de finalmente romper com ele também. Mais tarde, ela foi coautora de um livro trazendo seus rituais com Evan John Jones, chamado *Feitiçaria, a Tradição Renovada*, em 1990.[13] Valiente foi autora de vários livros influentes, sendo os mais notáveis *Witchcraft for Tomorrow* (1978) e *The Rebirth of Witchcraft* (1989).

A Bruxaria percorreu um longo caminho em um período de tempo relativamente curto e está evoluindo rapidamente. Desde a primeira revelação da Wicca, sua beleza pungente inspirou gerações de Bruxas em todo o mundo, que aplicariam ainda mais a Arte para ajudar no progresso do feminismo, ambientalismo e direitos civis e sociais. Como penugem de dente-de-leão ao vento, a Bruxaria germinou, floresceu e se diversificou em centenas de variedades fantásticas. No entanto, à medida que as próximas gerações cuidavam do jardim selvagem da Deusa da Wicca, cada Coven, Sacerdote e Sacerdotisa fez sua poda e enxerto, cultivando seus pontos fortes em flores híbridas, cada um progredindo em nossa transformação cultural. O Caminho do Pentáculo continua essa tradição milenar, ancorada por raízes profundas na existência do antigo paganismo e ocultismo, porém, inclinando-se para uma nova luz.

Buscando o Ser

A Bruxaria Moderna apresentada neste trabalho passou a ser uma religião tanto da ciência quanto da poesia. É um paradigma poético, de metáfora, correlação e questionamento – que não deve ser tomado literalmente. Dentro do alcance do que chamamos de "natureza", em que momento as noções de ciências como a

---

13. Heselton, *Doreen Valiente Witch*, 266.

física, química e biologia se cruzam com os das ciências metafísicas do ocultismo? Como isso se compara aos conhecimentos das religiões organizadas do mundo e das espiritualidades místicas? Como esses saberes foram refletidos na cultura humana, desenterrados por arqueólogos e interpretados por antropólogos culturais? Como todos esses conhecimentos humanos foram expressos pela arte, literatura, costumes populares e magia do nosso mundo?

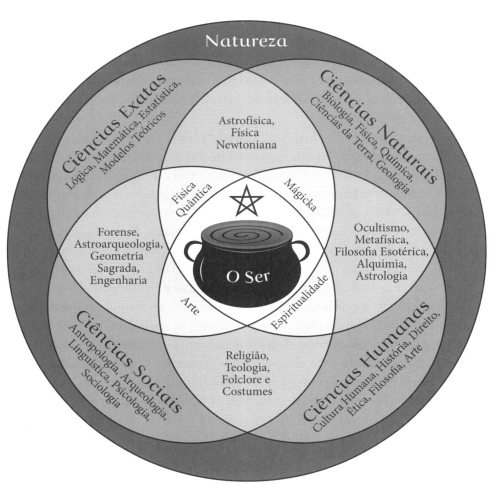

Figura 1: O Ser

Como um enorme Diagrama de Venn de sistemas sobrepostos, há um ponto em comum onde eles se alinham. No poema litúrgico "A Carga da Deusa", somos avisados: "Pois minha é a porta secreta que se abre para a Terra da Juventude; e o meu é o Cálice do Vinho da Vida, e o Caldeirão de Cerridwen, que é o Santo Graal da Imortalidade".[14] Este ponto cinza no meio do Diagrama de Venn é como um buraco de fechadura para a porta secreta que a Bruxaria Moderna abre. Essa porta leva a um caminho liminar, uma transição através de um limiar entre o conhecido e o desconhecido, que pode levá-lo a qualquer lugar que você queira ir.

Eu chamo esse buraco da fechadura de "o Ser". Perdoe minha palavra um tanto simplória para uma noção tão complexa, mas a linguagem me falha. A Bruxaria é construída sobre as pedras fundamentais do que é; da verdade em que nos encontramos, não da ilusão de separação que vemos na realidade consensual.[15] O Ser é a coisa mais verdadeira, independentemente do contexto ou da perspectiva, ou mesmo de quem está no comando ou de quem é pago para isso. É apenas o que é.

No nível mais profundo da realidade, deve haver alguma verdade cósmica nua que permanece depois que você se despe dos trajes da religião, da cultura e da linguagem. Eu escolho acreditar que a essência que permanece seria fundamentalmente benevolente e afirmadora de todas as formas de existência no Cosmos. O Ser se aplica a tudo, não importa em que planeta estamos ou em qual estrela estamos orbitando em qualquer galáxia. Por enquanto, estou contente em descobrir a melhor maneira de Ser um humano aqui na Terra. Atrevo-me a adivinhar que o propósito fundamental de todas as várias práticas de Bruxaria é apenas isso: existência humana eficaz e significativa.

Para descobrir qual pode ser esse significado para a humanidade, questionei como os primeiros humanos viviam enquanto se reuniam em cooperação para construir assentamentos, fabricar ferramentas e embarcações, manejar fogo e cultivar a terra para que pudessem prosperar. O que as pessoas dos assentamentos Neolíticos adoradores da Deusa, da Mãe Terra ao redor da "Velha Europa" sabiam? Antes de 4500 AEC, sua cultura parece ter sido agrícola, igualitária, matrifocal, matrilinear e pacífica.[16] Da mesma maneira, quais

---

14. Valiente, "A Carga da Deusa" em *The Charge of the Goddess*, 12–13.
15. A realidade consensual é definida como as coisas que são geralmente aceitas como reais quando compartilhadas por um grupo de pessoas.
16. Marija Gimbutas, *The Goddesses and Gods of Old Europe, 6500–3500 BC: Myths and Cult Images*, (Los Angeles, University of California Press, 1982), 9.

mistérios as Sacerdotisas do Templo de Çatalhoyük, na Anatólia, Turquia, ou as Rainhas-Sacerdotisas de uma Creta minoica teriam para nos ensinar sobre a veneração a uma Deusa? Por outro lado, o que os Sacerdotes guerreiros das culturas protoindo-europeias sabiam sobre seus deuses da guerra, montanhas, céu e animais? De 4500 a 2500 AEC, eles invadiram a cavalo as estepes asiáticas com seus rebanhos, integrando sua cultura pagã patriarcal, nômade, pastoral e orientada para a guerra.[17] Como essas culturas pagãs celebravam a divindade enquanto ainda estavam tão intimamente ligadas aos ciclos da natureza?

Em seu livro *O Cálice e a Espada*, a cientista de sistemas sociais e historiadora cultural Riane Eisler oferece uma bela narrativa dessa história, e nela uma resposta recorrente a essas perguntas. Conforme revelado por meio das imagens míticas da antiga Creta, ela escreve que "na Deusa como Mãe do Universo, e humanos, animais, plantas, água e céu como suas manifestações aqui na Terra – encontramos o reconhecimento de nossa unidade com a natureza".[18] E os construtores dos monumentos megalíticos de Stonehenge na Grã-Bretanha e Göbekli Tepe na Turquia? Os construtores de pirâmides do Egito e da Mesoamérica? As antigas sociedades da Grécia, Roma, China, Pérsia e Índia? Estudado através de uma lente cultural comparativa, havia muitas semelhanças intuídas ou reveladas entre nossos ancestrais de toda a Terra. Nas últimas décadas, passamos a descrever as crenças religiosas dessas culturas indígenas como "Paganismo Antigo".

Definindo o Paganismo

A palavra "pagão" vem do latim *paganus*. No início, essa palavra significava algo semelhante a "morador do campo" ou "da terra" e descrevia aquelas pessoas distantes da cidade que conseguiam manter sua religião de natureza indígena por mais tempo.[19] Com o tempo, o termo pagão passou a ser aplicado a qualquer um que se recusasse a se converter à nova religião conquistadora de Roma. Assim, uma palavra inocente e saudável foi distorcida em um insulto e condenações.

As religiões antigas proeminentes escavadas como "paganismo" hoje incluem os gregos e romanos clássicos do Mediterrâneo, as culturas nórdica

---

17. Gimbutas, *The Goddesses and Gods of Old Europe*, 9.
18. Riane Eisler, *The Chalice and the Blade: Our History, Our Future* (São Francisco: Harper Collins Publishers, 1995), 36.
19. Christopher Penczak, *The Inner Temple of Witchcraft: Magick, Meditation, and Psychic Development* (St. Paul, MN: Llewellyn Publications, 2004), 42.

e celta do noroeste da Europa, as culturas suméria, babilônica e fenícia do Oriente Médio e os egípcios do Norte da África (entre muitos outros em todo o mundo). Esses paganismos são eles próprios uma mistura de culturas antes de surgirem na história registrada após a Idade do Ferro. As antigas culturas pagãs não cresceram do nada. Com a migração de refugiados após desastres naturais, o compartilhamento de rotas comerciais e canais de navegação, invasões e conquistas, adaptação e lutas, houve muita polinização cruzada nos campos da civilização primitiva. Para usar outra metáfora agrícola, os ramos de diversas mitologias e divindades se enxertaram nas "árvores do mundo" de cada pedaço do mundo antigo. O resultado parece ser que o antigo paganismo deu um fruto híbrido resiliente, o qual as pessoas modernas ainda acham ser espiritualmente nutritivo.

Hoje, recuperamos o termo "pagão", redefinindo-o como o ser indígena que cresceu na natureza ao longo dos milhões de anos em que a vida evoluiu no Planeta Terra, em todas as suas variedades híbridas. Todos os seres da Terra cresceram dessa lama e, portanto, somos perfeitamente adequados a essa religião terrena. Carregamos as águas primordiais dentro de nós, em nossos ventres, e nos adaptamos em perfeita harmonia com nossos ambientes. A partir do que intuímos desse acordo, a humanidade escreveu diversas histórias simbólicas e desenvolveu diferentes práticas religiosas. Cada um celebra de forma única a interconexão com a terra de onde eles cresceram. Restos arqueológicos dos primeiros assentamentos, como Çatalhoyük, na planície da Anatólia na Turquia moderna, e da Creta minoica, mostram que havia uma religião de uma Deusa vibrante praticada com pouca separação entre os aspectos espirituais e mundanos de suas vidas. Eles também mostram evidências abundantes de que essas primeiras culturas centradas na Deusa foram artísticas, relativamente alegres, pacíficas e "notavelmente igualitárias" por milhares de anos.[20]

Os pagãos são da terra, mas apesar de suas paisagens variadas, quando você reduz cada uma das religiões naturais à sua essência, há pontos em comum:

- Sacralidade de toda a natureza, incluindo todos os gêneros humanos; adoração de muitas deusas e deuses que estão associados a fenômenos naturais; mais sexualmente permissivo.
- Celebração de ciclos repetitivos da Natureza ligados à continuação da vida, morte e renascimento.

---

20. Eisler, *The Chalice and the Blade*, 25, 37.

- Técnicas de reencontro com o Espírito, que experimentamos como êxtase.
- Interconexão da consciência dentro de todas as coisas, com responsabilidade mútua por toda parte.
- Veneração de hostes de entidades espirituais em múltiplas dimensões; algumas benevolentes, outros maléficas, mas geralmente complexas, com vários níveis de atuação.
- Magia oculta logo abaixo do óbvio, que pode ser usada para afetar a mudança.

Cada pedaço do Planeta Terra tem um sistema de crenças indígena com alguma medida dessas semelhanças essenciais. Chamo essa essência comum de "Paganismo".

Neopaganismo, ou Novo Paganismo, descreve o ressurgimento dessas antigas religiões indígenas e sua sabedoria cultural na Era Moderna. Com a ajuda da arqueologia e da antropologia, escavamos intencionalmente essas culturas e introduzimos as partes benéficas de volta ao mundo moderno. Não nos iludimos com nenhuma fantasia de que fossem utopias perfeitas. Longe disso. Alguns aspectos do paganismo clássico, como a subjugação das mulheres, a invasão e a guerra, ou ainda o sacrifício humano, precisam ser resignados ao passado. Os deuses evoluem, assim como nossas práticas. O Neopaganismo é a próxima evolução da religião baseada na natureza, que reivindica nosso poder na esperança de corrigir o curso da evolução humana de volta à benevolência e à sustentabilidade ecológica.

O Neopaganismo afirma que a terra é divina; todas as culturas são expressões da divindade naquele tempo e lugar; todos os rostos e nomes da divindade são exatamente como devem ser conhecidos. A criação ainda está em andamento, e a divindade está evoluindo conosco. Estou interessada em ressuscitar esse paganismo natural, porque fica evidente para mim que, enquanto mantivermos esse acordo natural, podemos conhecer a facilidade e a satisfação. Foi quando nossa cultura começou a abandonar nosso relacionamento com a Natureza e subverteu o fluxo espiritual natural, que começamos a sofrer. Considerando o terrível estado da mudança climática global e o enorme desastre ecológico agora iminente, o desejo instintivo que os neopagãos sentem de restaurar a harmonia com uma divindade natural pode ser os velhos deuses mais uma vez intervindo para nos ajudar a sobreviver.

Derrubando as Ortodoxias Invasoras

Pela definição de Neopaganismo esboçada, as únicas religiões não Pagãs são aquelas que são divorciadas da Natureza, exclusivamente monoteístas e que invadiram e colonizaram lares indígenas muito depois do início da "Era Comum" da história. Por uma questão de discussão e sem alimentar mais poder em seus nomes, chamarei essas religiões da supercultura ocidental de "ortodoxias invasivas". Invasivas, porque têm um mandato religioso para invadir outras culturas, dominar, subjugar e erradicar a adoração dos deuses e deusas locais por meio da coerção. Ortodoxias, porque impõem suas "crenças corretas" e "exclusivas", como a única porta de entrada possível para um Deus, que é exclusivamente masculino, e então condenam e ameaçam com violência a todos que se recusam a entrar pela única porta que eles controlam.

São as ortodoxias invasivas que continuam a impor a cultura patriarcal dominadora sob a qual o mundo sofre hoje. Os paradigmas dessas religiões controlam pelo medo de serem "expulsos" do amor à divindade; sua mensagem é cumprir a autoridade absoluta de seu Deus específico ou ser torturado eternamente. As ortodoxias invasivas têm executado sua extorsão por cerca de dois milênios, deixando grande parte da humanidade sequestrada, maculada e explorada.

Esses princípios coercitivos são formas de violência espiritual e não estão em harmonia com a natureza. O mal, que o Neopaganismo diria fluir devido a escolhas baseadas no medo, emerge das subversões da ordem natural. Pelos padrões neopagãos, os princípios das ortodoxias invasivas são uma aberração, e todos os humanos têm o livre-arbítrio para ignorá-los. Mesmo que muitas gerações de nossos ancestrais estivessem imersas em uma dessas religiões patriarcais, ainda poderíamos optar por recuperar o paganismo inerente e indígena que é nosso direito humano de nascença. Podemos escolher depor suas armas patriarcais e abandonar seu campo de batalha em paz.

Ferramentas Elementais para Transformar nossa Cultura

A Bruxaria Elemental apresentada neste livro é uma aplicação da teoria da transformação cultural da antropóloga Riane Eisler. Essa abordagem holística de gênero prevê um futuro potencial para nossa cultura humana, que é fundamentada pelas sociedades adoradoras de deusas que prosperaram por milhares de anos durante o Período Neolítico, antes das primeiras invasões patriarcais pelas tribos indo-européias pastorais das estepes russas. A teoria da transformação cultural descreve dois modelos básicos subjacentes às sociedades humanas ao longo da história: o Dominador e o Cooperador.[21]

Modelo Dominador

- Sociedades organizadas por "classificação" de sexo em hierarquias baseadas na superioridade autoritária e apoiadas pela ameaça de violência e força.
- Estabelecido por meio de guerras e controle de recursos, criando falsa escassez.
- Normalmente, também um patriarcado (o que Eisler chama de "androcracia" ou governo masculino). Potencialmente, poderia descrever um "matriarcado" tradicional por definição, se o governo feminino fosse baseado na classificação de superioridade/inferioridade.
- Adquire riqueza desenvolvendo tecnologias de destruição.
- Venera o poder de tirar a vida e o medo da morte.
- Simbolizado pela Espada.

Modelo de Parceria ou Cooperador:

- Sociedades organizadas por meio de "conexão" em cooperação igualitária entre todos os sexos.
- Estabelecido pela paz e a abundância compartilhada.
- Seria também o que Eisler chamou de "gilânia" (governada igualmente por todos os sexos).
- Adquire riqueza desenvolvendo tecnologias de produção.
- Venera o poder de dar vida e nutrição com a aceitação de um ciclo natural de vida, morte e renascimento.
- Simbolizado pelo Cálice.[22]

Para simplificar esses termos complexos para nossa Bruxaria, a exemplo de Eisler, definiremos o patriarcado como uma cultura Dominadora: focada em uma divindade exclusivamente masculina, que classifica os homens em seres superiores que subjugam a todos os outros seres com força e ameaças. Em um sistema alternativo mais aplicável do que o matriarcado, Eisler criou o termo

---

21. Eisler, introdução a *The Chalice and the Blade*, xvii.
22. Eisler, *The Chalice and the Blade*, 105–106.

"gilânia", que é uma cultura de parceria cooperativa focada em uma variedade de divindades inclusivas de gênero, que nos ligam em uma inter-relação divina uns com os outros de maneira igualitária.

Apesar de as palavras de raiz latina *patri* e *matri* significarem pai e mãe, essas distinções ainda não são sobre o sexo ou gênero das pessoas responsáveis. Os homens são igualmente vítimas de qualquer sistema dominador tóxico. Em vez disso, essas palavras definem uma cultura por sua abordagem fundamental ao poder. O patriarcado das ortodoxias invasivas com as quais estamos mais familiarizados no Ocidente tem um paradigma de campo de batalha enraizado em seus mitos do "bem *versus* o mal". A abordagem patriarcal do poder é uma luta cósmica pelo domínio mantido por meio de ameaças de violência e abandono. Não importa quem ganhe a guerra, todos nós ficamos traumatizados em seus campos de destruição. Se você vive em quase qualquer lugar da Terra no início do século 21, esta zona de guerra é o que você está vivenciando agora.

Em contraste, o potencial para uma cultura gilânica e cooperadora da Bruxaria Moderna seria baseado em um paradigma de lua de mel da Deusa amando o Deus, cuja abordagem ao poder é a Unidade. Aqui todos vivem no caramanchão da criação. Uma cultura inspirada por um Grande Deus/Deusa implica uma organização igualitária compartilhada por meio da cooperação mútua de todas as pessoas. Em vez de dominação, uma forma gilânica de "matriarcado" fortaleceria a inclusão amorosa, porque uma mãe ama todos os seus filhos da mesma forma; é uma abordagem familiar.

Por que esses modelos de sociedade são importantes para uma prática pessoal de Bruxaria? Bem, o primeiro passo da magia é identificar o problema que precisa ser mudado. Aplicar pomada em um sintoma não é tão eficaz quanto eliminar a causa raiz de uma doença. A divindade me revela que o surgimento da Wicca como uma nova religião, com seus ritos e mitos neopagãos imperfeitamente ressuscitados, poderia ser a Grande Obra de Magia que, coletivamente, salvaria nosso Planeta da destruição imposta pelo homem. Proponho que essa cultura baseada em "medo e domínio" é a causa raiz da "doença" que corrói nosso espírito coletivo. A magia que restaura o equilíbrio divino da Deusa pode restaurar nosso equilíbrio pessoal e nos ensinar o verdadeiro amor e cooperação novamente. Assim como nossa magia transforma individualmente cada Bruxa, nossa cultura é transformada coletivamente.

Para esse fim, tornou-se um grito de guerra comum entre as Bruxas "esmagar o patriarcado", e eu entendo perfeitamente esse impulso. No entanto, nossas escolhas de palavras podem ser parte do problema. Permita-me plantar esta semente de pensamento: não podemos esmagar o patriarcado usando armas patriarcais.[23] As ferramentas do patriarcado são o medo, a opressão e a dominação. Esmagando essas coisas, só estamos dando um golpe com uma mudança de regime de intimidação e não melhorando nada. É apenas uma perpetuação da violência e uma transferência de privilégio. A Bruxaria Moderna oferece um novo paradigma, uma nova abordagem ao poder e um novo conjunto de ferramentas matriarcais em vez de armas. Essas ferramentas do Deus/Deusa têm o potencial de transmutar a toxicidade, curar nossas feridas, limpar os destroços dos campos e, mais uma vez, cultivar a beleza e a abundância entre nós.

As ferramentas mais poderosas que uma Bruxa pode comandar estão codificadas dentro do lado tradicionalmente "feminino" ou receptivo dos mistérios elementais da Terra, Ar, Água e Fogo. A Bruxaria Elemental nos leva para longe do velho punho cerrado da desgraça mesquinha, para o coração aberto do potencial amoroso. Esta magia resulta em evolução pessoal e social. Um feliz subproduto desse progresso é uma sociedade mais justa e um Planeta mais saudável para nossos filhos herdarem. Em última análise, esta evolução é o objetivo da Grande Obra de Magia que este livro apresenta na Seção Três.

Definindo o Panenteísmo

Vamos definir alguns termos religiosos comuns para que possamos triangular nossa posição dentro dos muitos "ismos" das religiões neopagãs.

Monoteísmo: é a crença em um Deus responsável pela criação, manutenção e julgamento de todas as coisas. Ortodoxias invasivas tendem a ser monoteístas.

Duoteísmo: caracterizado como tendo dois aspectos principais ao longo de uma polaridade, muitas vezes um Deus e uma Deusa igualmente poderosos.

Politeísmo: a crença em muitos deuses e deusas distintos que podem existir dentro de um panteão coletivo, mas têm atuação individual.

Animismo: a crença de que as forças e os objetos naturais, assim como os fenômenos, têm espíritos individuais.

Panteísmo: a crença de que a divindade é imanente à natureza. Tudo existe como manifestação de um espírito incognoscível e impessoal.

---

23. Uma proposta que me foi apresentada pela primeira vez em uma conversa com Lipbone Redding.

Panenteísmo: a crença de que a divindade é tanto imanente dentro da natureza (toda a matéria), mas também tem uma consciência transcendental com a qual podemos interagir pessoalmente; a divindade interpenetra cada parte do Cosmos e se estende intemporalmente além dele. Portanto, tudo no Cosmos tem um espírito e está interconectado em um nível fundamental. Pessoas, plantas, minerais, animais, estrelas, planetas, divindades individuais, todos os seres do espírito são todos aspectos da divindade, que é fundamentalmente benevolente.

Agora, continue dirigindo por essa estrada de pensamento panenteísta e você chegará à verdade de que nenhuma parte do Cosmos poderia ser separada da divindade. Portanto, todos os humanos são encarnações da divindade. Parabéns! Não poderíamos ser "expulsos", por pior que sejam nossas escolhas. A condenação não seria possível. A vida não é um jogo de morte cósmica para ganhar as férias dos sonhos. O melhor de tudo é, por estarmos interconectados ao poder cósmico supremo, podemos trabalhar cooperativamente como cocriadores. É esta a ligação e a parceria existentes em todo o universo divino pelo qual uma cultura cooperadora matriarcal é fortalecida.

Cada "ismo" citado descreve uma peça de quebra-cabeça no maior mistério oculto de todos: qual é o sentido da vida? O panenteísmo tenta descrever todo o quadro do quebra-cabeça, o inefável, ou aquilo que está tão além da compreensão humana que não pode ser colocado em palavras. Assim, o panenteísmo reconcilia todas as nossas várias filosofias, experiências e revelações pessoais. Todos eles podem se encaixar à medida que navegamos em nosso caminho espiritual e somos simultaneamente verdadeiros.

A etimologia de *panenteísmo* significa "tudo em Deus", vindo do grego antigo.[24] Este termo foi cunhado em 1828, pelo filósofo alemão Karl Christian Friedrich Krause (1781-1832)[25] e é formado principalmente a partir da filosofia neoplatônica grega, que é uma pedra angular do Hermetismo e da Bruxaria Elemental. Também se alinha com muito do antigo pensamento hindu e budista.

O panenteísmo influenciou fortemente os transcendentalistas da Nova Inglaterra, como Ralph Waldo Emerson, e o movimento do Novo Pensamento. Este conceito de panenteísmo certamente não se originou com a Bruxaria

---

24. John Culp, "Panentheism", *The Stanford Encyclopedia of Philosophy*, ed. Outono de 2020. Atualizado em 17 de Junho de 2020, https://plato.stanford.edu/entries/panentheism/.
25. *Enciclopédia Britânica*, "Karl Christian Friedrich Krause," May 2, 2021, https://www.britannica.com/biography/Karl-Christian-Friedrich-Krause.

Moderna, nem é exclusivo para nós. A noção de que o Deus/Deusa se manifesta dentro da Natureza é repetida em todos os nossos textos inicias da Bruxaria do século 20. Esta passagem de Starhawk em *A Dança Cósmica das Feiticeiras* ilustra isso lindamente: "A Deusa não está separada do mundo – Ela é o mundo e todas as coisas nele: Lua, Sol, Terra, estrela, pedra, semente, rio fluindo, vento, onda, folha e galho, broto e flor, presa e garra, mulher e homem. Na Bruxaria, carne e espírito são um."[26]

No poema litúrgico organizado por Doreen Valiente, "A Carga da Deusa", as Bruxas são informadas diretamente de que o Deus/Deusa é a Natureza, e que essa Natureza Divina está nos chamando para casa. "Eu, que sou a beleza da terra verde, e a Lua branca entre as estrelas, e o mistério das águas, e o desejo do coração, chamo a tua alma. Levanta-te e vem a mim."[27] Reconhecer que o material tangível da natureza é divino não requer fé de nossa parte. A natureza simplesmente é. As árvores crescem, os ventos sopram, as estações mudam, independentemente de qualquer humano as ver ou acreditar nelas.

Soletrando a Tealogia do Deus/Deusa na Forma Moderna

Antes de nos aprofundarmos na tealogia panenteísta da Bruxaria Moderna, vamos fazer uma parada nas minhas escolhas de ortografia e pontuação. Dentro da feitiçaria panenteísta, palavras como Natureza, Universo, Cosmos, Grande Espírito, Mente Divina, Fonte, o Todo, tornam-se intercambiáveis para a totalidade da divindade, com sua própria consciência transcendente e atuação agregada. Os Wiccanianos geralmente se concentram na interação da Grande Deusa e do Grande Deus – como nomes próprios abreviados em suas invocações e orações – portanto, essas palavras são reverencialmente maiúsculas. Christopher Penczak propôs o título "os DOIS que se movem como UM" em sua série de livros *Temple of Witchcraft (Templo da Bruxaria)*. Adotei amorosamente este título, pois eles são reflexos espelhados de toda a extensão da divindade. Para minha própria abreviação, e como um ato de magia intencional, escrevo seu título como Deus/Deusa. Dessa forma, não podemos esquecer que a divindade inclui todos os gêneros, todas as possibilidades e todas as fases do ciclo da vida. Deus/Deusa, um título que se refere a nomes e identidades infinitos, é, portanto, referido com os pronomes plurais eles/elas.

---

26. Starhawk, *The Spiral Dance: A Rebirth of the Ancient Religion of the Great Goddess*. Edição comemorativa de aniversário de 10 anos. (São Francisco: HarperSanFrancisco, 1989), 22.
27. Valiente, *The Charge of the Goddess*, 13.

Da mesma forma, uma discussão sobre a religião do Deus/Deusa seria sua tealogia. Este é o meu "feitiço" para desmantelar o patriarcado. Teologia (com "o") é derivada da antiga palavra grega *theos* que significa Deus. É o estudo da religião principalmente do ponto de vista masculino. A etimologia liga-se ao uso francês do século 14, *theologie*, referindo-se à filosofia da doutrina cristã. A tealogia (com "a") é derivada da antiga palavra grega *theas* que significa Deusa. Como tal, é o estudo da religião a partir de uma perspectiva feminista. Eu escolho a grafia inclusiva que melhor reflete a cultura cooperativa do Deus/Deusa que a feitiçaria panenteísta cria. Como as palavras têm poder, escolho "soletrar" essa mudança em realidade.

Definindo a Bruxaria Moderna

A Bruxaria Moderna é relativamente nova na cena neopagã e ainda está se formando. A Tradição apresentada neste livro sincretiza uma prática aplicada a partir dos fios da Wicca e da Bruxaria tradicional, que emergiu da Grã-Bretanha. Está entrelaçada com a mitologia pagã antiga, práticas de magia popular, ciências ocultas e técnicas ritualísticas derivadas da alquimia hermética. Mantemos a estética da Bruxaria romântica do mistério do Velho Mundo – de incensos acesos, caldeirões borbulhantes, vassouras, luz de velas e feitiços encantadores. Abandonamos o dualismo, a colonização patriarcal, o sexismo, a homofobia e a obediência hierárquica inquestionável. O Neopaganismo recuperado alimenta um anseio profundo e ancestral por mistérios e significados. Porém, não somos mais os povos de uma sociedade antiga. Nem os deuses antigos são estáticos. Tudo na Natureza está evoluindo; portanto, nossas práticas visam atender às necessidades de um povo em evolução em parceria com uma divindade que também está em evolução, para resolver os problemas modernos.

Existem várias características definidoras da Bruxaria Moderna: nossas influências são sincréticas e ecléticas, resultando em uma ortopraxia que visa a reivindicar nossa Soberania pessoal, resultando em um controle internalizado de nossas vidas.

Sincrético e Eclético

Se você realmente ir a fundo em suas raízes, vai descobrir que todas as principais religiões do mundo e todos os tipos de Bruxaria e Paganismo antigos são ecléticos e sincréticos. Isto foi o que eu aprendi com os fundadores da Bruxaria Moderna com seus exemplos, se não por credo. O sincretismo resulta da tentativa de misturar e conciliar princípios e práticas variados, e às vezes opostos, dentro da filosofia e da religião. "Eclético" significa manter o que se considera ser os melhores elementos, não seguindo nenhum sistema em particular, mas forjando um novo sistema a partir de muitas partes.

Ortopraxia vs. Ortodoxia

A Bruxaria é melhor definida pelo que as Bruxas fazem do que pelo que elas acreditam ou por quem elas são. Observe a ênfase na Arte. Uma ortodoxia define o que um adepto deve acreditar para jogar pelo seu time, como é padrão nas ortodoxias invasivas. Uma ortopraxia sugere fazer ações particulares. A Bruxaria oferece técnicas testadas pelo tempo através das quais você será desafiado a pensar por si mesmo. Então, através da experiência e revelação divina, uma Bruxa pode descobrir por conta própria aquilo que ela acredita.

Bruxaria é mais sobre aprimoramento pessoal aqui e agora, em vez de se preocupar com a estética, adorar os deuses antigos ou até mesmo saber o que acontece quando morremos. Embora não sejam importantes, essas são considerações secundárias. A vida de uma Bruxa é a poesia da sua presença significativa, e todas as metáforas são divinas. Dentro da Bruxaria Moderna, cada um de nós pode escrever um novo poema com a nossa própria vida. Essa poesia encenada é a Grande Obra da Magia, que também pode transformar nossa cultura.

A Bruxaria deve ter uma consistência interna que faça sentido, sem necessidade de fé. Mantém-se como um imperativo moral que as Bruxas não levem nada ao pé da letra. A própria definição de ocultismo é que há uma sabedoria oculta a ser encontrada abaixo do óbvio. Aprenda a confiar em suas próprias percepções e experiências, confie em seu crescente poder e em suas realizações ao longo da jornada. E então, forje a sua Arte pessoal.

Soberania Pessoal

Importante ainda dizer, que a Bruxaria reivindica uma Soberania sobre nossa própria vida e espírito, retomando o que as ortodoxias invasivas colonizaram há muito tempo. Assumimos autoridade sobre nossa própria mente, coração, corpo e vida. Com nossas práticas rituais, calibramos nossa bússola moral para a orientação divina mais elevada. Desta forma, crescemos em maturidade espiritual e curamos as feridas infligidas a nós pela cultura dominadora.

Uma vez que mudamos para a mentalidade matriarcal de cooperação, carinho e compaixão entre iguais, as Bruxas Soberanas estão prontas para se tornarem cocriadoras de um mundo "reencantado". Estamos preparadas para derrubar as estruturas aberrantes que nos oprimiriam ainda mais. Nesta "Nova Era", uma parceria com Deus/Deusa emerge novamente, e os impedimentos de classe social, religião, gênero, raça, etnia, habilidade e costume são dissolvidos.

Com nossa senciência, as Bruxas humanas são como o sacerdócio do reino animal, assim como as árvores são os sacerdotes do reino vegetal e as montanhas são os sacerdotes do reino mineral. Juntos, esse sacerdócio diversificado entra em serviço para proteger a Natureza como defensores e zeladores, como tecelões da teia interconectada da vida.

Internalizando o Locus de Controle

Em nossa cultura cooperadora neopagã, estamos reivindicando o arbítrio que é nosso por direito, dado por Deus/Deusa. Nas ciências sociais, livre-arbítrio se refere aos "pensamentos e ações tomadas por pessoas que expressam seu poder individual... O livre-arbítrio é o poder que as pessoas têm de pensar por si mesmas e agir de maneira a moldar suas experiências e trajetórias de vida".[28] Dentro da psicologia, o *locus de controle* se refere ao local de onde acreditamos que a fonte que controla nossa vida se origina: dentro de mim ou fora de mim? Este conceito foi introduzido pela primeira vez na década de 1950, pelo psicólogo Julian Rotter.[29] É uma ideia simples, mas tem um grande significado na maneira como influencia as crenças de uma pessoa.

O patriarcado instalou propositalmente um *locus de controle* externo com a crença de que forças externas estão dando as ordens e você não tem voz no assunto. Como uma folha lançada ao vento, você pode se sentir impotente por forças que estão além de seu controle. Se os ventos são favoráveis a você, considere-se "abençoado". Mas se não gosta do que está acontecendo, você pode, convenientemente, culpar essa força por qualquer coisa horrível que o está vitimizando e pensar que está "amaldiçoado".

Esse controle externalizado pode ser uma crença de que a força externa é "Deus", algum destino pré-determinado, uma maldição geracional, o governo ou alienígenas controladores da mente. Como criamos a realidade por nossos

---

28. Nicki Lisa Cole, "How Sociologists Define Human Agency," ThoughtCo., atualizado em 22 de janeiro de 2019, https://www.thoughtco.com/agency-definition-3026036.
29. Nichola Tyler, Roxanne Heffernan, e Clare-Anne Fortune, "Reorienting Locus of Control in Individuals Who Have Offended Through Strenghts-Based Intervetions: Personal Agency and the Good Lives Model", *Frontiers in Psychology* (15 de Setembro de 2020), https://doi.org/10.3389/fpsyg.2020.553240.

próprios pensamentos, você pode estar involuntariamente cumprindo sua própria profecia e entregando seu poder a esse controlador imaginado. Mesmo as coisas boas que realiza ainda seriam atribuídas a essa força externa, e você nunca assume a responsabilidade por sua própria vida. Esta é a impotência necessária para manter sob controle os dominadores das ortodoxias invasivas.

Por outro lado, se você acredita que detém o controle sobre sua vida, isso é chamado de *locus interno de controle*. Se você sabe que é o mestre de seu próprio destino e tem o poder necessário para criar a vida que escolheu, então essa é a realidade que irá manisfestar. Cada um faz suas próprias escolhas e vive com suas consequências. E também tem permissão para reivindicar suas próprias vitórias! Se sua Bruxaria Elemental realizar alguma coisa, use-a para internalizar o controle de sua jornada espiritual. Mude sua mentalidade de vítima impotente para vitorioso e poderoso em plena posse de sua bela vida. Vamos cuidar disso diretamente durante as lições elementais.

O Caminho do Retorno

Praticar uma "Tradição" de Bruxaria e trabalhar com um livro como este é muito parecido com seguir um mapa já estabelecido. São artefatos muito úteis de quem já percorreu o caminho antes de nós, mas sabemos que a mudança na paisagem é inevitável ao longo do tempo e que a experiência é única para o viajante. Podemos começar com os mapas que outros viajantes deixaram para nós, mas refazer servilmente seus passos seria, na melhor das hipóteses, apenas religiosidade vazia, e na pior, não passaria de fundamentalismo sem sentido. Podemos empilhar todos os vários mapas místicos, mágicos, religiosos, científicos, filosóficos e ocultos uns sobre os outros, iluminar a luz divina da possibilidade através deles e procurar o que é internamente consistente e útil. Por meio dessa exploração de mente aberta, por tentativa e erro, as Bruxas modernas podem triangular seu caminho para a existência de seu universo pessoal. É assim que descobriremos Deus/Deusa dentro de nós mesmos, como o X marcando o local onde o tesouro pode ser encontrado. Ainda temos que seguir as pistas, fazer a viagem e desenterrar esse tesouro por nós mesmos. Para mim, esta é a "porta secreta que se abre para a Terra da Juventude" e é o "Santo Graal da Imortalidade" mencionado na liturgia "A Carga da Deusa" da Wicca.[30]

---

30. Valiente, *The Charge of the Goddess*, 12.

Este longo caminho de exploração é o que completa o Caminho de Retorno do Pentáculo – um retorno ao relacionamento adequado com o Deus/Deusa da Natureza e ao seu poder como uma Bruxa totalmente realizada. Para uma Bruxaria prática nesta vida atual, nosso caminho começa na encruzilhada do Espírito, Terra, Ar, Fogo e Água encontrados no âmago do nosso ser. Este antigo sistema internaliza os três *loci de poder* (sendo *loci* plural para *locus* ou localização):

1. *Controle* sobre nossas vidas físicas.
2. *Autoridade* para confiar em nossos instintos e fazer escolhas acertadas por nós mesmos.
3. *Segurança* sentida, associada à autoconfiança e ao empoderamento que é obtido quando o poder divino é redescoberto dentro de nós mesmos.

Como "A Carga" tão eloquentemente aconselha, "saiba que sua busca e anseio não te servirão, a menos que conheças este mistério: que se o que procura não encontra dentro de ti, nunca o encontrará fora".[31]

Bruxaria para o Século 21

Concluo que esta forma de Bruxaria Moderna é a espiritualidade emergente que pode potencializar as soluções necessárias para os problemas do século 21, herdados da cultura dominadora. Problemas esses como, repressão sexual, desigualdade de gênero, homofobia e transfobia; masculinidade tóxica, exploração e violência contra mulheres e crianças; racismo sistêmico, ressurgimento do autoritarismo e do fascismo com belicismo contínuo, além da ameaça de aniquilação global com o apertar de um botão; as crescentes crises de saúde mental e física e o destino inevitável da poluição ambiental e das mudanças climáticas.

Como exploraremos nos próximos capítulos, uma cultura neopagã fundamentada na parceria amorosa do Deus/Deusa seria fundamentalmente progressiva e cooperativa. Ela reflete a visão do movimento feminista interseccional. A ética da tealogia panenteísta exige que preservemos nosso meio ambiente como bons administradores da Terra e que ofereçamos compaixão igual a todos os gêneros, sexos, raças, orientações sexuais e a nossos vizinhos para a plena participação no sonho democrático de "vida, liberdade e busca da felicidade". Melhor afirmado na frase final de *O Cálice e a Espada*, Riane Eisler vislumbra este mundo futuro potencial do Deus/Deusa, onde "nosso impulso

---

31. Valiente, *The Charge of the Goddess*, 13.

por justiça, igualdade e liberdade, nossa sede de conhecimento e iluminação espiritual e nosso anseio por amor e beleza serão finalmente libertados. E depois do sangrento desvio da história androcrática (patriarcal), tanto as mulheres quanto os homens finalmente descobrirão o que Ser humano pode significar."[32]

Primeiros Passos: Livro dos Espelhos (Diário Mágico)

Para este estudo você vai precisar encontrar um diário que vai servir como seu Livro dos Espelhos ao longo do ano. Livro dos Espelhos é um nome romântico para o diário pessoal de uma Bruxa. Isso não é a mesma coisa que o Livro das Sombras da Bruxa ou que um Grimório. Esses livros são mais como seu manual de procedimentos ou um livro de receitas para sua prática mágica.

Para um Livro dos Espelhos eu uso cadernos de composição barata, e posso passar por dois ou três "livros" em um ano. Não me importo de rabiscar, desenhar e tomar notas neles, porque são baratos e sempre posso conseguir mais. Eu decoro as capas com imagens inspiradoras para o trabalho em questão, que combina com minha vela de dedicação anual. Gosto especialmente de reutilizar as impressões artísticas de calendários de Bruxas dos anos anteriores. Você pode escolher qualquer diário que faça com que se sinta confortável para expressar sua jornada pessoal ao longo do Caminho do Pentáculo.

Não posso recomendar com força suficiente o poder que você vai encontrar na prática regular de escrever seus pensamentos, desafios e experiências à medida que eles se desenrolam. Como a Lua refletindo o Sol, o processo de registro no diário ajuda a desviar nossos pensamentos conscientes de nossas profundezas subconscientes, iluminando nosso caminho aqui na Terra com mais clareza. É mais difícil notar padrões na floresta enquanto você ainda está vagando pelas árvores. Essas anotações vão permitir que você olhe para trás em seu progresso e comece a ver padrões e temas emergentes. Elas são um "reflexo" de onde você está ao longo de seu caminho – um instantâneo no tempo –, mas também um espelho no qual podemos nos ver mais claramente. O objetivo da Bruxaria é fornecer algum propósito a essa jornada. Esses registros vão se tornar as migalhas de pão que você deixa cair ao longo do caminho. Dessa forma, quando o ciclo girar novamente –, agora em uma oitava mais alta – você poderá navegar com mais facilidade.

---

32. Eisler, *The Chalice and the Blade*, 203.

Habilidades de Pensamento Crítico

Como qualquer livro sobre Bruxaria que valha a pena, este não lhe dirá em que acreditar, cabe a você aplicar esses métodos, juntamente a habilidades de pensamento crítico, e descobrir no que acredita por conta própria. Infelizmente, nossa sociedade moderna desencoraja ativamente o pensamento crítico. Eu encorajo você a questionar tudo sobre seu mundo, existência e espiritualidade; disseque-o, reorganize-o, teste-o até que as rodas caiam. Descarte o que ofende sua alma, como dizem, e depois repita as coisas que soam verdadeiras para você. Escolha mergulhar profundamente no porquê das coisas que você faz, tanto as espirituais quanto as coisas mundanas. Isso começa reexaminando criticamente o que você consome e como se envolve com a sociedade. Para eliminar a insidiosa programação patriarcal que todos recebemos desde o nascimento, temos que fazer um novo estudo de todas as nossas suposições, ações e motivações na vida. Então só mantenha o que está alinhado com nossa bússola moral e é internamente consistente. Façamos o que é eficaz e benéfico para nossa vida como seres Soberanos.

Para descobrir o que é mais eficaz, temos que estudar, experimentar e depois registrar nossas descobertas. Essas "entradas de diário", é assim que costumo chamá-las, são como manteremos o processo de evolução espiritual em constante aprimoramento, como poderosas Bruxas que somos.

Como a Bruxaria é uma ortopraxia, significando ação correta, é fundamental que as Bruxas realmente façam as coisas. A simples leitura deste livro não chegará nem perto de colocar tudo isso em prática. Não adianta seguir instruções sem pensar, sem dissecar como elas afetam sua vida. Investigue como essas práticas de Bruxaria afetam você. Isso é magia. O que quer que escreva será subjetivo – não há respostas erradas em uma entrada de diário, então, não se censure. Você pode deixar sua Mente Divina fluir em um fluxo de consciência! No entanto, ainda vai ter que submeter suas experiências ao escrutínio. Caso contrário, qual é o sentido de fazê-lo?

Escrita Mágica

Um campo da ciência conhecido como *háptica* prova que o ato físico de escrever à mão cria mudanças físicas no cérebro.[33] Usar seu corpo para soletrar ideias não materiais com símbolos que exploram uma egrégora de poder alimentada por

---

33. Anne Mangen e Jean-Luc Velay "Digitizing Literacy: Reflections on the Haptics of Writing", *Advances in Haptics*, ed. Mehrdad Hosseini Zadeh, IntechOpen (1 de Abril de 2020). https://doi.org/10.5772/8710.

bilhões ao longo de milênios, formando palavras que transmutam pensamentos em forma, vai incorporar esse poder aqui no Mundo Médio. Soa familiar? Seu cérebro não será afetado da mesma maneira se optar por algum formato digital ou um gravador de voz. Pode ser por isso que todos se sentem um pouco perdidos durante esta era tecnológica. Além disso, a Bruxaria é curiosamente anacrônica por boas razões. Então, pegue uma boa caneta e um caderno e comece!

⁃∙∙ Reflexão do Diário: Registros Diários ∙∙⁃

Um Diário de Reflexões pessoal nada mais é que você registrar situações diárias em um contexto de Bruxaria. Comece a prática de tirar alguns minutos de reflexão silenciosa ou meditação todas as manhãs antes de começar o dia e, em seguida, escreva em seu diário por alguns minutos. Comece com a data, a posição do Sol e a fase e posição da Lua dentro do zodíaco e em qual maré de mistério elemental você está trabalhando no momento. Para isso, será necessário ter uma agenda que tenha essas informações (como a *Llewellyn Witches' Datebook*, por exemplo) ou um bom aplicativo de astrologia. Para smartphones, gosto do aplicativo "TimePassages" para posições e descrições astrológicas diárias.

Anote sonhos, sincronicidades e números recorrentes que continuam aparecendo para você. Tem um encontro incomum com algum animal selvagem? Vê a mesma imagem em todos os lugares, desde formações de nuvens a redemoinhos em sua espuma de café com leite? Um amigo inesperadamente presenteou você com uma rara variedade de pedra? Anote! Em seguida, faça uma pesquisa de referência rápida on-line para fazer anotações sobre os atributos metafísicos e ocultos por trás dessas coisas. Preste atenção para ver se esses atributos energéticos se aplicam aos acontecimentos em sua vida no momento. Como você se sente fisicamente hoje? Dorme bem? Se você menstrua, inclua algo digno de nota sobre seu ciclo. Aconteceu alguma coisa interessante hoje?

Reflita sobre o que você aprendeu até agora neste capítulo. Registre suas reações emocionais e pensamentos sobre o assunto. Ao escrever, tenha em mente que você é um ser multidimensional com seu mental, emocional, de vontade, físico e espiritual. Verifique cada aspecto de si mesmo e anote qualquer coisa sobre seu estado de Ser.

CAPÍTULO 2

Fundações Herméticas

As disciplinas ocultas que são facilmente associadas à feitiçaria hoje foram fundamentadas em grande parte na filosofia hermética. É do paradigma hermético que muitas tradições de ocultismo derivam respostas para as questões religiosas existenciais sobre a criação cósmica, a natureza da divindade e nossos relacionamentos divinos contínuos e propósito humano.

O hermetismo é um amálgama de misticismo grego, egípcio, persa e hebraico, que alquimistas e herméticos de muitas tradições colocaram em prática espiritual. O que emergiu de suas experimentações cresceu nas ciências esotéricas ocidentais, como a astrologia e a teurgia. Foi derivada da alquimia que a tradição Wicca dos quatro poderes elementais do Ar, Fogo, Água e Terra foi encontrada. Ao entender de onde vêm nossas ideias fundamentais, podemos aprofundar e autenticar ainda mais nossa Bruxaria "Moderna". Para este fim, vamos começar com uma exploração da história, princípios e cosmologia da filosofia hermética, que estabeleceu os sistemas de astrologia, magia planetária e formulários para feitiços. Então, vamos seguir este fio hermético para a era moderna com uma exploração dos sete princípios herméticos apresentados no livro *O Caibalion*.

Filosofia Hermética

A filosofia hermética surgiu em Alexandria, no Egito, durante os três primeiros séculos da Era Comum. Eventualmente, tornou-se uma mistura sincrética de antigos paganismos do Egito, Grécia, Pérsia e Oriente Médio. A filosofia hermética leva o nome da figura mítica de Hermes Mercurius Trismegisto, que se traduz como "Hermes, o três vezes grande."[34] Três vezes grande era um

---

34. Pronunciada her-MEEZ mer-CURE-ee-us TRIS-ma-GIS-tus.

epíteto egípcio comum para o Deus com cabeça de íbis, chamado Thoth, ou Tehuti.[35] Filósofos de Alexandria, sendo egípcios por herança e educados em filosofia grega, viram seu antigo deus Thoth manifestado através do deus grego Hermes e do deus romano Mercúrio. Essas divindades da sabedoria, escrita, comunicação e magia eram vistas como três faces de um Deus em evolução, encarregado pela Suprema Inteligência do Cosmos de ensinar os mistérios da magia à humanidade..., mas apenas aos humanos que estavam preparados para a verdade.

Alguns estudiosos sugerem que Hermes Trismegisto foi o primeiro homem que alcançou a gnose, ou o conhecimento espiritual por revelação divina. A partir de então, foi ele que ensinou a outros como alcançar a gnose. Após sua morte, o sábio tornou-se um Deus, como qualquer um poderia ser.[36] Seus alunos se tornariam então seu sacerdócio, e essa sabedoria seria passada de sábio para sábio em seus Templos, preservando e ensinando seus mistérios.

Hermes Trismegisto é creditado como a fonte do *Corpus Hermeticum*, uma coleção de dezoito textos, ou tratados, que revelam a cosmologia e os ensinamentos de Hermes. No entanto, esses textos surgiram individualmente muito mais tarde, vindo de diversos professores governados pelos romanos. Foi em Alexandria, no Egito, que os créditos de autoria foram dados a Hermes, como era prática comum na época. *The Secret History of Hermes Trismegistus*, descreve a figura e as filosofias atribuídas a Hermes Trismegisto como sendo "o produto da filosofia sincrética e helenística da natureza, que em si era um conglomerado de aristotélicos, platônicos, estoicos e pitagóricos". Doutrinas, intercaladas com motivos da mitologia egípcia e temas de origem judaica e iraniana".[37]

O cristianismo foi decretado a religião oficial do Império Romano, em 380 EC.[38] Outro decreto foi emitido em 391 EC, pelo imperador Teodósio I, com o objetivo de erradicar todos os vestígios do paganismo e permitir a demolição

---

35. Muitos pronunciam este nome Toath, mas também pode ser pronunciado como Thought (pensamento), ou mesmo Taught (ensinado).
36. Walter Scott, ed. e trad., *Hermetica: The Ancient Greek and Latin Writings Which Contain Religious or Philosophic Teachings Ascribed to Hermes Trismegistus* (Boston: Shambhala Publications, 1993), 6.
37. Florian Ebeling, *The Secret History of Hermes Trismegistus: Hermeticism from Ancient to Modern Times*, trad., David Lorton (Ithaca, NY: Cornell University Press, 2007), 9.
38. Matthias von Hellfeld, *Christianity Becomes the Religion of the Roman Empire* – 27 de Fevereiro, 380. 16 de Novembro de 2009. https://p.dw.com/p/JJNY.

dos Templos restantes em Alexandria.[39] Agindo de acordo com esse decreto, Teófilo, o bispo de Alexandria, e uma multidão violenta de seus seguidores cristãos queimaram o restante do Serapeu da Biblioteca de Alexandria, levando-a ao chão.[40] Fugindo da perseguição como hereges, muitos dos filósofos herméticos migraram para o Leste, para a Pérsia pré-islâmica (atual Irã e Iraque), onde continuaram seus estudos com cautela. A palavra "alquimia", no Antigo Egito, formou-se a partir da palavra *Khem*, ou *Khemet*, que significava "A Terra Negra". Isso descrevia o solo escuro e fértil deixado pela enchente do Rio Nilo. O conhecimento das ciências egípcias foi chamado de *Khemia*, ou "A Arte Negra". Na Pérsia, o prefixo árabe *Al* (o) foi adicionado. A palavra *Al-khemia*, agora "alquimia", veio a ser traduzida aproximadamente como "As Artes Negras do Egito" e descreve a aplicação prática da filosofia hermética à evolução espiritual e física.[41]

A filosofia hermética, com suas influências neoplatônicas, forma as cordas de urdidura sobre as quais a tapeçaria da Bruxaria Moderna é tecida. É impossível extrair esses fios sem que todo o nosso paradigma mágico se desfaça. No *Corpus Hermeticum*, encontramos os alicerces para uma espiritualidade baseada na Natureza, fornecendo a mecânica de um Cosmos divino que revela que a magia não é apenas possível, mas também onipresente, autoevidente e direito inato de todo ser senciente.

O Divino Pimandro: Uma Cosmologia Oculta

O *Corpus Hermeticum* começa com uma história sobre a criação do Cosmos. Em 1871, esta história seria reimpressa como *The Divine Pymander* (*O Divino Pimandro*), pelo ocultista afro-americano Paschal Beverly Randolph, da Hermetic Brotherhood of Luxor, trazendo o conto para um lugar de destaque entre as escolas de mistérios, que mais tarde formariam a Wicca.[42]

Em *O Divino Pimandro*, Hermes Trismegisto estava meditando um dia quando recebeu uma visão da criação da Fonte Divina, que é apresentada pelo

---

39. Mostafa El-Abbadi, *Library of Alexandria*, Enciclopédia Britânica, atualizado em 17 de Julho de 2020, https://www.britannica.com/topic/Libraby-of-Alexandria.
40. El-Abbadi, *Library of Alexandria*.
41. Robert Allen Bartlett, *Real Alchemy: A Primer of Practical Alchemy*, 3rd rev. ed. (Lake Worth, FL: Ibis Press, 2009), 12–13.
42. William Walker Atkinson (*Three Initiates*), *The Kybalion: The Definitive Edition*, Philip Deslippe, ed. (New York: Jeremy P. Tarcher/Penguin, 2008), 13.

nome "Poimandres (Pimandro) a Mente do Universo"[43]. Pimandro mostra a Hermes uma visão narrada do método pelo qual o Cosmos tomou forma ao manifestar a Palavra. Qual palavra Pimandro usou para criar o Cosmos está sujeita a interpretação. Essa palavra foi traduzida como "razão" por Manly P. Hall, em sua obra *Os Ensinamentos Secretos de Todos os Tempos*.[44]

Na versão da história de Hall, Pimandro aparece na forma de um Grande Dragão, a personificação da Vida Universal. Hermes "vistou uma figura terrível e inspiradora. Era o Grande Dragão com asas se estendendo pelo céu e luz fluindo em todas as direções de seu corpo"[45]. Hermes pede ao Grande Dragão para "revelar a natureza do Universo e a constituição dos Deuses", e então a forma de Pimandro se transformou em um "glorioso resplendor pulsante. Esta Luz era a Natureza espiritual própria do Grande Dragão".[46]

Pimandro eleva a consciência de Hermes a um esplendor divino e radiante e mostra-lhe como os primeiros movimentos da criação estabeleceram uma polaridade. Do caos, houve um movimento ascendente de luz, Fogo elemental e Ar, que mais tarde passa a ter uma vibração distintamente masculina. Então há uma "escuridão que se move para baixo... um movimento de torção e envolvimento", dos elementos Água e Terra, que mais tarde tem uma vibração distintamente feminina. À medida que se separam, Hermes ouve um "grito inarticulado" da luz e um "eco pesaroso" da água, como se lhes doesse a separação.[47]

A Fonte, que é descrita na tradução como hermafrodita, contendo todos os gêneros, deu origem a outra Mente Suprema chamada *Nous* (pronunciada como *noose*), que também é descrita como de todos os gêneros. Nous é o criador do mundo, aquele que estabelece as sete esferas celestes que governam o destino e põe em movimento os intermináveis Ciclos da Natureza. Então, Nous deseja que as sete esferas celestiais produzam "dos elementos que se movem para baixo, seres vivos sem fala". Do Livro 1:11 "e o ar produziu criaturas aladas, e

---

43. Manly P. Hall, *The Secret Teachings of All Ages: An Encyclopedic Outline of Masonic, Hermetic, Qabbalistic and Rosicrucian Symbolical Philosophy*, edição de 50° aniversário (Los Angeles, CA: The Philosophical Research Society, Inc, 1977), 38.
44. Hall, *The Secret Teachings of All Ages*, 38.
45. Hall, *The Secret Teachings of All Ages*, 38.
46. Hall, *The Secret Teachings of All Ages*, 38.
47. Clement Salaman, *The Way of Hermes: New Translations of The Corpus Hermeticum* e *The Definitions of Hermes Trismegistus to Asclepius* (Rochester, VT: Inner Traditions, 2000), 17.

a água criaturas nadadoras. A terra e a água foram separadas uma da outra... e a terra produziu de si mesma o que ela possui, animais quadrúpedes, répteis, bestas; animais selvagens e domésticos".[48]

Nous, o Criador, passa a formar outra divindade à sua própria imagem (mais uma vez de todos os gêneros) traduzida como Homem Universal, a quem são concedidos todos os poderes da criação. Observe que agora existem três estratificações dessa Força Criativa. No texto original, *Fonte, Nous* e *Homem Universal* são mencionados em termos geracionais, como se fossem avós, filhos e netos. Observe também que os animais são referidos aqui como "seres sem fala".

Sendo uma Bruxa, equaciono a Força Criativa, chamada "Homem Universal", com o arquétipo neopagão do Pai Céu, de luz, Ar e Fogo, mas com a interessante compreensão de que esse ser realmente continha todos os gêneros em potencial. Quando leio que Água e Terra têm um "movimento natural descendente" e de escuridão, encontro o familiar arquétipo Pagão da Mãe Natureza. Vou parafrasear a próxima passagem da história da criação de *The Divine Pymander*, substituindo pela moderna linguagem neopagã.

> Livro 1:14. O Pai Céu então olha para baixo dos reinos do Espírito, através da harmonia do Cosmos governado pelas esferas celestes, e mostra à Mãe Natureza sua forma energética. Ao ver sua beleza e poder, a Mãe Natureza "sorri de amor". Ela reconhece o Pai Céu por seu reflexo em suas águas e pela sombra que ele projeta sobre sua terra. Quando o Pai Céu viu a Mãe Terra, ele a reconheceu como "uma forma semelhante à sua" e se apaixonou por ela, desejando morar com ela no reino do meio.[49]

Com a facilidade e a velocidade do pensamento, o Pai Céu desce pelas esferas celestes e é lançado em uma "forma sem fala".[50] As curvas descendentes da Mãe Natureza "envolveram-no em seus braços e eles foram misturados em um; porque estavam apaixonados um pelo outro".[51] Sua luz, Fogo e Ar se envolvem em sua escuridão,

---

48. Salaman, et al., *The Way of Hermes*, 19.
49. Salaman et al., trans., "Book 1," em *The Way of Hermes*, 20.
50. Salaman et al, "Book 1," em *The Way of Hermes*, 20.
51. Walter, Scott, ed. e trad. *Hermetica: The Ancient Greek and Latin Writings Which Contain Religious or Philosophic Teachings Ascribed to Hermes Trismegistus.* (Boston: Shambhala Publications, 1993), 123.

Águas e Terra. No Amor Divino eles se uniram como "os DOIS que se movem como UM", como o Grande Deus/Deusa, de quem toda a bem-aventurança flui.

15-16. De sua união, nascem sete humanos, cada um moldado de acordo com os poderes das sete esferas celestes. A humanidade tem existência dupla como matéria e espírito, tanto imortal, com o poder de criação da Mente Divina, quanto mortal, com desejo carnal de união. Tendo passado pelas esferas dos céus para habitar na Terra, a humanidade está sujeita aos mecanismos do destino celestial.

17. A criação desses sete aconteceu assim: a terra feminina e suas águas potentes, ao encontrar seu fogo, deu frutos. "... e do éter a Natureza recebeu a respiração e produziu os corpos" na imagem do Deus/Deusa. Eles estavam "além do gênero e sublimes".[52]

18. No final do ciclo, e no início das eras, os primeiros sete humanos hermafroditas foram "separados" em formas individuais, como sexo masculino e feminino.[53] A Mente Divina lhes falou as Palavras Sagradas: "façam amor e multipliquem-se, reconheçam que vocês também são dotados de minha Mente Divina e, portanto, imortais e poderosos; desejo físico traz mortalidade; vivam para que vocês possam vir a 'saber todas as coisas que são.'"[54]

19. Pela providência divina, toda a Natureza fez amor, e a harmonia do Cosmos levou adiante gerações por toda vida. Ao longo de muitas vidas reencarnadas, eles conheceram todas as coisas ensinadas pelo destino das esferas. Aqueles que reconheceram sua própria Mente Divina, eventualmente abandonaram seus corpos mortais e ascenderam de volta através das sete esferas, retornando à sua Fonte além das estrelas fixas. Aqueles perdidos na ilusão material da separação, repetiram seu sofrimento pelo medo da morte.

---

52. Salaman et al, "Book 1," em *The Way of Hermes*, 21, 20.
53. Salaman et al, *The Way of Hermes*, Book 1 em *Corpus Hermeticum*, 21
54. Salaman et al, *The Way of Hermes*, Book 1 em *Corpus Hermeticum*, 21

Nesta história, mamãe e papai não procriaram para fazer um bebê separado, eles se fundiram em um único ser que tinha todos os seus poderes. O Espírito Divino da Fonte, a Mente Divina de Nous, os poderes de criação do Homem Universal, pensamento (Ar) e vontade (Fogo), que se fundiram com o corpo físico (Terra) e a emoção (Água) da Mãe Natureza. Um Deus/Deusa da Natureza com todos os gêneros, multiforme e panenteísta foi o resultado. E então, eles trouxeram os sete arquetípicos humanos.

Percebeu o lindo simbolismo do *yin* e *yang* nesta cosmologia? Ela viu o Deus refletido em suas águas. Ele viu a Deusa em sua própria imagem. "Os DOIS que se movem como UM" – cada um reconheceu o oposto dentro de si! A criação começou com a Deusa e o Deus se diferenciando de uma única fonte para estabelecer uma escala de polaridade, e então se apaixonando. E eles foram reunidos em amor, dando à Natureza e a todos os seres dentro dela uma existência dual como matéria e espírito. A Natureza é fortalecida por seu Amor Divino para continuar evoluindo através da criação contínua.

Observe também que quando o Pai Céu desce para se juntar à Mãe Natureza, a tradução diz que ele assumiu "uma forma sem fala", que é a mesma frase usada para a criação de animais na passagem anterior. Isso acena para o mito Wiccaniano do masculino divino aparecendo na Terra com forma animal, como o Deus Cornífero, consorte da Deusa. Como Cernunnos, um Deus celta com chifres de animais e deserto. Ainda mais interessante poderia ser a correlação hermética com Pan, Deus grego da Natureza, fertilidade, rebanhos e manadas. Pan é descrito como sendo meio homem, meio animal, com chifres, pernas e orelhas de bode, que é carnal e luxurioso. Seu pai é o Deus grego Hermes. *Pan* é a palavra raiz que significa "todos". E é também a palavra raiz do panenteísmo, "tudo em Deus".[55]

Esta história poética expressa uma filosofia perene que os místicos vêm intuindo há séculos. Só porque um antigo sábio chamado Hermes Trismegisto contou uma história no Egito há milhares de anos não precisamos torná-la a história mais verdadeira para você agora. No entanto, isso ecoa a existência das esperanças e sonhos humanos de que, no fundo, quando fazemos a pergunta sobre o que é toda essa bobagem, só sabemos que a resposta deve ser *amor*. Só sabemos que o propósito de viver deve ser o de reencontrar e vivenciar a vida carnal ao máximo.

---

55. *Pan*, Enciclopédia Britânica, acessado em 22 de março de 2021, https://www.britannica.com/topic/Pan-Greek-god.

Sete Esferas Celestiais Estabelecem a Astrologia

Na cosmologia de *The Pymander* os mecanismos do Cosmos que governam o destino humano são apresentados em detalhes. Dentro desta poesia, a terra material é simbolizada como sendo o núcleo de uma série aninhada de esferas celestes, com cada camada sendo governada por um dos sete deuses ou estrelas errantes, visto da perspectiva da Terra. Em algumas traduções são chamados de "administradores" de sua esfera celeste. No entanto, sabemos muito bem que o Planeta Terra não é o centro do Cosmos ou do Sistema Solar. Cúpulas cósmicas não circundam literalmente o Planeta. Pense neles metaforicamente como uma *esfera de influência*.

Esses poderes que governam cada esfera de influência, chamados "estrelas", "planetas", "deuses" ou "administradores" são agora reconhecidos como os outros planetas (e nossa Lua) dentro de nosso Sistema Solar, que eram visíveis a olho nu, em suas próprias órbitas ao redor do nosso Sol . Suas esferas de influência se estendem para fora da Terra em ordem de distância até nós. "Em sua ordem tradicional, estes eram a Lua, Mercúrio, Vênus, o Sol, Marte, Júpiter, Saturno."[56]

De nossa perspectiva, esses deuses/planetas/estrelas errantes se movem em padrões espiralados contra o fundo das estrelas externas fixas, que são divididas nos doze signos do zodíaco. Imagine que nosso Sistema Solar é como um grande espirógrafo, com cada corpo celeste segurando uma caneta e desenhando uma linha enquanto se move através de uma vasta tela tridimensional. À medida que giram em torno um do outro em suas órbitas, e o Sol se move dentro do braço espiral da Via Láctea, arrastando todos os seus planetas, a imagem do espirógrafo certamente seria muito semelhante a uma mandala gigante, que flui em um *looping* repetitivo e padrões fractais.

Roteiro da Astrologia para o Destino Pessoal

Cada esfera planetária controla e orienta uma das sete áreas da consciência, instâncias da vida, arquétipos divinos, elementos, centros de energia dos chacras, partes do corpo humano, cores do espectro, notas em uma oitava, etc. infinito. Pense em cada esfera, com cada planeta em movimento em relação ao zodíaco no espaço sideral, como uma engrenagem em um mecanismo gigante. Há um movimento constante desenhando um padrão fractal inter-relacionado

---

56. John Michael Greer, *The New Encyclopedia of the Occult* (St. Paul, MN: Llewellyn Publications, 2003), 375.

específico em cada momento. Assim, cada momento da criação reflete um padrão único e circulante. Existem padrões cada vez maiores dos ciclos que se repetem infinitamente ao longo deste mecanismo: macrocosmo a microcosmo. O padrão de cada camada espelha todos os demais padrões da camada.

Os mesmos movimentos cíclicos dos planos Mental e Espiritual refletem concretamente no Plano Físico. Ou seja, as energias desse padrão fractal se materializam na química das plantas, na biologia dos animais, na geometria cristalina das pedras e nas formações geológicas da paisagem. Assim, o axioma hermético afirma: "como acima, assim abaixo; como abaixo, assim acima".

No instante de seu nascimento, seu espírito emergiu através do filtro fractal astrológico daquele momento específico em sua nova forma de bebê, e a sorte foi lançada. Seu espírito escolheu aquele momento e aquele corpo com as forças, fraquezas, lições para aprender e ensinar e Missão Sagrada a cumprir com base no padrão astrológico daquele momento. Esse mapa é chamado de "Mapa Natal". Leia esse mapa e sua vida e propósito sagrado aqui na Terra se tornarão muito mais claros. Este é o mapa do seu destino, pelo qual você é guiado nesta vida. Essas estrelas entregam a mensagem divina que você deixou para si mesmo escrita num céu tão grande, que você poderia vê-la de qualquer lugar da Terra, sempre que estivesse pronto. Portanto, as estrelas e planetas não estão "fazendo as coisas acontecerem"; estão, na verdade, refletindo um padrão repetitivo e o fluxo de energias por toda parte. O mecanismo divino trabalha de maneira previsível, mas a divindade está *dentro* do mecanismo, *como* o mecanismo, não do lado de fora, puxando alavancas arbitrariamente.

A tradição das sete esferas celestes tem sido estudada através da astrologia por alquimistas ao longo dos tempos. Eles discerniram os caracteres desses poderes e arquétipos planetários e como esses poderes foram codificados dentro de todos os materiais e seres da criação, estabelecendo tabelas de correspondências com seus poderes planetários e elementais. Cada planta, pedra, metal, animal, etc., também existiriam concomitantemente dentro dos Três Mundos, com um espírito imortal (mercúrio alquímico), uma alma (enxofre alquímico) e um corpo físico (sal alquímico), que continha a chave para esses poderes específicos aqui na Terra. Isso às vezes é chamado de "Santíssima Trindade do Universo". Outra pista para a existência é que a maioria dos paradigmas culturais e os sistemas de medicinas tradicionais que deles derivam, têm alguma forma dessas três partes principais. Na astrologia são as chamadas "modalidades" *mutáveis*, *cardinais* e *fixas*. Na medicina ayurvédica da Índia, são chamados de *Vata*, *Pitta* e *Kapha*. Na física, são representados por *Prótons*, *Nêutrons* e *Elétrons*. Na tradição alquímica ocidental, são chamados de *Mercúrio Sófico* (ou mercúrio dos filósofos), *Enxofre* e *Sal*. Esses termos descrevem o mesmo princípio tríplice da perspectiva de seu paradigma cultural.[57]

Grande parte da alquimia envolvia o refinamento e uso desses materiais para fins espirituais, mágicos e medicinais. Esse tesouro de correspondências pode ser usado pelas Bruxas enquanto elas criam seu próprio formulário mágico. É a partir dessas operações alquímicas que se origina a fermentação de bebidas "espirituais" (mercúrio, reino espiritual), a extração de óleos essenciais voláteis (enxofre, a alma) e a preparação de tinturas de ervas e extratos botânicos (sal, o corpo) e Alquimia foi desenvolvida![58]

Os alquimistas também discerniram como os poderes planetários influenciam nosso movimento através do tempo e métodos de tempo mágico por período do zodíaco, dia da semana e horas do dia. Discutiremos essa magia com mais detalhes no capítulo onze.

O Caibalion: Uma Filosofia Hermética

Os Sete Princípios Herméticos são frequentemente atribuídos a Hermes Trismegisto; no entanto, esta não é toda a história. *O Caibalion* foi publicado nos Estados Unidos em 1908, originalmente alegando ter sido escrito anonimamente por "Três Iniciados". Agora é irrefutavelmente entendido como tendo sido de autoria exclusiva de William Walker Atkinson (1862-1932).[59] Atkinson foi uma voz prolífica e influente dentro do Movimento do Novo Pensamento no início do século 20. Ele era advogado, ocultista renomado, autor prolífico, colunista de muitas revistas e editor da *Yogi Publication Society* em Chicago.[60]

---

57. Catherine Beyer, *Alchemical Sulfur, Merucry and Salt in Western Occultism*, Learn Religions, atualizado em 3 de julho de 2019, https://www.learnreligions.com/alchemical-sulfur-mercury-and-salt-96036.
58. Beyer, *Alchemical Sulfur*; Manfred M. Junius, *Spagyrics: The Alchemical Preparation of Medicinal Essences, Tinctures, and Elixirs* (Rochester, VT: Healing Arts Press, 2007), 55, 60, 57; *The Three Philosophical Principles*. Organic Unity, acessado em 31 de maio de 2021, http://www.organic-unity.com/top-menu /the-three-philosophical-principles/.
59. Atkinson também escreveu sob os pseudônimos Yogi Ramacharaka, Theron Q. Dumont, Magus Incognito e outros.
60. Philip Deslippe, introdução a *The Kybalion*, by William Walker Atkinson, 1–12.

William Walker Atkinson sincretizou com sucesso o hermetismo, o neoplatonismo, o transcendentalismo, o espiritualismo e a filosofia do Novo Pensamento com os avanços da física subatômica e o campo emergente da psicologia.[61] Durante a mesma época, o termo panenteísmo também emergiu das mesmas raízes transcendentalistas e do Novo Pensamento.

Os Sete Princípios Herméticos de Atkinson tornaram-se onipresentes em todo o movimento da Nova Era nos cem anos seguintes, desde de o *Ciência da Mente*, de Ernest Holmes, ao *O Segredo*, de Rhonda Byrne. Eles encontraram o caminho para a Bruxaria Moderna através de Laurie Cabot, que apresentou as Sete Leis Herméticas como "A Ciência da Bruxaria" no capítulo 5 de seu livro *O Poder da Bruxa*, em 1989.[62]

Sete Princípios Herméticos do Caibalion:

O Caibalion propõe uma compreensão hermética da ordem divina. Também fornece uma estrutura para trabalhar efetivamente dentro dessa ordem para nos tornarmos os capitães de nosso próprio destino. O livro oferecia "chaves mestras" pelas quais poderíamos destrancar "as muitas portas internas do Templo do Mistério", e então usar os mistérios revelados para jogar com sucesso o jogo da vida.[63] A seguir, uma breve olhada em cada um desses princípios, aplicados à tealogia da Bruxaria Moderna e à prática mágica.

1. O Princípio do Mentalismo

"O todo é mente; O Universo é Mental." — *O Caibalion*.[64]

O Cosmos existe na mente da divindade, ou *Nous* em grego, que é traduzido como Mente Divina ou Inteligência Suprema. Tudo no Cosmos é um pensamento dentro desta Mente Divina. Na filosofia hermética, "o Todo" é uma forma de se referir à divindade em seu aspecto maior e mais abrangente e a fonte de onde tudo emana. "A Mente Infinita do TODO é o útero dos Universos." – *O Caibalion*.[65]

---

61. Deslippe, introdução a *The Kybalion*, 1–44.
62. Laurie Cabot, *Power of the Witch: The Earth, The Moon, and the Magical Path to Enlightenment*, com Tom Cowan (New York: Delta Book, 1989), 151.
63. Atkinson, *The Kybalion*, 51.
64. Atkinson, *The Kybalion*, 64.
65. Atkinson, *The Kybalion*, 92.

A poesia aqui é que toda a criação é um sonho mantido dentro da Mente Divina, interligando toda a criação através do pensamento. O Deus/Deusa é tanto o sonhador quanto o sonho. Os humanos, como filhos do Deus/Deusa feitos por seu modelo, também têm pensamentos divinos. A separação é a ilusão, mas na verdade somos todos um ser complexo. A "salvação" dos ciclos de reencarnação vem apenas da lembrança de nossa interconexão através da Mente Divina. Se percebermos o poder de nossos pensamentos, podemos colocá-los em bom uso. Esse poder ou nos liberta ou nos escraviza.

2. O Princípio da Correspondência

"Como acima, assim abaixo; como abaixo, assim acima." — *O Caibalion*.[66]

Tudo no nível macrocosmo do Universo espelha os níveis microcosmos deste mesmo Universo. Existem padrões repetidos em todos os planos da realidade que correspondem em harmonia e concordância uns aos outros. Esses Três Planos são definidos pelo Hermetismo como Plano Físico, Plano Mental e Plano Espiritual. Eu correlaciono esses planos com a visão de Três Mundos do Neopaganismo como:

- Plano Físico = Mundo Médio
- Plano Mental = Mundo Inferior, Submundo ou Plano Astral
- Plano Espiritual = Mundo Superior ou Céus[67]

As sete esferas celestes, governadas pelos sete planetas clássicos espelham essas sete áreas de consciência ao longo de toda a existência. Sete é um número mágico, não importa onde você olha! *O Caibalion* delineou como essas "oitavas" se repetem infinitamente através dos três grandes planos, cada um subdividido em sete subplanos. No Plano Mental do Mundo Inferior, existem subplanos para a mente mineral, mente vegetal e mente animal, e também os planos para as mentes elementais e a mente humana. Chamo esses planos de "reinos das plantas, pedras e ossos".

Cada partícula do Cosmos contém um mapa do Todo em padrões que se repetem infinitamente. Na Natureza, observamos a escala fractal onde a proporção áurea é vista se repetindo ao longo das formações naturais, desde o arranjo de pétalas em flores até redemoinhos em conchas e padrões de linhas

---

66. Atkinson, *The Kybalion*, 65.
67. Christopher Penczak, *The Temple of Shamanic Witchcraft: Shadows, Spirits and the Healing Journey* (St. Paul, MN: Llewellyn Publications, 2005), 123–124.

costeiras. Esta proporção áurea é representada pelo Pentagrama! Cada célula contém as instruções de DNA que podem recriar todo o organismo. As galáxias são estruturadas como os Sistemas Solares, que são estruturados como os átomos. Os neurônios no cérebro são estruturados como o conjunto de galáxias dentro do Cosmos. Estes são todos os pensamentos dentro da Mente Divina.

A imagem icônica do Baphomet representa esse princípio em sua postura, que Eliphas Levi chama de "sinal do ocultismo" de uma mão apontando para os céus, para a Lua branca crescente de *Chesed* (misericórdia) na Árvore da Vida da Cabala, e uma mão apontando para baixo, em direção à Terra e a Lua minguante negra de *Geburah* (severidade).[68]

O símbolo Baphomet foi desenhado por Eliphas Levi, um ocultista francês do século 19, como um símbolo panteísta do "equilíbrio universal" e reflete simbolicamente os princípios herméticos da alquimia. Conforme retratado em *Transcendental Magic*, o simbolismo de Baphomet inclui um Pentagrama vertical do microcosmo na testa de uma figura hermafrodita, com barba e cabeça de bode. Há uma tocha flamejante (Fogo) da Mente Divina entre seus chifres, ele tem seios femininos, usa o caduceu de Hermes representando o falo masculino e tem as feições animalescas das feras do Ar (asas), Água (escamas) e da Terra (patas e cascos de bode), que fundem os quatro elementos. As inscrições nos braços representam as operações da alquimia: Dissolver e Coagular.[69] O símbolo Baphomet de Levi é muitas vezes confundido com o Bode Sabático, Bode de Mendes, e erroneamente com o Diabo Cristão.[70] No entanto, Levi o descreveu "como todos os ídolos monstruosos, enigmas da ciência antiga e seus sonhos, é apenas um hieróglifo inocente e até piedoso".[71]

3. O Princípio da Vibração

"Nada descansa; tudo se move; tudo vibra." — *O Caibalion*.[72]

Tudo no Universo está em constante movimento; nada descansa; tudo está em um estado cíclico e de mudança. A única diferença entre os estados da matéria, do pensamento, da energia e do espírito é sua taxa de vibração. A ciência

---

68. Eliphas Levi, *Transcendental Magic: Its Doctrine and Ritual*, trans. A. E. Waite (London: George Redway, 1896), 290.
69. Levi, *Transcendental Magic*, 290.
70. Levi, *Transcendental Magic*, 291.
71. Levi, *Transcendental Magic*, 290.
72. Atkinson, *The Kybalion*, 66.

moderna da física nos informa que matéria e energia são a mesma coisa, apenas vibrando em frequências diferentes. As frequências mais baixas simplesmente adquirem uma forma perceptível, e então começamos a chamá-la de "matéria".

4. O Princípio da Polaridade

"Tudo é Dual; tudo tem polos; tudo tem seu par de opostos; igual e diferente são a mesma coisa; os opostos são idênticos em Natureza, mas diferentes em grau; os extremos se encontram; todas as verdades são meias-verdades; todos os paradoxos podem ser reconciliados." — *O Caibalion*.[73]

Tudo no Universo existe como uma mistura desse espectro entre os opostos e as tensões entre eles. No taoísmo, este princípio é simbolizado como o *yin* e o *yang*. O mistério revelado é que, embora existam dois opostos mantidos em ciclos de equilíbrio rodopiante, eles não podem ser separados em absolutos. O ponto dentro de cada lado é a força deles. Esse ponto também é o buraco da fechadura para acessar o verdadeiro poder de qualquer mistério.

Figura 2: Símbolo taoísta yin-yang

5. O Princípio do Ritmo

"Tudo flui para fora e para dentro; tudo tem suas marés; todas as coisas sobem e descem; o balanço do pêndulo se manifesta em tudo; a medida do balanço para a direita, é a medida do balanço para a esquerda; o ritmo compensa." — *O Caibalion*.[74]

---

73. Atkinson, *The Kybalion*, 67.
74. Atkinson, *The Kybalion*, 69.

Tudo no Universo está sujeito a ciclos, que estão em equilíbrio consistente de fluxo e refluxo. Há uma oscilação natural e igual entre os extremos, como um pêndulo. Todos os paradoxos podem ser reconciliados. Esses ritmos naturais se repetem em um ciclo em todos os níveis: nascimento, crescimento, maturidade, realização, declínio, morte e renascimento. Na astrologia, dividimos esse ciclo em três partes: CARDINAL, FIXA e MUTÁVEL. Os Sabbats em nossa Roda do Ano, o fluxo e refluxo dos ciclos da Lua, o equilíbrio inerente dentro dos elementos projetivos e receptivos, todos mantêm esse equilíbrio interno entre os polos.

6. O Princípio de Causa e Efeito
"Toda Causa tem seu Efeito; todo Efeito tem sua Causa; tudo acontece de acordo com a Lei; o acaso é apenas um nome para o direito não reconhecido; há muitos planos de causação, mas nada escapa à Lei." — *O Caibalion*.[75]

Todo efeito no Universo foi resultado de uma causa lógica e vice-versa. Não existe acaso. Mesmo quando essa relação causal não é óbvia para nós aqui no Plano Físico, provavelmente a causa foi desencadeada no plano Mental ou Espiritual. Quando notamos os padrões repetidos em detalhes recorrentes, chamamos isso de "sincronicidade", porque estão em sincronia com esse Mecanismo Divino que está se repetindo nos Três Mundos.

Além disso, dentro da Mente Divina, todas as nossas vidas são consideradas um grande caminho pelo qual nosso espírito está viajando mais alto à medida que evoluímos. Então, o efeito nesta vida pode muito bem ser causado por algo em uma vida anterior. Não é tanto uma coisa "cármica", pois isso implica um julgamento. É mais neutro e impessoal do que isso... seria mais como jogar uma partida de sinuca. Em uma vida você alinhou uma grande estratégia e fez sua jogada. A bola foi colocada em movimento, mas pode levar até a próxima vida para sentir o efeito dela batendo na caçapa do canto. Não é tanto uma "recompensa" pelo bom comportamento de sua parte, ou uma "punição" pelo mau comportamento dos outros jogadores naquele jogo de sinuca, apenas o resultado natural do seu engajamento no jogo.

---

75. Atkinson, *The Kybalion*, 71.

7. O Princípio de Gênero

"O gênero está em tudo; tudo tem seus princípios masculino e feminino; o gênero se manifesta em todos os planos." — *O Caibalion*.[76]

Voltando à história cosmológica do Pimandro, tudo no Universo surgiu quando a Deusa e o Deus se apaixonaram e depois se fundiram em um ser manifesto. Juntas, suas qualidades projetivas de Ar (pensamento) e Fogo (vontade) e qualidades receptivas de Terra (matéria) e Água (emoção) foram transmitidas a tudo que criaram em combinações variadas. Para os antigos, as qualidades projetivas eram consideradas masculinas e as qualidades receptivas femininas. Prefiro reformular a linguagem e colocá-la no contexto de ciclos:

- Projetiva = energia de saída, fluxo CARDINAL para pico FIXO.
- Receptivo = energia interna, refluxo MUTÁVEL para transmutação.

Não confunda este conceito de gênero mental com o sexo físico dos seres orgânicos. O sexo físico é apenas uma maneira pela qual esse princípio se expressa em apenas uma camada do Plano Físico, dentre muitas, e também a qualidade definidora menos importante de nosso caráter multiforme, de todos os gêneros e das sete esferas. Na história de Pimandro, essa divisão biológica foi a última consideração, e tão somente para a necessidade de procriação.

Lembre-se, o Princípio Hermético da Polaridade já afirma que não há cenários de trocar ou alternar. Pense nisso mais como uma barra deslizante que depende completamente do relacionamento relativo, abrindo todo o espaço que precisamos para uma variedade de expressões possíveis. Se um ser de qualquer forma possível existe abaixo, há um modelo espiritual correspondente espelhado acima. Todas as expressões de gênero e sexo são válidas e igualmente valiosas, como afirma este princípio.

Hermetismo na Bruxaria

Esta breve introdução à filosofia hermética mal arranha a superfície. Ao longo dos milênios, esses mistérios direcionaram os ocultistas de muitas tradições para aquela inefável existência que buscamos por instinto. Esta interpretação da Bruxaria é um tanto única quando comparada a outras tradições ocultas. No entanto, retire a lente patriarcal através da qual essa filosofia foi vista pela primeira vez e a onda procriativa do Deus/Deusa em equilíbrio será continuamente revelada.

---

76. Atkinson, *The Kybalion*, 72.

A moral desta história é que as imagens e os princípios do Hermetismo são consistentemente benéficos e, portanto, persistem. Eles inspiram uma lembrança ancestral do que os antigos entendiam da natureza e do nosso lugar dentro dessa divindade. Essa lembrança persistente ao longo do tempo provavelmente está de acordo com uma Vontade Divina mais elevada, que continua a evoluir e a se revelar. E ela ressurgiu através da Wicca, em 1900 e continua a evoluir. A seguir estão os princípios-chave do Hermetismo hoje, aplicados a uma religião da Bruxaria Moderna.

Princípios da Bruxaria Hermética Moderna

Sincretismo Oculto
A Bruxaria Hermética é baseada em um paradigma de poesia, não deve ser tomada literalmente. Por meio de metáforas e correlações, os padrões revelam os mistérios ocultos. Padrões repetidos encontrados na natureza, no pensamento e na cultura fornecem "setas" que apontam na direção de uma verdade mais profunda e universal. A Bruxaria Hermética é, portanto, eclética e sincrética. O paradoxo espiritual é um mistério a ser entendido, não negado.

Modelo de Três Mundos
O Cosmos é multiforme; tudo existe simultaneamente no Plano Espiritual, Plano Mental e Plano Físico, cada um com sete camadas. Os humanos podem acessar os reinos não físicos usando técnicas espirituais e mágicas que mudam sua percepção consciente para suas interconexões espirituais e mentais.

Panenteísmo
A Divindade é personificada como o Grande Deus/Deusa em cooperação, que são tanto imanentes à Natureza quanto têm consciência transcendente. Portanto, o Universo é infinitamente diverso, mas unificado dentro do Deus/Deusa. Este panenteísmo reconhece uma multiplicidade de divindades, honrando todas as faces culturais e nomes dos deuses.

Magia e Fala
O reino material (abaixo) e os reinos espiritual e mental (acima) são espelhos um do outro e permanecem em equilíbrio. Portanto, o que acontece no nível espiritual acabará se refletindo no material. Vire isso e o que acontece no material

impactará o espiritual, permitindo a mudança através da magia simpática. Se o Cosmos foi criado pela Mente Divina (*Nous*) trazendo a Palavra (razão) à existência, então nosso maior poder é nosso domínio da linguagem. Todos os seres com senciência que têm os poderes da fala são, deste modo, cocriadores dentro da Mente Divina. Portanto, a Bruxaria inclui feitiços mágicos, cantos, encantos e afirmações que são escritas e faladas em voz alta.

Interconexão
Há unidade dentro do Cosmos, com simpatia e interconexão em todo o nosso ser tríplice nos reinos espiritual, mental e físico. A separação é a ilusão criada pelo mundo material, mas tudo está vivo e unido dentro de um eterno Deus/Deusa. Essa interconexão é refletida pela Lei Tríplice do Retorno, que adverte que as energias que direcionamos para fora, sejam elas benéficas ou prejudiciais, também retornarão para afetar nosso Eu tríplice, impactando também nossos próprios pensamentos, emoções e condição física.

Bem-aventurança
Deus/Deusa surgiu ao se apaixonar e fundir-se como "os DOIS que se movem como um". Seu Amor Divino se manifesta como humanidade à sua imagem. Portanto, todos os humanos existem por causa do Amor Divino, são feitos do Amor Divino, com o propósito existencial de explorar todas as facetas da interconexão amorosa; sem exclusões, sem classificações de valor. Todos os humanos têm uma natureza abençoada com capacidade inerente de benevolência e cooperação. O potencial para o "mal" emerge do medo e das escolhas movidas pelo medo para realizar ações perniciosas que impedem o fluxo natural do Amor Divino através dos ciclos da Natureza.

Ortopraxia
O crescimento espiritual é alcançado através da aspiração e do envolvimento em práticas espirituais. A Bruxaria Hermética encoraja a curiosidade espiritual por meio do estudo diversificado de textos e do aprendizado com professores sábios, mas, em última análise, requer engajamento devocional e mágico pessoal para experimentar Deus/Deusa em primeira mão. Portanto, a iniciação nos mistérios é alcançada através de uma conexão direta e pessoal entre a Bruxa e seu Deus ou Deusa.

A Grande Obra da Magia

A Bruxaria Hermética se engaja na Grande Obra da Magia como um processo intencional pela qual evoluímos na consciência de nossa divindade manifesta para uma eventual reunificação com a nossa Fonte. Nossos espíritos encarnam no reino físico para aprender e crescer através da diversidade, de modo que, quando retornarmos à nossa Fonte, adicionemos uma sabedoria complexa do que significa existir. Com o autoaperfeiçoamento, auxiliamos a evolução da humanidade como um todo.

Imortalidade e Reencarnação

Tudo e todos têm um espírito imortal. A mudança é uma constante universal, mas o espírito nunca perece. Tanto a vida quanto a morte são meras percepções, trocando formas dentro do Deus/Deusa. A evolução da humanidade por meio da Grande Obra leva muitas vidas. Nosso destino, governado pelas sete esferas celestes guia nossa exploração pelos padrões dos movimentos astrológicos e das lições que eles transmitem. A Missão Sagrada de cada vida é revelada pelo padrão do Cosmos através do qual somos lançados no momento do nascimento.

Livre-Arbítrio e Soberania Pessoal

Valendo-se do livre-arbítrio, as Bruxas reivindicam Soberania sobre suas próprias vidas e assumem a responsabilidade por suas escolhas, pensamentos, emoções e ações. Elas assumem a administração benevolente da Natureza e da sociedade dentro de sua esfera de influência. Essa máxima é expressa na última linha do poema A Rede Wiccana, como "Sem nenhum dano causar, faça o que desejar".

Totalidade e Libertação Sexual[77]

A cosmologia hermética estabelece um espectro divino de gênero em equilíbrio, com todos os seres materiais contendo uma mistura única de divindade feminina e masculina. Somos todos inteiros e completos dentro de "os DOIS que se movem como UM". Todas as formas de sexo responsável entre adultos consentidos são consideradas expressões sagradas do Amor Divino. Em contraste com o hermetismo clássico, as Bruxas consideram nossos corpos como vasos sagrados da divindade, concedidos como uma bênção, e exaltamos o gozo saudável da vida encarnada como um ato de devoção.

---

77. Robert Mathiesen and Theitic, *The Rede of the Wiccae: Adriana Porter, Gwen Thompson and the Birth of a Tradition of Witchcraft* (Providence, RI: Olympian Press, 2005), 52–53.

Religião Natural

O hermetismo busca a conexão com Deus/Deusa através dos ciclos da Natureza. Para revelar os mistérios divinos, as Bruxas celebram os ciclos de nascimento, morte e renascimento em todos os níveis da realidade. O ciclo de celebração anual é chamado de Roda do Ano, com um momento favorável baseado na astrologia e no movimento da Terra em relação às estrelas externas do zodíaco. A roda inclui oito marés sazonais do Sol chamadas *Sabbats* e treze marés mensais da Lua chamadas *Esbats*.

Equilíbrio do Caminho do Pentáculo

Nossas práticas rituais trazem equilíbrio entre as polaridades conforme elas se manifestam nos níveis espiritual, mental, emocional, de vontade e físico. A criação de equilíbrio é fundamental para a capacitação e o crescimento; portanto, as Bruxas Herméticas abraçam tanto a luz quanto a sombra ao longo de todas as fases do ciclo de nascimento, morte e renascimento.

Cultura Cooperativa

Uma aplicação dos princípios da Bruxaria Hermética e as ferramentas do Amor Divino concedidas pelo equilíbrio do Deus/Deusa são usadas para reconstruir uma sociedade de cooperação e igualdade para fins de paz, realização e abundância de toda a sua progênie em harmonia com a ordem natural.

Estabelecendo uma Prática de Meditação

Antes de avançarmos muito em nosso Caminho do Pentáculo, uma prática regular de meditação precisa ser estabelecida como um primeiro passo para conectar-se ao nosso poder dentro da Mente Divina. O propósito de cultivar uma prática diária de meditação é alcançar uma mente em repouso. Somente então você está preparado para seguir seu dia normal de forma eficaz. Em cada ação, em cada observação, você se abrirá para a maravilha do Universo revelado que sempre esteve ao seu redor. A diferença é que seus olhos agora podem ver e sua mente agora pode compreender, porque estão devidamente preparados e abertos para receber.

✦ Meditação 1 ✦
A sala de meditação dentro de sua mente

Você vai precisar de:
- Uma vela, de qualquer tipo
- Um incenso que você goste, de qualquer tipo
- Uma cadeira confortável, com apoio e braços, se possível
- Seu Livro dos Espelhos e uma caneta

Preparação

Acenda sua vela e incenso, depois sente-se confortavelmente em uma poltrona que permita que sua coluna fique perpendicular ao chão. Suas coxas devem estar paralelas ao chão e os pés planos. Não deixe nada cruzado ou desconfortável.

Práxis

Feche os olhos e imagine um quartinho confortável dentro de sua própria cabeça. Imagine sua consciência como uma versão minúscula do seu Eu mais mágico sentado em sua cadeira, confortável, naquele cômodo aconchegante de sua mente. Seus olhos são janelas em uma parede distante daquela sala.

Olhe ao redor da sala. Veja que este é um quarto perfeito para você, decorado do jeito que gosta. Você está cercado de conforto. (Pausa). Aqui você está sentado em uma confortável cadeira de meditação, longe daquela janela. Longe da agitação do mundo exterior.

Está quieto e tranquilo aqui no Santuário interior de sua mente. Qualquer ruído ou pensamento disperso que o distraia são apenas pássaros voando por aquela janela distante... Liberte-os sem medo!

Há uma claraboia acima e um suave feixe de luz branca brilha sobre sua cabeça.

Comece com três respirações profundas e exageradas. Permita um suspiro audível enquanto afrouxa qualquer tensão reprimida. (Pausa). Agora, respire lenta e profundamente pelo nariz e pela boca...

Sinta a energia do ambiente ao seu redor. Uma luz branca multicolorida brilha através daquela claraboia, segurando você suavemente em seu feixe. A luz flui em sua respiração, através de seu nariz, percorrendo seu corpo até que você brilhe.

Permita que essa energia flua onde for necessário. Apenas observe enquanto permanece confortavelmente sentado(a), respirando profundamente.

Em cada expiração, solte suavemente tudo o que não serve ao seu bem maior. Soprando-o na respiração. (Pausa).

Inspire a luz que flui em seu corpo mental e sua mente se abre. Expire ilusões que cegam seus olhos da verdade. Sopre a ilusão como fumaça. (Pausa).

Inspire a luz que flui em seu corpo emocional e seu coração se acalma. Expire tristeza e desgosto. Sopre essa dor como fumaça. (Pausa).

Inspire a luz que flui para o corpo de sua vontade e seus fogos serão atiçados. Exale a culpa que impede a ação correta. Sopre a culpa como fumaça. (Pausa).

Inspire a luz que flui em seu corpo físico e você estará em repouso. Expire o medo que causa sofrimento. Sopre o medo como fumaça. (Pausa).

Inspire a luz que flui em seu corpo espiritual e você ficará à vontade em todos os níveis. Todos os impedimentos funestos desaparecem e o ar clareia. (Pausa). Você está completo e rejuvenescido(a).

Descanse aqui e desfrute de mais dez minutos de meditação silenciosa. Quando estiver pronto(a) para voltar ao seu dia, vá até a janela e abra os olhos. Estique-se. Complete sua entrada de diário para o dia em seu Livro dos Espelhos. Apague a vela quando terminar.

CAPÍTULO 3
Tealogia e Ética

A partir do paradigma fundamental da filosofia hermética, respondemos a algumas das questões religiosas existenciais sobre a criação do Cosmos e da humanidade. Deus/Deusa funde os quatro elementos para se tornar o Todo da Natureza Divina. Toda a Natureza sendo multiforme, contendo luz e escuridão, o mortal e o imortal, e sujeita ao destino governado pelas sete esferas do mecanismo celestial. Aprendemos que nosso propósito humano é o de conhecer, evoluir e nos unirmos em amor para a plena realização de nossa Mente Divina, para algum dia nos reunirmos com a Fonte e contribuirmos com o conhecimento da nossa existência. Neste capítulo, exploraremos ainda mais o paradigma da Bruxaria Moderna com uma introdução à Joia da Divindade da Bruxa, à poesia sagrada da Wicca e a Tealogia da Perfeição, depois seguiremos com os princípios éticos que são uma extensão dessa tealogia como as Quatro Regras para a Soberania Pessoal.

A Joia da Divindade da Bruxa

As descrições da divindade são apenas reflexos poéticos do inefável. São setas que apontam na direção da verdade, mas não confunda a seta com o destino ou você perderá a parte mais emocionante da viagem. Meu conselho é abordar a divindade com uma mente aberta. Investigando tudo que já foi descrito, você apenas voltará ao início. Na dúvida, seja direto. Peça que a divindade seja revelada a você de uma maneira que seja óbvia e compreensível. Em seguida, libere a expectativa sobre o resultado e confie em sua visão interior. A divindade o informará.

Capítulo 3

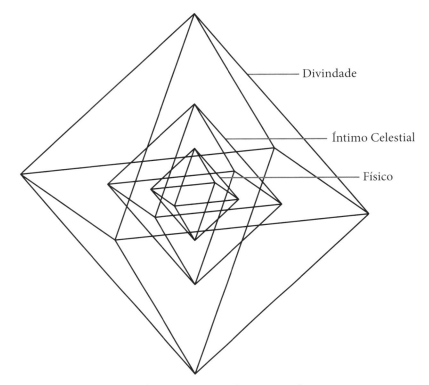

Figura 3: Modelo 3D, três octaedros agrupados

Uma dessas "flechas" metafóricas apontando para a divindade que me pareceu mais correta foi o conceito do Diamante da Divindade proposto por Christopher Penczak, em seu livro *Outer Temple of Witchcraft* (2004). Penczak descreveu a espiritualidade como uma busca por este "lindo diamante, multifacetado e de multicamadas refletindo a luz da criação".[78] Esta Joia Divina é um símbolo para a totalidade da Mente Divina, que está sendo experimentada a partir da perspectiva infinita de cada ser no Cosmos. Esses seres variam de divindades e entidades espirituais a humanos, plantas, pedras e animais, cada um contendo sua própria centelha de divindade. Nessa metáfora, há tantas facetas quantos os seres que a vivenciam.

Aplicando a cosmologia hermética, imagino o símbolo do diamante de Penczak em sua forma tridimensional: o octaedro, uma bipirâmide de oito lados. O octaedro passa a ser a formação natural dos diamantes minerais e é

---

78. Christopher Penczak, *Outer Temple of Witchcraft*.

o sólido platônico que os antigos filósofos pagãos associavam ao elemento Ar. (Vamos chegar a isso mais tarde). Esse octaedro de diamante seria, portanto, um símbolo apropriado para uma "Mente Divina".

Para essa abordagem simbólica da divindade, aninhei três octaedros, um dentro do outro, refletindo o modelo hermético de Três Mundos do Cosmos: camadas mentais, espirituais e físicas. Dentro dessa joia "multicamada e multifacetada", a luz da Fonte brilha através do limite maior e mais externo. Embora os detalhes estejam além do escopo deste trabalho, *O Caibalion* entra em detalhes sobre como cada camada é subdividida em camadas de sete – para que possa haver infinitas facetas de possibilidades dentro de cada estrato desse símbolo.

As facetas do diamante mais externo representam fases do ciclo de criação e destruição cósmica conhecidas como modalidades CARDINAL (nascimento), FIXA (vida) e MUTÁVEL (como morte por regeneração). Os principais arquétipos de divindades baseados nos planetas clássicos que se dizia "governar" as sete esferas celestes.

As facetas do diamante intermediário representam as sete esferas celestes de influência. Essas facetas formam o padrão cósmico do destino, como o "morrer" pela qual a Fonte, como poder criativo bruto, é moldada em forma e caráter. Através dessas facetas, a Fonte nos chega com maior foco e detalhes, em forma de divindades individuais, as quais conhecemos por seus nomes e expressões culturais. Dentro desse diamante celestial, o Espírito se diversifica em facetas menores e mais detalhadas: anjos, devas da natureza, mestres ascensos e criaturas míticas como dragões e fênix são todas as facetas possíveis neste diamante celestial.

O diamante físico aninhado no centro representa a natureza material, com facetas que colocam em foco todos os seres materiais: cada pessoa física, animal, planta, mineral, molécula, elemento químico e átomo, dos mais profundo aos mais simples, até o nível subatômico. No nível mais profundo da realidade, voltamos para cruzar com o Plano de Forças, explorando o potencial criativo puro como os poderes elementais da Terra, Ar, Fogo e Água.

Porém, como uma Bruxa pode empregar este modelo à sua magia? Com uma abordagem panenteísta a esta Joia da Divindade, uma Bruxa pode se associar às consciências colectivas dentro de qualquer camada. Procure mentalmente a faceta necessária e veja a energia divina concentrando esse tipo específico de poder como um raio laser em seu feitiço. Por exemplo, eu poderia me concentrar no planeta Saturno para ajudar em uma questão de justiça.

Ou, com uma abordagem mais animista da Joia, todo ser, animado ou inanimado, também tem sua própria pequena faceta e liberdade de escolha. Aqui, uma Bruxa pode se conectar ao espírito de um ser em particular e pedir ajuda. Neste caso, eu poderia apelar para o álamo tulipa em meu quintal, que por acaso é uma faceta mais refinada do planeta Saturno, no qual posso tocar fisicamente.

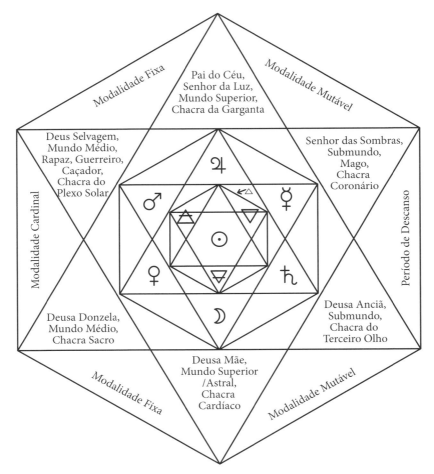

Figura 4: Hexagramas da Joia da Divindade, de três octaedros agrupados

Indo na outra direção, de forma politeísta, uma Bruxa pode focar um relacionamento devocional através da faceta do próprio Deus romano Saturno. Quanto mais para fora em direção à totalidade da Fonte nos expandimos, mais nebulosas e misteriosas as forças serão, mas isso também seria dito para a física "misteriosa" que encontramos a níveis subatômicos. Essa progressão simbólica me lembra a flor de lótus de mil pétalas do Chacra da Coroa, muitas vezes expressa em imagens espirituais hindus.

É aí que reside o maior dos mistérios ocultos: nossa Fonte Criativa flui como um *donut* (rosquinha) de tamanho cósmico, um campo de energia do *toro* (padrão primário, uma energia dinâmica que se assemelha a uma rosquinha) exatamente como a aura humana e o campo eletromagnético planetário. Em sua totalidade, a divindade em seu brilho mais deslumbrante, puro e inefável é tanto o alcance mais externo da joia quanto o núcleo mais interno de cada faceta interna. Como acima, assim abaixo; como dentro, assim fora.

Quando você gira um modelo de estrutura de arame 3D de nossos três octaedros aninhados e olha para baixo em um ângulo de 45° de uma face superior, a geometria sagrada tradicional do hexagrama entra em foco. A figura e as tabelas a seguir ilustram e adicionam correspondências a este modelo.

	Externo: Hexagrama de Divindade	Intermediário: Hexagrama Celestial	Interno: Hexagrama Físico
	Modalidades, Arquétipos Divinos	Sete Esferas Celestes, Divindades Individuais	Mundo Médio, Joia do Poder da Bruxa Elemental
Mundo Superior: Divindade Masculina Ascendente	Chacras: Terceiro (Plexo Solar): Deus Selvagem, Caçador, Guerreiro. Quinto (Laríngeo): Senhor da Luz, Pai Céu, Solar. Sétimo (Coronário): Senhor das Sombras, Mago.	☉ Sol – centro ♃ Júpiter ♂ Marte ☿ Mercúrio	Projetivo: Ar: para o conhecimento Fogo (reverso): para o desejo Água: para a ousadia Terra: para o silêncio
Mundo Inferior: Divindade Feminina Descendente	Chacras: Segundo (Sacro): Deusa Donzela Quarto (Cardíaco): Deusa Mãe Sexto (Terceiro Olho): Deusa Anciã	♀ Vênus ☽ Lua ♄ Saturno	Receptivo: Ar: para questionar Fogo (reverso): para se render Água: para aceitar Terra: para ressoar

É de minha experiência que cada indivíduo que observa este universo místico e mágico vê a si mesmo e seu próprio nível de compreensão refletido de volta para eles a partir desta joia multifacetada. Você vê o que está preparado para lidar com a visão, e então a realidade espelha essa expectativa. À medida que você percorre o Caminho do Pentáculo e se envolve na Grande Obra da Magia, expande sua consciência para fora, tornando-se mais capaz de perceber e lidar com facetas maiores. Com esta visão expandida vem uma gama mais ampla de compreensão sobre como tudo se corresponde e o poder que flui por toda parte. Este modelo pode resolver o paradoxo da diversidade *versus* unidade.

Da mesma forma que sou uma humana individualmente chamada Heron, sou composta de bilhões de células individuais e organismos simples. Cada célula serve a um propósito especial. Eu tenho consciência e arbítrio, mas também a bactérias em meu organismo, que são involuntárias a mim. E ainda aceito que minha consciência individual é parte da consciência humana coletiva. Posso ser os três ao mesmo tempo. Há um efeito sinérgico aqui, onde o espírito coletivo é maior que a soma de suas partes individuais. Quando você consegue harmonizar todos os três níveis ao mesmo tempo, alcança seu potencial máximo.

Diferentes culturas se desenvolveram a partir de diferentes experiências da Natureza Divina e, com essa experiência, passamos a ter expectativas diferentes. No entanto, quanto mais se esforça para entender as complexidades do nosso mundo natural, abrindo a mente para novas possibilidades, lentamente descobre-se os mistérios ocultos sob o óbvio. Lembre-se de que no panenteísmo, a totalidade da Natureza é Divina, e nada é excluído dessa divindade. Quando procuramos por "Deus", não importa o que encontramos, aquilo vai estar parcialmente correto. Cumprimos nossas próprias profecias sobre o que é verdade para nós naquele momento.

Poesia Sagrada da Wicca

Na liturgia da Wicca, existem vários poemas de especial significado para a tealogia e ética da Bruxaria Moderna. Eles codificam os mistérios de forma simples e citável e oferecem ferramentas do Deus/Deusa que ajudam as Bruxas a recuperar sua Soberania e depois prosperar. Entre esses poemas, a forma em prosa de "A Carga da Deusa" é praticamente uma escritura. Este poema foi arranjado a partir de fontes ocultas mais antigas, como a *Aradia* de Leland e inspirado nos clássicos gregos, com o *White Moon Charge,* escrito novamente por Doreen Valiente, em 1957.[79] "A Caga" tornou-se parte do *Livro das Sombras Gardneriano* e é estimada amplamente em toda a Bruxaria.

Outra peça crucial da liturgia sagrada da Wicca é um poema de vinte e seis versos publicado pela primeira vez em 1974, chamado *Rede Wiccana (Wiccan Rede, Rede Wiccaniana, Conselho Wiccaniano* ou *O Conselho dos Sábios)*. Este poema foi arranjado por Lady Gwen Thompson (1928–1986), fundadora dos Covens de Bruxas Tradicionalistas da Nova Inglaterra, que alegou ter sido transmitido de sua avó, Adriana Porter. Acredita-se que o último dístico do longo poema Rede Wiccana na verdade remonta à Valiente, que primeiro falou essas linhas exatamente durante um discurso para a Witchcraft Research Association, em outubro de 1964, "Oito palavras que a Rede Wiccana respeita – Sem nenhum dano causar, faça o que desejar".[80]

Esse famoso credo da ética Wiccaniana também forma a última estrofe do poema de Valiente, *O Credo das Bruxas*, que diz: *E fazer o que queres, será o desafio, como amar a alguém e a ninguém magoar. Essa única regra seguimos a fio, para a magia dos Antigos se manifestar.. Oito palavras O Credo das Bruxas enseja: Sem nenhum dano causar, faça o que desejar!*[81]

Essas obras poéticas codificam os mesmos mistérios perenes do paradigma hermético, oferecem conselhos sobre técnicas mágicas e instruem as Bruxas sobre quando celebrar as marés favoráveis da Natureza. Eles também oferecem diretrizes éticas para a construção de uma cultura cooperadora de sucesso, fundada no Amor Divino do Deus/Deusa.

---

79. Ronald Hutton, *The Origins of The Charge of the Goddess*, em *The Charge of the Goddess*, por Doreen Valiente, 2.
80. Mathiesen e Theitic, *The Rede of the Wiccae*, 76.
81. Valiente, *The Charge of the Goddess*, 21.

Credo das Bruxas

Ouça agora a palavra das Bruxas,
os segredos que na noite escondemos,
quando a obscuridade era caminho e destino,
e que agora à luz nós trazemos.

Conhecendo a essência profunda,
dos mistérios da Água e do Fogo,
e da Terra e do Ar que circunda,
manteve silêncio o nosso povo.

No eterno renascimento da Natureza,
à passagem do Inverno e da Primavera,
compartilhamos com o Universo da vida,
que num Círculo Mágico se alegra.

Quatro vezes por ano somos vistas,
no retorno dos grandes Sabbats,
no antigo Halloween e em Beltane,
ou em Imbolc e Lammas a dançar..

Dia e noite em tempo iguais vão estar,
ou o Sol bem mais perto ou longe vai ficar,
e mais uma vez as Bruxas vão festejar
e à Ostara, Mabon, Litha ou Yule elas irão saudar.

Treze Luas de prata cada ano tem,
e treze são os COVENS também,
treze vezes dançar nos Esbás com alegria,
para saudar a cada precioso ano e dia.

De um século a outro persiste o poder,
que através das eras tem sido levado,
transmitido sempre entre homem e mulher,
desde o princípio de todo o passado.

Quando o Círculo Mágico for desenhado,
do poder conferido a algum instrumento,
seu compasso será a união entre os mundos,
na Terra das sombras daquele momento.

O mundo comum não deve saber,
e o mundo do além também não dirá,
que o maior dos Deuses se faz conhecer,
e a grande magia ali se realizará.

Na Natureza, são dois os poderes,
com formas e forças sagradas,
nesse Templo, são dois os pilares,
que protegem e guardam a entrada.

E fazer o que queres, será o desafio,
como amar a alguém e a ninguém magoar.
Essa única regra seguimos a fio,
para a magia dos Antigos se manifestar.

Oito palavras o Credo das Bruxas enseja:
Sem nenhum dano causar, faça o que desejar!

A Carga da Deusa
Doreen Valente

Ouça as palavras da Grande Mãe,
que antigamente também se chamava Ártemis; Astarte;
Diana; Melusina; Afrodite; Cerridwen; Dana; Arianrhod;
Ísis; Bride; e por muitos outros nomes.

Sempre que precisar de alguma coisa, uma vez por mês,
e melhor que seja quando a Lua estiver cheia,
então deveis se reunir em algum lugar secreto
e adorar o meu espírito, que sou a Rainha de todas as feitiçarias.

Lá vos reunireis, vós que desejais aprender toda feitiçaria,
mas ainda não conquistastes teus segredos mais profundos:
a estes ensinarei coisas que ainda são desconhecidas.
E sereis livres da escravidão; e como sinal de que sois realmente livres,
estareis nus em vossos ritos; e dançarão, cantarão, festejarão,
farão música e amor, tudo em meu louvor.
Pois meu é o êxtase do espírito e minha também é a alegria na Terra;
pois minha Lei é Amor para todos os Seres.

Mantenha puro seu ideal mais elevado;
esforça-te sempre para isso; não deixe nada pará-lo ou desviá-lo.
Pois minha é a porta secreta que se abre para a Terra da Juventude;
e meu é o Cálice do Vinho da Vida, e o Caldeirão de Cerridwen,
que é o Santo Graal da Imortalidade.

Eu sou a Deusa Graciosa, que dá o dom da alegria ao coração.
Na Terra, dou o conhecimento do espírito eterno;
e além da morte, dou paz, liberdade e reencontro
com aqueles que já partiram.
Nem exijo sacrifícios,
pois eis que sou a Mãe de todos os viventes,
e meu amor é derramado sobre a Terra.

Ouvi as palavras da Deusa Estelar,
ela no pó de cujos pés estão as hostes do céu;
cujo corpo circunda o Universo;
Eu, que sou a beleza da terra verde,
e a Lua branca entre as estrelas,
e o mistério das águas, e o desejo do coração,
chamo a tua alma. Levanta-te e vem a mim.

Pois eu sou a Alma da Natureza, que dá vida ao Universo;
de mim todas as coisas procedem,
e para mim todas as coisas devem retornar;
e diante de minha face, amado dos deuses e dos mortais,
seu eu mais íntimo se desdobrará no êxtase da alegria infinita.

Que minha adoração esteja dentro do coração que se regozija,
pois eis: todos os atos de amor e prazer são meus rituais.
Portanto, que haja beleza e força, poder e compaixão,
honra e humildade, alegria e reverência dentro de vós.

E tu que pensas por mim buscar, sabeis que tua busca
e anseio não te beneficiarão, a menos que conheças este mistério:
que se o que procuras não encontras dentro de ti,
nunca o encontrarás fora.

Pois eis que estou contigo desde o princípio
e sou aquilo que se alcança no fim do desejo.

A Rede Wiccana[82]

A Rede Wiccana a tudo respeita,
em Perfeito Amor e Perfeita Confiança.
Viva e deixe viver – dê o justo para assim receber.
Três vezes o Círculo Traçar, para assim o mal afastar.

Para firmar bem o encanto, entoa-o em verso ou em canto.
Toque leve e olhos doces, falas pouco e muito ouves.
Em sentido horário a lua crescente se levanta,
e a Runa das Bruxas encantam.

No anti-horário a lua mingua, cantando a runa sombria.
Quando nova e dama a lua for, então, beije duas vezes sua mão.
E quando ao topo a lua chegar, seu coração se deixará levar.
Para o forte vento do Norte, tranque a porta e boa sorte.

Quando do Sul o vento vem, o amor beija sua boca também.
Se o vento do Leste soprar, teremos novidades para comemorar.
E se o vento do Oeste vir sobre ti, espíritos inquietos estão ali.
Nove madeiras vão no caldeirão, queime-as vivamente e com lentidão.

A árvore mais antiga a Senhora venera, se a queimares o mal te espera.
Quando a roda começar a girar, é hora do fogo de Beltane queimar.
Em Yule, acende tua tora, o Deus Cernunnos governa agora.
Muita atenção à flor e ao arbusto, a árvore é boa, é a Senhora que nos abençoa.

Onde as águas ondulantes estão, atire uma pedra, e a verdade não será em vão.
Quando tiver uma verdadeira vontade, a cobiça alheia será só maldade.
Com o tolo não perca tempo, ser seu amigo não é o seu intento.
Feliz encontro e feliz partida, um bom momento em sua vida.

E lembre-se da Lei Tríplice também, três vezes o mal, três vezes o bem.
Quando o infortúnio chegar, use a estrela azul em sua testa para afastar.
Seja no amor verdadeiro, a menos que seu amante seja trapaceiro.

Oito palavras que a Rede Wiccana respeita:
Sem nenhum dano causar, faça o que desejar.[83]

---

82. Também conhecida como "O Conselho dos Sábios". Atribuído em sua forma original à Lady Gwen Thompson
83. Texto adaptado por Luciana Papale de acordo com as rimas da língua portuguesa. N. R.

Tealogia da Perfeição: Perfeito Amor e Perfeita Confiança

Na primeira linha do poema de Thompson, as Bruxas recebem o conselho de "a Rede Wiccana a tudo respeita, em Perfeito Amor e Confiança Perfeita".[84] Esta linha refere-se às "duas chaves" necessárias para entrar na porta do Templo de um Círculo de uma Bruxa. Este desafio garante que eles estejam preparados para entrar e comungar com seus Deuses e colegas Bruxos de boa fé. "Como se entra?" pergunta o desafiante, brandindo a lâmina ritual. "Pois seria melhor se apressar com tua lâmina e perecer do que fazer a tentativa com medo em teu coração".[85] A resposta a esta pergunta é precisamente onde as Bruxas são instruídas sobre que tipo de sociedade e cultura o Deus/Deusa deseja que construamos. As duas chaves para entrar no Templo são respondidas com "em Perfeito Amor e Perfeita Confiança".

Definindo a Perfeição

O que as Bruxas querem dizer com "perfeição"? Este é um termo carregado em nosso mundo moderno. Para entender esse mistério, as Bruxas recuperam o significado original. A versão curta é que "perfeito" significa completo, inteiro, nada excluído. Este significado é derivado do paradigma panenteísta, onde o Cosmos é entendido como a totalidade do Deus/Deusa, onde toda a matéria (Terra), sentimentos e relacionamentos (Água), pensamentos e ideias (Ar) e ações (Fogo) são tecidos de seu Amor Divino. Nesse Cosmos panenteísta, o conceito de "amor" vai muito além de um sentimento. O Amor Divino seria cada átomo de cada galáxia, todo o alcance de cada polaridade, todas as quatro estações, todas as fases do ciclo de vida, todas as formas de vida, luz e escuridão, pecadores e santos, *ad infinitum*. Como um "Círculo perfeito", não há partes faltando ou excluídas, e isso é um amor "saudável". "O bom, o mau e o feio", como dizem, ainda fazem parte do Deus/Deusa, e seu Amor Perfeito é incondicional. A relação que os humanos têm com seu Deus/Deusa não é transacional; não há contrapartidas, não há "faça o que eu digo ou então", não há classificação de superioridade e nenhuma maneira possível de ser abandonado.

---

84. From Thompson's "Rede of the Wiccae," poema linha 1, como impresso em Mathieson, *The Rede of the Wiccae*, 52.
85. Vivianne Crowley, *Wicca: The Old Religion in the New Millennium*. (London: Thorsons, 1996), 111.

Comprometer-se a entrar no Círculo de uma Bruxa em Perfeito Amor é um reconhecimento de que estamos todos interconectados e sagrados; e você se compromete a tratar os outros naquele Templo com a mesma benevolência do Deus/Deusa, com igual dignidade e consideração.

O Perfeito Amor é Benevolente

Por que assumir que um Deus/Deusa da Natureza é benevolente? Quer dizer, a Natureza tem lontras de rio que se aconchegam e dão as mãos, e erupções vulcânicas farejando ecossistemas inteiros. Novamente, a resposta vem do paradigma hermético. Os Ciclos da Natureza fluem de acordo com o destino, regidos pelas sete esferas celestes, sim? O objetivo do destino é fazer evoluir o mundo manifesto em seres iluminados, para que as nossas almas coletivas possam um dia ressurgir, com a Fonte em êxtase.

Você não pode se concentrar em um "bem supremo" sem reconhecer um "mau supremo". A próxima coisa que você sabe é que um personagem, "Satanás", tomou forma. Essa é a armadilha do paradigma do campo de batalha do bem contra o mal, tão predominante nas ortodoxias invasivas. Então, as Bruxas não podem pensar em termos como bom ou mau. O Princípio Hermético do Ritmo nos lembra que Deus/Deusa deve ser todos os lados de cada equação em medida equilibrada. O poder do Amor Divino é a neutralidade da natureza – tanto a ascensão quanto a queda do balanço do pêndulo. O ciclo pode parecer uma bênção ou uma punição, mas na verdade é apenas o ritmo da natureza.

Confiança Perfeita é Benevolência Recíproca

Portanto, esse poder natural que as Bruxas canalizam para sua magia também começaria como um potencial neutro. Assim como a eletricidade, essa energia pode ser direcionada tanto para o hospital quanto para a prisão. De acordo com as escolhas de um eletricista habilidoso, esse poder pode nutrir a vida de um bebê prematuro em uma incubadora ou extinguir uma vida em uma cadeira elétrica. Da mesma forma, uma Bruxa habilidosa tem a opção de direcionar seu poder para manifestar benefícios ou malefícios. A Confiança Perfeita é uma promessa de que a benevolência do Amor Perfeito fluirá nos dois sentidos, com reciprocidade e respeito mútuo.

Confiança Perfeita é Respeito Mútuo

O que nos leva ao poema A Rede Wiccana, uma diretriz para conduta mágica. Como afirmado no poema de Thompson: "Sem nenhum dano causar, faça o que desejar! Ou na versão de Valiente de O Credo das Bruxas:

> *E fazer o que queres, será o desafio,*
> *como amar a alguém e a ninguém magoar.*
> *Essa única regra seguimos a fio,*
> *para a magia dos Antigos se manifestar.*
>
> *Oito palavras o Credo das Bruxas enseja:*
> *Sem nenhum dano causar, faça o que desejar!*[86]

Quando você se compromete a entrar no Perfeito Amor e na Perfeita Confiança, as outras Bruxas naquele Solo Sagrado podem ter a certeza de que seu livre-arbítrio é respeitado ninguém as prejudicaria intencionalmente, ou a qualquer outra pessoa, de qualquer maneira: física, mental, emocional ou espiritualmente. Esta promessa se aplica especialmente a qual magia é realizada. O que levanta a questão: o que as Bruxas querem dizer com "dano"? Mais uma vez, a resposta é encontrada em nosso fundamento da filosofia hermética.

Dano: Amor Divino vs. Medo do Vazio

O Princípio Hermético da Polaridade afirma que cada qualidade no Cosmos tem seu oposto. Se o Amor Divino é tudo, o oposto é nada, ou o vazio. A mera noção de uma privação absoluta do Amor Divino é aterrorizante. Esta é a ameaça fundamental sobre a qual as ortodoxias invasivas extorquem seus seguidores (o inferno, ou o abismo, em seu paradigma).

O vazio não pode ser percebido sozinho. Como um buraco negro, detectamos o vazio do Amor Divino com base no efeito circundante que ele tem. Observe a Natureza e o primeiro efeito do vazio que detectamos surge como medo. Eu chamo isso de "medo da falta do Amor Divino".

Escolhas prejudiciais tendem a ser o próximo efeito que flui desse medo. Os "danos" seria qualquer tentativa de frustrar o ciclo da ordem natural dentro do Amor Divino – para si mesmo ou para os outros. Os resultados desse tipo de ação nociva tendem a ser chamados de "maus" por nossa sociedade. O que

---

86. Valiente, *The Charge of the Goddess*, 21.

exige que definamos melhor como seria essa Ordem Natural dentro do Amor Divino em termos práticos.

Nove Condições de Amor Divino da Ordem Natural
Conforme me foi revelado pela Deusa Afrodite, essas Nove Condições de Amor Divino são as maneiras pelas quais acredito que o Perfeito Amor e Perfeita Confiança seriam experimentados aqui na Terra. Estas Condições de Amor Divino são direitos sagrados; a privação dessas condições sagradas seria profana. Essas condições também descrevem os valores ou imperativos morais de uma cultura cooperadora construída dentro do paradigma do Deus/Deusa.

1. **Recursos:** tenho o que preciso para garantir minha sobrevivência física com conforto: ar e água limpos, comida nutritiva, abrigo seguro, roupas para me proteger das intempéries e acesso a cuidados de saúde. Não tenho medo de sofrer.
2. **Afeto:** tenho acesso ao tipo de intimidade física desejada que prefiro compartilhar com outras pessoas. Não tenho medo do abandono.
3. **Livre-arbítrio:** tenho poder de decisão e Soberania para buscar a felicidade como bem entender e sou tratado com dignidade e respeito. Não tenho medo da opressão.
4. **Aceitação:** eu sou aceito com todo o meu Eu autêntico. Não tenho medo da intolerância.
5. **Segurança:** tenho segurança em todos os níveis: os limites são respeitados e a privacidade é respeitada. Não tenho medo da violação.
6. **Confiabilidade:** posso ter a certeza de que aqueles ao meu redor, assim como o ambiente em que eu vivo, são confiáveis e não vão me prejudicar. Não tenho medo da duplicidade.
7. **Expressão:** minha contribuição é registrada e reconhecida como um valioso colaborador que sou. Não tenho medo da exclusão.
8. **Autenticidade:** a declaração externa de qualquer circunstância é a verdade real sem engano. Não tenho medo da exploração.
9. **Reciprocidade:** existe uma via de mão dupla de confiança entre mim e o mundo ao meu redor, com cuidado mútuo para que todos os seres tenham essas Nove Condições de Amor Divino. Não tenho medo da traição.

O mal e as feridas do medo

Quando somos privados das Condições do Amor Divino, somos feridos no fundo de nossas almas. A negação dessas necessidades humanas básicas por muito tempo cria estresse e, eventualmente, trauma. Esse trauma causa ansiedade, medo e raiva. Essa raiva apodrece dentro de nós até emergir como paranoia, ódio, abuso e violência. Quando deixado sem controle por muito tempo, esse estado profano pode resultar em reações que a sociedade considera "ruins".

As Bruxas não negociam na moeda do "bem e do mal". Essas palavras são problemáticas e carregadas de juízos de valor. Prefiro distinções mais precisas como "benéfico ou danoso". As Nove Condições do Amor Divino são a ordem natural benéfica conforme pretendido pelo Deus/Deusa. Banimento, ou dano, é qualquer impedimento intencional a essa ordem natural.

O medo da falta do Amor Divino causa feridas espirituais, e é em defesa dessas feridas que surgem os comportamentos nocivos. Você não pode curar feridas espirituais infligindo mais feridas com mais privações. Mas então, há esperança para um resultado benéfico? Somente o Amor Divino pode restaurar adequadamente a nós e à nossa sociedade ao nosso estado natural de benevolência e cooperação. Como já vimos, você não pode curar as feridas do patriarcado usando suas armas dominadoras. Somente o bálsamo cooperativo do Amor Divino pode curar os "males" desse domínio.

Quanto às lutas naturais que todos enfrentamos na vida, aqui está o que Afrodite me ensinou quando lhe fiz a velha pergunta existencial: "Por que coisas ruins acontecem com pessoas boas?" Os desafios e contratempos de saúde, as barreiras que devemos pular, as deficiências e divergências para navegar, o desgosto e a perda, as dores do crescimento e as tempestades de destruição que enfrentamos. Tudo isso são apenas lições. E essas lições são importantes de se ter no grande esquema de arquivos do nosso destino. Isso é especialmente verdade quando aceitamos que o propósito da vida na Terra é ser nosso campo de provas, a Universidade da alma. Cada vida de diversidade é um curso diferente no que significa existir. Alguns cursos são mais difíceis do que outros. Alguns assuntos nós gostamos e outros detestamos, mas todos eles nos levam ao domínio. Esta é a ordem natural. O que não é natural é quando facetas individuais dessa Joia Divina intencionalmente, egoisticamente, abusivamente, profanamente usam seu poder para tornar a vida dos outros mais difícil. Infligir sofrimento, abandono, opressão, intolerância, violação, duplicidade, privação de direitos, exploração ou traição é uma escolha má. Não devemos apenas "pegar". A lição está em como verificamos a ruína e fazemos mudanças para levar todas as partes de volta ao estado natural do Amor Divino.

Quatro Regras para Soberania Pessoal

Então, como as Bruxas devem se comportar ao colocar esses ideais do Amor Divino em ação? Em resposta a esta pergunta, surgiram as Quatro Regras para a Soberania Pessoal. São lembretes expressivos e até engraçados, mas têm fundamentos profundos na tradição das Bruxas. E são também ideias entrelaçadas que continuamente nos trazem de volta ao equilíbrio. Cada um tem uma aplicação interna e externa, pois todos os mistérios fluem com as marés.

1. Não Queime a Bruxa: Autocuidado e Compaixão.

Mistério Interior: *autocuidado*. Não se queime na fogueira do medo e da autoaversão. O Amor Divino inclui você, então dê um tempo a si mesmo! Todos nós – e me refiro a todos que vivemos no patriarcado – sustentamos feridas espirituais ou algo pior. Esse abuso é sistêmico e um problema real que não é nossa culpa. É traumatizante, e a dor e a raiva que causa são justificadas. A questão se torna em "o que vamos fazer sobre isso?". Princípios de Mentalismo e Correspondência sugerem que se permanecermos como um ímã pulsante de vitimização ferida e nossos pensamentos criarem nossa realidade, esses pensamentos manifestarão mais da mesma vitimização. Qualquer magia que tentarmos antes de resolver isso apenas reforçará nossos medos em vez de nossos sonhos.

A Bruxaria Benéfica nos ajuda a romper toda conexão persistente com o que nos fere, para que possamos nos curar de dentro para fora. Note que eu não disse "perdoe e esqueça". As Bruxas mudam a mentalidade de vitimistas para vitoriosas e agem de acordo. Chamamos esse processo de "trabalho de sombras". O que está impedindo que o Amor Divino brilhe em sua vida e lance essa sombra assustadora? Trabalhe isso para que você possa quebrar o ciclo de feridas e vestir a coroa da Soberania pessoal.

O autocuidado é primordial para a magia bem-sucedida. Estabeleça um conjunto saudável de prioridades que atendam primeiro à sua saúde. Dessa forma, você tem a força necessária para melhorar o mundo para os outros. Este será o foco de nossa magia elemental na Seção Três deste livro. Lembre-se de que as Nove Condições do Amor Divino devem ser suas também. Descanso adequado, segurança, confiança, reciprocidade, nutrição, hidratação, mimos físicos e mentais, intimidade sexual e prazer da vida não são recompensas reservadas aos mais dominantes. São direitos humanos e um credo da Bruxaria. Em *"O Credo das Bruxas"*, Valiente afirma isso melhor como "Então beba o bom vinho para os Deuses Antigos, e dance e faça amor em seu louvor".[87]

Mistério Exterior: *compaixão*. Também não queime outras Bruxas em nenhuma estaca. Por "Bruxas", quero dizer qualquer outro ser encarnado. Essa é a arma patriarcal perniciosa que está ferindo nossa sociedade em primeiro lugar. Viva o ódio e o ressentimento e você estará alimentando seus traumas como uma desculpa para traumatizar ainda mais os outros. Este é o ciclo de feridas que temos que quebrar! Desafio qualquer um a encontrar um "valentão" ou um "criminoso" que queira se aprofundar em suas memórias em um feitiço de regressão, para saber as suas reais motivações. Eu prometo que ali vai estar uma criança do Deus/Deusa traumatizada e vitimizada, que está atacando inapropriadamente em defesa de suas feridas, porque eles simplesmente não sabem fazer melhor. Mas você faz. No entanto, não confunda esta explicação com uma desculpa para continuar seu comportamento pernicioso! As Bruxas defendem os limites entre benefício e maldição, agindo para proteger a Ordem Natural do Amor Divino. Pare com esse comportamento prejudicial com compaixão e você vai ajudar na cura deles. A mudança ética começa com nossas escolhas de fazer melhor aos outros do que eles fizeram a nós.

Em todas as religiões existe alguma forma dessa "regra de ouro" de tratar outras pessoas da maneira que você espera ser tratado. No poema de Thompson, A Rede Wiccana, há uma linha importante que diz: *Merry Meet an Merry Part, bright the cheeks and warm the heart*[88] (Feliz encontro e feliz partida, um bom momento em sua vida). Esta instrução chave parece banal e muitas vezes é negligenciada. Isso significa que, se você for agradável e respeitoso com os outros, tanto na cara deles quanto pelas costas, isso fará com que todos sejam mais felizes e amigáveis, e essas afiliações construirão uma sociedade mais forte e cooperativa para todos. Quando as Bruxas se reúnem nos cumprimentamos dizendo *Merry Meet* (Feliz Encontro), como uma afirmação desta promessa de que não vamos "queimar" a Bruxa.

---

87. Valiente, *The Charge of the Goddess*, 21.
88. Mathiesen e Theitic, *The Rede of the Wiccae*, 52–53.

2. Não Seja o Problema: Eficácia e Ética.

Mistério Interior: *eficácia*. Muito dos problemas com as "sombras" que as Bruxas enfrentam são o que os psicólogos chamam de "reação de estresse traumático". Muitas vezes, essas são maneiras inadequadas de lidar com o que nos fere. Os traumas infligidos pela cultura dominadora são muitas vezes sutis e insidiosos, mas são penetrantes, e todos somos forçados a conciliar a tensão entre nosso estado natural de Amor Divino e os abusos sistêmicos considerados "normais" pela sociedade. Nossas reações de estresse são uma resposta natural a uma circunstância antinatural. No entanto, nem todas as reações são úteis. As técnicas de enfrentamento "mal adaptadas" nos causam ainda mais problemas a longo prazo, como abuso de substâncias, tendência a evitar ou negar o problema, comportamentos de risco compulsivos e impulsivos (como automutilação) ou projeção inadequada de medos nos outros. Alguns estão condicionados ao "desamparo aprendido", convencidos de que não têm controle sobre sua situação, então não fazem nada para mudá-la.[89] Exemplos extremos tornam-se hostilidade, violência ou inflições abusivas das mesmas feridas em outros, na tentativa de recuperar o controle, mas essas são as armas mais comuns que o patriarcado ensina. O mistério interior não é perpetuar o problema para si mesmo.

As práticas de feitiçaria fornecem estratégias de enfrentamento mais eficazes, resilientes e saudáveis. "A Carga" nos diz que o que buscamos, encontraremos dentro de nós mesmos. O bálsamo do Deus/Deusa está afirmando sua integridade e sacralidade, seu poder e interconexão, que são inquebráveis e inalienáveis. Técnicas de aterramento e atenção plena, vínculo confiável nos relacionamentos, construção de apoio comunitário, redefinição de suas prioridades, compromisso com sua Missão Sagrada e cooperação intencional são mecanismos de enfrentamento eficazes fornecidos pela Bruxaria.[90]

---

89. "Chapter 3: Understanding the Impact of Trauma", em *Trauma-Informed Care in Behavioral Health Services*, Protocolo de Melhoria do Tratamento (TIP em inglês) Série 57, Publicação HHS No. (SMA) 13-4801, Rockville, MD: Administração de Serviços de Saúde Mental e Abuso de Substâncias, 2014, https://www.ncbi.nlm.nih.gov/books/NBK207191/.

90. "Chapter 3: Understanding the Impact of Trauma."

Mistério Exterior: *ética*. Muitas vezes, as feridas traumáticas são infligidas por meio de reações mal adaptativas ao trauma pessoal, que danificam involuntariamente nossa rede interconectada. Infelizmente, outras vezes elas são intencionalmente armadas; as pessoas se tornam o problema para os outros. A pergunta passa a ser, é você? Em qualquer conflito, alguém está ultrapassando um limite.

E o que é mesmo um limite? Qualquer dano à própria natureza ou violação da Ordem Natural definida pelas Nove Condições do Amor Divino viola um limite. As disputas de limites fazem parte normal da vida. Os seres humanos têm a opção de ser parte do problema ou parte da solução. "O Credo das Bruxas" afirma "E fazer o que queres, será o desafio, como amar a alguém e a ninguém magoar..."[91] Pense em qualquer exemplo de conflito e descubra qual dessas Condições de Amor Divino ele violou. Então geralmente fica claro quem (ou o quê) está prejudicando quem. Mais uma vez, a discrição é fundamental; não há absolutos.

A aplicação de qualquer ética a uma situação requer a triagem das consequências, porque exatamente a mesma ação em um cenário faz de você um herói e em outro faz de você o vilão. Exemplo: eutanásia vs. assassinato por veneno. A segunda linha do poema A Rede Wiccana diz: "Viva e deixe viver – dê o justo para assim receber."[92] O que significa justo neste contexto? Quanto mais sencientes somos, mais responsabilidade devemos assumir por todas as nossas interações. O objetivo é continuar a ser um colaborador benéfico dentro da nossa esfera de influência.

A Lei Tríplice do Retorno também é mencionada no poema A Rede Wiccana: "Lembre-se da Lei Tríplice também – três vezes o mal, três vezes o bem".[93] Isso se refere ao Princípio Hermético de Causa e Efeito. Esta Lei Tríplice do Retorno é um sistema natural de consequências inerente ao Cosmos, relacionado à troca de energia. Este sistema está em vigor em todos os momentos, independentemente de sua consciência ou aceitação dele. Simplificando, quaisquer energias que você colocar no mundo, podendo ser seus pensamentos, sentimentos, trabalhos mágicos ou ações físicas, retornarão para afetá-lo da mesma forma, mas espelhadas

---

91. Valiente, *The Charge of the Goddess*, 21
92. Mathiesen and Theitic, *The Rede of the Wiccae*, 52–53
93. Mathiesen and Theitic, *The Rede of the Wiccae*, 53.

em todos os Três Reinos: físico, mental e espiritual. Essa última parte remete ao Princípio Hermético da Correspondência: "como acima, também abaixo". Seja benéfico, receba benefícios. Seja prejudicial, receba malefícios.

O Princípio Hermético da Vibração também entra em ação; o que você faz neste mundo causa ondulações em toda a teia da existência, e o que você emana age como um ímã. Tanto a felicidade quanto a miséria amam companhia. Este sistema é holístico; os efeitos que você causar vão acabar mudando-o em todos os níveis: sua saúde mental, emocional, física e espiritual será melhorada ou destruída por suas escolhas. Não seja o problema.

3. Não Seja o Elo Fraco: Soberania e Responsabilidade.

Mistério Interior: *Soberania*. O Cosmos panenteísta é frequentemente descrito como uma teia ou como uma urdidura. Mas como Afrodite ilustrou essa regra para mim em uma visão, as interconexões foram reveladas mais como um tecido de metal de cota de malha, como os cavaleiros de antigamente costumavam usar em batalha. A metáfora é que cada ser, tanto físico quanto não físico, tornou-se seu próprio elo do círculo nesta cota de malha. A cota de malha é feita de elos de metal flexíveis, mas sua força vem do padrão de suas interconexões! Esses elos são flexíveis o suficiente para ter autonomia e fortes o suficiente para agir por conta própria, mas juntos... eles podem fazer muito mais! O que remete à teoria da Transformação Cultural de Eisler, definindo uma cultura de parceria (Cooperadora) do Deus/Deusa com base na vinculação de afiliações em vez de classificação por Domínio.[94]

Como elos, todos os espíritos brilhantes do Cosmos estão interligados, como se estivessem de braços dados, mente com mente, coração com coração, etc., formando um intrincado padrão acima e abaixo, visível e invisível; se todos os vínculos permanecerem fortes de caráter, iniciando e terminando cada interação em alinhamento com sua bússola moral; se eles assumirem sua Soberania pessoal e optarem por usar seu poder para criar um mundo responsável dentro de sua esfera de influência, então, juntos, todos poderão coexistir em harmonia para um benefício enorme e reverberante.

---

94. Eisler, *The Chalice and the Blade*, xvii.

Mistério Exterior: *responsabilidade*. No entanto, quando um elo enfraquece, ele vê a si mesmo como uma linha reta apontando apenas para seu próprio ego, ele se queima por pura autoaversão ou projeta seu medo nos outros como desconfiança; se ele se tornar o idiota problemático que empunha a própria ferida como arma para ferir outras pessoas, por meio dessa fraqueza de caráter, ele trai os vínculos dos elos vizinhos. Se, de forma egoísta ou negligente, eles danificam o ambiente natural ou interrompem seu relacionamento com o Divino, prejudicando um ao outro, então esse buraco na cota de malha cresce e arruína as coisas exponencialmente.

Se deixarmos que o medo nos coloque uns contra os outros, a cota de malha se torna um campo de batalha de pessoas reacionárias, vingativas e temerosas. Os horrores se espalharam como uma praga apocalíptica. Esta é a sua Lei Tríplice do Retorno demonstrada! Podemos ser benéficos e construir um mundo melhor, ou destrutivos e destruir o mundo, mas estamos todos juntos nisso. Se trabalharmos com unidade, pela unidade, toda a criação Divina flui conosco. É tão simples. Basta um elo fraco para arruinar a "armadura" da existência harmoniosa para todos. Não seja esse elo fraco.

4. Estar Presente para Vencer: Ativismo e Consciência Plena.

Mistério Interior: *consciência*. As Bruxas são chamadas a acordar da ilusão da separação. Cada momento requintado da vida é um presente que não deve ser desperdiçado. As Bruxas são encarregadas de viver plenamente presentes em cada oscilação do pêndulo, em todos os Ciclos da Natureza, tanto na alegria quanto na dor, na abundância e na perda, até mesmo no amor e no medo da falta de amor. As lições aprendidas aprimorarão nossa sabedoria e nos impulsionarão a melhorar à medida que nos adaptamos e evoluímos.

O Caminho do Pentáculo da Bruxaria Moderna exige que você continue se apresentando todos os dias, em todos os níveis, pelo resto de sua vida. Levante-se do sofá, pare de pedir, pare de reclamar, pare de fechar os olhos para atrocidades, pare de se curvar e levar essa surra. Você quer essa sabedoria? Esse poder? Isso não está disponível por encomenda pelo correio; não haverá *download* remoto de terceiros. Ninguém mais detém as chaves do seu Portal para o Deus/Deusa. Vá até a encruzilhada e faça o trabalho. Agora, faça isso de novo... e de novo, a cada respiração, em pleno envolvimento na dança. No minuto em que você projeta seu *locus de controle* em alguém ou em qualquer coisa fora de você, pode entregar seu chapéu pontudo, porque você perdeu.

Mistérios Exteriores: *ativismo*. Bruxaria não é pacifismo; é ativismo. Podemos ser pacíficos e cooperativos, mas também não "oferecemos a outra face".[95] Devemos estar presente para vencer, este é o nosso chamado para comparecer pessoalmente, prestar total atenção, ouvir com cuidado e falar com ponderação. E é também uma comissão da Bruxa como guerreira do Amor Divino, porém, em uma cultura cooperadora, essa guerreira é uma funcionária pública, advogada, pacificadora e defensora dos limites entre benefício e maldição, garantindo justiça e liberdade para todos. As Bruxas do Amor Divino sabem quando enfrentar os valentões do mundo e anular seus danos. O poema A Rede Wiccana também afirma: "Com o tolo não perca tempo, ser seu amigo não é o seu intento".[96] Se você não fizer nada para controlar o ódio, ou conviver com as injustiças ao seu alcance, então você também é culpado por associação. Devemos estar presentes para vencer. Este é o paradoxo da Soberania pessoal, que discutiremos mais em um capítulo posterior. Com grandes poderes vem grandes responsabilidades. Faça o que quiser, sim, mas como somos espiritualmente interdependentes, certificamo-nos de não prejudicar a ninguém, incluindo a nós mesmos. O que nos leva de volta à primeira regra: "Não Queime a Bruxa".

A tealogia, valores e diretrizes éticas que discutimos aqui tentam descrever um sistema holístico de Cooperação, em que cada Bruxo individual está em plena posse de sua Soberania, bem equilibrado e empoderado. Ainda não vivemos em uma sociedade cooperadora que compartilha desses valores. No entanto, se começarmos por nós mesmos, nossas escolhas e nossos comportamentos, pelo menos nossas vidas e relacionamentos serão enriquecidos. Por extensão, o mundo pode ser reencantado uma vida de cada vez até que, juntos, façamos grandes mudanças. Isso descreve a Grande Obra de Magia que as Bruxas encenam por meio da nossa Roda do Ano, que discutiremos no capítulo 4.

---

95. Mateus 5:39.
96. Mathiesen and Theitic, *The Rede of the Wiccae*, 52–53.

❧ Meditação 2 ❧
Relaxamento da Respiração Prânica

Este método de respiração intencional é inspirado em práticas do Oriente que se concentram na relação entre o corpo e a respiração. A respiração prânica é muitas vezes referida nas práticas de ioga. Como meio de mudar nosso pensamento, vamos integrar um encanto mágico falado, uma versão de afirmação das duas chaves e Quatro Regras para Soberania Pessoal.

Você vai precisar de:
- Vela, qualquer tipo
- Incenso, qualquer tipo
- Uma cadeira confortável, com apoio e braços, se possível
- Um véu ou capuz que pode ser abaixado sobre os olhos
- Seu Livro dos Espelhos e uma caneta
- Afirmações escritas do final desta meditação, onde você poderá lê-las facilmente

Preparação

Acenda sua vela e incenso, depois sente-se confortavelmente em sua poltrona da mesma maneira introduzida na Meditação 1: a Sala de Meditação Dentro de Sua Mente.

Práxis

Coloque um véu ou capuz sobre os olhos se isso o ajudar a bloquear o mundo por um tempo. Feche os olhos e sente-se confortavelmente. Sua coluna deve ficar perpendicular à terra, como um para-raios. Suas mãos repousam suavemente em seu colo ou nos braços da cadeira.

Volte para a sala de meditação dentro de sua mente, lembrando-se da claraboia sobre sua cabeça e da suave luz branca de todas as cores brilhando de cima para baixo.

Vire seu foco para dentro e para baixo. Inspire pelo do nariz e expire pela boca. Respire três vezes, enchendo completamente os pulmões e exalando com um suspiro audível.

Sacuda qualquer tensão em sua mandíbula. Sopre uma framboesa grande com os lábios, solte-se.

Respirando mais normalmente agora, dê boas-vindas à sua respiração para fluir profundamente para o centro do seu ser.

Encha primeiro a barriga de ar, como um fole, depois expanda o ar para cima até o peito. Expire ao contrário, deixando o peito cair primeiro e depois a barriga. (Longa pausa).

Veja sua respiração entrando em seu nariz como uma luz branca suave, que vai fluindo para onde for necessária em seu corpo. Essa energia flui como o Amor Divino líquido, acumulando-se onde é necessário para relaxar você. Essa luz é a energia que sustenta seu espírito e sua saúde.

Inspire a luz em seu corpo físico, desde os dedos dos pés até o couro cabeludo. Onde quer que a luz toque, seus músculos relaxam, tornando-se mais pesados agora. Seu corpo físico está curado e tranquilo. (Pausa).

Inspire a luz em seu ventre; a luz acende a fornalha de sua vontade. Onde quer que a luz toque, você se sente vivo e poderoso. O corpo de sua vontade está revigorado e tranquilo. (Pausa).

Absorva a luz em seu coração; seus sentimentos fluem livremente. Onde quer que a luz toque, você se sente amado e aceito. Seu corpo emocional está nutrido e tranquilo. (Pausa).

Esta luz líquida nutridora borbulha para encher sua mente e flui através de seus pensamentos. Onde quer que a luz toque, você se sente sereno e alerta. Seu corpo mental está receptivo e tranquilo. (Pausa).

Os padrões de pensamento diminuem à medida que você mergulha em estados mais profundos de consciência tranquila. (Pausa).

Você é um com sua respiração enquanto a luz líquida flui para preenchê-lo completamente. Onde quer que a luz toque, você se sente confortável. (Pausa para três respirações longas).

A luz agora transborda, e você está envolto em uma esfera de luz reconfortante ao seu redor, brilhando suavemente, agora totalmente sustentada e revigorada. Inspire a luz de cura para se fortalecer em todos os níveis. (Pausa para três respirações longas).

Descendo novamente, cada vez mais fundo em seu centro, encontre em seu núcleo a brilhante Joia da Divindade, sua faceta dentro da Luz Divina da Criação. (Pausa). A Luz Divina da Criação brilha intensamente de seu centro. Você é uma deslumbrante Joia da Divindade.

Você é um ser de luz em um mundo feito de luz. Um ser de pensamento em um mundo feito de pensamento. Um ser de amor em um mundo feito de amor. Você é um com a Divindade e pode ir a qualquer lugar que desejar com a velocidade da imaginação. Seus sonhos criam o mundo. (Longa pausa).

Repita as duas chaves do Templo da Bruxaria e as Quatro Regras para a Soberania Pessoal em sua forma de afirmação:

> *Eu sou inteiro e completo dentro do Amor Divino.*
> *Eu sou confiável em pensamento e ação.*
> *Sou compassivo comigo mesmo e com todos os outros.*
> *Eu sou benéfico na minha vida e na sociedade.*
> *Sou Soberano dentro da minha esfera de influência.*
> *Estou conscientemente engajado na Divindade.*
> *Eu sou um filho perfeito do Deus/Deusa.*
> *Eu estou amando; Sou adorável; Eu sou Amor.*
> *Abençoado seja.*

Descanse em meditação silenciosa por cerca de vinte minutos antes de retornar suavemente à consciência desperta. Reflita sobre a meditação em seu Livro dos Espelhos.

CAPÍTULO 4

Tempo Astrológico e a Grande Obra de Magia

No poema "A Carga da Deusa", as Bruxas são encarregadas de "Manter puro seu ideal mais elevado; esforce-se sempre para isso; que nada te detenha ou te desvie."[97] O ideal mais elevado de alguém se alinharia com seus valores e aspirações pessoais e, portanto, seria pessoal. No entanto, existem alguns ideais comuns a uma religião de Bruxaria Hermética. Doreen Valiente escreveu uma vez sobre a Grande Obra que "As danças, festivais e rituais da antiga religião tinham a intenção de promover... a harmonização da humanidade com a força vital do Universo... a união do microcosmo, o ser humano, com o macrocosmo, o Universo."[98]

A carga hermética em *The Pymander* era lembrar de que nós pensamos dentro da Mente Divina para evoluir na realização pessoal e vir a "conhecer todas as coisas que são", para que toda a humanidade possa eventualmente transcender os ciclos de reencarnação e destino para ir à bem-aventurança com nossa Fonte entre as estrelas exteriores.[99] A busca pela iluminação pura e dourada veio a ser conhecida como a "Grande Obra da Magia" pelos alquimistas que refinaram essas filosofias naturais em uma ciência de laboratório.

Para as Bruxas, essa magia de realização pessoal é encenada ao longo de nosso ciclo anual de celebrações sazonais conhecido como "a Roda do Ano". Nossa Grande Obra de Magia toma formas audaciosas através da meditação e trabalho devocional, rituais e técnicas mágicas, que nos mantêm fluindo com sucesso em nosso destino estelar, no caminho certo para a realização da nossa

---

97. Valiente, *The Charge of the Goddess*, 12.
98. Doreen Valiente, *Witchcraft for Tomorrow* (Custer, WA: Phoenix Publishing Inc., 1987), 133.
99. Salaman, et al., *The Way of Hermes*, 21

Missão Sagrada. Cada pessoa trabalha de uma maneira única, em sua própria peça do quebra-cabeça. Coletivamente, as Bruxas criam grandes mudanças na teia interconectada da existência dentro da qual todos nós podemos prosperar. Ou, pelo menos, essa é a ideia.

O Caminho do Pentáculo: Microcosmo e Macrocosmo

Quando sincretizo a Grande Obra Hermética com as práticas da Bruxaria Moderna, chamo-a de Caminho do Pentáculo, porque ela se concentra em equilibrar e curar todas as camadas de si mesmo de uma maneira holística e quíntupla. Desta forma, a Bruxa pode desfrutar de uma vida feliz e saudável aqui na Terra. Este processo alquímico de refinamento e realização ocorre simultaneamente nos planos interno e externo da existência. Todo mistério é revelado em duas partes: a lição interna e a externa, que reconciliam um paradoxo. Fazemos o trabalho interno para melhorar nossas próprias vidas aqui no microcosmo, e o trabalho externo de evoluir o macrocosmo reflete naturalmente. Vamos refinar ainda mais o que queremos dizer com os níveis de microcosmo e macrocosmo da Grande Obra.

Microcosmo: Magia Interior para o Indivíduo. Cada Bruxa se eleva a um estado maior de consciência em sua própria jornada de autorrealização dentro do fluxo maior de uma natureza em desenvolvimento. Estamos também em um processo de desenvolvimento, como o desabrochar de uma flor, em nosso mais belo, verdadeiro e divino Eu.

Outra meta da Grande Obra é descobrir nossa Verdadeira Vontade, ou Vontade Divina, e, em seguida atingir o objetivo de alcançar o domínio de todas as lições apresentadas pela vida na Terra.[100] O propósito da Verdadeira Vontade para esta vida também é referido como a Missão Sagrada. No Hermetismo, o longo jogo seria eventualmente transcender a encarnação e juntar-se aos *Mighty Dead* (Poderosos Mortos) como um ancestral do espírito que guia os outros ao longo do caminho, até que toda a humanidade tenha se reunido com a Fonte além das estrelas externas.

Como uma Bruxa, escapar da encarnação não me interessa muito. As Bruxas são deste mundo. Em vez de "negar a carne", nós, Bruxos, somos encorajados a "dançar, cantar, festejar, fazer música e amor" como louvor[101]. Em vez de se

---

100. Bartlett, *Real Alchemy*, 170–171.
101. Valiente, *The Charge of the Goddess*, 12–13

esforçar para alcançar um "paraíso" distante, o foco de uma Bruxa tende a estar de lado no Mundo Médio: e as travessuras que podemos fazer nesta festa agora. No entanto, uma humanidade mais saudável e cooperativa certamente seria muito mais divertida para todos! Este é o grande ideal pelo qual eu me esforço.

Macrocosmo: Magia Exterior para o Mundo. Ajudando toda a humanidade a subir de nível em consciência. A própria natureza também está se desdobrando em um processo de autorrealização no Caminho de Retorno à sua Fonte Divina. A consciência humana coletiva ainda está em processo de despertar, e o estado do mundo material existe de acordo com a capacidade média que temos de percebê-lo. Com isso, à medida que nossas mentes humanas coletivas evoluem além do nível atual, assim seguirá toda a criação.

O objetivo maior da Grande Obra é promover o despertar da humanidade para que a realidade consensual que todos percebemos avance para um estado mais agradável e admirável. O ponto da Grande Obra é que estamos em um processo contínuo de autoaperfeiçoamento. Trabalhamos individualmente dentro da totalidade da Mente Divina, mas, em última análise, somos todos um só ser. Progredimos em consciência, porque todos nos conectamos a uma consciência coletiva. A teoria é que em algum momento a espécie atinja uma massa crítica de compreensão e, de repente, até os retardatários mais ignorantes serão despertados. Estes são os mistérios nefastos da agenda das Bruxas: fazer coisas inovadoras, compassivas e belas por tanto tempo, tão bem e por muitos de nós, até que a humanidade desperte completamente do encantamento. Então talvez possamos realizar plenamente nosso paraíso aqui na Terra.

Definição de Magia

Antes de mais nada, precisamos definir o que as Bruxas querem dizer com "magia", porque essa palavra tem pouco a ver com as representações de Hollywood. O infame mago Aleister Crowley, fundador da tradição mágica conhecida como Thelema, a definiu assim: "Magia é a Ciência e a Arte de fazer com que a Mudança ocorra em conformidade com a Vontade"[102]. Crowley também foi o primeiro a propor a ortografia da magia religiosa com o "k" (*Mágicka*), como uma distinção de truques de salão e ilusões de performances mágicas de palco.

---

102. Aleister Crowley, *Magick in Theory and Practice* (New York: Castle Books, 1929), 8.

Eu iria mais longe ao definir a magia como a parceria cocriativa que ocorre facilmente (e quase sem esforço) quando as cinco camadas do Eu estão em equilíbrio e harmonia com a Natureza, criando um canal de poder. O poder da Natureza é neutro. Esse poder pode ser formado por intenções, dirigido pela vontade, manifestado por meio de ações físicas e fortalecido por emoções dentro do Amor Divino. Então *voilà*!

A Bruxaria Moderna fornece um desses métodos para o alinhamento equilibrado. Para nos alinharmos holisticamente, usamos o trabalho energético para nos conectarmos à divindade e às forças elementais da Natureza. Isso traz equilíbrio através de nosso próprio corpo mental (Ar), corpo emocional (Água), corpo de nossa vontade (Fogo), corpo físico (Terra) e corpo espiritual (Deus/Deusa). Nossos rituais de feitiçaria e trabalhos mágicos nos ajudam a torcer cada camada de nós mesmos em uma posição aberta e equilibrada. É como um mecanismo de bloqueio de canal: alinhar as engrenagens de cada indivíduo abre o canal de fluxo livre do poder que flui através de nós da raiz à coroa, de cima para baixo.[103] Esses cinco aspectos da Natureza e do Ser são simbolizados pelos traços perfeitamente iguais e entrelaçados do Pentagrama. Este símbolo de uma estrela de cinco pontas está associado ao poder e à proteção desde a antiguidade.

A partir do momento que a magia a qual praticamos esteja alinhada com a Vontade Divina e fluindo de acordo com a natureza, a mudança é relativamente simples e fácil. Isso ocorre porque estamos interconectados com a Natureza, em todos os níveis, o tempo todo. Todas as outras armadilhas de feitiços e Magia Cerimonial são um trabalho atarefado para manter nosso foco e aumentar nossa vontade por meio de parcerias nos reinos da planta, pedra, osso e espírito.

Momento Favorável Através da Astrologia

O tempo astrológico é preciso para os movimentos do Cosmos, refletindo a existência da verdade no Planeta Terra, que transcende qualquer religião. Essa ciência é chamada de arqueoastronomia.[104] Construtores de megalitos antigos, como Stonehenge na Grã-Bretanha e as pirâmides no Egito e em

---

103. Ouvi pela primeira vez essa analogia de "bloqueio de canal" para abrir seus chacras, em um workshop com a autora Wendy Joy, enquanto ela discutia seu livro *Clear Channel: A Guide for the Newly Awakening* (Balboa Press, 2011).
104. Para datas astrológicas exatas dos feriados solares neopagãos, veja https://www.archaeoastronomy.com/.

toda a Mesoamérica, todos apontavam com precisão os equinócios, solstícios e trimestres transversais do ano de acordo com nossa posição relativa entre as estrelas. O tempo astrológico também antecede a história registrada e todas as ortodoxias invasivas. Em contraste, o típico calendário de parede gregoriano foi instalado em 1582, pelo Papa Gregório XIII, com o propósito de planejar feriados católicos, e tem pouco a ver com as marés cósmicas do poder da Natureza.[105]

As Bruxas se esforçam para perceber cada momento em seu fluxo de magia natural; cada pensamento e ação que tomamos pode se engajar efetivamente com esse fluxo ou inutilmente contra ele. O truque da Bruxaria está em saber quais ações tomar e quando elas serão mais eficazes. Esta é a distinção do Momento Favorável.

Aqui está o segredo da magia: tudo é relativo. Isso desde o seu ponto de vista de agora até sua posição dentro deste mecanismo divino do Cosmos. De acordo com o paradigma hermético, a astrologia descreve a mecânica do Cosmos divino de nossa perspectiva relativa na Terra. Também mede com precisão os ciclos de cada jogador em nosso Sistema Solar e as relações relativas entre esses jogadores ao longo do tempo. O sistema da Grande Obra construído sobre o tempo astrológico funciona consistentemente desde o macrocosmo até o microcosmo. Eu compartilho este sistema como um ponto de partida para você. Seu trabalho é ajustar suas práticas de Bruxaria para serem eficazes e consistentes com sua perspectiva e necessidades.

Estaremos integrando as marés dos ciclos elementais, lunares, solares e astrológicos, traçando assim um mapa anual de marés energéticas. Em seguida, planejaremos trabalhos mágicos dentro da Roda do Ano. A parte da astrologia pode parecer técnica e complicada no início. No entanto, prometo que se você viver pelos cursos da Natureza por tempo suficiente, ela deixará de ser acadêmica. Esta Bruxaria se torna um reflexo tão fácil quanto respirar. Por instinto, você começa a projetar e a receber por essas correntes, com a mesma certeza de que todos os veleiros do porto sobem com a água. Depois de um tempo, a Roda do Ano se torna uma inegável existência em síncope com seu espírito.

---

105. "Gregorian Calendar," *Enciclopédia Britânica*, n.d., https://www.britannica.com/topic/Gregorian-calendar.

Figura 5: Sistema da Grande Roda de Trabalho do Ano por Heron Michelle

A Roda do Ano

A Grande Obra de Magia forma os ossos da minha prática de Bruxaria, mas esse esqueleto é desenvolvido através do ciclo comemorativo conhecido como a Roda do Ano. Este é um sistema para o trabalho espiritual durante todo o ano que nos leva para dentro, mais profundo e mais refinado a cada virada. Com este sistema, podemos aprender a navegar efetivamente nas ondas de poder experimentadas na Natureza. A Roda do Ano mapeia os ciclos que se refletem nos Três Reinos: físico, mental e espiritual. Este mapa nos ajuda a navegar em nossa jornada ao longo do Caminho do Pentáculo, entre quem somos agora e quem escolhemos nos tornar.

Como todos os símbolos ocultos, o gráfico integrado da figura 5 está repleto de correspondências e conhecimentos, todos os quais inspiram uma prática anual, trabalhando do anel elemental externo ao anel solar central, camada por camada espiralada.

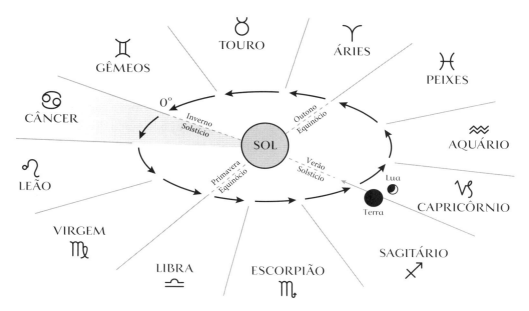

Figura 6: Sistema Solar e nossa vizinhança zodiacal

Ciclos Estelares: Estrelas do Zodíaco

Nosso bairro estelar é conhecido como "zodíaco". É o pano de fundo das estrelas fixas que vemos ao redor da Terra. Dividimos o zodíaco em doze seções, ou signos, de 30 graus cada, formando um círculo perfeito de 360 graus. Cada signo expressa as qualidades de um elemento clássico e de uma fase do ciclo, conhecida como "modalidade". Existem quatro conjuntos de três signos que fluem em seu próprio ciclo de nascimento, crescimento e morte, correspondendo às nossas estações. A tabela a seguir mostra as modalidades de um ciclo e seus signos do zodíaco correspondentes por elemento.

Modalidade	Terra	Fogo	Água	Ar
Cardinal	Capricórnio	Áries	Câncer	Libra
Fixa	Touro	Leão	Escorpião	Aquário
Mutável	Virgem	Sagitário	Peixes	Gêmeos

Modalidades: Cardinal, Fixa e Mutável

Lembre-se do Princípio Hermético do Ritmo: "Tudo flui para fora e para dentro; tudo tem suas marés; todas as coisas sobem e descem; o balanço do pêndulo se manifesta em tudo."[106] As energias CARDINAIS iniciam um ciclo. O pêndulo balança e, com toda ousadia, começa algo novo. As energias FIXAS mantêm um ciclo. O impulso do pêndulo atinge a metade do balanço em seu pico e trava antes de virar para voltar. As energias MUTÁVEIS concluem o ciclo e depois transmutam na preparação de um novo ciclo. O pêndulo fica parado naquele segundo do outro lado da vazante total, depois muda novamente enquanto se prepara para a próxima oscilação.

Ciclos Solares: Sabbats do Sol

Podemos aplicar os três modos de um ciclo ao caminho orbital da Terra ao redor do Sol através dos doze signos do zodíaco. Cada estação equivale a uma oscilação de pêndulo. No gráfico da Roda do Ano (figura 5), as pétalas centrais representam a forma de onda do ciclo sazonal, com a ponta da pétala de cada estação no ponto médio, ou "crista", dessa maré. Ao longo da órbita da Terra, as Bruxas celebram oito feriados solares igualmente espaçados e que exploram o lado *yang* da polaridade divina e os mitos e mistérios da divindade masculina dentro da Natureza.

Os Signos Cardinais do Zodíaco começam cada estação nos Equinócios e Solstícios. Quando entramos em um signo CARDINAL, celebramos um Sabbat Menor, ou quarto de dia, e iniciamos a nova temporada. Os signos cardinais são o "fluxo" das marés sazonais.

---

106. Atkinson, *The Kybalion*, 145.

Os signos Fixos do Zodíaco atingirão o pico das energias dessa temporada. Aos 15 graus do signo FIXO, celebramos um Grande Sabbat, ou dia cruzado. Esses dias santos têm muitos nomes, culturais e modernos, dependendo das preferências de sua Tradição. Para fins gerais, podemos chamá-los de "Alta Primavera", "Alto Verão", etc., para lembrarmos de que eles mantêm o pico das marés sazonais.

Os Signos Mutáveis do Zodíaco resolverão as energias da estação. A energia MUTÁVEL destrói, integra e conclui cada estação à medida que mudamos para uma nova. Este é o "fluxo" das marés sazonais.

Modalidades e Poderes Elementais Através dos Signos do Zodíaco

Em seu livro *Practical Astrology for Witches and Pagans*, Ivo Dominguez Jr. descreve as modalidades e sua relação com os quatro elementos Terra, Ar, Fogo e Água, que se expressam através dos signos do zodíaco:

> As Modalidades têm qualidades transcendentes e qualidades imanentes que se tornam visíveis através do comportamento dos Elementos. Eles existem separados um do outro, mas também surgem um do outro. Você pode pensar nas Modalidades como operando acima e abaixo dos Elementos, e como o contexto e o ambiente dentro dos quais os Elementos existem.[107]

Os doze signos do zodíaco refletem doze tipos básicos de personalidade, que por sua vez exibem as doze combinações únicas de elemento e modalidade. Assim, 3 × 4 = 12. Os signos de Fogo e Ar são considerados extrovertidos, signos projetivos que possuem uma polaridade *yang* (positiva). Os signos de Água e Terra são considerados introvertidos, signos receptivos, que têm uma polaridade *yin* (negativa).

Existem seis pares de signos, que ficam em frente um do outro na roda do zodíaco e equilibram naturalmente as virtudes e vícios de cada elemento e signo. Observe no gráfico a seguir que os signos de Ar e Fogo estão sempre emparelhados, e os de Água e Terra também. Este sistema zodiacal e elemental de equiparação também pode nos ajudar ao longo do nosso Caminho do Pentáculo para o equilíbrio, especialmente quando celebramos os ciclos lunares.

---

[107]. Ivo Dominguez Jr., *Practical Astrology for Witches and Pagans: Using the Planets and the Stars for Effective Spellwork, Rituals, and Magickal Work* (San Francisco, CA: Weiser Books, 2016), 40.

A tabela a seguir mostra os seis pares zodiacais com seus respectivos elementos, polaridades e modalidades. Nas luas cheias, quando o Sol é o signo da primeira coluna, a Lua estará no signo da segunda coluna. Para a metade escura do ano, o ciclo se repete, mas com Sol e Lua em signos opostos dessa dupla.

	Emparelhamentos do Zodíaco com Elemento, Polaridade, Modalidade	
1	Áries (Fogo, Yang, Cardinal)	Libra (Ar, Yang, Cardinal)
2	Touro (Terra, Yin, Fixo)	Escorpião (Água, Yin, Fixo)
3	Gêmeos (Ar, Yang, Mutável)	Sagitário (Fogo, Yang, Mutável)
4	Câncer (Água, Yin, Cardinal)	Capricórnio (Terra, Yin, Cardinal)
5	Leão (Fogo, Yang, Fixo)	Aquário (Fogo, Yang, Fixo)
6	Virgem (Terra, Yin, Mutável)	Peixes (Água, Yin, Mutável)

Ciclos de Deosil e Widdershins

Em linguagem semelhante às modalidades de um ciclo, na Wicca, o fluxo direcional de poder é referido como uma espiral *deosil* ou uma espiral de *widdershins*.[108]

Espiral Deosil: significa "sentido do Sol" e gira no sentido horário, assim como a aparência relativa do Sol se movendo ao redor da Terra de Leste a Oeste, visto da Terra. Este movimento simboliza energias projetivas e uma carga energética positiva. Corresponde à modalidade CARDINAL e à fase crescente ou ao desenvolvimento de um ciclo. Os movimentos em espiral de Deosil são usados magicamente para aumentar e construir coisas.

Espiral Widdershins: significa "sentido da Lua" e "espirais" no sentido anti-horário, assim como a rotação da Lua em torno da Terra. Este movimento simboliza energias receptivas e uma carga energética negativa. Corresponde à modalidade MUTÁVEL e à fase minguante ou decrescente de um ciclo. Movimentos em espiral de *widdershins* são usados magicamente para diminuir e desconstruir coisas.

---

108. Timothy Roderick, *Dark Moon Mysteries: Wisdom, Power and Magic of the Shadow World* (St. Paul, MN: Llewellyn Publications, 1996), 79.

Infelizmente, como as Bruxas honram a Deusa durante os ciclos lunares, muitas vezes associando-a à escuridão da noite, a perseguição das ortodoxias invasivas também confundiu a Deusa com forças "do mal" como uma desculpa para abusos misóginos de mulheres e perseguição religiosa por meio de "julgamentos de Bruxas". " Preste atenção para não agrupar nenhuma dessas espirais em categorias de julgamento como "bom ou ruim", "maldição ou bênção" e nem mesmo como "benefício ou perdição". A Bruxaria eficaz não impõe uma falsa dicotomia de magia "branca ou negra" ou um caminho "claro ou escuro", pois essa linguagem é altamente problemática (imersa em colonialismo e racismo) e imprecisa. Ambos os ciclos, Solar e Lunar, têm suas metades claras (crescente) e escuras (decrescente). Por extensão, o Deus e a Deusa, cuja totalidade de poder as Bruxas exploram ao longo da Roda do Ano, cada um tem aspectos de crescimento ao longo da vida e diminuição até a morte e o renascimento. Ambos são necessários para uma vida equilibrada e saudável e são considerações inteiramente separadas de qualquer julgamento sobre ética. Por exemplo, para uma cura benéfica do câncer, eu trabalharia em sentido contrário para "amaldiçoar" essas células maléficas até o esquecimento, mas seria uma medicina compassiva, ética e eficaz destruir essa maldição para restaurar a saúde geral.

Ciclos Elementais: Caminhos do Pentáculo

A Grande Obra da Bruxa é evoluir através de um equilíbrio saudável entre todas as áreas da consciência. Esses são mais facilmente observados com foco nos quatro elementos físicos abaixo: Ar, Fogo, Água e Terra. Nós os observamos dentro da Natureza e então extrapolamos suas lições espirituais acima. No capítulo 6, organizaremos melhor esses mistérios da Joia do Poder da Bruxa e os exploraremos completamente na Seção Três.

Os Princípios Herméticos de Polaridade e Gênero nos informam que cada elemento nos ensinam tanto uma lição receptiva (interior, em sentido contrário) quanto uma lição projetiva (externa, deosil), que são reflexo um do outro ao longo de uma faixa de polaridade.[109] Nosso trabalho elemental é reconciliar o paradoxo que essa polaridade cria, para que eles sejam trazidos a um equilíbrio harmonioso dentro de nós mesmos.

---

109. Roderick, *Dark Moon Mysteries*, 79

Portanto, existem quatro expressões elementais receptivas e quatro projetivas pelas quais fluímos e refluímos. Ao longo do ano, essas lições são entrelaçadas entre os Sabbats, abrangendo as marés entre os feriados solares. Isso permite um ciclo sabático completo de exploração de cada mistério elemental a cada ano, mas oferece um contraponto: à medida que fluímos com a maré sazonal, baixamos com a maré elemental receptiva. Então, à medida que nos aproximamos da maré sazonal, fluímos com a maré elemental projetiva. Veja a figura 7.

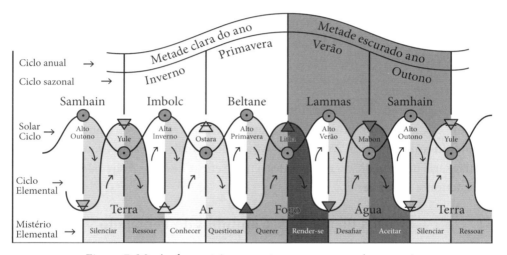

Figura 7: Marés elementais em contrapeso com marés sazonais

Como os cinco traços necessários para desenhar uma estrela de cinco pontas, o Caminho do Pentáculo da Bruxaria Elemental leva cinco pernas de uma jornada. As etapas desta jornada são mapeadas para as estações ao longo da Roda do Ano. Um ano Solar vai de um Equinócio de Primavera ao outro. Dentro desse ano Solar há aproximadamente cinquenta e duas semanas, nas quais temos quatro estações. Cinquenta e duas semanas divididas por quatro estações dão treze semanas por temporada, revelando o mágico número treze da Bruxaria na Terra! Há também treze luas cheias durante os anos de Lua azul. Cada maré elemental abrange as treze semanas entre os pontos médios de cada estação, com o mistério elemental interno e externo, cada um com metade desse tempo. Os caminhos elementais são explorados durante esses períodos de tempo, que eu chamo de marés que culminam com seus Sabbats:

Terra: Caminho da Soberania
Yuletide: do Samhain até Yule – os mistérios projetivos do silêncio da Terra.
Imbolctida: do Yule até Imbolc – os mistérios receptivos da ressonância da Terra.

Ar: Caminho da Verdade
Ostaratide: do Imbolc até Ostara – os mistérios projetivos do conhecimento do Ar.
Beltanetide: de Ostara até Beltane – os mistérios receptivos dos questionamentos do Ar.

Fogo: Caminho do Poder
Lithatide: de Beltane até Litha – mistérios projetivos da vontade do Fogo.
Lammastide: de Litha até Lammas – os mistérios receptivos da rendição do Fogo.

Água: Caminho do Amor
Mabontide: de Lammas até Mabon – os mistérios projetivos da ousadia da Água.
Samhaintide: de Mabon até Samhain – os mistérios receptivos da aceitação da Água.

Espírito: Caminho da Conclusão como Deus e Deusa
As lições do Espírito são normalmente abordadas durante todo o ano: conexões com o Deus feitas através de Sabbats e conexões com a Deusas feitas através de Esbats. Seus mistérios de união são explorados especificamente em Beltane. Para nossos propósitos, este ano, depois de encerrar os mistérios da Água no Samhain, continue o caminho das lições de conclusão com Deus/Deusa pelo tempo que precisar.

Ciclos Lunares: Esbats da Lua

As Bruxas celebram a Grande Deusa ao longo do ciclo de 29,5 dias da Lua enquanto ela orbita a Terra, conhecida como "lunação". Esbats das marés lunares crescentes e minguantes exploram o lado *yin* da polaridade divina e os mitos e mistérios da divindade feminina dentro da Natureza.

A Lua é a figura mais importante na magia da Bruxaria praticada na Terra. É o mais próximo de nós de todos os corpos celestes em nosso Sistema Solar e tem o efeito mais dramático na vida terrena. Há de doze a treze lunações durante a Roda do Ano. Durante cada um dos doze signos do zodíaco, haverá pelo menos uma lua cheia para comemorar, talvez até duas. A cada 2,5 anos, temos uma "lua azul", quando duas luas cheias atingem o pico dentro do mesmo signo do zodíaco.

Assim como os Grandes Sabbats são o pico de uma maré sazonal, a lua cheia é o pico da maré lunar. Da lua nova, celebrada como o primeiro avistamento de uma nova faixa de crescente, através da maré crescente, é a fase CARDINAL do ciclo, como uma Deusa Donzela. A lua cheia é a fase FIXA do ciclo, como uma Deusa Mãe. A maré minguante na lua escura, celebrada como a ausência total de luar, é a fase MUTÁVEL do ciclo, como uma Deusa anciã. Como os Sabbats Menores, a lua escura termina um ciclo enquanto se transmuta para o próximo. As luas cheias ocorrem quando o Sol e a Lua estão em signos opostos um do outro. As luas escuras ocorrem quando o Sol e a Lua estão em conjunção no mesmo signo. Novamente, equilibrando ou reforçando as influências elementais dessas marés em outra oitava do mecanismo cósmico.

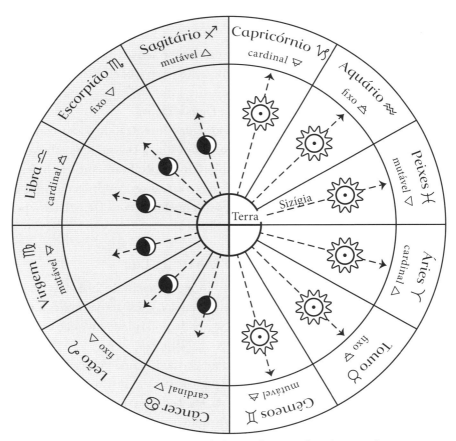

Figura 8: Equilíbrio Sizígia de locais de troca de Sol e Lua cheia durante as metades claras e escuras do ano

Os ciclos CARDINAL (criar, começar), FIXO (mudar, manter) e MUTÁVEL (transmutar, terminar) fazem parte de todas as coisas que experimentamos no mundo. Esse padrão se repete ao longo do dia, da vida, do mês, das estações, do ano em geral e das épocas mais longas. O Princípio Hermético da Correspondência descreve como o padrão também se reflete em todos os níveis da realidade: físico, mental e espiritual. Este é o padrão do balanço do pêndulo referido no Princípio Hermético do Ritmo. A boa notícia a ser encontrada nesta verdade cósmica é que não importa quão sombrios e frios possam ser seus "invernos de descontentamento", inevitavelmente haverá um verão glorioso ao virar a esquina.[110] Há equilíbrio dentro do ciclo, pois "o ritmo compensa".[111]

Girando a Roda do Ano

De olho no gráfico da Roda do Ano na figura 5, vamos ver um exemplo de Bruxaria Elemental funcionando conforme são marcadas pelas estações e Sabbats.

Novos ciclos sempre começam na escuridão, no período de descanso e transmutação que precede o surgimento do Ser. Assim é com a Roda do Ano ainda na escuridão da descida, após Samhain, quando o Sol atinge 15° em Escorpião e o ponto médio do outono. Depois do Samhain, que é o fim do ciclo do ano passado, é quando descansamos, paramos de lutar e mantemos o espaço. Aqui aprendemos com os poderes projetivos do elemento Terra: ficar em silêncio na reflexão sobre o trabalho do ano anterior.

No Solstício de Inverno, começa o lado da transmutação da estação mutável do inverno. Nossos ritos do Sabbat de Yule iniciam o novo ciclo da Grande Obra enquanto nos deslocamos para os poderes receptivos da Terra: RESSOAR. Aqui usamos vários meios de meditação e adivinhação para abrir nossa percepção à inspiração divina e ouvir o que nossa próxima Grande Obra deve ser. Como golpear o gongo cósmico para definir o tom e a vibração de nossa próxima área de devir. Voltamos nosso olhar interior para o futuro para iniciar uma nova visão.

---

110. A frase "inverno do descontentamento" foi cunhada pela primeira vez por William Shakespeare em sua peça Ricardo III: "Agora é o inverno do nosso descontentamento / feito verão glorioso por este sol [ou filho] de York".
111. Atkinson, *The Kybalion*, 145.

O aspecto mais importante da estação de inverno é este tempo de escuridão necessário para reorientar o nosso foco. Como quando nos sentamos em um quintal escuro, sem lua nem clarão de luz artificial, e nossos olhos conseguem relaxar na luz fraca. A percepção se expande e se aprofunda e pontos de luz estelar, antes imperceptíveis, agora entram em nossa visão; os padrões das estrelas assumem uma nova clareza e significado. Sem falhar, assim que eu transmito ao Cosmos em Yule que estou novamente ouvindo ativamente suas mensagens, a sincronicidade, os sinais, os símbolos e os presságios brilham e se transformam em consciência, como fogos de artifício. Torna-se quase comicamente claro quais fios devo começar a tecer novamente na tapeçaria da minha consciência em evolução. Como o poema A Rede Wicanna tão sabiamente aconselha: "falas pouco e muito ouves".[112] Entre o Solstício de Inverno e o pico do Alto Inverno em Imbolc, formulamos nossa nova dedicação. Todos esses fios de dados formam um padrão, como uma grande seta apontando em uma direção que podemos distinguir, mas que é melhor ainda reter esse julgamento e apenas começar a jornada com o primeiro passo, pois não há garantias a se obter de qualquer maneira.

Nós então fazemos a dedicação mágica na busca desse objetivo no Sabbat do Alto Inverno, também conhecido como Imbolc. Para usar uma metáfora agrícola, as dedicações do Imbolc são como plantar as sementes desse novo potencial. Após o Alto Inverno nos sintonizamos com os mistérios elementais projetivos do Ar: CONHECER. Fazemos pesquisas acadêmicas para investigar o que achamos que já sabemos sobre o assunto. O que os antigos acreditavam? Como meus contemporâneos responderam a essa pergunta? À medida que a estação CARDINAL amanhece com o Sabbat do Equinócio da Primavera, também conhecido como Ostara, fertilizamos essas sementes da intenção. Então passamos para as lições receptivas do Ar: QUESTIONAR. Esta é a parte mais importante de todo o processo. Nós liberamos o que pensávamos que sabíamos e fazemos grandes e novas perguntas, abrimos nossa mente para novas possibilidades e pedimos à Divindade para revelar a verdade que seria para o nosso bem maior naquele momento.

Quando o Sabbat da Alta Primavera atinge o pico, também conhecido como Beltane, aplicamos nossos fogos para fortalecer a Grande Obra enquanto o pêndulo elemental volta às lições projetivas do Fogo: VERDADE. É aqui

---

112. Mathiesen and Theitic, *The Rede of the Wiccae*, 52–53.

que damos as costas ao trabalho e fazemos fisicamente tudo o que a jornada exige. Enquanto a primavera termina, essa labuta alimenta a Grande Obra que temos cultivado.

Com o Sabbat do Solstício de Verão, também conhecido como Litha, a temporada de verão FIXA acelera, mas as lições elementais retornam aos mistérios receptivos do Fogo: RENDIÇÃO. Liberamos nosso apego do ego ao que pensávamos que queríamos, permitindo que qualquer obstáculo para alcançar nossos objetivos seja transmutado na luz que precisamos ver claramente. Obtemos o impulso de energia necessário para manter o bom trabalho até o pico do Sabbat do Alto Verão, também conhecido como Lammas ou *Lughnasadh*. Em Lammas, chegamos ao ponto médio da temporada de verão. Agora podemos celebrar a primeira colheita e fazer as oferendas de trabalho necessárias para colher os frutos da colheita vindoura. Após o Grande Sabbat do Alto Verão, a temporada de verão termina, mas o ciclo elemental muda para os mistérios projetivos da Água: OUSAR. Ousando colher as mudanças para nós mesmos e para o mundo, como uma maré que sobe rapidamente, passamos por cima de todos os obstáculos e esculpimos um novo terreno à medida que o ciclo de verão termina.

O Sabbat do Equinócio de Outono, também conhecido como Mabon, inicia a fase de integração da estação mutável do ano. À medida que as marés de outono crescem, abrimos nossas cestas de colheita e recebemos os frutos de nosso trabalho. Enquanto isso, o ciclo elemental volta aos poderes receptivos da Água: ACEITAR. À medida que o ano solar diminui em direção ao Sabbat do Alto Outono, também conhecido como Samhain, nós nos permitimos ser moldados em uma nova forma por nossa nova consciência, aplicando e integrando as lições aprendidas ao longo da Grande Obra. Na última colheita do Samhain, como um funeral, colocamos para descansar nosso antigo eu e todos os aspectos da nossa vida que não servem mais ao nosso bem maior à luz dos novos desenvolvimentos.

Com Samhain completamos a Grande Obra de Magia para este giro da roda. À medida que a estação MUTÁVEL do outono se desvanece na escuridão, as marés elementais voltam às lições terrenas projetivas de silêncio e reflexão mais uma vez. Aproximando-nos do Sabbat do Solstício de Inverno, também conhecido como Yule, voltamos o olho interior para trás em revisão daquele giro da roda. Amarramos todas as pontas soltas em um laço e, no silêncio escuro, tiramos nossas conclusões. O fim do Yule é um momento de descanso e reflexão. Como que olhando do além-túmulo, buscamos a distância objetiva necessária da obra. Deste ponto de vista mais profundo, absorvemos tudo, como ler um poema épico que escrevemos com a nossa vida. O que nos leva de volta ao início do próximo giro da roda mais uma vez...

Verdade seja dita, mesmo que eu tenha uma ideia para onde o Espírito está me levando no Imbolc, sempre me surpreendo com a inesperada jornada ao redor da roda. Eu nunca acabo onde esperava, mas é sempre exatamente onde preciso estar. Eu chamaria essa confiança no processo de Bruxaria de um tipo de fé de que nosso destino flui beneficamente para um estado melhor de Ser eventualmente – mesmo quando esse destino final está encoberto e difícil de ver no momento.

SEÇÃO DOIS

MAGIA ELEMENTAL E O EU QUÍNTUPLO

Na Seção Dois deste livro, discutiremos os fundamentos da magia elemental herdada pela Wicca e como os poderes da Terra, Ar, Fogo e Água são simbolizados pela Joia do Poder da Bruxa. Vamos mapear esses poderes no sistema de energia humano para alinhar o Eu Quíntuplo, entrelaçando-se com os sistemas de chacras hindus. Em seguida, passaremos para as aplicações práticas do poder elemental nas técnicas rituais da Wicca, incluindo as ferramentas elementais, colocação e consagração de um altar, conjuração de um Templo Energético, abertura dos Portais Elementais e evocação do Deus/Deusa.

CAPÍTULO 5
Fundamentos Elementais

A história da cosmologia no *Corpus Hermeticum* ilustrou o papel dos quatro poderes elementais na criação do Cosmos e de todos os seres que vieram do Deus/Deusa para habitar o mundo natural. É a partir dessa filosofia hermética e do estudo da alquimia que promoveu essa filosofia, que os poderes elementais da Terra, Água, Ar e Fogo tomaram seu lugar de destaque no esoterismo e na magia ocidentais. No entanto, ideias elementais semelhantes a essas são encontradas em religiões antigas e sistemas mágicos de todo o mundo, sugerindo uma verdade fundamental. Neste capítulo, seguiremos essa raiz da Grécia Antiga e o conhecimento oculto sobre o Plano das Forças, os seres elementais que regulam seu poder no Mundo Médio e como eles mapeiam os Três Reinos.

Forças Elementais da Natureza

Um sujeito chamado Empédocles é creditado com a formulação da filosofia dos quatro ingredientes essenciais que compõem a matéria. Filósofo, poeta, professor religioso e estadista, Empédocles nasceu por volta de 490 AEC., na Sicília, e morreu na Grécia por volta de 430 AEC. Para o contexto histórico, ele foi contemporâneo do filósofo Sócrates (470-399 AEC). Dois anos antes de sua morte, nasceu Platão (428-348 AEC).[113]

O trabalho de Empédocles, Tetrassomia (Doutrina dos Quatro Elementos) introduziu as forças elementais do Ar, Fogo, Água e Terra não apenas como blocos de construção físicos, mas como essências espirituais. Ele acreditava que

---

113. "Empedocles", Enciclopédia Britânica, atualizado em 7 de Março de 2021, https://www.britannica.com/biography/Empedocles.

nada poderia ser criado ou destruído; apenas mudado de forma, dependendo da mistura e da proporção dos quatro elementos que continham. Ele afirmou que esses quatro elementos eram todos iguais e tinham suas próprias características individuais. Diferentes misturas desses elementos produziram as diferentes naturezas das coisas. O conceito de energias elementais passou a influenciar as filosofias platônicas e, finalmente, os filósofos herméticos em Alexandria, no Egito.[114] Os conceitos de Empédocles sobre os elementos da criação encontraram seu caminho na magia esotérica ocidental através dos estudos de alquimia da Era Renascentista.

O alquimista mais influente da época foi o renomado médico e ocultista Philippus Aureolus Paracelsus, o Paracelso. Nascido na Suíça como Theophrastus Bombastus von Hohenheim, Paracelso viveu de 1493 a 1541. Ele viajou extensivamente pela Europa e Grã-Bretanha, do Leste até a Ásia central e até o Sul do Egito. Sua obra é referenciada por escritores ocultistas posteriores, como Eliphas Levi e Manly P. Hall, a respeito da essência espiritual dos elementos e dos seres elementais com os quais as Bruxas e os Magos Cerimoniais agora se associam em Círculos Rituais de Magia.

Elemento/ Classe Alquímica	Estado da matéria	Força fundamental
Terra – Sal Celestial	Sólido	Força gravitacional
Ar – Nitro Celestial	Gasoso	Força eletromagnética
Fogo – Nitro Celestial	Plasma	Força nuclear forte
Água – Sal Celestial	Líquido	Força nuclear fraca

---

114. Greer, *The New Encyclopedia of the Occult*, 361.

Os quatro elementos clássicos referem-se à energia espiritual coletiva que é de caráter semelhante aos materiais reais pelos quais são nomeados: Terra, Ar, Água e Fogo. Se, de acordo com o axioma hermético "como em cima, assim é embaixo", tudo na parte inferior da matéria tem uma imagem espelhada na parte superior do espírito, então as energias elementais são a pura essência espiritual que entrelaça o mundo material. Cada energia elemental tem uma qualidade essencial necessária para o funcionamento e formação da Natureza. Na ciência moderna, os quatro elementos clássicos se correlacionam tanto com um estado da matéria quanto com uma das quatro forças fundamentais que governam a atividade de tudo no Cosmos.[115] O gráfico a seguir reúne as associações alquímicas, científicas e psicológicas com os quatro elementos clássicos.[116]

Aqui no Mundo Médio da matéria, os Magos herméticos entendem que nossa realidade física é criada e sustentada quando os elementos interagem, combinam e emergem. A vida depende disso. Nós literalmente precisamos de moléculas de ar para respirar, moléculas de água para beber, vitaminas, minerais e matéria da terra para comer e o calor e a luz do fogo do Sol para existir no Planeta Terra.

Qualidades	Propriedades Alquímicas	Aspecto
Estabilidade, repouso, inércia, força, solidez	Seco e frio	Corpo humano físico
Penetrante, difuso, móvel	Úmido e quente	Mente autoconsciente
Radiância, expansão, calor, luz	Seco e quente	Mente superconsciente
Frieza, contração, mutabilidade, mudança	Úmido e frio	Mente subconsciente

---

115. Bartlett, *Real Alchemy*, 22.
116. Tabela de informações desenhada por Paracelsus, assim como referenciava Hall, Secret Teachings, 105, e Barlett, *Real Alchemy*, 21.

No entanto, quando apelamos a essas forças para nos ajudar com nossa magia, nós não as estamos chamando literalmente, de ar, água, etc. Estamos explorando a fonte original e tecendo juntos o espírito coletivo dos elementos para manifestar a mudança. Você tem corpo, alma e espírito. O mesmo acontece com cada pingo de gás, fluido, sólido ou plasma.

Foi Paracelso quem ensinou que esses elementos eram de natureza dupla; eles tinham tanto um "princípio sutil e vaporoso" ("acima", nos reinos do espírito) quanto uma "substância corpórea grosseira" ("abaixo", no mundo da matéria).[117] Cada elemento era "visível e invisível, discernível e indiscernível".[118] Como tal, o Ar foi descrito como "atmosfera tangível e um substrato intangível e volátil, que pode ser denominado de *ar espiritual*" que é penetrante e mediador.[119] O Fogo é uma "chama espiritual, etérea, que se manifesta através de uma chama material substancial" que é ativa, energizante e transformadora. A Água é tanto um fluido denso quanto "uma essência potencial de natureza fluídica": receptiva e responsiva. A Terra tem um ser inferior que é "fixo, terrestre, imóvel" estável e duradouro, e um ser superior que é "rarefeito, móvel e virtual".[120]

Todos os minerais, plantas e animais do mundo material são feitos de várias combinações dos componentes físicos desses elementos. No entanto, esses componentes físicos dos quais tudo é feito são alimentados por dimensões puramente espirituais feitas das essências elementais – os éteres espirituais criados através de cada elemento físico.

No "acima", ou camadas espirituais sutis de coisas que estão além da percepção de nossos cinco sentidos, há uma energia que podemos direcionar e seres espirituais dentro desse elemento com os quais podemos fazer parceria para criar as mudanças que desejamos. Melhor ainda, esses elementos não são apenas "coisas" potenciais. Eles também governam todas as outras camadas da consciência: pensamentos, emoções, paixões e os aspectos intangíveis da vida.

Plano de Forças

As forças elementais existem em seu estado puro e espiritual no que chamamos de "reinos elementais". Coletivamente, esses reinos são conhecidos como o "Plano

---

117. Hall, *Secret Teachings*, 105.
118. Hall, *Secret Teachings*, 105.
119. Greer, *The New Encyclopedia of the Occult*, 151.
120. Hall, *Secret Teachings*, 105.

das Forças"[121]. Os reinos elementais são camadas de vibração energética em um espectro que existem simultaneamente com toda a realidade, cruzando-se com o mundo material, tecendo-o tudo junto, mas permanecendo puro. Esses reinos existem dentro do mesmo espaço que a matéria, apenas ligeiramente defasados um do outro. São dimensões distintas dentro de um universo de múltiplas camadas, e nós existimos simultaneamente em todas elas. Em nosso modelo da Joia da Divindade da Bruxa discutido no capítulo 3, coloco esses reinos no octaedro mais interno como o filtro energético final que molda todos os seres materiais dentro dele.

Seres Elementais

Os reinos elementais são povoados por uma série de seres que Paracelso chamou de "elementais"[122], que são pura energia e pura consciência na essência do elemento. Eles incorporam esse elemento e regulam sua função no mundo físico. A tradição dos elementais e seus governantes é de origem persa e indiana, ensinada a Paracelso quando ele estudou em Constantinopla, na Turquia.[123] Ele dividiu esses seres em reinos elementais e os chamou de "gnomos", "ondinas", "silfos" e "salamandras". Paracelso descreve os elementais como entidades com inteligência limitada, que se assemelhavam um pouco aos humanos, tinham famílias e tinham suas próprias sociedades e lutas políticas.

Em *Transcendental Magic*, Eliphas Levi escreveu que os seres elementais podem ser evocados com sucesso para a magia por um Mago que dominou essa força elemental através de provações na Natureza, e como domínio sobre nossas próprias naturezas espirituais.[124] Levi diz que "uma mente superficial e caprichosa nunca governará os silfos; uma natureza irresoluta, fria e inconstante jamais dominará as ondinas; a paixão irrita as salamandras e a ganância avarenta faz de seus escravos o esporte dos gnomos... em uma palavra, devemos vencê-los em sua força sem nunca sermos vencidos por suas fraquezas."[125] Levi aconselha que uma vez que alcancemos o equilíbrio interior dentro das naturezas elementais, nossa magia pode realizar qualquer coisa.

---

121. Penczak, *Outer Temple of Witchcraft*, 93
122. Greer, *The New Encyclopedia of the Occult*, 151.
123. Hall, *Secret Teachings*, 150–151
124. Levi, *Transcendental Magic*, 215, 222–223.
125. Levi, *Transcendental Magic*, 222–223.

Os elementais são imaginados no folclore de muitas culturas antigas. Elementais de ordem superior eram chamados de *daemon* pelos gregos e podem ter sido adorados como deuses.[126] Pensa-se que talvez as Doze Musas fossem na verdade seres elementais do Ar que inspiraram os humanos. Por serem um único elemento, os elementais podem ter um efeito desequilibrador sobre a psique daqueles que com eles fazem contato. Por exemplo, o estereótipo do "professor ausente" é o que hoje podemos chamar, segundo o que Hall descreveu, de "qualidades peculiares comuns aos homens de gênio, supostamente resultado da cooperação das sílfides, cuja ajuda também traz consigo a inconsistência sílfica".[127]

As seguintes descrições de seres elementais são derivadas das obras de Paracelso, conforme referenciado por Manly P. Hall no livro *Os Ensinamentos Secretos de Todos os Tempos*:[128]

Terra: Gnomos
Vistos muito de perto, na natureza vibratória, como a terra material e as próprias plantas, os gnomos se camuflam com pedras, plantas ou com vestes semelhantes à pele que cultivam com eles. São muitas vezes retratados no folclore como pequeninos, barbudos, com chapéus de pontas vermelhas, ou como duendes, anões, brownies, etc. Melancólicos, sombrios, desanimados, eles podem ter apetites insaciáveis.

Ar: Silfos ou Sílfides
Os silfos são vistos como criaturas aladas, semelhantes às mariposas. São seres aéreos, geralmente muito delicados, associados aos mais altos trechos montanhosos. Alegres, mutáveis e excêntricos.[129] Os elementais do Ar passaram a ser confundidos no folclore com fadas ou duendes, mas isso não é exato.

Água: Ondinas
Retratadas no folclore como "sereias", as Ondinas são vistas com a fluência e semelhança de um peixe com feições humanas, belas, com simetrias avantajadas e muita graça. São seres muito emotivos, propensos ao ciúme, à traição e à raiva, como uma tempestade no mar.

---

126. Hall, *Secret Teachings*, 105.
127. Hall, *Secret Teachings*, 108.
128. Paracelsus, Hall, *Secret Teachings*, 105
129. Hall, *Secret Teachings*, 330.

Fogo: Salamandras
Retratadas como pequenos lagartos vermelhos que existem no coração de cada chama; as salamandras são também mostradas no folclore como dragões e dragonetes. Como elementais de ordem inferior, são vistas como bolas de luz de fogo ou figuras semelhantes a lagartos. Como elementais de ordem superior são vistas como gigantes flamejantes em mantos esvoaçantes ou armaduras de fogo.

Percebendo Seres Elementais

A literatura e o folclore humanos estão repletos de referências a seres elementais, percebidos por diferentes culturas e autores. A visão de Antoine Galland do gênio de Aladdin em *As Mil e Uma Noites*, Sininho, de J. M. Barrie, em *Peter Pan* e *A Pequena Sereia* de Hans Christian Andersen são apenas alguns exemplos bem conhecidos. Eu argumentaria que J. R. R. Tolkien modelou as raças da Terra-média em seus livros *O Senhor dos Anéis* em seres elementais.

A forma como os humanos percebem essas entidades é subjetiva, influenciada por nossa cultura, ideias preconcebidas e experiências pessoais. Os seres elementais que percebo são puramente energéticos, mais um nó de instinto dentro de seu Plano de Força. No olho da minha mente, e com os meus olhos físicos, quando escolhem se revelar para mim, eles assumem formas mais abstratas. Os elementais "femininos" de Água e Terra aparecem curvilíneos e espiralados, como o estilo *Art Nouveau*. Os elementais "masculinos" assumem uma forma angular e linear, com um estilo *Art Déco*. No entanto, esses são os conjuntos de símbolos que significam algo para mim, pois tenho formação em história da arte. Como seu subconsciente percebe esses seres dependerá de sua própria consciência e conjuntos de símbolos.

Os seres elementais têm uma função distinta no grande esquema, impulsionados por um único propósito de criar. Eles são como um organismo simples, especializado dentro de nossos corpos humanos. Há uma centelha de consciência lá, com certeza, mas como são de apenas uma essência pura, não percebo funções superiores agindo ali. Da mesma forma que eu tomo um probiótico para introduzir a bactéria necessária em meu trato digestivo no intuito restaurar um estado de boa saúde, posso chamar os vários seres elementais em um Círculo Mágico para me ajudar a construí-lo e até a desmanchá-lo, de acordo com minha direção como meio de restaurar o equilíbrio em algum nível: físico, mental, emocional, etc.

Soberanos Elementais

Existe uma consciência coletiva de cada gênero, espécie e variedade de espírito brilhante em todos os Três Reinos de plantas, ossos e pedras. A teoria da ressonância morfogenética do biólogo Rupert Sheldrake, PhD, apoia esse princípio oculto![130] Assim como existe uma consciência transcendente dos humanos chamada *akasha* e dos deuses chamada "Mente Divina", também existe uma consciência coletiva transcendente dos seres elementais que têm uma atuação própria.[131] Esses governantes servem como reguladores de suas essências no Mundo Médio. As Bruxas podem buscar uma aliança com esses seres, que podem se apresentar e se comunicar de maneira semi-humanoide. Os seres elementais e seus governantes são nossos parceiros na criação e há muito são aliados de praticantes de magia de todos os tipos.

Enquanto os textos Wiccanianos geralmente se referem aos governantes como Reis Elementais, Eliphas Levi se refere a eles simplesmente como Soberanos, o que é preferível para mim, pois esse é um termo de gênero neutro.

A seguir veja seus nomes e governo de acordo com Paracelso e Levi:[132]

- **Paralda** rege a essência do Ar e dos silfos, influenciando o temperamento genioso dos humanos. Protege o Quadrante Leste.
- **Djinn** rege a essência do Fogo e das salamandras, influenciando o temperamento sanguíneo dos humanos. Protege o Quadrante Sul.
- **Nicksa** *(Necksa)* rege a essência da Água e das ondinas, influenciando o temperamento fleumático dos humanos. Protege o Quadrante Oeste.
- **Ghob** *(Gob)* governa a essência da Terra e dos gnomos, influenciando o temperamento melancólico dos humanos. Protege o Quadrante Norte.

Um espectro arco-íris de expressão de gênero

Em relação ao gênero desses governantes serem todos do sexo masculino, discordo. Eu me esforço para remover o viés patriarcal encontrado na Wicca fundacional do século 20. Esta não é uma questão de sexo biológico, porque as essências elementais não têm biologia, tornando essa noção ridícula;

---

130. Rupert Sheldrake, *Morphic Resonance and Morphic Fields - An Introduction*, acesso em 4 de Junho de 2021, https://www.sheldrake.org/research/morphic-resonance/introduction.
131. Greer, *The New Encyclopedia of the Occult*, 151.
132. Levi, *Transcendental Magic*, 220–221; Hall, *Secret Teachings*, 330.

gênero mental é um conceito totalmente diferente. A totalidade da filosofia hermética é construída sobre as águas e a terra sendo um aspecto da Deusa, com um gênero mental primário como feminino. Assim, o governo de um rei é inconsistente. No folclore, os seres aquáticos exibem a essência da máxima feminilidade, tanto receptiva quanto aterrorizante, feroz e sedutora. Outro elemento que os alquimistas associam à energia feminina receptiva é a Terra. No folclore, o nome Ghob é a raiz dos goblins, e eles são tipicamente retratados como robustos e volumosos. Eu explorei essa curiosidade diretamente com cada um dos Soberanos. Minha experiência revela que Ghob é o que as pessoas modernas chamam de fluidez de gênero, expressando-se da maneira que escolherem naquele momento. Os governantes da Terra e da Água se apresentam a mim como algumas rainhas seriamente duras, mas de maneiras diferentes. Essa gnose pessoal guarda uma consistência interna: elemento feminino, governante feminino.

A mesma gama de expressão de gênero é igualmente verdadeira para os elementos tradicionalmente masculinos, ou projetivos, de Ar e Fogo. Nos relatos dos textos antigos, as salamandras do Fogo e seu Soberano, Djinn, geralmente aparecem como chamas imponentes, como grandes dragões ou apenas energia pura, mas são distintamente masculinos. Djinn é uma potência, perigoso e agressivo. No entanto, os silfos do Ar e sua/seu Soberana(o), Paralda, têm uma fluidez de gênero muito mais sutil, gentil e graciosa. Eu encorajo você a chegar com a mente aberta e decidir por si mesmo. Temos a permissão sagrada de lançar uma nova luz sobre a velha sabedoria e permitir que esses seres espirituais em evolução sejam reconhecidos com novos olhos.

Portais Elementais

Dentro do Círculo Ritual, as Bruxas invocam os quatro poderes elementais. Na linguagem Wicca, isso é normalmente chamado de "chamar os quadrantes". Prefiro chamar isso de "abrir os Portais". Através desses Portais Elementais, as Bruxas atraem o fluxo da pura essência elemental e convidam os seres guardiões a regular esse fluxo com segurança.[133] Os guardiões podem então direcionar sua essência para se tornarem o que quer que estejamos trabalhando para mudar. Os Portais tornam-se âncoras no Círculo Sagrado que sustentam o Templo com hastes gigantes feitas das forças elementais. Assim como os

---

133. Penczak, *Outer Temple of Witchcraft*, 99.

reinos elementais existem entre os mundos, o Círculo da Bruxa também existe; portanto, precisamos de energias do meio para estabilizar essa construção de energia.

As Quatro Direções Sagradas

Os reinos elementais há muito estão associados às quatro direções sagradas que correspondem aos pontos cardeais da bússola. O primeiro filósofo conhecido a fazer a associação entre as essências elementais e os quadrantes do círculo zodiacal foi um pitagórico do século 5 AEC, chamado Filolaos. No entanto, a colocação de qual elemento em qual trimestre mudou ao longo dos 2.500 anos desde Filolaos. Um alquimista do terceiro século EC, chamado Zósimo de Panópolis, atribuiu os elementos às direções cardeais em sua obra *Sobre a Letra Ômega* como, "Fogo no Leste, Ar no Sul, Água no Oeste e Terra no Norte".[134] Este emparelhamento de Fogo no Leste e Ar no Sul permaneceu consistente até meados do século 19.[135]

As direções atribuídas ao Ar e ao Fogo foram redistribuídas nos escritos de Eliphas Levi, o ocultista francês e mestre da Cabala, em seu livro *Transcendental Magic*. Levi escreveu especificamente sobre os poderes elementais em uma forma simbólica que ele se referiu como os Poderes da Esfinge. Ele trocou as direções para Ar no Leste e Fogo no Sul.[136] Aleister Crowley se concentrou fortemente nos escritos de Levi, mais tarde, afirmando ser sua reencarnação![137] Assim, a atribuição Leste/Ar e Sul/Fogo passou a fazer parte das práticas da O.T.O. (Ordo Templi Orientis) e da Thelema.[138] A partir daí, tornou-se a associação direcional padrão entre muitas tradições ocultas, incluindo a Wicca de Gerald Gardner.[139]

---

134. Sorita d'Este e David Rankine, *Practical Elemental Magick: Working the Magick of the Four Elements in the Western Mystery Tradition* (Londres: Avalonia, 2008), 20.
135. D'Este e Rankine, *Practical Elemental Magick*, 20.
136. Levi, *Transcendental Magic*, 220–221
137. Aleister Crowley, capítulo 151, in *Liber Aleph vel CXI: The Book of Wisdom or Folly [...]* (York Beach, ME: S. Weister, 1991).
138. Crowley, capítulo 151, *Liber Aleph*.
139. D'Este e Rankine, *Practical Elemental Magick*, 20.

Importa tanto para qual direção cardinal se está olhando? Os reinos elementais não estão literalmente lá. Eles estão bem aqui, mas em outra dimensão de frequência. No entanto, há muito poder mágico embutido nessas tradições ao longo do tempo. Quando o mesmo símbolo, pensamento, ideia ou visão é mantido focado na mente de muitos e alimentado com poder por um longo tempo, isso se torna sua própria forma-pensamento, ao que chamamos de "egrégora", uma construção energética compartilhada entre um grupo de pessoas que concordam com sua função.

Depois de um tempo, uma egrégora assume um poder próprio além de seus criadores. O Cosmos se organiza para atender às expectativas de seus observadores. Eventualmente, ele assume uma atitude própria também. Essa egrégora de poder pode a qualquer momento ser explorada por outras pessoas, mesmo que não saibam o que significa, simplesmente invocando-a usando o mesmo símbolo ou imagem. As "palavras mágickas" agem de maneira semelhante. Eu penso em uma egrégora algo como beber de um barril que outros encheram para mim: mesmo que eu não saiba o que a cerveja pode fazer, se eu vacilar e beber demais, vou ficar embriagada do jeito que foi planejado pelo fabricante. Para esse fim, importa como essas práticas foram feitas pelos Magos ao longo do tempo.

Contanto que você tenha todos os quatro elementos e possa mantê-los direto de uma maneira lógica em sua própria mente, sua magia provavelmente funcionará bem. Apenas saiba por que sua colocação faz sentido em todos os níveis de sua tealogia e práxis. Esse posicionamento tem consistência interna com o resto do que você faz? Então faça assim todas as vezes; consistência da prática também é a chave para construir poder em seus rituais. A repetição de seu método ao longo do tempo construirá sua própria egrégora de poder.

Dito isto, nesta questão das direções da bússola do Ar e do Fogo, a práxis ao longo deste livro explora a colocação da egrégora de Paracelso, Lévi, Hall e, finalmente, Gerald Gardner. Esta colocação tem o elemento Ar no Leste em alinhamento com o alvorecer da primavera, o amanhecer e começos de todos os tipos. O elemento Fogo segue no sentido horário em torno da bússola, que se encontra no Sul, em alinhamento com o meio-dia, com o verão quente e com todos os tipos de extremos.

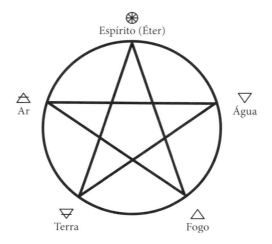

Figura 9: Pentáculo da Bruxa com símbolos alquímicos

Pentáculo: a Estrela da Bruxa

Na feitiçaria moderna, o símbolo mais usado para o equilíbrio elemental é o Pentagrama, uma estrela de cinco pontas envolta por um círculo, também conhecida como "Estrela da Bruxa". As cinco pontas da estrela são criadas pelo entrelaçamento de cinco linhas que se cruzam na proporção áurea, que definiremos em breve. Para as Bruxas, este símbolo representa o padrão da criação – entrelaçando Terra, Ar, Fogo, Água e Éter do espírito para criar o Cosmos em perfeito equilíbrio e totalidade. A estrela em si é um Pentagrama, uma palavra derivada do grego *pentagrammon*, que significa aproximadamente "cinco linhas".

O Pentagrama é um símbolo persistente e potente ao longo da história, usado por muitas culturas para todos os tipos de significados. Este símbolo foi encontrado desde o primeiro milênio AEC em tabuletas de argila, na Babilônia, onde tinha associações mágicas com Vênus/Ishtar, traçando o símbolo que o Planeta parece desenhar em seus movimentos pelo céu. Na Grécia, o Pentagrama foi usado por Neoplatônicos e por Pitágoras, representando a harmonia entre a saúde física e mental. Na Europa Medieval, os cristãos o usavam para representar as cinco chagas de Cristo. O Pentagrama apareceu no escudo de Gawain, um cavaleiro da mesa redonda do Rei Arthur. Como "estrela flamejante", ele ser encontrado na parede Leste das lojas maçônicas.[140] Paracelso o chamou de "selo

---

140. Greer, *The New Encyclopedia of the Occult*, 367.

do microcosmo" e, como tal, Eliphas Levi brasonou a testa de sua imagem de Baphomet com um Pentagrama apontando para cima. Levi afirma que esta colocação do Pentagrama entre os chifres de Baphomet representa a inteligência humana, e sob sua tocha flamejante representa a revelação divina.[141]

No Renascimento, Heinrich Cornelius Agrippa (1486-1535) publicou seu *De Occulta Philosophia Libri Tres*, no qual associava o Pentagrama aos quatro elementos clássicos e como uma figura geométrica poderosa na magia, e "a virtude do número cinco tem um domínio muito grande sobre os espíritos malignos".[142] O livro 2 incluía a figura do homem de pé com suas mãos, pés e cabeça tocando as cinco pontas de um Pentagrama, para ilustrar que o corpo humano era um "microcosmo" reflexo da harmonia divina do macrocosmo, contendo em si os quatro elementos clássicos.[143] Esta imagem é semelhante ao esboço de Leonardo Da Vinci do Homem Vitruviano, que provavelmente influenciou o trabalho de Agripa.[144]

Eliphas Levi descreveu o símbolo do Pentagrama como um "sinal de onipotência intelectual e autocracia".[145] Como um cabalista judaico-cristão, não é de admirar que Levi tenha usado o emblema do Pentagrama para "dominação da mente sobre os elementos", dizendo que os seres elementais estavam "acorrentados por este sinal".[146] Como tal, o Pentagrama mágico encontrou seu caminho para a Ordem Hermética da Golden Dawn, fundada em 1888. De lá, foi adotado como um símbolo primário da Wicca e da Bruxaria Moderna.[147] As Bruxas de hoje também veem o Pentagrama como representação de um microcosmo do Cosmos e nossos quíntuplos Eus. Entretanto, nós, Bruxas, usamos nosso Ritual do Pentagrama como parceria cooperativa com seres elementais em vez de dominação.

---

141. Levi, *Transcendental Magic*, descrição da figura 9 da Cabra Sabática, o Baphomet de Mendes.
142. Henry Cornelius Agrippa von Nettesheim, *Three Books of Occult Philosophy: The Foundation Book of Western Occultism*, ed. Donald Tyson, trans. James Freake (St. Paul, MN: Llewellyn Publications, 1993), 331.
143. Agrippa, *Three Books of Occult Philosophy*, 347.
144. Frank Zöllner, "Agrippa, Leonardo and the Codex Huygens." *Journal of the Warburg and Courtauld Institutes* 48 (1985): 229–234, accessed June 6, 2021, https://doi.org/10.2307/751218.
145. Levi, *Transcendental Magic*, 224.
146. Levi, *Transcendental Magic*, 224.
147. Levi, *Transcendental Magic*, 60.

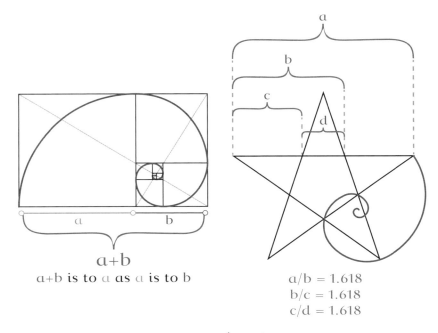

Figura 10: Proporção Áurea do Pentagrama

Proporção Áurea do Pentagrama

O que torna o Pentagrama tão simbolicamente interessante é que cada linha cruza a próxima linha com a proporção áurea, que é considerada uma característica fundamental do Universo e chamada de "proporção divina"[148]. A proporção áurea é uma impressão digital dessa ordem divina, que se repete do macrocosmo ao microcosmo. Ela descreve a relação entre duas medidas "de tal forma que a menor se relaciona com a maior na mesma proporção que a maior com a soma de ambas"[149]. A proporção áurea é uma constante matemática irracional, aproximadamente 1,6180339887. Este número é representado pela letra grega *phi*. Se você desenhar um Pentagrama dentro de um Pentágono, a relação entre os seus lados também estará na proporção áurea.[150] Essa proporção áurea também descreve a distribuição relativa das pétalas e folhas das flores e as

---

148. Greer, *The New Encyclopedia of the Occult*, 367.
149. Greer, *The New Encyclopedia of the Occult*, 367–368
150. Greer, *The New Encyclopedia of the Occult*, 205.

sementes em espiral em um girassol.[151] Esse mesmo padrão proporcional pode ser encontrado em todo o Cosmos, de galáxias espirais a nuvens de furacões, de desenho de corpos de animais à organização de colmeias de abelhas. Mesmo as dimensões da espiral de dupla hélice do DNA têm uma proporção que se aproxima extremamente de *phi*. Portanto, o Pentagrama como símbolo feito por esta proporção áurea representa o equilíbrio da divindade dentro da matéria.

As Bruxas circundam o Pentagrama, criando um Pentáculo. O Pentagrama simboliza nosso paradigma panenteísta: o Círculo é o Grande Espírito transcendente, a totalidade ininterrupta do Universo e os ciclos de vida, morte e renascimento. A estrela é o espírito inerente integrado aos quatro elementos, Terra, Ar, Fogo e Água. O quinto elemento, o Espírito, (éter ou quintessência) é representado com a ponta superior do Pentagrama na maioria das vezes. No entanto, no que diz respeito aos Wiccanianos e às Bruxas, independentemente da direção em que a estrela é virada, isso não significaria mal em nenhum momento.

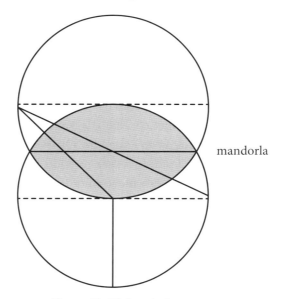

Figura 11: *Vesica piscis*

As Bruxas costumam usar o símbolo do Pentagrama para representar sua própria harmonia espiritual. Considerando que as ações "más" resultam de qualquer desequilíbrio no fluxo do Amor Divino, o Pentáculo também é

---

151. Greer, *The New Encyclopedia of the Occult*, 205–206.

considerado um amuleto protetor contra todas as energias e danos nocivos. O símbolo do Pentagrama é desenhado em padrões magicamente significativos como uma chave para invocar e banir as várias essências elementais, as quais exploraremos mais detalhadamente no capítulo 10.

Mapeando os Elementos Dentro dos Três Mundos

Este símbolo *vesica piscis* é frequentemente usado como um diagrama de um modelo de Três Mundos, que é comum em todas as culturas pagãs com um paradigma xamânico ou animista.[152] Essa geometria sagrada remonta a Euclides, nascido em 300 AEC, em Alexandria, Egito, que apresentou a *vesica piscis* em sua obra Os Elementos.[153]

A *vesica pisces* é formada pela intersecção de dois círculos de raios iguais e dispostos de tal forma, que o ponto médio de um círculo se encontra no perímetro do outro círculo. Os dois círculos simbolizam a união divina de "os DOIS que se movem como UM" e a criação que flui dessa união. É basicamente um Diagrama de Venn. A forma central, que é formada pela sobreposição, às vezes é chamada de "mandorla", formando uma *yoni*[154], ou canal de nascimento, pois é através desse "portal" de intersecção que nasce a criação material.. A *vesica piscis* aparece muito em artes sacras e na arquitetura. Por exemplo, a capa moderna do Chalice Well, em Glastonbury, é adornada com o símbolo *vesica piscis*.

Do ponto de vista hermético, este Diagrama de Venn representa o que aconteceu na história da criação do Pimandro. Quando o "Pai Céu" com seu Ar e Fogo desceu pelas esferas celestes para ser envolvido no amor da "Mãe Natureza" com sua Água e Terra. A partir dessa união amorosa, todo ser material foi formado.

O Mundo Superior – Reino Espiritual

O Mundo Superior, ou Outromundo, é mais conhecido como "céus". Este reino é considerado uma frequência mais alta de energia do que matéria. A matéria sendo meramente uma frequência mais baixa de energia para assumir uma densidade que podemos perceber com os cinco sentidos. No modelo hermético

---

152. Penczak, *The Temple of Shamanic Witchcraft*, 88.
153. Bartel Leendert van der Waerden e Christian Marinus Taisbak, *Euclid*, Enciclopédia Britânica, atualizado em 5 de janeiro de 2021. https://britannica.com/biography/Euclid-greek-mathematician.
154. *Yoni* é uma palavra do sânscrito que significa "passagem divina", "lugar de nascimento", "fonte de vida", "Templo Sagrado" e ainda o órgão sexual feminino.

de Três Mundos, este é o reino espiritual: sublime, intelectual, uma consciência distante e elevada. O Mundo Superior é frequentemente associado à luz branca relatada por pessoas que tiveram experiências de quase morte[155]. No entanto, lembramos que a luz branca contém todo o espectro visível de cores. O Mundo Superior está associado às características projetivas e voláteis do espírito, ou como os alquimistas chamariam "Nitro Celestial". De muitas maneiras, este reino do Mundo Superior é distante e desapegado, objetivo e impessoal. Quando busco a presença angélica, os mestres ascensos ou qualquer um dos Deuses/Deusas conhecidos pelo intelecto e pela ação, ou quando busco a Mente Divina e a Vontade Divina para acessar minha mente superconsciente, lanço o olho da minha mente no Mundo Superior para buscar esse conhecimento. Se você precisar obter a configuração do terreno e encontrar os padrões maiores da floresta em que se encontra, o Mundo Superior é onde você pode recuperar essas informações de uma maneira muito direta. Este reino contribui com os elementos do Ar e do Fogo para a mistura do Mundo Médio, e assim, seres elementares do Ar e do Fogo também podem ser encontrados lá. O Mundo Superior é o reino do Grande Deus, das forças do dia, e é simbolizado pelo Sol.

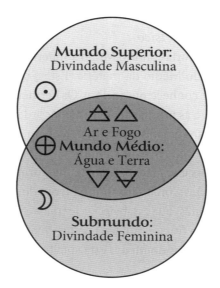

Figura 12: Diagrama de Venn dos Três Mundos

---

155. Penczak, *The Temple of Shamanic Witchcraft*, 89

O Submundo – o Reino Mental

O círculo inferior do diagrama representa o Submundo e as características receptivas e fixas do Espírito. O Submundo é frequentemente associado à escuridão, como o pigmento preto, que também é feito com todas as cores do espectro. Este é o reino Mental Hermético, ou, como os alquimistas chamavam, "Mercúrio Celestial". O Mundo Inferior é o reino astral dos sonhos, dos símbolos e das sombras, o subconsciente e o psiquismo – o reino da emoção e da cura. Os elementos Água e Terra estão mais próximos aqui. Como o reino grego governado por Hades, ou as Terras de Verão da Wicca, o Submundo é onde se encontram os espíritos dos mortos em sua escala entre as encarnações. Seres espirituais com ligações diretas com a natureza também estão associados ao Submundo: devas, fadas, animais espirituais, espíritos das plantas e das pedras, elementais da Água e da Terra, todos podem ser encontrados em uma jornada ao Submundo. Este é um reino primordial, lar dos Deuses/Deusas ctônicos da criação. É também um reino de desafios, onde os medos são refletidos de volta para nós para que possamos enfrentá-los.[156] O Submundo é o principal domínio da Grande Deusa, como o útero e a tumba, forças da noite e escuridão, e é governado pela Lua.

O Mundo Médio – Reino Físico

O "olho", "yoni" ou "mandorla", onde o Mundo Superior e os Mundos Inferiores se sobrepõem é o Mundo Médio da matéria. Este é o reino no qual vivemos fisicamente e aquele que conhecemos melhor. Os hermetistas chamam o Mundo Médio de Reino Físico, e as pessoas tendem a concordar que ele é substancialmente real, porque nossos cinco sentidos o percebem de maneira semelhante. Isso cria uma realidade consensual. O Mundo Médio é a construção 3D da energia criada quando as duas Forças Divinas se cruzam. Sua divindade passa pelo Plano Elemental das Forças como uma lente de focalização, através da "morte" das esferas celestes, que estabelece a forma e o destino na existência. A ilusão de nossa separação física é moldada como uma escultura feita de energia sutil e matéria densa. O Mundo Médio está sujeito ao tempo linear.

---

156. Penczak, *The Temple of Shamanic Witchcraft*, 89.

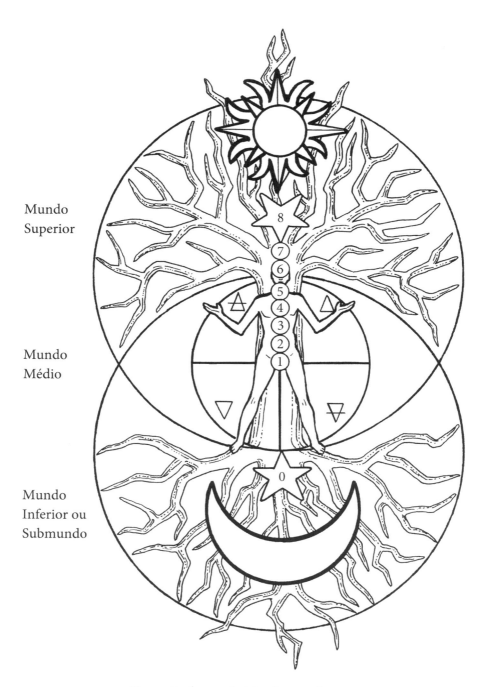

Figura 13: Árvore do Mundo, o ser humano, os Três Mundos e os chacras interpessoais

Axis Mundi

Em muitas mitologias indígenas com um paradigma de Três Mundos, muitas vezes há uma grande Árvore do Mundo ou outro conector vertical entre os mundos, como uma montanha, uma escada, um poste ou um obelisco de algum tipo. Trata-se de uma "construção vertical" conhecida como *axis mundi* (o centro do mundo ou o eixo do mundo), que está no centro do mapa cósmico de cada ser. Essa construção atua como um caminho entre os Três Mundos. A Árvore do Mundo nórdica, chamada de *Yggdrasil*[157], é cinza, gigantesca e ficou conhecida como a "Árvore da Vida" na Cabala Hermética. A Árvore da Vida Maia é uma árvore ceiba chamada *Ya'axche*.[158]

O *axis mundi* sustenta a relação entre o céu e a terra, onde as quatro direções da bússola se cruzam com o espírito. As imagens da Árvores do Mundo contêm o Submundo nas raízes e os céus nos galhos. O que torna o Mundo Médio o tronco forte nesta metáfora. No Mundo Médio, o tronco de uma árvore é um sistema de suporte robusto, mas também um conduto vivo que transporta a água e os minerais das raízes, e o gás carbônico e a energia do Sol absorvida pelas folhas.

Este mapa simbólico funciona no nível macro e micro. Em nossa metáfora do *axis mundi*, os humanos também têm um tronco, que é nossa coluna nos conectando em todos os níveis. Temos raízes sutis que nos conectam ao Submundo e uma coroa sutil de galhos nos conectando aos céus. O sistema de chacras hindu também mapeia o corpo humano como um reflexo microcosmo interconectado do nosso macrocosmo.

Lembre-se de que não há julgamentos de valor com base na localização dentro desses mapas cósmicos. Mais alto não é melhor. Sob não é uma punição. Não há nenhum cheiro de enxofre para ser encontrado. Tudo é refúgio dentro do Templo do Amor Divino. "Para cima" e "para baixo" também não são objetivamente reais. O perigo seria o hiperfoco em qualquer parte em particular deste mundo complexo em detrimento de outros. O Caminho do Pentáculo exige que uma verificação e reequilíbrios contínuos em todos os níveis para que possamos permanecer centrados, conectados e eficazes.

---

157. *Yggdrasill*, Enciclopédia Britânica, atualizado em 7 de fevereiro de 2018. https://www.britannica.com/topic/yggdrasill.
158. *La Ceiba: The Sacred Tree of Life*, Na'atik Instituto de Línguas, acessado em 6 de Junho de 2021, https://www.naatikmexico.org/ceiba-tree/.

Se nos concentrarmos no mundo intermediário da carne, podemos cair na armadilha do hedonismo autodestrutivo ou da ganância. Se tivéssemos que tirar uma página das ortodoxias invasivas – "negar a carne" para viver apenas para a admissão celestial – perderíamos toda a diversão (e todo o propósito) de ser encarnado. Hiperfoco na "luz" e você é seduzido pela "positividade tóxica". Demasiada exposição ao "sol" brilhante do dia é esgotante e vai queimar você. Da mesma forma, as Bruxas às vezes se concentram nas sombras escuras e repousantes do Submundo, residindo por muito tempo na morte e no trabalho espiritual, buscando apenas seus ancestrais ou tentando ressuscitar uma cultura há muito morta na memória. Preferindo a escuridão mística e macabra da Deusa ctônica, elas podem negligenciar os fogos brilhantes de seu lado projetivo e se perderem em sonhos, afogando-se em suas próprias profundezas psíquicas e emocionais. Para ser justa, essa é a estética da Bruxaria, e ela desempenha um importante contraponto dentro da supercultura dominadora. No entanto, elas também estariam bem servidas para vir à superfície e desfrutar de um raio de Sol de vez em quando. Se não for por nenhum outro motivo, que seja para produzir um pouco de vitamina D! É por isso que uma prática saudável de Bruxaria dança ao ritmo da magia elemental terrestre, da magia lunar da noite escura e da magia solar do dia claro. Tudo é sagrado e necessário quando em equilíbrio.

Então, este mapa vertical dos Três Mundos, a grande árvore *axis-mundi*, é uma visualização útil porque reflete a vida em um Planeta que tem gravidade! Além disso, Bruxas e árvores são velhas amigas. Dentro de um Cosmos onde tudo é divino, lembre-se do que é inteiro e completo. Tudo é necessário e em perfeito equilíbrio entre toda a gama de possibilidades. O paradigma dos Três Mundos e a metáfora da Árvore do Mundo são sistemas simbólicos de organização que podem ser usados como mapa cósmico quando você viaja espiritualmente além do véu da ilusão.

Assim como cada célula tem seu DNA com instruções completas sobre como criar um novo você, todo sistema do Cosmos contém um padrão observável que se repete infinitamente. Carregamos dentro de nós o *axis mundi*, esse ponto de acesso a todos os mundos através do nosso próprio corpo. As encruzilhadas sagradas do Cosmos estão bem ali, dentro de você. Seu centro, no fundo de suas entranhas e de sua alma é a encruzilhada 0, 0, 0 de sua própria rosa-dos-ventos. Se você navegar pelo seu próprio centro, nunca se perderá. Seguir o Caminho do Pentáculo da Bruxa e se engajar na Grande Obra da Magia é, em última análise, fazer o Caminho da Conclusão... chegar dentro de si mesmo totalmente presente e viver sua melhor vida.

CAPÍTULO 6

A Joia do Poder da Bruxa

Até agora vimos como as forças elementais da Terra, Ar, Fogo e Água criam o Mundo Médio, governando matérias óbvias como rochas, água, atmosfera e luz solar ardente. Essas forças regulam também a consciência e nossa experiência de existência no Mundo Médio: a maneira como lidamos com necessidades físicas, emoções e relacionamentos, pensamentos e atitudes, paixões e ações. A prática da magia lida com áreas de consciência que depois se espelham em sua essência. Isso nos leva a um estudo da sabedoria oculta adquirida a partir de uma observação das forças elementais. Essas forças fornecem "ferramentas" para implementar seus poderes para uma vida efetiva.

Até a década de 1990, no esoterismo ocidental, havia quatro axiomas elementais que formavam as pedras angulares da magia. Esses aforismos são frequentemente repetidos entre os Magos como CONHECER (ou SABER), VONTADE (ou QUERER), OUSAR (ou DESAFIAR), SILENCIAR (ou CALAR). Ao longo dos textos ocultos desde 1800, esses mistérios externos aparecem em várias ordens simbólicas e às vezes com detalhes conflitantes. No entanto, esses passos refletem apenas os mistérios externos – a espiral deosil – do poder elemental, portanto, correspondem apenas metade das ferramentas necessárias para ser totalmente eficaz na vida. Para reconstruir os mistérios internos perdidos, o autor Wiccaniano Timothy Roderick sintetizou seu conhecimento da psicologia junguiana e sua prática profissional como psicanalista com seu treinamento na Wicca Tradicional Inglesa. A partir dessa síntese, Roderick ofereceu a "espiral em sentido contrário" dos poderes elementais: QUESTIONAR (ou DUVIDAR),

RENDER-SE (OU ENTREGAR-SE), ACEITAR (OU PERMITIR) E RESSOAR (OU EMITIR).[159] Estes foram introduzidos pela primeira vez em seu livro *Dark Moon Mysteries* (1996), e promovidos em seus trabalhos subsequentes *Apprentice to Power* (2000) e *Wicca: A Year and a Day* (2005). Neste capítulo, vamos traçar uma breve história desse conhecimento com os mistérios projetivos e receptivos organizados em um novo símbolo, que chamo de "Joia do Poder da Bruxa", como já vimos.

Os Quatro Poderes da Esfinge de Levi

Essas máximas elementais foram apresentadas pela primeira vez pelo ocultista francês Eliphas Levi, em seu livro *Transcendental Magic*, originalmente publicado em dois volumes (1854-1856). Levi chamou esses quatro axiomas da magia de "os quatro poderes da esfinge". Ele descreveu a esfinge como um símbolo feito de quatro criaturas querubianas. Essas criaturas são baseadas em uma ordem de anjos chamada *Querubim* (os fortes), que são descritos como tendo quatro cabeças de bestas e três conjuntos de asas cada. As quatro cabeças representam os quatro signos astrológicos FIXOS e seus poderes elementais. Os signos fixos ocorrem durante os quatro pontos cruzados do ano, quando as Bruxas celebram os Grandes Sabbats e o pico do poder sazonal. Embora houvesse alguma confusão entre os grimórios do final do século 19 e as práticas da Aurora Dourada e Thelêmicas mais tarde; em última análise, Aleister Crowley corrigiu duas das atribuições. As bestas querubianas, seus poderes e associações elementais tornaram-se:[160]

- **Ar:** o homem que carrega água do signo de Aquário, para saber/conhecer
- **Fogo:** o leão do signo de Leão, para vontade/querer
- **Água:** a águia do signo de Escorpião, para ousar/desafiar
- **Terra:** o touro do signo de Touro, para calar/silenciar

Se você conhece o tarô, já deve ter visto estes quatro símbolos querubianos em muitas das cartas. O baralho de Thoth, projetado por Crowley, emprega fortemente esses animais para ilustrar o domínio das essências elementais ao longo do caminho do Mago para elevar-se a si mesmo.

---

159. Roderick, *Dark Moon Mysteries*, 79.
160. Michael Osiris Snuffin, Livraria Hermética, *On the Powers of the Sphinx: Part 2: Aleister Crowley* 2002, acessado em 6 de Junho de 2021. https://hermetic.com/osiris/onthepowerofthesphinx2.

Nas palavras de Eliphas Levi em *Transcendental Magic*:

Para alcançar... o conhecimento e o poder dos Magos, há quatro condições indispensáveis: uma inteligência iluminada pelo estudo, uma intrepidez que nada pode deter, uma vontade que nada pode quebrar e uma discrição que nada pode corromper e a nada intoxicar. SABER, OUSAR, QUERER, SILENCIAR – tais são as quatro palavras do Mago, inscritas nas quatro formas simbólicas da esfinge.[161]

Para trabalhar com sucesso a Magia Elemental, você deve primeiro equilibrar sua própria disposição o mais uniformemente possível entre as quatro naturezas elementais. Mais uma vez, isso nos traz de volta ao Caminho do Pentáculo da Bruxaria, onde a Bruxa sábia se fortalece primeiro como um ser entrelaçado em cinco aspectos. Nosso Eu quíntuplo deve primeiro ser curado das feridas que nos enfraquecem. Depois de cuidar do seu equilíbrio, a vida fica muito mais fácil.

Pirâmide da Bruxa: Yang

A construção simbólica para os poderes da esfinge se transformou novamente com a Bruxaria Moderna da América. Essa Tradição foi organizada em uma "Pirâmide da Bruxa" e incluída no livro de Christopher Penczak, *The Inner Temple of Witchcraft*. Os quatro poderes da esfinge descritos por Levi se tornaram as quatro pedras angulares e os lados da pirâmide nesse simbolismo. Este símbolo é útil, sendo um sólido 3D construído a partir de uma base quadrada com quatro lados iguais e triangulares, muito parecido com os símbolos alquímicos triangulares para Terra, Ar, Fogo e Água. Normalmente, a Pirâmide da Bruxa fica sozinha, apontando para cima, como as pirâmides tendem a fazer. A tealogia Wicca atribui o significado do ponto mais alto ao Espírito, ou a quintessência do Éter (significando quinto elemento), e o princípio orientador conhecido como a Rede Wiccana: "Sem nenhum dano causar, faça o que desejar".[162]

---

161. Levi, *Transcendental Magic*, 30.
162. Mathiesen e Theitic, *The Rede of the Wiccae*, 53.

Embora Timothy Roderick nunca mencione uma pirâmide, ele sugeriu que esses poderes elementais tradicionais da qual fala Levi, eram apenas um lado da moeda divina. Como todos os outros ciclos naturais, os mistérios elementais também têm ambos os lados da oscilação do pêndulo, tanto um refluxo quanto um fluxo de poder. Roderick inverteu a pirâmide tradicional para incluir o interior, o receptivo, o feminino e a "espiral em sentido contrário" dos poderes elementais.[163] O lado receptivo da polaridade contém as chaves para o verdadeiro poder dentro da magia de uma Bruxa. Estas chaves são presentes da Deusa.

O Princípio Hermético da Polaridade nos informa que tudo no Universo tem um equilíbrio inerente em toda a extensão de seu espectro. O símbolo taoísta *yin-yang* lembra que, embora possa haver um atributo dominante, deve haver também um ponto de seu outro lado e vice-versa. Esse é o mistério oculto; sua sabedoria oculta, e esse "ponto" que alguns podem ver como uma fraqueza, é, na verdade, o buraco da fechadura para desbloquear seu poder.

Já o Princípio Hermético de Gênero leva essa ideia de polaridade um passo adiante e afirma que tudo no Universo também tem atributos masculinos e femininos. Os atributos masculinos incluem qualidades projetivas e são atualizados através do Ar e do Fogo. Os atributos femininos incluem qualidades receptivas e são atualizados através da Terra e da Água. Assim como a polaridade, o gênero não pode ser uma situação qualquer, mas um arco-íris infinito de possibilidades. Cada um dos lados se manteve naquela dança cósmica de tensão.

Essa lição de gênero também vale para as forças elementais. Embora Terra, Ar, Fogo e Água possam expressar um gênero mental dominante, a chave para seu verdadeiro poder vem da sabedoria oculta que eles também expressam por meio de seu outro lado. Esta é a lição chave que nos mantêm em equilíbrio para não cairmos na loucura e na autodestruição.

Os tradicionais poderes ocultos da esfinge e da pirâmide apontando para cima materializa o poder dominante e ativo dos quatro elementos, mas também se concentra nas qualidades valorizadas dentro da típica cultura patriarcal e dominadora. O triângulo apontando para cima do hexagrama de Salomão representa o falo masculino do Deus, erguendo-se como uma lâmina, usado

---

163. Roderick, *Dark Moon Mysteries*, 79; Timothy Roderick, *Wicca, A Year and a Day: 366 Days of Spiritual Practice in the Craft of the Wise* (St. Paul, MN: Llewellyn Publications, 2005), 160, 167, 178, 183.

para representar os dois elementos masculinos, Ar e Fogo (ver figura 14). No entanto, para que o Princípio Hermético de Polaridade e Gênero seja cumprido, também teria que haver o triângulo apontando para baixo em referência ao útero feminino, que é receptivo e usado para representar os dois elementos femininos – Terra e Água.

A pirâmide tradicional é mais ou menos um modelo 3D do falo e suas lições me dizem o que eu quero fazer por mim, é o lado projetivo do aprimoramento mágico. Legítimo! Assim, a diretriz mágica do ponto alto, dos éteres masculinos do Deus, certamente falaria sobre o que as Bruxas deveriam fazer para satisfazer seus desejos pessoais. Então, o que devo fazer para ajudar o todo? Farei o que quiser, sem ninguém prejudicar. Muito bem, mas onde está o Cálice da minha Deusa?

Pirâmide Invertida da Bruxa: Yin

Ao explorar o lado receptivo da Deusa e das forças elementais, adicionamos uma pirâmide invertida e recebemos quatro máximas elementais inversas: QUESTIONAR, RENDER-SE, ACEITAR, RESSOAR. Ao trabalhar em profundidade com esses mistérios, perguntei diretamente à Deusa qual seria sua mensagem etérica feminina, voltada para baixo, para a Bruxa. A Deusa afirmou para mim que o simbolismo projetivo da pirâmide *yang* expressa a lição de mistério dominante em relação ao aperfeiçoamento pessoal e à independência responsável, com a Rede Wiccana: "Sem nenhum dano causar, faça o que desejar". Entretanto, o simbolismo receptivo da pirâmide yin expressa a lição de mistério cooperativo em relação à melhoria da sociedade e à interdependência responsável como as duas chaves do templo: "Perfeito Amor e Perfeita Confiança". A tabela a seguir descreve os dois lados desse Dogma de Mistérios (projetivos e receptivos) em comparação e apresenta as lições elementais de mistérios, que serão detalhadas ao longo dos exercícios da Seção Três.

	Pirâmide Yang: Projetivo	
Polaridade Divina	O Grande Deus	
Direção	Apontando para cima	
Ferramentas de Altar	O Athame, ou Lâmina Ritual	
Simbolismos	Falo	
Relacionamento	Autoaperfeiçoamento, pessoal	
Maré	Mistérios Elementais Projetivos	
Ar: conhecimento e consciência	CONHECER, SABER	Comunicar a intenção clara; despertar.
Fogo: paixões e estímulos	VONTADE, QUERER	Disciplina, ação física realizada para manifestar desejos; maestria.
Água: sonhos e emoções	OUSAR, DESAFIAR	Atrever-se a transcender convenções ultrapassadas, que inibem esclarecimento e evolução pessoal.
Terra: necessidades práticas, físicas	SILENCIAR, CALAR	A quietude do mínimo esforço. Observar sem julgamento. Liberar o apego e a expectativa. Manter o campo de possibilidades.
Éter: Diretriz do Espírito	A Rede Wicanna: Sem nenhum dano causar, faça o que desejar[164]	Soberania. Liberdade e independência pessoal responsável e benevolente.

---

164. Mathiesen e Theitic, *The Rede of the Wiccae*, 76.

	Pirâmide Yin: Receptivo	
	A Grande Deusa	
	Apontando para baixo	
	O Cálice, ou Caldeirão	
	Útero	
	Melhoria Social, Interpessoal	
	Mistérios Elementais Receptivos	
	Questionar, Duvidar	Mente aberta, liberação de ideias preconcebidas, questionamento, inspiração.
	Render-se, Entregar-se	Humildade. Liberação de medos a serem moderados pela vontade divina; permissão para mudanças.
	Aceitar, Permitir	Definindo e honrando os limites; permitindo que circunstâncias reais moldem um novo estado de ser.
	Ressoar, Emitir	Espontaneidade do esforço. Estabelecimento de novas frequências da intenção, novas perspectivas.
	Duas chaves: Amor Perfeito e Perfeita Confiança	Totalidade. Interdependência responsável e benevolente dentro da sociedade e do meio ambiente.

Dentro da ilusão persistente da nossa separação aqui no Mundo Médio, a pirâmide *yang* fala conosco como indivíduos. A pedra angular tradicional para alcançar o empoderamento do Mago era descobrir o "Reino Sagrado" dentro de si mesmo. Tanto que você deve se lembrar de que é uma encarnação da divindade aqui na Terra, para e então se fortalecer como um Soberano dentro de seu reino.

Entretanto, quando os Magos ocultistas dos séculos 19 e 20 pararam apenas nos mistérios masculinos da pirâmide yang, eles se abriram a um desequilíbrio de espírito, indo ainda mais fundo nas armadilhas da nossa cultura dominadora. Tão profundo, de fato, que muitos deles caíram e acabaram morrendo desamparados, loucos, viciados, ou coisa pior.[165] Mesmo aqueles primeiros Wiccanianos que apoiaram da boca para fora o ressurgimento da Deusa mãe, se continuassem a utilizar exclusivamente as ferramentas patriarcais de uma cultura dominadora em seu nome, ainda estariam condenados a repetir os erros de seus opressores. A Bruxaria Moderna restaura todo o conjunto de ferramentas em nossa caixa de Instrumentos Mágicos, para que possamos alcançar a verdadeira maestria como humanos, não abandonando nem Deus nem Deusa e reconciliando as tensões entre o Cálice e a Espada que perseguem nossa cultura desde a Era Neolítica. Isso se torna a Grande Obra da magia transformacional que a Bruxaria Moderna é idealmente adequada para alcançar.

A Faca vai no Copo

Certo dia, pedi ao Wiccaniano Miles Batty, autor do livro *Teaching Witchcraft*, que me desse, em poucas palavras, os ensinamentos da Wicca britânica. Ele olhou para a mesa de jantar e disse: "A faca vai no copo". Ele estava se referindo à cerimônia Wiccana do Grande Rito Simbólico, onde a lâmina do Athame, como símbolo da energia vital projetiva do Deus é mergulhada em um Cálice de vinho como uma bênção. O Cálice simboliza o útero receptivo da Deusa, que dá forma à matéria. As pirâmides *yang* e *yin* são poesias para expressar tanto o Deus projetivo quanto a Deusa receptiva mantidos em equilíbrio dentro de cada um de nós, assim como a história da cosmologia hermética em *The Pymander* disse: "todos os que foram criados a partir de sua fusão foram feitos à sua imagem e inerentemente de todos os gêneros."

---

165. Para detalhes sangrentos, veja as biografias de Alex Sanders, Aleister Crowley e Robert Cochrane.

A Wicca começou como uma religião de fertilidade e, em um nível metafórico, ainda é. As metáforas sexuais nos antigos ritos pagãos que inspiram nossa prática moderna podem parecer um pouco grosseiras para as sensibilidades atuais. Claro, elas podem ser especialmente heterocêntricas se você não for cuidadoso. No entanto, permanece uma verdade biológica e poética: a criação flui da união. Uniões de todos os tipos, entre todos os seres, para criar todo tipo de lindos amores – não apenas de bebês, colheitas ou gado, como nossos ancestrais precisavam desesperadamente para sobreviver.

Anima e *animus*, lados sexuais e contrasexuais devem ser equilibrados dentro de nós mesmos e unidos em todos os níveis para tomar posse plena de nosso ser. O Caminho da Conclusão é revelado nesses mistérios que conhecemos como "Pirâmides da Bruxa". Eles procuram fundir e harmonizar o *yin* e o *yang* dentro de cada um de nós, independentemente do nosso sexo ou identidade de gênero primária. Essa harmonia inevitavelmente vai afirmar e curar todo o arco-íris da expressão humana: espiritual, mental, emocional, de vontade e física. É na Joia do Poder da Bruxa que descobrimos as ferramentas de cooperação que podem restaurar o equilíbrio da Força.

A Joia do Poder da Bruxa

Trabalhei com essa construção da Pirâmide da Bruxa, tanto *yin* quanto *yang*, e vi esses mistérios de diferentes ângulos por muitos anos. Os ritos tradicionais ocultistas de fertilidade de todo o mundo simbolizam persistentemente a divindade masculina e feminina que se cruzam em uma união sexual para criar o mundo. Obviamente. E, tão obvio quanto, esses símbolos são baseados na Deusa e no Deus estando separados e distantes – quer dizer, para nos encontrarmos assume-se que em algum momento estivemos separados. Como se mamãe e papai dormissem em camas separadas, em quartos longe um do outro, e só de vez em quando se reunissem na noite do encontro para fazer um herdeiro.

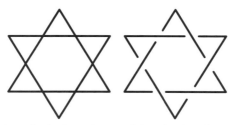

Figura 14: Estrela de Davi (esquerda), Selo de Salomão (direita)

Considere que o Selo de Salomão tem dois triângulos apontando um para o outro e que se cruzam; se existem duas pirâmides para simbolizar esses poderes, fazer com que eles se aproximem para se fundir ecoa o sentimento Wicca de "a faca entra no copo". Esta noção é verdadeira o suficiente no Mundo Médio. E certamente mantém a vida biológica interessante!

No entanto, a separação binária dos sexos e gêneros é uma ilusão do Mundo Médio, da mesma forma que o tempo linear e o espaço contíguo também são ilusões deste mundo. Certo? Eu sei que estou muito longe, em alguma viagem cósmica como esta, mas fique aqui comigo enquanto eu coloco isto para fora...

Agora vire todo o script. Volte à ideia hermética de Fonte na cosmologia do *The Pymander*. Esta Luz Divina que ilumina a Joia da Divindade é uma imagem espelhada do mundo material abaixo – como acima, assim abaixo – "os DOIS que se movem como UM", Deus/Deusa, que são os dois lados de um reflexo.

Em vez de sua união divina imaginada como um modelo 3D do Selo de Salomão, uma imagem espelhada não seria mais consistente com a filosofia hermética na qual toda essa magia elemental se baseia? Uma imagem espelhada é igual: expressando polaridade, mas não em oposição, em reflexão. Em vez de organizar as pirâmides para se aproximarem, como uma faca entrando em um copo, coloque-as de base a base, como um reflexo do Sol no espelho da água.

Mãe Natureza, Deusa Ctônica da Terra, Lua e Submundo; uma força que desce. Pai Céu, Deus celestial do Sol e das estrelas, senhor da luz e das sombras, Deus selvagem da natureza e dos animais; uma força que sobe.

Quando você coloca duas pirâmides de base a base, essa bipirâmide tem um novo nome na geometria sagrada: "octaedro". Trata-se de um dos cinco sólidos platônicos, definidos pelo filósofo grego Platão, de Atenas. O octaedro representa o elemento Ar, o que parece adequado para uma representação da Mente Divina. E tem oito faces feitas de triângulos equiláteros, que ecoam os sigilos alquímicos dos quatro elementos, com o dobro das faces para mistérios internos e externos. Os octaedros formam o que normalmente chamamos de "forma de diamante", e as gemas de diamante naturalmente se formam em octaedros, assim como as formações de cristal de fluorita. Se você gosta de jogos de RPG de mesa, o sólido octaedro é um dos dados poliédricos mais comuns, conhecido como "D8".

Eu chamo essa nova construção de "equilíbrio elemental da Joia do Poder da Bruxa", que mapeia simbolicamente os cinco mistérios elementais projetivos e cinco mistérios elementais receptivos neste sólido octaedro, e o coloca no centro da construção maior da Joia da Divindade que discutimos no capítulo 3. Dentro deste símbolo, vejo os quatro cantos ainda ancorados pelos mistérios elementais com uma fita de arco-íris de quatro Planos de Forças unindo as duas pirâmides, formando aquela lente da criação material através da qual a Deusa e o Deus se entrelaçam em forma. O ponto descendente, como o ponto preto no símbolo taoísta *yin-yang*, representa uma mensagem da Deusa para a interdependência responsável no "Perfeito Amor e Perfeita Confiança". O ponto para cima, como o ponto branco, representa uma mensagem do Deus para a independência responsável como "Sem nenhum dano causar, faça o que desejar".[166]

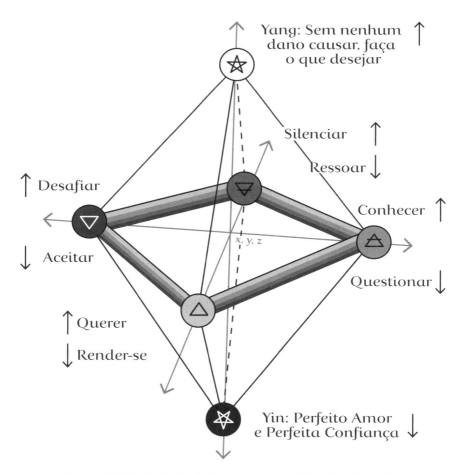

Figura 15: Joia do Poder da Bruxa como um Octaedro Platônico

---

166. Mathiesen e Theitic, *The Rede of the Wiccae*, 76.

Meditação 3: Árvore Axis Mundi
Respiração através dos elementos

Você vai precisar de:
- Vela, qualquer tipo
- Incenso, qualquer tipo
- Uma cadeira confortável, com apoio e braços, se possível
- Seu Livro dos Espelhos e uma caneta

Preparação

Acenda sua vela e incenso e sente-se confortavelmente em uma poltrona que permita que sua coluna fique perpendicular ao chão. Suas coxas devem estar paralelas ao chão e os pés planos. Não deixe nada cruzado ou desconfortável.

Práxis

Feche os olhos e imagine um cômodo confortável dentro de sua cabeça. Imagine sua consciência como uma versão minúscula do seu Eu mais mágico, sentado em sua cadeira confortável. Seus olhos são uma janela em uma parede distante de você agora.

Olhe ao redor da sala. Veja que este é um quarto perfeito para você, decorado do jeito que gosta. Você está cercado de conforto. (Pausa). Aqui você está sentado longe daquela janela. Longe da agitação do mundo exterior.

Está quieto e tranquilo aqui no Santuário interior de sua mente. Qualquer ruído ou pensamento disperso que o distraia são apenas pássaros voando por aquela janela distante... Liberte-os sem medo!

Há uma claraboia acima e um suave feixe de luz branca brilha sobre sua cabeça.

Comece com três respirações profundas. Permita um suspiro audível ao afrouxar qualquer tensão reprimida; faça respirações lentas e profundas pelo nariz e expire pela boca. (Pausa).

Você percebe que há um alçapão intrigante no chão. Ele está próximo, você chega mais perto para vê-lo com mais clareza. Esta é uma porta bonita e ornamentada que vai para o seu próprio Portal privado de aventuras. (Pausa).

Além desta porta, o caminho pode levar a qualquer lugar que deseja ir nos Três Reinos, Mundo Superior, Mundo Médio e Mundo Inferior.

Diga em voz alta: *Convido meus guias, deuses e ancestrais a se juntarem a mim nesta jornada, manter-me seguro, mostrar-me o caminho. Peço que as visões sejam claras e que suas mensagens sejam compreensíveis e gentis. Que tudo o que eu faça seja para o bem maior de todos os envolvidos, não prejudicando a ninguém. Abençoado seja.*

Abra aquela porta ornamentada no chão e encontre uma escada em espiral que desce mais além. A cada expiração, desça cada vez mais fundo em seu estado meditativo. A cada passo, a cada respiração, sua mente relaxa, os pensamentos se acalmam, a respiração se aprofunda.

Continue descendo; cada vez mais fundo em sua mente subconsciente. Desça mais doze degraus, girando, girando e então pise na escada em espiral. Você sabe que no fim desses degraus chegará ao seu próprio centro. (Pausa).

Agora saia do último degrau e chegue à encruzilhada dentro de si mesmo. Atrás de seu umbigo, você está conectado como um cordão umbilical de prata ao reino astral.

Diante de você está um espelho, uma tela de sua mente mais profunda e o Portal para o cordão de prata que o conduz para os reinos astrais, onde todas as coisas são possíveis por um mero pensamento. Sua imaginação pode mudar essa vista para qualquer lugar que você queira ir. Visualize uma grande Árvore do Mundo através do espelho agora. Na contagem de três, você passará por ela e começará sua aventura... Um, dois, três, passe adiante!

Você chega ao vasto campo do Plano Astral. Aproxime-se da Árvore do Mundo, cujos galhos largos sustentam o Cosmos e todos os céus e cujas raízes profundas sustentam o Planeta e todo o Mundo Inferior. Você pisa em suas raízes como se estivesse de joelhos e coloca as mãos no tronco largo, que é o Mundo Médio. Sinta o pulso da criação como um batimento cardíaco do Cosmos. Seu batimento cardíaco. Você e a árvore são uma só energia, então você empurra direto pela casca e se funde com a árvore. Sinta suas conexões de árvore através de raízes e galhos. (Pausa).

Sua consciência agora encontra o caminho para o Submundo mantido em suas raízes. Ao respirar profunda e lentamente, permita que sua atenção se aprofunde em suas raízes, na própria terra. Nas profundezas da terra você encontra a estabilidade das próprias pedras. Afunde suas raízes na essência elemental da Terra, encontrando uma luz verde. Inspire essa luz através de suas raízes como a cor verde. Aqui você encontra quietude, solidez. Sinta essa base pesada mantendo você enraizado. Suas raízes se sustentam. Conforme respira a luz verde, tudo aquilo que precisa flui para dentro de você para sustentar seu corpo. Mantenha o espaço em receptividade silenciosa. (Pausa).

Empurre suas raízes ainda mais para baixo, até encontrar o lençol freático. Há água fluindo como uma luz azul. Mergulhe nesta água e sinta a refrescante luz azul fluindo através de suas raízes. Inspire esta luz azul, sinta ela o preenchendo completamente. A água do Amor Divino flui livremente por onde quer que vá, superando todos os obstáculos. Inspire a luz azul e aceite todo o amor necessário para nutrir seu coração. Receba o amor em paz. (Pausa).

Novamente, empurre suas raízes ainda mais para as profundezas do núcleo planetário, encontrando uma luminescência da Grande Deusa. Ela é a fria escuridão da meia-noite e também o ponto de pigmento preto no *yang*, mantendo todo o potencial dentro de sua sombra escura. Ela é a luz do Sol que ilumina a Lua contra o céu noturno. Inspire sua luminescência e descanse à vontade em seu abraço. Receba sua aceitação incondicional. (Pausa).

Inspire os poderes da Deusa, da Terra e da Água por todo o tronco de sua árvore que é o seu corpo. Mudando a atenção para cima, para sua coroa, sinta seus galhos segurando os céus. Mova-se cada vez mais alto agora, na atmosfera, no ar ventoso como o céu ao amanhecer amarelo. A luz amarela da sabedoria sopra em sua mente. Inspire a luz amarela em sua mente aberta, com admiração. Receba a inspiração do Ar. (Pausa).

Empurre para cima através de seus galhos mais uma vez, mais e mais, suas folhas viraram em direção à luz abrasadora do sol. Respire a luz vermelha do fogo através de suas folhas, em sua barriga, acendendo a fornalha do seu poder. Receba o combustível ígneo do revigoramento e alimente o fogo com tudo o que não serve ao seu bem maior... permita que esses obstáculos queimem. (Pausa).

Continue empurrando mais e mais além da atmosfera, para encontrar o próprio Sol. Pai Céu, o Grande Deus, luz branca de todas as cores, de todas as possibilidades, irradiando vida e calor. Inspire este arco-íris de luz branca. Ele é o ponto branco no yin enquanto procura sua Lua na escuridão. Ela é o vazio negro do espaço através do qual ele queima. Respire sua luz solar, e descanse em confiança dentro de sua proteção. Receba sua aceitação incondicional. (Pausa).

Retorne através de sua coroa, de volta ao tronco de sua árvore, descendo pelo *axis mundi*. Faça uma respiração cíclica enquanto a árvore inala: inspire as águas, os minerais e a luz da lua. Enquanto sua árvore exala, expire o vento, a energia e a luz do sol. Eles giram por todo o seu corpo, entrelaçando-se em seu coração, girando como o *yin* e o *yang*. Inspire a Deusa. Expire o Deus.

(Pausa por três ciclos). Onde "os DOIS que se movem como UM" se unem, toda a bem-aventurança flui. (Pausa).

Quando estiver pronto para retornar ao mundo desperto, rejuvenescido e fortalecido, simplesmente puxe suas raízes, apenas o suficiente... Puxe seus galhos para trás, apenas o suficiente. Saia da Árvore do Mundo para ficar no Plano Astral.

Veja uma imagem sua no espelho mais uma vez. Sabendo que o cordão umbilical de prata, agora de volta ao seu centro, segue apenas três passos adiante: um, dois, três, atravesse! Você volta ao centro do seu Ser.

Suba a escada em espiral até a consciência desperta... cada vez mais alto você sobe doze passos em sua mente desperta. Até que emerja na pequena sala de meditação em sua mente, fechando o alçapão atrás de você com gratidão pela jornada. Estique os músculos e, quando estiver pronto, vá até a janela e abra os olhos. Reserve um tempo para registrar essa experiência em seu Livro dos Espelhos.

CAPÍTULO 7

Corpo Energético e o Eu como Pentáculo

Ao longo do Caminho do Pentáculo da Bruxaria Elemental, exploraremos o Pentagrama como um mapa do microcosmo. Neste nível, o Pentáculo representa a natureza quíntupla do ser humano como tendo um corpo físico, mental, de vontade, emocional e espiritual. Antes que possamos ter sucesso com as forças elementais para nossa magia, vamos explorar esse simbolismo e como as essências dos elementos clássicos são pensadas para emergir na forma física tornando a pessoa que somos hoje. Vamos definir termos para nossos sistemas de corpo de energia aprendidos com o hinduísmo e como nossa aura e chacras criam nossa experiência humana e, ao contrário, servem como nossos pontos de acesso humanos ao Plano Elemental de Forças e aos Três Mundos.

Eu costumava pensar em mim como um espírito vestindo temporariamente essa roupa que é a carne física. Deixei meus olhos me enganarem pensando que minha pele era meu exterior e tudo o que me distinguia estava envolto por aquela carne. Então comecei a estudar Bruxaria Moderna e me tornei uma curadora de energia Reiki.[167] A verdade é que nossa anatomia se estende muito além da nossa pele. Em vez de um pequeno espírito dirigindo uma máquina orgânica, sou mais como um algodão-doce espiritual girando em torno de um cone de corpo. O corpo material é apenas um núcleo relativamente sólido de

---

167. Uma sintonização de Reiki é semelhante a um ritual de iniciação, abrindo a conexão espiritual entre o curador e o *ki*. As iniciações geralmente ocorrem em três estágios de preparação.

um vasto ser energético; o corpo é o resultado final da consciência se materializando em uma vibração lenta o suficiente para ser percebida aqui no Mundo Médio. Somos enormes seres multidimensionais de energia, com todas essas camadas do Eu vibrando em uma faixa de frequências. O biocampo gerado pelo meu coração é um toro, uma espiral giratória, como uma rosquinha em forma de anel, assim como o campo eletromagnético do Planeta. Esse campo também é chamado de "aura".

O Caminho do Pentáculo para o Equilíbrio: um Plano de Cinco Pontas

O propósito do Caminho do Pentáculo é retornar ao nosso estado natural de ser, que é íntegro e equilibrado, pelo qual somos capazes de desfrutar a nossa vida de forma mais eficaz. Para fazer isso, devemos descobrir como desestressar, curar nossas feridas emocionais, estabelecer e cumprir metas e construir relacionamentos saudáveis para que possamos desfrutar da facilidade e do equilíbrio que podemos chamar de "realização espiritual".

Uma abordagem holística para o equilíbrio busca a totalidade, que por sua vez é é baseada nas interconexões entre a consciência e o corpo. Já uma abordagem mágica para o empoderamento funciona para um equilíbrio harmônico entre as muitas camadas sutis do nosso Eu. As partes não corpóreas de nós, ou os corpos mental, emocional, de vontade e espiritual formam uma lente através da qual experimentamos nosso corpo físico e vice-versa. Como acima, assim abaixo.

Na verdade, somos principalmente não físicos. Eu diria que essa questão da "carne" nem é a nossa parte mais importante! No entanto, infelizmente, muitas pessoas ficam presas no nível do corpo – preocupando-se e discriminando os aspectos mais triviais da aparência material, como altura, textura do cabelo, celulite ou sua quantidade de melanina. Somos muito mais do que a nossa pele, pessoal! Nossos corpos físicos são meramente a densidade formada a partir de um padrão de interferência criado à medida que nossos corpos – esses sim muito mais importantes – de coração, mente, vontade e espírito se cruzam. Seu corpo é como uma bela flor desabrochando enquanto sua consciência cria a realidade física. Explorar a diversidade é todo o propósito do véu da ilusão; o véu não é para ser uma venda!

Quando todas essas camadas do nosso Eu estão em equilíbrio umas com as outras nós nos sentimos bem. Quando há ruptura nos sentimos mal. Isso acaba refletindo em muitos camadas do nosso Ser, resultando em doenças se não corrigirmos o problema em tempo hábil. Estresse permanente, frustração, raiva, preocupação, ansiedade e até tristezas sazonais são formas de doença que não devem ser desconsideradas. Caso contrário, elas podem se manifestar como formas mais graves de doença física ou infortúnio.

Figura 16: Caminho do Pentáculo da Bruxaria

A maior parte da prática da Bruxaria consiste em vencer nosso medo da falta de amor e conhecer a nós mesmos por dentro e por fora. Manter o equilíbrio vem em primeiro lugar. Assim, trabalhamos no caminho quíntuplo de nos alinharmos com a divindade. Siga o símbolo do Pentagrama na figura 16.[168] Tudo começa no espírito, simbolizado como a ponta superior do Pentagrama. À medida que nascemos, o espírito é atraído pelas esferas celestes até o ponto da Terra – simbolizado pela linha que vai até o ponto inferior direito do Pentagrama – o elemento Terra. O espírito floresce no Mundo Médio e nossa centelha emerge como um bebê. Em seguida, siga os traços restantes no sentido horário, ou deosil.

Agora que nascemos, antes de tudo, temos que descobrir como conduzir a questão da carne – cuidando de nossas necessidades físicas até que sejamos independentes e autossuficientes. O caminho terreno da Soberania estabelece nossa vida física de maneira independente. Como adultos, a Soberania permite nossa busca prazerosa de realização em todos os outros níveis.

O próximo passo é a nossa educação. O caminho aéreo da verdade alinha nossos corpos mentais e pensamentos dentro da Mente Divina. Estudamos e desenvolvemos habilidades de pensamento crítico. Experimentamos a vida, aprimorando dados brutos em uma compreensão complexa de nossa interconexão.

Então vamos trabalhar. O caminho ígneo do poder alinha o corpo da vontade, nosso pequeno ego, paixões e impulsos com a Vontade Divina que é nossa Missão Sagrada ou destino pessoal. Ativamos, trabalhamos duro e realizamos o que fomos enviados à Terra para fazer.

Com o tempo, crescemos em liderança e relacionamento. O caminho aquoso do amor alinha nosso corpo emocional, nossos sentimentos, intuições e relacionamentos dentro do Amor Divino. Buscamos parcerias e nos envolvemos significativamente com outras pessoas. Amor e reencontro são todo o propósito da vida. Nesse caminho do amor, percebemos a importância de nossas interconexões e nossa interdependência, então nos envolvemos com compaixão e ética com nossos entes queridos para benefício mútuo.

O Caminho da Completude equilibra e integra o Deus e a Deusa dentro de nós. Tanto a *anima/animus* quanto os lados projetivo e receptivo, o Mundo Inferior

---

168. Observe que as atribuições de pontos no sistema do Caminho do Pentáculo são reordenadas a partir da ordem tradicional dispostas por densidade alquímica, que flui como Espírito, Fogo, Ar, Água e Terra. Ao remapear os pontos como uma jornada espiritual correspondente à Roda do Ano, os Mistérios Elementais fluem do espírito no topo para a Terra no canto inferior à direita, depois em deosil para o Ar, Fogo e Água.

e o Mundo Superior são eventualmente harmonizados, então encontramos paz e integridade como um ser humano plenamente realizado na Terra.

Em última análise, a totalidade que alcançamos permite uma visão transcendente ao longo do Caminho do Retorno. Descobrimos que tudo começou no espírito e tudo volta ao espírito, e esse caminho nos traz de volta para nós mesmos. Deus/Deusa é "aquilo que é alcançado no final do desejo".[169] Todos esses esforços nos abrem como uma fechadura para um Portal entre os Três Mundos, com nossa vida como conduto entre eles. Este canal aberto se torna nossa fonte de capacitação divina.

Quando estamos abertos, equilibrados e fluindo livremente por todos os mundos, isso nos permite responder a quaisquer desafios de forma eficaz, em vez de permanecermos escravos de nossas reações. A práxis da Bruxaria nos oferece a estrutura prática para considerar a ideia de equilíbrio através dos cinco pontos do Pentagrama e dos cinco elementos.

Observe quantas vezes eu uso figuradamente as mesmas palavras. As lições ocultas apresentadas repetidas vezes são que, para receber a generosidade do Amor Divino como nos intencionamos, devemos primeiro ser abertos, limpos e prontos para absorver tudo. Você tem que relaxar! A ansiedade estressada é o oposto absoluto e, no entanto, esse é o principal problema da vida moderna que todos devemos superar. Quando estamos à vontade, relaxamos a tensão mantida ao longo de cada polaridade; reconciliamos o paradoxo. Uma mãe em trabalho de parto dirá que, se você se encolher de medo, tentar evitar a dor inevitável, contrair os músculos e a mente, o bebê não se moverá. Vai doer mais! Devemos soltar, suavizar, inclinar e aceitar as corredeiras ocasionais, flutuando como uma folha no rio do nosso destino. A Deusa me ensinou essa lição diretamente enquanto eu trabalhava com meu primeiro filho. Se continuarmos respirando e nos abrirmos totalmente para o desafio, a dor desaparece. Se estivermos realmente fazendo certo, a dor se transmuta em êxtase.

A mesma sabedoria se aplica a todas as outras camadas do Ser. Se guardarmos firmemente nosso coração contra a dor potencial do desgosto, não sobrará espaço para receber a alegria potencial do amor que curaria essa ferida. Se passarmos a vida com o punho cerrado e gananciosos com nossos recursos, essa mão nunca se abrirá para receber a verdadeira abundância espiritual. Se trancarmos nossa mente em um fundamentalismo temeroso,

---

169. Valiente, *The Charge of the Goddess*, 13.

nunca experimentaremos a eureca de uma perspectiva nova e libertadora. Se congelarmos de medo do fracasso, nunca fazendo o que precisa ser feito, jamais conheceremos a emoção da vitória. Se apenas virmos nossos espíritos presos dentro da nacionalidade, da raça, do sexo ou do estilo de roupa que cobre a nossa carne, então nunca poderemos tirar as amarras e mergulhar sem limites no mar do Amor Divino.

Canal Aberto: Cinco Corpos

Como uma visão geral do processo mágico do Caminho do Pentáculo da Bruxaria Elemental, vamos seguir a analogia da criação de um canal aberto de poder divino através dos cinco corpos do Ser.

Bloqueio Mental

Começamos o processo mágico descobrindo como nos encaixamos neste Universo Divino. Faça fluir os sucos criativos para excluir a programação antiga e conectar nossa mente individual à nossa Mente Divina. Aprenda a tealogia e o paradigma da Bruxaria e também a ciência e a sabedoria de como a magia funciona. Eu chamo esse passo de endireitar nossas cabeças – entender a mecânica da magia, o porquê e a lógica de como os sistemas metafísicos funcionam. Isso deve destruir a necessidade de "fé cega" e "superstição", que é baseada na ignorância temerosa, levando-nos a tomar ações irracionais que podem se tornar prejudiciais a nós mesmos e aos outros. Com a verdadeira Bruxaria, conquistamos nossos medos por meio do conhecimento. As lições elementais do Ar – CONHECER e QUESTIONAR – são as chaves da fechadura mental.

Bloqueio da Vontade

O próximo passo na agenda das Bruxas é alinhar livremente nossa vontade pessoal e pequeno ego com a Vontade Divina. Descobrimos nossa Missão Sagrada e então colocamos nossas paixões e energias em ação para cumprir essa missão. Depois que o motor de sua vontade for acionado pelo combustível do Cosmos Divino, qualquer coisa que você definir em sua mente se tornará possível. Então, apoiamos nossas intenções por meio de ações práticas – pelo fogo em nossa barriga e pelo motor que alimenta nossos músculos, nossa paixão por enfrentar qualquer "batalha" necessária para realizar o trabalho que nascemos com a missão de fazer. As lições elementais do Fogo – QUERER e RENDER-SE – são as chaves para abrir a fechadura da vontade.

Bloqueio Emocional

Em seguida, curamos nosso coração através de uma conexão com o Amor Divino. É preciso um esforço colossal para enfrentar nossos medos sombrios, perdoar a nós mesmos e libertar aqueles que nos feriram. Essa supercultura é hostil à natureza espiritual e receptiva das Bruxas, então não importa como você se pareça ou de onde você veio, chegamos à encruzilhada do Deus/Deusa com pelo menos algumas feridas para cuidar. Aceitar nossa completude inteiramente de forma bela, aceitando toda sombra e luz, grão e colheita, fome e escassez é nosso desafio. Abrir o bloqueio emocional requer um trabalho profundo de jornada interior, realizado com coragem. Antes de trabalharmos com magia para a mudança externa, devemos mudar nossa própria vibração da consciência ferida para um estado de Perfeito Amor e Perfeita Confiança de nós mesmos. As lições elementais da Água – OUSAR e ACEITAR – são as chaves para abrir a fechadura emocional.

Bloqueio Físico

Abrir a fechadura de nosso corpo físico é outro desafio único para a Bruxaria. Na verdade, é o primeiro bloqueio que devemos atender, mas até entendermos o porquê, é difícil saber o que fazer. O reino físico é onde a Bruxaria encontra sua distinção, onde prosperamos. Nós, Bruxas, glorificamos nossos corpos totalmente envolvidas nas ações físicas dos rituais, na seleção das coisas e das parcerias certas nos reinos das plantas, pedras e ossos, fabricando talismãs e amuletos e enfiando nossas mãos na terra negra. Quando termino um rito, estou suja e cheirando a fumaça exótica, sal e mistério, ou volto lá até ter feito tudo certo!

Mas o mais importante ainda é o autocuidado! A fim de nos tornarmos o conduto para o poder divino no mundo, nós, Bruxas, temos que fortalecer e alimentar nossos "vasos" físicos. Devoções casuais não exigem muito além da saúde em geral. Você deve ao espírito que reside em seu corpo um padrão de cuidado mínimo. No entanto, para se tornar um Mago, Bruxa, médium espiritual ou curador de energia de qualquer tipo, é necessário um cuidado muito mais rigoroso com seu corpo físico. Exercício adequado, descanso, purificação, comer alimentos naturais e beber muita água são o mínimo. Evitar vícios em álcool, tabaco e drogas desnecessárias são as escolhas de estilo de vida saudável que serão inevitavelmente necessárias para um funcionamento vibracional mais alto. Você pode tentar canalizar esse poder através de um recipiente tóxico, mas isso vai queimar seu Templo até o chão. Confie em mim. Aprendi esta lição de maneira estúpida e tenho as contas da neurologia para provar isso. Convenientemente, quanto mais progredir sua consciência dentro do espírito, maior será sua bem-aventurança natural e você simplesmente perderá seu desejo por coisas perniciosas.

    Lembre-se de que seu corpo é o Templo do Deus/Deusa. Seu corpo é feito de carne divina. Qual é a qualidade do recipiente que você convida os deuses a entrar? Coloque o mesmo cuidado reverente de alta qualidade em si mesmo ao fazer sua mesa de altar, suas ferramentas mágicas e suas oferendas. Se você come lixo, bebe e respira veneno, e descuidadamente negligencia a si mesmo, de que servirá suas devoções a uma divindade interior? Apenas pense sobre isso com cuidado, e então "Não Queime a Bruxa", começando por você mesma. As lições elementais da Terra – SILENCIAR e RESSOAR – são as chaves para abrir a fechadura física.

Bloqueio Espiritual

Quando atendemos às quatro fechaduras elementais, provavelmente já estamos na maior parte do caminho para realização da nossa divindade interior e para abrir nosso espírito como um conduto do poder divino. Intencionalmente, tocamos nosso espírito pessoal no Grande Espírito, como se estivéssemos entrando no servidor divino através de uma contínua crescente espiritual. As práticas de meditação estabelecem esta conexão. Uma relação pessoal entre Deus/Deusa e nosso Ser é reconciliada. O circuito está agora aberto e completo, acima e abaixo, dentro e fora; tornamo-nos um canal aberto de enorme poder.

    Quando as Bruxas encontram seu poder, as pequenas coisas da vida podem ser desfrutadas com facilidade e eficácia. Acredito que as Bruxas, como vocação, são chamadas a ser cuidadoras, começando por nós mesmas. Uma vez que comandamos nossa própria vida, podemos ajudar a proteger a natureza e a elevar a sociedade, tornando-nos a voz dos sem voz, o defensor dos indefesos.

Os Cinco Corpos – Mental, Vontade, Emocional, Físico, Espiritual

São as tradições orientais que informam a Bruxaria Moderna sobre a anatomia de nossos corpos energéticos e o papel que as essências elementais desempenham nas experiências de nossa vida. As semelhanças entre os paradigmas hindu e taoísta com a feitiçaria hermética se devem ao seu sincretismo proposital. Nesta Feitiçaria Hermética, podemos descrever Deus/Deusa como nossa fonte de energia divina, que é lançada através dos quatro planos elementais. Essa energia divina é então organizada em várias formas pelos padrões astrológicos (esferas celestes) que guiam nosso destino. Da mesma forma, no taoísmo, filósofos e alquimistas já no século 5 AEC descreveram que a energia da força vital denominada *qi*, foi pensada para emanar do "Grande Final *(taiji)*", através da "ordenação dinâmica *(li)*".[170] Esse *qi*, ou *chi*, se manifesta por meio de uma interação entre os modos ativo (*yang*) e passivo (*yin*), que definem o Cosmos por meio de seu sistema de cinco elementos de Madeira, Metal, Terra, Água e Fogo.[171] Em chinês, *qi, chi* ou *ch'i* se traduz como "respiração", "força vital" ou "energia material orgânica" e refere-se às "energias psicofísicas que permeiam o Universo".[172]

Nos sistemas japoneses de cura energética, como o Reiki, essa energia de força vital universal é chamada de *ki*. Na espiritualidade havaiana, é chamado de *mana*.[173] Este conceito foi introduzido para muitos de nós no Ocidente pela religião fictícia *Jedi* nos filmes da saga Guerra nas Estrelas, que a chamavam de "A Força". Nos sistemas hindus da Índia, essa energia é chamada de *prana*, que significa "força vital" em sânscrito e é fundamental nas práticas de ioga. Todos esses termos se referem a uma energia espiritual que está dentro de todas as coisas, incluindo plantas e animais, o ar que respiramos, os alimentos, minerais e água que consumimos – tudo. Metaforicamente, descrevo esta energia como o Amor Divino do Deus/Deusa, ambos manifestando-se como humanos e interconectando toda a humanidade através da consciência coletiva que chamamos de "Mente Divina".

Auras, Chacras e Nosso Eu Quíntuplo

Tanto como Bruxa quanto como Reikiana, utilizo técnicas de tradições orientais e ocidentais. No entanto, eu estava constantemente traduzindo o vocabulário oriental e os sistemas derivados do hinduísmo para combinar com minha Bruxaria ocidental. Para facilitar, neste trabalho vamos definir esses termos e então corresponder os dois sistemas para nosso uso na Bruxaria Elemental.

---

170. Especificamente "The Song Dynasty" (960 - 1279); "Qi: Chinese Philosophy", *Enciclopédia Britânica*, atualizado em 7 de Maio de 2020, https://www.britannica.com/topic/qi-Chinese-philosophy.
171. Qi, *Enciclopédia Britânica*
172. Qi, *Enciclopédia Britânica*
173. Christopher Penczak, *Magick of Reiki: Focused Energy for Healing, Ritual & Spiritual Development* (Woodbury, MN: Llewellyn Publications, 2009), 2.

A aura

O que aprendemos sobre a aura no hinduísmo é que trata-se de um campo psicoelétrico que interpenetra e envolve o corpo físico em uma extensão que normalmente está além do nosso alcance em todas as direções. A aura é gerada através da interação da energia de seu corpo físico com nossos corpos sutis de energia. Este campo tem a forma de uma rosquinha do toro ao nosso redor – o mesmo que o campo eletromagnético do Planeta Terra – e é feito de consciência divina.

Nossos próprios pensamentos e intenções influenciam diretamente o campo áurico. Quanto mais consciente você se tornar dessa interação, maior será seu controle sobre o seu bem-estar. O campo áurico age como um ímã espiritual. Lembre-se do Princípio Hermético da Vibração: vibrações semelhantes atraem vibrações semelhantes. Assim, seu campo áurico está sintonizado com a frequência de seus pensamentos e sentimentos fundamentais.

O campo áurico tem múltiplas camadas de várias densidades, que são chamadas coletivamente de "corpos sutis". Essas camadas recebem uma variedade de nomes nas mais diversas Tradições. Voltaremos a nomeá-las em um momento.

Os Chacras

Dentro de uma camada do campo áurico próximo à nossa pele, também temos órgãos de energia chamados *chacras*. Assim como temos órgãos físicos e sistemas circulatórios que regulam o fluxo de sangue, hormônios e digestão em toda a nossa biologia, também temos órgãos que regulam o nosso fluxo de energia elemental de cima de nossos corpos sutis para baixo de nosso corpo físico.

Chacra é uma palavra sânscrita que significa "roda" ou "vórtice". Existem sete chacras principais, que giram como um redemoinho entre os corpos sutis e nossa matéria. Nossos órgãos de energia dos chacras também nos conectam aos Três Reinos. Do Chacra da Coroa no topo de nossas cabeças, conectamo-nos ao Mundo Superior. Descendo pelo tronco do nosso corpo até o Chacra da Raiz na base do torso, conectamo-nos ao Mundo Inferior. Existem chacras adicionais dentro do campo áurico e em vários pontos de nossas extremidades. Para nossos propósitos ao longo do Caminho do Pentáculo, também acessaremos o Chacra Estrela da Terra (Chacra 0) e o Chacra Estrela da Alma (Chacra 8). O Chacra Estrela da Terra está localizado perto da base do nosso campo áurico em forma de ovo, logo abaixo dos pés, e nos conecta à divindade feminina planetária abaixo. O Chacra Estrela da Alma está localizado logo acima de nossa cabeça e é nossa conexão com a divindade masculina cósmica acima, que flui através do Portal Estelar no limite superior da nossa aura.[174] Consulte as figuras 13 e 17.

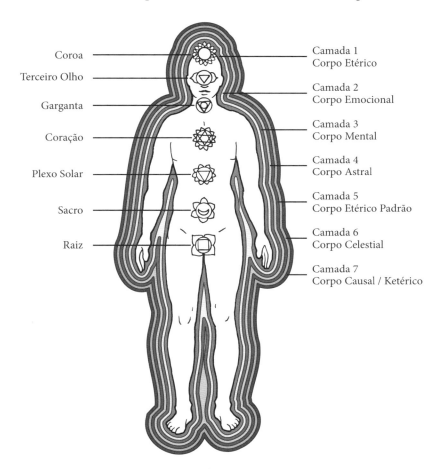

Figura 17: Os 7 Chacras Principais

Os chacras funcionam como válvulas e regulam a forma como a energia espiritual flui e reflui entre o Espírito e todas as nossas camadas sutis até nossa carne e ossos.[175] Assim como a aura é feita de consciência, os chacras também

---

174. Penczak, *Magick of Reiki*, 32–33.
175. A energia é chamada de diversas maneiras diferentes em diversas culturas: *ki, chi, prana, Luz Divina, archaeus, a Força...*

são. Mas os chacras são um pouco mais densos e podem ser percebidos por um toque sensível quando você sabe o que está procurando. Cada um dos sete chacras principais é o órgão de energia que interage com uma das glândulas endócrinas e um feixe nervoso chamado "plexo". Portanto, os chacras regulam a energia espiritual para seus sistemas físicos correspondentes e os órgãos relacionados no corpo. Por exemplo, o Chacra do Coração governa a glândula timo e o plexo cardíaco e, portanto, afeta a saúde dos sistemas circulatório e imunológico. Os chacras também correspondem às sete cores do espectro de luz visível e às sete notas da oitava. Essas conexões inspiram modalidades de cura energética usando luz colorida, som e cristais que amplificam as vibrações correspondentes. Veja a tabela da página 184 (Mapeamento de Chakras para os Caminhos do Pentáculo, Corpos e Condições Divinas de Amor) para detalhes de cada chacra e suas áreas de consciência correspondentes.

Aspectos da Consciência

O Princípio Hermético do Mentalismo nos lembra que tudo no Cosmos está interligado através da consciência divina. Portanto, nossa consciência individual também está interconectada a todas as células do nosso corpo. Por meio dessa interconexão, podemos não apenas nos comunicar através do tempo e do espaço com seres divinos, vidas passadas, animais espirituais e assim por diante, como também somos capazes de nos comunicarmos com todos os órgãos, células e organismos dentro do nosso próprio corpo. Tudo começa na consciência da Mente Divina. Então, como a luz através de um prisma, esse espírito se expressa ainda mais no espectro de cores do arco-íris passando pelos nossos chacras, para que também experimentemos todo o nosso espectro de individualidade.

Para recapitular este sistema no contexto do paradigma hermético que já delineamos: a luz divina do Espírito brilha através do padrão fractal criado pela astrologia e e pelos doze signos zodiacais das estrelas externas que regulam o Plano Elemental de Forças, que então emergem através de seus chacras para se tornarem seu corpo físico, impactando também as glândulas endócrinas e os feixes nervosos para criar a experiência 3D de sua realidade física. Seu corpo é um Pentagrama incorporado — um equilíbrio perfeito de espírito, carne, emoção, mente e vontade.

A tabela de correspondências a seguir mapeia os pontos do Pentagrama para os estados da matéria, corpo, chacra e caminho.

Elemento	TERRA	AR	FOGO	ÁGUA	ESPÍRITO
Estado da matéria	Sólido	Gasoso	Plasma	Líquido	Etérico
Corpo	Corpo Físico	Corpo Mental	Corpo da Vontade	Corpo Emocional	Corpo Espiritual
Chacra	Raiz e Sacro	Garganta e Terceiro Olho	Plexo Solar	Coração	Coroa, Estrela da Alma, Estrela da Terra
Caminho	Soberania	Verdade	Poder	Amor	Conclusão

O Eu Quíntuplo

Assim como o Pentagrama simboliza, os seres humanos têm um Eu quíntuplo entrelaçado. O corpo físico é apenas o núcleo sólido no centro de sua totalidade e corresponde facilmente ao Elemento Terra. Em todas as tradições existem muitos nomes para as camadas de corpos sutis que se estendem para fora de sua pele, formando seu campo áurico. Para o nosso Caminho do Pentáculo de equilíbrio, nomeamos esses corpos sutis de "corpo mental" (Elemento Ar), "corpo emocional" (Elemento Água), "corpo da Vontade (Elemento Fogo) e "corpo espiritual" (Quintessência).

Essas camadas sutis nem sempre podem ser vistas, mas podem ser sentidas. Os humanos certamente estão cientes delas inconscientemente, como nossa linguagem e expressões idiomáticas refletem. Por exemplo, quando sofremos uma perda emocional, chamamos isso de "desgosto", e sentimos essa dor no peito, apesar do músculo cardíaco estar lá para bombear sangue e não emoções. No entanto, o Chacra do Coração bombeia energia do corpo emocional para o corpo físico, e também está localizado no meio do peito. Quando nossos sentimentos são feridos, o chacra se contrai e, por sua vez, cria uma sensação de aperto e dor em nosso peito; portanto, um "coração partido".

A tabela a seguir mapeia as correspondências do sistema de chacras hindu com os Caminhos do Pentáculo da Bruxaria, os cinco corpos e as forças elementais que os fortalecem. Eu as correlacionei com as Nove Condições do Amor Divino do capítulo 3 e um feitiço de afirmação introduzido na meditação no final deste capítulo.

Mapeamento de Chakras para os Caminhos do Pentáculo, Corpos e Condições Divinas de Amor			
	Corpo Físico: TERRA		**Corpo da Vontade: FOGO**
Caminho do Pentáculo	Soberania		Poder
Chacra	Chacra Raíz	Chacra Sacro	Chacra Plexo Solar
Nome em sânscrito	*Muladhara*	*Svadhisthana*	*Manipura*
Localização física	Base do torso, períneo	Entre osso pélvico e naval	Diafragma
Cor da Luz	Vermelho	Laranja	Amarelo
Glândula endócrina	Ovários, testículos	Pâncreas	Adrenal
Sistemas físicos	Excretor, Digestivo Inferior, Função Sexual	Rim, Bexiga, Reprodutivo	Digestivo Superior, musculatura
Governado por	Sobrevivência Física	Prazer	Livre-arbítrio
Bloqueado por	Medo	Culpa	Vergonha
Condição de Amor Divino	Recursos	Afeição	Aceitação e Soberania
Ferido por	Medo de sofrer	Medo de abandono	Medos de intolerância e opressão
Camada Áurica	Corpo Etérico	Corpo Emocional	Corpo Mental
Consciência	Identidade física, autopreservação, fundação, instintos de sobrevivência, aterramento e conexão com nossa realidade física	Identidade emocional, autogratificação, sexualidade, desejo, sensação, procriação, reprodução, criatividade, intimidade, prazer	Identidade do ego, autodefinição e força, poder pessoal, autonomia, metabolismo, ação, espontaneidade e poder; instintos
Feitiço de Afirmação	Pelos cinco poderes elementais, tenho tudo o que preciso para sobreviver e prosperar.	Pelos poderes da Terra e do mar, compartilho a intimidade desejada.	Pelos poderes do Fogo e do osso, eu sou quem sou e faço o que deve ser feito.

Corpo Emocional: ÁGUA	Corpo Mental: AR		Corpo Espiritual: ÉTER
Amor	Verdade		Conclusão
Chacra do Coração	Chacra da Garganta	Chacra do Terceiro Olho	Chacra da Coroa
Anahata	*Visuddhi*	*Ajna*	*Sahasrara*
Esterno	Base da garganta	Sobrancelha, centro da testa	Topo da cabeça, Fontanela
Verde	Azul	Índigo	Violeta
Timo	Tireoide	Pineal	Hipófise
Cardíaco, circulatório, imune	Respiratório	Olho, ouvido, cérebro, nervoso	Nervoso, endócrino
Amor	Verdade	Entendimento	Espírito cósmico
Luto	Decepção	Ilusão	Ego
Segurança e confiabilidade	Expressão	Autenticidade	Reprocidade
Medos de Violação, decepção	Medos de desapropriação	Medos de exploração	Medos de traição
Corpo Astral	Corpo Etérico Padrão	Corpo Celestial	Corpo Causal/Ketérico
Identidade social, autoaceitação, emoções, relacionamentos, compaixão; integração de opostos: mente e corpo, *anima* e *animus*, ego e unidade	Identidade criativa, autoexpressão, comunicação, engajamento, criatividade, vibração, linguagem, expressão, arte	Identidade arquetípica, autorreflexão, clarividência e percepção mental, psiquismo; sabedoria espiritual e iluminação	Identidade universal, autoconhecimento, consciência pura, sabedoria, compreensão e bem-aventurança; conexão com a Mente Divina, Vontade e Amor
Pelos poderes da Água e do Ar, estou a salvo de todo mal; posso confiar em meus cuidados.	Pelos poderes do Ar e do Fogo, minha voz é forte, minha verdade admirada.	Por "AQUELE que se move como DOIS", minha visão é clara e divinamente plena.	Pelos "DOIS que se movem como UM, sou completo através da interconexão. Canal aberto, fluindo livremente, abençoado em todos os níveis, assim seja!

A Consciência Cria a Realidade

A consciência divina fluindo através dos corpos sutis de nossa aura cria nosso corpo físico, que é apenas o resultado final de um processo divino de se tornar. Quando você sente tensão, ou dificuldades, sente primeiro no chacra associado a essa parte de sua própria consciência sob coação. Então essa tensão se transfere para as partes do corpo físico conectadas a esse chacra. A parte do corpo no qual você sente desconforto vai depender do motivo ou situação que o deixa desconfortável. A compressão do chacra impede o fluxo de energia para os nervos do plexo associado, que então afeta as partes do corpo controladas por esses nervos. Se essa tensão durar um pouco ou for intensa, uma doença física pode se desenvolver.

Para cura e equilíbrio, se pudermos mudar nossa mente, podemos mudar nossa realidade física. Uma mudança de consciência sintoniza nosso campo áurico em uma frequência diferente. Então a frequência do nosso campo áurico é refletida como uma mudança em nosso corpo físico. Como acima, assim abaixo.

༉· Meditação 4 ·༉
Equilíbrio dos Chacras
Através dos Poderes do Pentáculo

Além desta visualização guiada e do trabalho de energia, afirmaremos nosso equilíbrio falando em voz alta as linhas do feitiço incluído na tabela anterior, seguindo o conselho da A Rede Wiccana: "Para firmar bem o encanto, entoa-o em verso ou em canto".[176]

Você vai precisar de:

- Vela, qualquer tipo
- Incenso, qualquer tipo
- Uma cadeira confortável, com apoio e braços, se possível
- Palavras para a afirmação do chacra da tabela anterior, para facilitar a referência
- Seu Livro dos Espelhos e uma caneta

---

[176]. Mathiesen e Theitic, *The Rede of the Wiccae*, 52.

Preparação

Acenda sua vela e incenso e sente-se confortavelmente em uma poltrona que permita que sua coluna fique perpendicular ao chão. Suas coxas devem estar paralelas ao chão, os pés planos. Não deixe nada cruzado ou desconfortável. Enquanto medita, permita que o poder da energia elemental de cada chacra pulse através da cadência das palavras. Repita as linhas com força quantas vezes precisar para senti-las seladas. Visualize as próprias palavras escritas brilhando dentro do olho da sua mente na luz colorida associada a esse chacra.

Práxis

Comece com o relaxamento da respiração prânica da Meditação 2 no capítulo 3. Quando estiver totalmente relaxado, visualize-se na sala de meditação em sua mente e, em seguida, abra o alçapão no chão e desça a escada em espiral até o seu centro, conforme ensinado na Meditação 3. No espelho, visualize a grande Árvore do Mundo no Plano Astral além e atravesse.

Aproxime-se da grande Árvore do Mundo, seu *axis mundi*, conectando você acima e abaixo, infinitamente ligados dentro do Cosmos. Coloque suas mãos sobre a árvore e sinta a energia da vida pulsando. Você e a árvore são uma única energia, então você empurra diretamente através da casca e se funde com a árvore balançando suavemente na brisa.

Lembre-se de suas conexões com as árvores através de suas raízes, do seu leito rochoso, lenço freático, núcleo planetário e da Deusa. Lembre-se de seus galhos, conectando-se à atmosfera, aos fogos do Sol, ao Deus, ao Cosmos e além..

Passe alguns momentos respirando com as árvores: inspire da Terra, expire do Cosmos. Onde "os DOIS que se movem como UM" se conectam em seu coração, toda a criação flui. (Pausa por pelo menos três respirações longas e circulantes).

Existe uma conexão entre o seu Eu físico e o mundo da consciência. Mude sua atenção agora para sua raiz principal, para onde o Mundo Inferior encontra o tronco de sua árvore e seu corpo físico. Este Chacra Raiz na base de seu Ser, seu períneo e a base de sua coluna, conecta seu corpo físico à consciência. O Chacra Raiz agora se abre como uma flor vermelha, e uma luz vermelha flui para cima da terra em seu corpo, nutrindo, estabilizando, ancorando você na realidade física. Ao inspirar a luz vermelha, pense na sua necessidade de recursos materiais. (Pausa).

Observe como você se sente. Existe algum medo de sofrer causando obstáculos ao fluxo? (Pausa).

Agora visualize os recursos necessários para realização e equilíbrio chegando a você neste momento. (Pausa).

Cante em voz alta: *Pelos poderes dos cinco elementais, tenho tudo o que preciso para sobreviver e prosperar.* (Pausa).

Na respiração, atraia a luz para o interior de sua barriga, abaixo do umbigo. Inspire uma luz laranja, o Chacra Sacro gira como uma flor e um gozo líquido flui por todo o seu corpo, trazendo prazer, sensualidade e satisfação. Ao inspirar a luz laranja, pense em suas necessidades de afeto e intimidade. (Pausa).

Observe como você se sente. Existe algum medo de privação causando obstáculos ao fluxo? (Pausa).

Agora visualize as interações amorosas necessárias para a realização e o equilíbrio se abrindo para você neste momento. (Pausa).

Cante em voz alta: *Pelos poderes da Terra e do mar, compartilho a intimidade desejada.* (Pausa).

Traga essa luz para dentro do seu esterno, girando em amarelo. Se Plexo solar gira movido pelos fogos de sua Vontade, seu motor pessoal, seus músculos e sua energia. O Plexo Solar se abre como a porta de uma fornalha. Ao inalar a luz amarela, pense em seu direito Soberano ao livre-arbítrio. (Pausa).

Observe como você se sente. Existe algum medo de opressão causando obstáculos ao fluxo? Existe medo de intolerância? (Pausa).

Agora visualize a liberdade e a aceitação que você precisa para a realização e o equilíbrio destinados a você neste momento. (Pausa).

Cante em voz alta: *Pelos poderes do Fogo e dos ossos, eu sou quem sou e faço o que deve ser feito.* (Pausa).

Atraia essa luz mais uma vez para o seu coração, como a luz verde do Amor Divino. No coração você encontra o amor que vem de si mesmo, da família e dos amigos, o amor do seu Planeta, o amor do mundo. O Chacra do Coração se abre como uma flor verde, e a compaixão flui por todo o seu corpo e além de você em seus relacionamentos. Ao inalar a luz verde, pense em sua sensação de segurança nessas conexões, sua necessidade de confiabilidade. (Pausa).

Observe como você se sente. Existe algum medo de violação causando obstáculos ao fluxo? (Pausa).

Agora visualize o Amor e a Confiança Perfeitos necessários para a realização e o equilíbrio oferecidos a você neste momento.

Cante em voz alta: *Pelos poderes da Água e do Ar, estou a salvo de todo mal; Posso confiar em meus cuidados.* (Pausa).

Atraia a luz mais uma vez para a base da garganta. O Chacra da Garganta se abre como uma flor azul. A luz azul de fácil expressão preenche seu corpo honesta e genuinamente. Na luz azul você encontra aceitação e respeito mútuo. Você é visto e suas contribuições são ouvidas. (Pausa).

Ao inspirar a luz azul, pense em suas próprias expressões. (Pausa).

Observe como você se sente. Existe algum medo de exclusão ou de não ser ouvido ou respeitado causando obstáculos ao fluxo? (Pausa).

Agora visualize-se vivendo sua verdade em voz alta e cumpra e equilibre sua realidade neste momento. (Pausa)

Cante em voz alta: *Pelos poderes do Ar e do Fogo, minha voz é forte, minha verdade é admirada.* (Pausa).

Atraia a luz para o meio de sua testa até o Chacra do Terceiro Olho, que se abre como uma flor de lótus índigo. Na luz índigo, sua intuição desperta da ilusão de sua separação. Através dessa luz, explore além do véu a sua interconexão com todas as coisas, todos os tempos, todas as dimensões. Olhe profundamente. Ao inspirar a luz índigo, pense no mundo de ilusão ao seu redor. (Pausa).

Observe como você se sente. Existe algum medo de exploração causando obstáculos ao fluxo? Que desilusão impede sua visão? (Pausa).

Agora visualize um mundo autêntico de verdade mútua compartilhado com você neste momento. (Pausa).

Cante em voz alta: *Por Aquele que se Move como Dois, minha visão é clara e divinamente plena.* (Pausa).

Atraia a luz mais uma vez no topo de sua cabeça. Seu Chacra da Coroa se abre como uma flor violeta, conectando você a uma luz divina deslumbrante. Ao inalar a luz violeta em seu corpo espiritual, expanda a conexão com a Mente Divina. Você está completo dentro do Deus/Deusa. Pense na sua necessidade de reciprocidade, de que sua confiabilidade seja retribuída. (Pausa).

Observe como você se sente. Existe algum medo de traição causando obstáculos ao fluxo? (Pausa).

Agora visualize a teia interconectada da existência brilhando violeta, fluindo livremente, inteira e completa sem impedimento ou interrupção.

Cante em voz alta: *Pelos "DOIS que se movem como UM", sou completo através da interconexão.* (Pausa).

Mude sua consciência para fora mais uma vez, lembrando-se de si mesmo como a grande Árvore do Mundo, o *axis mundi*. Você está interconectado através de suas raízes e galhos. Seu tronco agora é um arco-íris de luz, fluindo de cima para baixo, de baixo para cima. Você está rejuvenescido e curado em todos os níveis.

Reserve alguns momentos para respirar com as árvores: inspirando da Deusa e expirando do Deus, criando um circuito por todo o corpo que se funde com o Chacra do Coração. Permaneça dentro deste espaço cardíaco de Amor Divino por pelo menos três respirações longas e circulantes.

Cante três vezes em voz alta: *Canal aberto, fluindo livremente, abençoado em todos os níveis, assim seja!*

Quando estiver pronto para retornar, imagine-se simplesmente se empurrando para fora do tronco da árvore, separando-se novamente. Volte para o espelho, vendo a si mesmo. Em três etapas, encontre o caminho de volta ao mundo desperto.

Um, dois, três, atravesse! Suba as escadas em espiral, subindo cada vez mais alto até o pequeno quarto dentro de sua cabeça, fechando o alçapão atrás de você. Encontre o caminho para a janela de seus olhos e, quando estiver pronto, abra-os.

❧· Reflexão do Diário ·❧

Passe algum tempo registrando sua experiência de meditação em seu Livro dos Espelhos.

CAPÍTULO 8

Ferramentas Elementais

O material da Bruxaria é propositalmente romântico, esteticamente intrigante e icônico. Bruxas, Caldeirões e Vassouras combinam como Halloween e abóboras! Como as Bruxas abraçam nossa existência no Mundo Médio, beleza, forma, função e a poesia simbólica de nossas ferramentas são importantes para nosso propósito sagrado. Essas ferramentas se tornam uma extensão do nosso corpo físico, auxiliando-nos e canalizando as essências elementais. Instrumentos Mágicos nos ajudam a focar e a direcionar energia natural, construindo nossos Templos e então toda a magia que criamos. Com cada uma das jornadas elementais que fazemos na Seção Três deste livro, buscaremos orientação sobre quais devem ser nossas ferramentas individuais e onde encontrá-las. Até então, vamos explorar as escolhas tradicionais e seus significados e usos ocultos dentro de uma prática típica de Bruxaria Moderna. Na Seção Três, você vai conhecer um ritual de consagração de ferramentas para realizar depois de encontrar seus instrumentos elementais perfeitos e estabelecer as conexões necessárias para carregá-las adequadamente para seu propósito.

A história curta é que as ferramentas de uma Bruxa funcionam como uma chave que abre cada portão para um reino elemental e depois direciona esse poder para a realidade do Mundo Médio. Embora não sejam estritamente necessárias, as ferramentas físicas ajudam no trabalho energético e existem razões psicológicas válidas para que esses itens continuem a fascinar nossa cultura: eles funcionam. Além disso, esses símbolos icônicos adicionam nuances, drama e dicas visuais compartilhadas que sempre tornam a magia de grupo mais eficaz. Eu recomendo fazer um esforço para coletar e consagrar adequadamente suas próprias ferramentas da Arte sempre que possível. Dito isto, elas não precisam ser adquiridas de uma só vez, então você pode fazer no seu tempo.

Para uma prática de Bruxaria Elemental fundamentada nos oito mistérios da Joia do Poder da Bruxa, oito ferramentas mágicas são consagradas para incorporar sua força elemental, ancorar sua lição de mistério elemental em nossa consciência e defender uma das oito qualidades de adoração ritual que nos foram dadas pela Deusa em "A Carga" nesta passagem:

> Que minha adoração esteja dentro do coração que se regozija, pois eis: todos os atos de amor e prazer são meus rituais. E, portanto, que haja beleza e força, poder e compaixão, honra e humildade, alegria e reverência dentro de você.[177]

Há quatro grandes ferramentas que ancoram os portais elementais na fronteira entre os mundos, atuando como magia de interconexão, de modo que fixam as energias elementais receptivas da Joia do Poder da Bruxa. Depois, há quatro ferramentas de altar, que fortalecem e focam nossa Vontade pessoal, de modo que ancoram os mistérios projetivos. À medida que passamos por cada ferramenta, essas associações são incluídas.

Ferramentas do Elemento Terra

O próprio altar é uma das grandes ferramentas deste elemento. Quaisquer ferramentas destinadas a incorporar, segurar e direcionar o elemento Terra são melhores para serem feitas de qualquer coisa que tenha crescido da terra. As escolhas óbvias são itens feitos de pedra, metal, cristal, argila, madeira ou outros materiais naturais. Se sua escolha ainda pulsa com a vida da terra quando você a toca, então esta é a ferramenta do elemento Terra correta para você.

Ferramentas de Altar da Terra: Patena, Peyton ou Pentáculo

As ferramentas tradicionais para este altar são a Patena, ou *Peyton*, que é um disco ou placa plana com o símbolo do Pentagrama moldado no material de alguma forma. Na linguagem ocultista, é chamado de "escudo". O Pentáculo é um símbolo que representa todos os elementos entrelaçados da terra física.

- Consagre com o poder projetivo da Terra, o poder do silêncio.
- Carregue para manifestar sua magia fortalecida pelo equilíbrio da natureza.

---

177. Valiente, *The Charge of the Goddess*, 13.

Um dos meus primeiros professores Wiccanianos, Spanish Moss, chamou o Pentagrama do altar de "fogão mágico", porque ali se concentra a energia elemental na manifestação. Se você quiser carregar um objeto, coloque-o em seu Pentagrama no altar durante a noite. Esta é uma porta de entrada para todos os reinos e assim forma um foco de poder ali.

Eu prefiro usar um prato de cerâmica ou de vidro com a borda levemente levantada, com o Pentagrama pintado ou em relevo. O prato pode potencialmente conter algumas coisas, como itens a serem consagrados. Costumo usar o meu para segurar os bolos ou oferendas do altar. Minha Patena do Pentagrama muitas vezes serve como um pequeno palco para meus feitiços e, convenientemente, contém pós, ervas e diversos fluidos de forma ordenada, podendo ser facilmente lavado posteriormente.

Principal Ferramenta da Terra: Besom

A Vassoura é a grande ferramenta deste elemento. Besom, ou Vassoura da Bruxa, quando feita com a devida intenção, é um símbolo de fertilidade e imagem da criação.

- Consagre com o poder receptivo da Terra, o poder de ressoar.
- Defenda a Soberania através da Confiança Divina Perfeita e das Cargas em reverência ao Deus/Deusa.

A vassoura é frequentemente usada para limpar o Espaço Sagrado com um gesto ritual de "varrer" as energias psíquicas nocivas. O cabo representa o falo do Deus, e a forma triangular das cerdas da vassoura representa a *yoni* da Deusa. O método tradicional de construção incluiria uma bolota aninhada nas cerdas, exatamente onde o cabo se encaixa, que então é mantido confortável pelas amarrações tecidas. Esta ferramenta simbólica representa o modelo pagão de Três Mundos, que é como a grande *vesica piscis*: Pai Céu se cruza com a Mãe Terra, e onde eles estão unidos, o mundo manifesto da Natureza nasce de sua semente. Freixo ou bétula são madeiras tradicionais, mas, novamente, não sou escrava da convenção.

A "vassoura voadora" é uma noção muito liminar – voar através do místico entre os espaços do astral. Frequentemente usada em rituais para representar uma fronteira, ao pular sobre a vassoura você chega a outro estágio da vida ou a outro reino. É por isso que, depois de falar os votos, o casal recém-casado e as Bruxas recém-iniciadas "pulam a vassoura", aterrissando em suas novas vidas.

Para ferramentas do elemento Terra, recomendo uma limpeza de um mês por uma das técnicas deste elemento antes do ritual de consagração. As técnicas da Terra sempre levam mais tempo e, considerando a conexão íntima entre os ciclos terrestre e lunar, acho que uma lunação completa dá tempo para fazer o trabalho corretamente.

Técnicas de Limpeza da Terra

- **Cova rasa:** enterre o objeto cerca de 15 a 30 centímetros na terra macia, como em um canteiro de flores ou na base de uma árvore. Coloque-os de maneira que apontem para baixo na terra. Isso só funciona se o objeto não puder ser danificado pela exposição ao solo úmido, e é especialmente útil com pedras e cristais. Certifique-se de marcar claramente seu local de sepultamento, ou você pode perdê-lo.
- **Banho de ervas:** em uma tigela larga e plana, crie um canteiro de materiais vegetais secos que correspondam à purificação e coloque o objeto em cima deles, em um local que não seja perturbado. Exemplos: cedro, sálvia, zimbro, lavanda, verbena ou artemísia.
- **Banho de sal ou pedra:** igual à última opção, mas em um prato grande com sal marinho cristal e outras pedras pequenas. Exemplos: a selenita e a turmalina-negra são minhas pedras preferidas para limpeza.

Ferramentas do Elemento Ar

As ferramentas deste elemento são tipicamente feitas de galhos de árvores específicas, escolhidas por suas associações mágickas. No entanto, elas podem ser feitas também de cristais longos e pontiagudos ou com algumas penas enroladas na base da ferramenta com couro ou fio de metal. Ferramentas deste elemento são frequentemente usadas para convocar energias espirituais e, em seguida, direcioná-las no lançamento do feitiço, então, algo que você sinta confortável em suas mãos e uma direção dimensional para "apontar" servirá bem.

Ferramenta de Altar do Ar: Varinha

As ferramentas de altar para este elemento variam de tradição para tradição. Grande parte da práxis baseada na Wicca usa a Varinha para o Ar. Outros escolhem o Athame, e há razões válidas para ambas as escolhas. Minha ferramenta de altar para o elemento Ar sempre foi a Varinha. Quando visualizo o Ar, penso nas árvores com seus galhos altos no céu, soprando na brisa e formando poleiros para os pássaros. Os galhos que sustentam as folhas verdes são uma pequena fábrica para transmutar os gases de dióxido de carbono em oxigênio como um pulmão vivo do ecossistema.

- Consagre com o poder projetivo do Ar, o poder do conhecimento.
- Carregue para inspirar sua magia, lançando o encantamento com alegria.

Eu encorajo qualquer Bruxo a fazer sua Varinha com suas próprias mãos, de uma árvore com a qual tenha afinidade. Existem muitas correspondências e mitologias em torno das árvores e sua madeira para fins mágicos. Apenas esteja atento ao conhecimento e à magia da madeira que você escolher e faça isso com reverência e intenção.

Vá meditar perto de uma árvore com a qual você gostaria de fazer parceria. As árvores são conhecidas por serem os sacerdotes do reino das plantas, e se uma árvore/sacerdote lhe presentear com um galho (essencialmente um de seus ossos) por vontade própria e concordar em trabalhar com você em sua magia com o elemento Ar, bem, isso é uma parceria muito poderosa e especial. Você pode optar tanto por um galho já caído como por um que colher.

Caso decida por colher um ramo vivo, faça-o com reverência e permissão. Traga uma oferenda de água fresca e algumas tesouras de jardim afiadas. Após a poda, agradeça a árvore, despeje a água e passe algum tempo com a mão sobre o corte, enviando energias curativas. Para fazer isso, explore a magia natural ao redor, como feito na Meditação 3: "Árvore *Axis Mundi:* respiração através dos elementos". Em seguida, dirija essa energia fluindo por seu próprio Chacra Cardíaco, passando de suas mãos para a árvore por alguns minutos.

Corte o galho no comprimento de seu braço dobrado na altura do cotovelo, de maneira que a extremidade maior do galho se encaixe dentro da dobra do braço. Meça o comprimento até a ponta do dedo médio. O diâmetro da Varinha na base funciona bem se for pelo menos tão grosso quanto o seu polegar. Esta é uma medida tradicional; mas sua Varinha, suas regras.

Grande Ferramenta do Ar: Cajado

O Cajado é uma versão maior da Varinha, normalmente feito de um galho arborizado de uma árvore que foi selecionada com base em poderes espirituais e relacionamentos pessoais com a Bruxa. Faça alguma pesquisa sobre a magia das árvores e então selecione de acordo.

- Consagre o cajado com o poder de questionar do Ar.
- Carregue a magia dentro de sua Mente Divina, protegendo fortemente sua Soberania.

O Cajado fica na altura do ombro ou menos e é confortável de segurar na mão, como uma bengala. Ele pode ser esculpido, trabalhado ou decorado de qualquer maneira que achar significativo. Muitas vezes, pedras ou cristais são embutidos na cabeça da peça para ampliar ainda mais seus poderes da mente e as comunicações com o espírito. A grande ferramenta do Ar amplifica e direciona a admiração e o pensamento criativo à manifestação. Escolhi a carga de força para o Cajado inspirada em meu próprio amor pelo *Senhor dos Anéis* e pelo personagem Mago Gandalf, o Cinzento. Da mesma forma, manejar o Cajado da Bruxa com admiração requer coragem e força para superar as feras da convenção.

Técnicas de purificação do Ar

- **Vento:** assim que sua Varinha e/ou Cajado estiverem completos, pendure-os nos galhos de uma árvore e deixe-os ao vento por um ciclo completo de dia/noite durante a lua crescente.
- **Fumaça:** faça uma fogueira ao ar livre ou use uma churrasqueira e jogue no fogo punhados de ervas ou resinas purificadoras do ar, como copal, por exemplo. Passe a Varinha ou Cajado pela fumaça ondulante enquanto durarem os suprimentos.
- **Óleo:** misture um selante de madeira de óleo de noz com algumas gotas de um óleo essencial que corresponda ao elemento Ar, como lavanda ou sálvia. Com um pano macio e limpo, esfregue o selante na madeira com movimentos de sentido anti-horário.
- Veja o formulário do elemento Ar no capítulo 13, para opções de ervas, óleos e pedras deste elemento.

Ferramentas do Elemento Fogo

As ferramentas deste elemento são tipicamente lâminas forjadas de ferro ou de aço. Claro, algumas Tradições espelham o tarô e outros sistemas ocultistas, que preferem a Varinha como ferramenta do elemento Fogo. Se essa for sua preferência, consulte a seção de como selecionar uma Varinha, vista anteriormente.

Na minha própria escolha sobre qual ferramenta melhor representa as energias ígneas, penso na forja do ferreiro. Uma lâmina é feita nos fogos mais ardentes até ficar tão quente que brilha em vermelho, depois é golpeada puramente com força, músculos e ferro, até se render a uma forma consagrada. O fogo tempera os metais, queimando todas as impurezas, o que torna o aço mais forte e afiado. A arte e habilidade do ferreiro, como um ato de sua própria Vontade, transforma os materiais em uma arma de rara beleza, poder e precisão. O metal é transmutado através deste processo de fogo de algo básico para algo finamente afiado e equilibrado. A faca nasce do fogo com o propósito de estabelecer nossos limites e defender nossa Soberania com as chamas da nossa Vontade. Estas são todas as lições do elemento Fogo, e assim, a lâmina é uma escolha fácil como minha ferramenta do Fogo, porque de todos os elementos, este é o mais projetivo, agressivo e selvagem. A faca de aço me ajuda a discutir e a canalizar essas forças da maneira mais masculina. Eu me sinto poderosa ao segurar meu Athame, como um guerreiro preparado para qualquer desafio. Na linguagem ocultista, as ferramentas do altar eram chamadas de "armas". Para os outros, não vejo assim, mas para o Fogo, é exatamente disso que se trata!

Ferramenta de Altar de Fogo: Athame

Tradicionalmente, o Athame é a principal ferramenta de Altar do elemento Fogo. O Athame é tipicamente uma faca de dois gumes e de cabo preto.

- Consagre o Athame com a Vontade e o poder projetivo do Fogo.
- Carregue para fortalecer sua magia, banindo o medo com humildade.

O Athame é usado para direcionar a energia espiritual com o propósito de "cortar" ou "esculpir" energeticamente e banir o feitiço. Conheço muitos belos Athames feitos de chifre, osso e pedra, mas para este último propósito de banimento, acho muito importante que a ferramenta do elemento Fogo seja construída de aço ou contenha ferro de alguma maneira.

A lâmina do Athame tem sido considerada uma ferramenta do Deus – divindade especificamente masculina. Já a Varinha é atribuída à Deusa – divindade especificamente feminina. Também acho interessante o equilíbrio: os elementos "masculinos" têm um lado feminino, visto no elemento Ar e expresso através da Varinha de forma mais suave. E os elementos "femininos" da Água e da Terra têm um lado masculino, visto na terra e expresso através do "brasão" ou da Patena do Pentagrama.

Grande Ferramenta do Fogo: Espada

A grande ferramenta deste elemento é a Espada, outra lâmina de dois gumes, considerada, por essa mesma razão, um instrumento do elemento Fogo. A Espada é vista como uma representação do Deus e pode ser a ferramenta para convocá-lo. Covens costumam usar a Espada para esculpir um Círculo Mágico entre os mundos.

- Consagre a Espada com o poder receptivo de rendição do Fogo.
- Carregue para capacitar a Vontade Divina, defendendo sua Soberania com honra.

A Espada também pode ser usada para o desafio da entrada de nossos Círculos de Covens, quando cada Bruxa é parada e questionada se ela entra nesse rito por sua própria vontade, entendendo os perigos. Então a pessoa se compromete a entrar por vontade própria e com a promessa de Amor e Confiança Perfeitos e incondicionais. A Espada pode então ser colocada no portão Leste para representar esse espaço liminal e protegê-lo ainda mais. Este instrumento é visto como um elo comum a todos, juntando as energias elementais do Fogo e o propósito coletivo do Coven.

Eu considero a espada como um símbolo de nossa ética em alinhamento com a Vontade Divina e a coragem necessária para praticar nossa Bruxaria sem medo, assumindo nossos verdadeiros "eus". A Espada remete à renúncia, lembrando as cerimônias de cavalaria onde o guerreiro se ajoelha para aceitar seu dever solene de serviço.

Limpeza e Preparação de Lâminas Cerimoniais

- **Magnetita:** tradicionalmente, as Bruxas magnetizam a lâmina esfregando sua borda com uma magnetita para atrair energias com mais eficiência.
- **Chama:** para purificar sua ferramenta com fogo, você segura a lâmina dentro ou perto de uma chama e então visualiza a essência elemental como uma luz vermelha envolvendo e infundindo a lâmina com seu poder.
- **Luz do Sol:** deixe a ferramenta à luz solar direta por algumas horas antes de seu rito de consagração.

Ferramentas do Elemento Água

As ferramentas mágicas deste elemento tendem a ser recipientes feitos de materiais naturais que simbolizam o útero da Deusa e o Amor Divino do qual toda a criação emerge.

Ferramenta de Altar da Água: Cálice

O Cálice é um recipiente para beber, normalmente um copo com uma base ou haste, como uma taça.

- Consagre o Cálice com os poderes projetivos da Água, o poder de ousar.
- Carregue-o como uma fonte de beleza que flui através de sua magia.

O Cálice é muitas vezes feito de prata, pois é o metal da Deusa e da Lua, mas realmente pode ser feito de qualquer material natural, desde que seja facilmente lavável e higiênico. Cuidado ao beber álcool em vasilhas de estanho, a menos que você saiba que não contém chumbo. Evite completamente recipientes de alumínio, por questões de saúde e para sua segurança. Cerâmica, cristal e vidro são perfeitamente aceitáveis se parecerem corretos para você.

Grande Ferramenta da Água: Caldeirão

O Caldeirão é a grande ferramenta deste elemento. Normalmente, o Caldeirão é um recipiente feito de metal, preferencialmente de ferro fundido, com três pezinhos elevando-o do chão, para que se possa acender fogo por baixo, e uma alça para levantá-lo. Diz-se que os três pés do Caldeirão são o suporte dado pela Deusa tríplice em toda a nossa magia.

- Consagre o Caldeirão com o poder receptivo de aceitação da Água.
- Carregue como a fonte do Amor Divino Perfeito, defendendo a Soberania com compaixão.

Um Caldeirão pode servir a muitos propósitos mágicos. Acenda o fogo por baixo e ele pode ser usado para ferver uma bebida. Construa o fogo dentro dele e pode servir como uma fogueira. Coloque um pouco de areia em um pequeno Caldeirão e queime incenso e outros materiais de feitiço com segurança dentro de casa.

Limpeza e Preparação de Ferramentas do Elemento Água

- **Córrego:** encontre um riacho natural onde a água flua limpa e transparente. Mantenha o Cálice na água de tal forma que a corrente siga para ele e transborde. Se possível, fixe o Cálice e deixe-o lá para ser limpo durante um ciclo completo de dia/noite sob uma lua cheia.
- **Ervas:** encha o recipiente com água pura e adicione ervas e flores do elemento Água como camomila, jasmim ou flores de gardênia. Deixe ao ar livre por um ciclo completo de dia/noite durante a lua cheia para absorver o poder da Lua.
- **Pedras:** da mesma forma, e se não for aconselhável deixar água parada por muito tempo, adicione ao vaso pedras do elemento Água, como a pedra da lua, por exemplo, e deixe carregar em uma janela que receba a luz da lua durante um ciclo lunar crescente.
- Veja a seção de formulários no capítulo 15, para opções de ervas e pedras.

Preparação de Ferramentas Elementais

A dedicação de suas ferramentas começa nos primeiros momentos em que você as escolhe. Pergunte se elas estão dispostas a trabalhar com você e de que maneira. O propósito da dedicação é ter você e a ferramenta coordenando suas energias e focando-as em um único objetivo. Certifique-se de ter o consentimento deste objeto para aceitar o trabalho. Isso pode parecer bobo para alguns, mas se você se conectar a qualquer coisa material profundamente em um nível espiritual e tiver uma sensação de mal-estar, aperto no peito ou qualquer sentimento de "não", então você realmente não vai querer forçar essa questão; será coercitivo e um desperdício de sua preciosa energia.

Limpe qualquer objeto antes de colocá-lo para uso em sua magia, pois os materiais são impressos com as energias de todos os seres e lugares onde estiveram anteriormente. Quando qualquer coisa – pessoas lugares, objetos, espíritos – mudam sua engrenagem para uma vibração mais pura, qualquer outra coisa menos pura é cancelada ou removida. As Bruxas usam os poderes dos cinco elementos para "limpar", porque isso cria uma ressonância com a energia elemental pura, que então entra na vibração dos objetos enquanto eles interagem.

Consagrando as Ferramentas Elementais de uma Bruxa

Depois de ter encontrado ou feito suas ferramentas para canalizar os quatro poderes elementais clássicos, elas precisam ser ritualmente consagradas para limpá-las e imbuí-las de seu propósito divino. Um ritual de consagração para suas ferramentas serve a três propósitos: limpa o objeto material de todas as energias anteriores, estabelece a intenção de seu uso e imbui a ferramenta com o poder elemental necessário. Essa ferramenta, então, ancora o fluxo desse poder no Mundo Médio, para que você possa mudar sua atenção para outros aspectos do trabalho. Ao empunhar a ferramenta, você pode facilmente usar esse poder e direcioná-lo para uso posterior. Ferramentas mágicas são como chaves para este mundo, mas não apenas uma chave-mestra que, se estiver por aí, qualquer pessoa pode pegar e usar com o mesmo efeito. Elas estão ligadas ao seu espírito, porque esta é uma parceria consensual, não propriedade. Suas ferramentas mágicas vão abrir rapidamente as portas deste mundo só para você. Um ritual de consagração é fornecido no capítulo 16.

A Mão como Ferramenta Natural

Ao iniciarmos nossas práticas rituais, precisaremos apenas do nosso corpo para o trabalho mágico, começando com a construção e a consagração de nossos altares. Na Seção Três, viajaremos para cada reino elemental para buscar orientação sobre as ferramentas perfeitas para você e onde encontrá-las. À medida que você recebe essas informações, comece a reuni-las ou criá-las. Os processos de limpeza descritos neste capítulo podem levar tempo, então preste atenção neles à medida que continuamos.

Nos próximos capítulos, apresentaremos a preparação do altar, a consagração e as técnicas rituais para o lançamento de Círculos. Você pode começar a praticar essas técnicas apenas com seu corpo como uma ferramenta fundamental para canalizar e direcionar o poder divino. Pela arte palquímica, mais conhecida como quiromancia, aprendemos que cada dedo e cada área da palma da mão estão associados a um planeta clássico e as divindades que eles representam. Veja a figura 18.

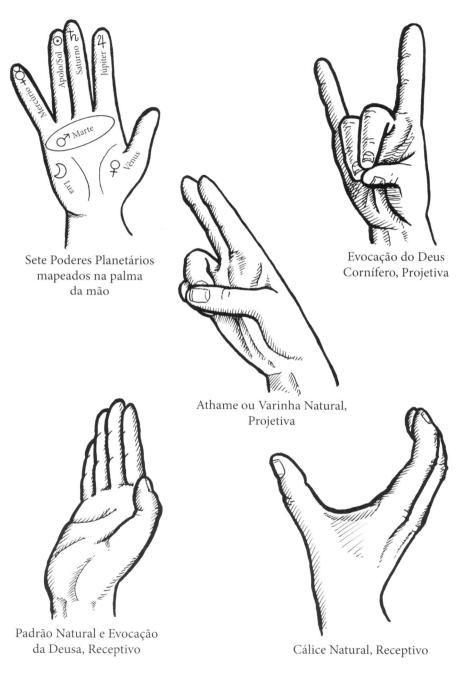

Figura 18: Posições das mãos para ferramentas elementais e evocações com sigilos planetários

Base do polegar	Dedo indicador	Dedo do meio	Dedo anelar	Dedo mindinho	Palma
Vênus	Júpiter	Saturno	Sol/Apolo	Mercúrio	Lua/Luna e Marte

Sua mão pode canalizar todos os quatro elementos, assim como todas as quatro ferramentas do altar. A mão receptiva é tipicamente a mão esquerda ou não dominante. A mão projetiva é tipicamente a mão direita ou dominante. Isso pode variar entre os indivíduos. Os cinco dedos de sua mão receptiva são um Pentagrama do elemento Terra, então, qualquer coisa mantida em sua palma focalizará o poder elemental em objetos físicos. Um cálice natural é formado com o polegar e o dedo indicador da mão receptiva colocados de lado e abertos para a Lua, como uma taça. Um athame natural ou uma varinha são formados apontando o indicador e o dedo médio da mão projetiva, com o polegar segurando os outros dedos na palma da mão. Da mesma forma, a Deusa é canalizada através de ambas as palmas das mãos voltadas para cima. O Deus Cornífero é canalizado por ambas as mãos na altura da cabeça, segurando o dedo médio e o dedo anelar para baixo com o polegar e apontando o dedo indicador e o dedo mindinho como chifres.

࿓࿔ Reflexão do Diário ࿓࿔

Pratique as posturas das mãos da figura 18. Fique atento aos poderes planetários que estão conectados através da colocação de seus dedos. Observe em seu Livro dos Espelhos como cada postura se apresenta para você.

CAPÍTULO 9

Espaço Sagrado, Vida Sagrada

Agora que estabelecemos as bases do paradigma de como as forças elementais se encaixam no esquema cósmico das coisas e as ferramentas que canalizam essas forças, vamos mudar o foco para as técnicas rituais básicas necessárias para nossa Bruxaria Elemental. Tudo começa dentro do seu Eu quíntuplo e é construído externamente em camadas a partir daí. A primeira peça externa de magia é a criação de um altar pessoal em casa, disposto com propósito e beleza para atender às suas necessidades. Começaremos adicionando os elementos de consagração e explorando as técnicas necessárias para purificar e consagrar o altar, nós mesmos e, eventualmente, o círculo ao redor.

O Altar da Bruxa

Um altar é o símbolo do Cosmos Divino que ele representa. Comece esculpindo o Espaço Sagrado que você vai precisar em sua vida moderna e ocupada. Integrar nossa vida espiritual em nossa vida material é parte complementar de uma vida de Bruxa. Devemos estabelecer como prioridade a abertura desses espaços em nossa casa. Com isso, essa prioridade refletirá nos outros quatro aspectos de nós mesmos. Se você esculpir um Espaço Sagrado em sua casa, estará anunciando à divindade que a espiritualidade é importante para você.

Ao contrário de um altar formal em um Templo Público, que é compartilhado por um grupo e instalado de forma mais permanente, o altar pessoal de uma Bruxa pode ser muito menos convencional ou estruturado. Um altar pessoal torna-se um local de trabalho adaptável e móvel, que pode ser configurado e reorganizado de forma flexível em qualquer lugar da sua casa ou na natureza, onde quer que você escolha lançar o Círculo naquele momento e para qualquer finalidade que precisar. Os altares são tão sagrados em uma mesa de cozinha ou em uma toalha de piquenique na floresta quanto seriam na pedra de um antigo círculo de monólitos. O espírito está dentro de tudo.

Ter um altar é como ter um teatro em miniatura, cheio de adereços e atores e suficientemente flexível para abrigar todo tipo de produções. A Bruxa é a diretora dessas peças. Magia é então a poesia cósmica encenada naquele palco, e isso se torna uma forma de arte. O componente chave é a criatividade que acende os sentidos e a imaginação para estar em alinhamento com a divindade inerente. Cada escolha depois disso é sua; não há outros requisitos universais.

Um altar pode ser colocado em qualquer lugar da sua casa e normalmente é uma peça de mobiliário funcional, feito de um material natural, como madeira, pedra ou metal, pois é outra grande ferramenta do elemento Terra. Uma mesa, escrivaninha ou cômoda com gavetas, uma prateleira em uma estante ou a lareira são ótimas possibilidades. Um pano de altar resistente e facilmente lavável é bom para a limpeza fácil de cinzas de incenso ou cera derramada, como é provável que aconteça de vez em quando. A cor ou simbolismo desse pano (às vezes eu apenas uso um jogo americano) podem ser selecionados intencionalmente para a estação ou propósito do trabalho atual. O preto é padrão, pois essa cor absorve e retém todas as energias que são chamadas para ela. Qualquer outra consideração estética pode refletir o estilo e a prática da Bruxa individual.

Normalmente, o altar de uma Bruxa precisa ser grande o suficiente para conter as ferramentas de consagração de água, sal, velas, incenso, pedras, etc. Ele também contém os símbolos que representam a divindade e os espíritos que o guiam. Esses podem ser na forma de estatuetas, velas ou ambos. À medida que você coleta suas ferramentas elementais para seu altar, o Athame, o Cálice, a Varinha e a Patena do Pentagrama também encontrarão seu lar aqui.

Layout do Altar de Trabalho

Para a magia que vamos decretar na Seção Três, você vai poder montar um tipo ainda mais especializado de altar para o seu trabalho. A única diferença é que, neste caso, eu inclui uma superfície de trabalho facilmente acessível, próximo a um lugar adequado para sentar, como uma mesa, que tem algum espaço extra para escrever e criar seus suprimentos mágicos. Se possível, escolha um lugar que fique fora do caminho e possa ser deixado configurado o tempo todo. Idealmente, isso pode incluir uma cadeira confortável, que permita que você se sente ereto, com os pés apoiados no chão e a coluna mais ou menos perpendicular ao solo. Eu prefiro com braços, pois isso alivia a pressão sobre meus ombros. Ou, se estiver sentado em uma almofada no chão, uma mesa de centro também pode funcionar.

O espaço de trabalho deve ser acessível, porque seu funcionamento incluirá o uso de velas, incenso e registro de seus pensamentos em seu Livro dos Espelhos. Durante os rituais, você ficará de pé e se movimentará para lançar seus Círculos, mas também se sentará confortavelmente para meditar enquanto acessa seu Templo Astral e o Plano de Forças através do trabalho da Jornada Interior.

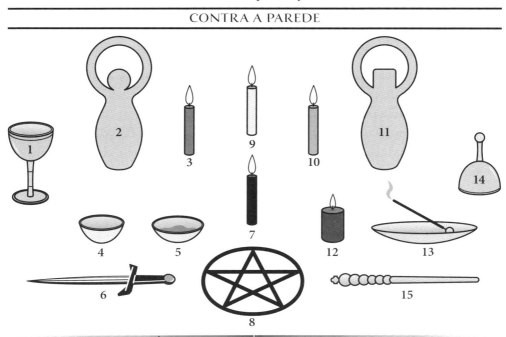

Figura 19: Diagrama de um layout de altar por lados projetivos/receptivos

O altar é o seu local de negócios mágicos, então, organize-o da maneira que fizer sentido para você. Para os mistérios elementais explorados através da Joia do Poder da Bruxa, acho útil estabelecer um altar de trabalho com os elementos projetivos associados ao Deus à direita e os elementos receptivos associados à Deusa à esquerda. Ao olhar para o altar, isso corresponde a como a energia flui através da maioria dos corpos humanos. Normalmente, a energia se projeta pelo lado direito e recebe energia do lado esquerdo. Esta divisão também reflete dois dos pilares dentro da Árvore da Vida da Cabala Hermética: o Pilar da Misericórdia à direita tendo associações divinas com o Pai, e o Pilar da Severidade à esquerda tendo associações divinas com a Mãe.[178] No entanto, em algumas pessoas, especialmente aquelas que são dominantes na mão esquerda, você pode achar que a energia flui na direção oposta. Experimente e ajuste-se ao que parece natural para você.

Elementos de Consagração: Sal, Água, Vela, Incenso

Os primeiros objetos a serem adicionados ao seu novo altar de trabalho serão os elementos de consagração, que são usados para limpar todas as energias nocivas, ancorar o corpo, acender a chama espiritual e focar nossa atenção no trabalho mágico. Os elementos de consagração padrão da Wicca incluem algum tipo de incenso queimado de um material vegetal em um incensário ou em outro suporte para incenso uma pequena tigela com sal marinho, uma pequena tigela com água purificada e uma vela para queimar em um suporte à prova de fogo. A tabela a seguir fornece mais detalhes sobre a engrenagem e os materiais para consagração elemental.

Por que esses materiais de consagração são necessários para a Bruxaria Elemental? Isso serve como cortesia aos seres elementais que convidaremos para o nosso Círculo e que funcionam em uma taxa vibracional superior à sua substância terrena. Eles não podem existir em nossa dimensão sem a forma grosseira de seu elemento presente. Se você planeja abrir os Portais e convidar seres elementais para a festa, ofereça os petiscos que eles gostam. Os elementos de consagração também servem como uma oferenda para atrair esses seres para ajudá-lo. Assim como os humanos devem ter atmosfera e os peixes devem ter água para sobreviver, os elementais também devem ter seu elemento para habitar dentro de seu Círculo.

---

178. Greer, *The New Encyclopedia of the Occult*, Tree of Life, 491, "Binah," 65, "Chokmah," 100

Elementos de Consagração		
Tigela com Sal	Terra	O sal é um elemento receptivo e fixo usado para limpar e purificar. Normalmente combinado com água no ritual, transformando-os em água salgada para consagrar o Círculo.
Incensário	Ar	Um incensório é um queimador de incenso usado durante o ritual. Alguns têm suportes pequenos para manter o fundo quente fora do chão. Eu uso um caldeirão de ferro medindo cerca de 12 cm, com areia quase até o topo. Posso então colocar incensos em bastão ou em cones descansando diretamente sobre a areia, ou posso usar pastilhas de carvão vegetal e colocar o incenso solto por cima. Então eu apenas mexo nas cinzas e ela se autorreabastece e ganha um poder acumulado de todo incenso ali queimado anteriormente.
Incenso	Ar	O incenso é escolhido dependendo de suas propriedades mágickas. Compostos por uma combinação de plantas, óleos e resinas, são usados para purificação e meditação. Os produtos totalmente naturais são os melhores. A questão não é o "cheiro" do incenso; é a liberação da energia dessa planta para auxiliar seu trabalho. Sem planta, sem ajuda. O incenso sintético pode ser barato, mas é uma perda de tempo.
Tigela com água	Água	A Água é um elemento receptivo, fixo e serve para limpar e purificar quando combinada com o sal. A água em si deve ser a mais pura possível: filtrada ou água de nascente.
Velas	Fogo	As velas são ferramentas essenciais para a iluminação, uma representação do elemento Fogo e uma oferenda de combustão aos elementais do Fogo. As velas devem ser abafadas, nunca apagadas. A tradição me informa que isso é para que os elementais não sejam ofendidos pelo Fogo sendo conquistado pelo Ar. As velas incorporam todos os quatro estados da matéria e, portanto, podem ser o único jogador no palco do seu altar, se necessário: a cera é sólida para a Terra; a chama é obviamente o Fogo, que então derrete a cera em líquido para a Água e consome o oxigênio do Ar. A ferramenta perfeita da magia elemental!

Na maioria das vezes, fornecer o que eles precisam é fácil de conseguir sem muitos suprimentos. O ar que respiramos está sempre lá para os silfos (a menos que você tenha planos de lançar um Círculo no vácuo do espaço sideral). É provável que haja pelo menos um pouco de umidade presente para as ondinas, mas no mínimo a umidade de sua própria respiração pode ser suficiente, embora você se sentirá extremamente sedento no final. O chão em que está pode suportar os gnomos, mas as salamandras definitivamente precisarão de algo para queimar se você quiser que elas realmente o ajudem. (Caso contrário, observe a velocidade com que suas lâmpadas incandescentes vão queimar).

Para muitos outros aspectos da Bruxaria, gostaria de lembrar às Bruxas repetidas vezes que trabalhamos com símbolos e metáforas – e que estamos escrevendo poesia com a nossa vida. Cada tradição e cultura escolhe suas próprias metáforas para se envolverem com a magia natural ao seu redor, mas essas metáforas são apenas flechas que apontam para uma verdade inefável. Não neste caso.

Agora entendo que minha vela do altar fornece o combustível literal para alimentar os seres de Fogo que convoquei para ajudar com a magia que pratico.

Considere a possibilidade de que esses seres elementais e seus Soberanos sejam objetivamente reais. Eles são espíritos vivos com atitudes, personalidades e trabalhos a serem feitos dentro do grande esquema cósmico. São seres com exigências físicas, que só é educado oferecer a eles quando convocados a seu Templo. Eu ainda advertiria de que esses seres, embora principalmente úteis e benevolentes, também exibem a virtude e o vício do elemento do qual são feitos, e não é sábio negligenciá-los. É romântico pensar nos espíritos do riacho sussurrante ou colina coberta de musgo. Entretanto, eles podem estar igualmente presentes em tubulações e construções. Este aviso vale duplamente para qualquer ser de Fogo. Se esses seres precisam de fogo para sobreviver e você não forneceu uma chama viva para ocasião, eles podem assumir a responsabilidade de fornecer por si próprios. Você pode não gostar da escolha deles. Não deixe a vela de Fogo se apagar durante um rito ventoso. Lembre-se de que a primeira regra da Bruxaria é "não queimar a Bruxa"! Como cheguei a essa noção? De maneira estúpida. Da maneira mais cara, quando foi necessário buscar encanadores, eletricistas e um novo fogão.

Consagrando seu Altar

Se o altar é um palco e todos os seus itens os atores, então você é o diretor desta produção. Você vai precisar despertar o espírito dentro de cada item, imbuí-los de sua intenção, dando a eles sua parte no roteiro, e depois juntá-los todos como seu elenco. Os poderes de "acima, abaixo e entre" serão canalizados através de você e mantidos por eles. Esses itens são as âncoras espirituais das energias elementais em seu espaço mágico e os canais para manter tudo aberto, fluindo e alimentado enquanto estiver lá.

Mais importante do que os itens no altar de uma Bruxa é como você ativa seus poderes e depois os utiliza. Com um ritual de consagração e despertar, a Bruxa se torna um catalisador que transmuta uma mesa cheia de bugigangas arcanas em um microcosmo de empoderamento.

Figura 20: Pentagrama de Banimento Básico

Pentáculo de Banimento Básico

Para os rituais de consagração do altar que veremos a seguir, você vai precisar de um Pentagrama de Banimento básico, como um meio mágico para limpar qualquer desequilíbrio ou impureza espiritual ou energética dos materiais físicos e do próprio altar. Usamos o padrão tradicional de Banimento do elemento Terra – porque estamos limpando materiais físicos "terrestres". O truque para este gesto mágico está na ordem e na direção de como você desenha as linhas e os pontos. Esse padrão se conecta à egrégora de poder construída pelos ocultistas desde a Ordem Hermética da Golden Dawn e segue a organização dos pontos por densidade alquímica: Espírito, Fogo, Ar, Água, Terra.[179]

Por enquanto, pratique desenhar uma estrela de cinco pontas neste padrão específico: comece no ponto inferior esquerdo do elemento Terra e desenhe para cima em direção ao ponto superior do Espírito. Siga no sentido horário a partir daí, descendo até o ponto inferior direito, subindo e atravessando até o ponto esquerdo, atravessando até o ponto direito, voltando para baixo para completar a estrela no ponto inferior esquerdo da Terra, terminando onde começamos. Visualize o Pentagrama desenhado em um pigmento preto absorvente ou um vazio de luz através do qual todas as influências perniciosas estão sendo enviadas de volta aos reinos não físicos de onde se originaram.

Desenhar o Pentagrama de Banimento da Terra é como convidar as energias indesejadas a sair porta afora e, em seguida, colocar uma chave específica na

---

179. Greer, *The New Encyclopedia of the Occult*, 368.

fechadura atrás delas, engatando-as na ordem correta. Termine circundando o Pentagrama em sentido anti-horário, como se virasse a chave e deixasse a fechadura num canto morto. Um Círculo em sentido contrário fecha a porta entre os reinos. Eu adiciono este Círculo extra, que agora transforma este Pentagrama em um Pentáculo. Um Pentagrama de Banimento pode ser desenhado para limpar todos os tipos de energias indesejadas e para proteção geral. Discutiremos o uso dos Pentagramas elementais com mais detalhes no capítulo 10.

Posturas Ritualisticas para Abrir o Canal Divino

Quando movimentos físicos e posturais acompanham nossas visualizações e linguagens mágickas, eles nos ajudam, como Bruxas que somos, a envolver plenamente nossos corpos no trabalho em questão. Além disso, mantém nossas mãos ocupadas para que nossa mente possa se concentrar. Faça os mesmos movimentos e posturas todas as vezes e seus outros sentidos cairão no estado de espírito mágico com mais facilidade e eficácia a cada vez. No ritual de consagração do altar a seguir, passaremos por três posturas corporais: a Postura do Pentagrama, Postura Ramos do Deus/Deusa, Postura Raízes do Deus/Deusa e a Postura em pé, para fluir energia através de nossas mãos. Reserve um momento para praticar a mudança entre esses movimentos até que pareçam naturais. Consulte a figura 21 enquanto pratica essas posturas corporais rituais para abrir seu corpo como um canal criativo.

Postura do Pentagrama: fique na posição de poder, em pé, imaginando-se como uma estrela com um Pentáculo ao seu redor, com sua cabeça no ponto mais alto representando o espírito, o queixo erguido, braços abertos na altura dos ombros e as mãos erguidas com as palmas para cima, nos pontos superior esquerdo e direito do Pentagrama. Mantenha os pés afastados na largura dos ombros, com os pés nos pontos inferior esquerdo e direito, como na imagem de Leonardo da Vinci "O Homem Vitruviano". Imagine seu Eu quíntuplo equilibrado e em paz.

Postura Ramos do Deus/Deusa: mova-se levemente da postura do Pentagrama, agora olhando para o céu, com as mãos em um "V" retas e levantadas acima de sua cabeça e à sua frente. Imagine-se como uma árvore, com as mãos como folhas absorvendo o ar e a luz do sol, atraindo o "Pai Céu". Cruze os braços sobre seu peito para atrair energias divinas para seu Chacra do Coração. Em perfeito equilíbrio, esta postura é normalmente chamada de "Postura de Osíris" e também é usada para "Puxar a Lua para baixo" e evocar a Deusa.

Espaço Sagrado, Vida Sagrada 213

1: Postura Ramos do Deus/Deusa

2: Postura de Osíris em pé

3: Postura Raízes do Deus/Deusa

4: Postura de Osíris ajoelhado

5: Canal aberto, Receptivo, de cima para baixo

6: Canal aberto, projetando o *chi*

Figura 21: Posturas corporais ritualisticas para abrir o canal criativo: Ramos do Deus/Deusa, Raízes do Deus/Deusa e Canal Aberto

Postura Raízes do Deus/Deusa: ajoelhe-se sobre um joelho e coloque ambas as palmas das mãos (ou pontas dos dedos) tocando o chão à sua frente. Imagine as raízes de sua árvore atingindo profundamente o Planeta, absorvendo água e minerais, atraindo a "Mãe Terra". Cruze seus braços sobre seu peito para puxar as energias dos deuses para o Chacra do Coração, postura de "Osíris ajoelhado" . Em perfeito equilíbrio, observe que você está em uma postura que lembra a de um animal de quatro patas sentado, mitologicamente associado ao Senhor dos Animais, ou Deus Cornífero.

Canal de criação aberto: visualize as forças divinas misturando-se em seu coração como as energias *yin-yang* girando juntas, enquanto o Perfeito Amor de "os dois que se movem como um" flui através de seu corpo. Fique na posição de poder novamente, o athame natural da mão direita apontado para cima, o athame natural da mão esquerda apontado para baixo. Sinta o poder percorrendo você da cabeça aos pés, fluindo pelos seus braços (veja a figura 21). Bata palmas três vezes e esfregue-as vigorosamente até sentir uma sensação eletrizante e formigante nas palmas das mãos. Segure-as a cerca de quinze centímetros de distância e você sentirá o poder fluindo como um formigamento e uma leve tensão. O canal está agora aberto e preparado para direcionar o *chi* como energia do Amor Divino através de suas mãos. Quando estiver pronto para fechar o canal, solte as mãos no pulso por um momento para interromper o fluxo e, em seguida, coloque as palmas das mãos juntas, os dedos apontando para cima, na frente do coração. Libere e descarte a conexão com gratidão. Abençoado seja.

✣·· Ritual 1 ··✣
Construindo um Altar Pessoal com Consagração

Prepare o seu altar ao seu nível de estilo e conforto. Se você já possui ferramentas de altar, adicione-as também. No entanto, essas ferramentas não são estritamente necessárias, e eu encorajo você a não deixar que isso atrapalhe o início de sua prática mágica. Observe que esta consagração de altar não chega a abrir os Portais Elementais ou convidar os seres elementais guardiões, mas prepara os itens de consagração com os quais ancoraremos sua presença em rituais futuros. É por isso que não há necessidade de "liberar" as energias elementais no final. Por enquanto, vamos praticar essas técnicas e aproveitar os benefícios de seu poder de limpeza e aterramento para nós mesmos.

Você vai precisar de:

- Uma vela branca em um suporte à prova de fogo, para representar o sempre presente Espírito da divindade
- Uma vela vermelha para representar o elemento Fogo, em um suporte à prova de fogo
- Fósforos ou isqueiro
- Qualquer incenso que você quiser, em um porta-incenso seguro
- Uma pequena tigela com água, filtrada ou destilada é preferível
- Uma tigela pequena com sal marinho
- Um sino, carrilhão ou tigela de canto que possa ser tocado para fazer uma frequência de som agradável
- Qualquer coisa que o ajude a estar atento à divindade dentro da Natureza e aos quatro elementos: imagens de divindades, pedras ou cristais, conchas, plantas vivas, penas, etc.
- Uma imagem de referência do Pentagrama de Banimento da Terra básico da figura 20
- Seu Livro dos Espelhos e uma caneta

Preparação

Arrume seu altar com reverência e intenção, tão belo ou simples quanto desejar. Certifique-se de que o espaço esteja fisicamente limpo e bem organizado. Considere realizar este ritual de consagração com os pés descalços e os cabelos soltos, vestindo roupas largas e confortáveis que o ajudem a se sentir mágico, ou nu, se preferir.

Práxis

Toque o sino três vezes e deixe-o soar naturalmente até o som diminuir.

Acenda a vela branca. Fique de frente para o altar na Postura do Pentagrama. Diga: *Bem-vindo, Espírito, que está sempre presente dentro e fora!*

Fique na Postura Ramos do Deus/Deusa. Lembre-se de que você é como uma árvore, cujos galhos se estendem pela atmosfera, tocando o ar e os fogos do sol. Toque no "Pai Céu" e nos céus acima.

Atraia esse poder, cruzando os braços sobre o peito, sentindo como esse poder flui através de você, chegando até as solas dos seus pés. Diga: *Salve e seja bem-vindo, Grande Deus!*

Lembre-se de que, como uma árvore, suas raízes também alcançam as profundezas da terra e da água da Mãe Natureza, assim como a Terra, a Lua e todo o Submundo abaixo.

Ajoelhe-se na Postura Raiz Deus/Deusa. Prepare a energia da Terra e cruze os braços sobre seu peito novamente. Diga: *Salve e seja bem-vinda, Grande Deusa!*

Sinta os fluxos de cima e de baixo encontrando-se e ancorando em seu Chacra Cardíaco – você é um canal aberto do Amor Divino deles.

Fique de pé como um canal aberto enquanto o poder criativo flui através de seu coração descendo para suas mãos. Bata palmas três vezes e esfregue as mãos vigorosamente uma na outra; sinta-as pulsando com poder. Diga: *Salve e seja bem-vindo "dois que se movem como um só"! Flua através de mim com Perfeito Amor Divino.*

Segure o incenso em sua mão dominante e diga: *eu carrego este incenso como um ser de Ar.* Visualize a luz amarela da atmosfera impregnando o incenso, despertando-o para seu propósito.

Acenda o incenso e a vela do Espírito. Em seguida, enquanto desenha um Pentagrama de Banimento sobre o altar com o incenso, circundando o altar em sentido anti-horário, diga: *Poderes do Ar, libertem qualquer impureza deste Espaço Sagrado.*

Visualize uma energia amarela imbuindo o altar.

Segure a vela vermelha em sua mão dominante. Diga: *Eu carrego esta vela como um ser de Fogo.*

Visualize a luz vermelha do fogo do sol e das estrelas imbuindo a vela, despertando-a para seu propósito.

Acenda o fogo da vela do Espírito. Enquanto desenha um Pentagrama de Banimento sobre o altar com a vela, circundando o espaço em sentido anti-horário, diga: *Poderes do Fogo, queime livre qualquer impureza deste Espaço Sagrado.*

Visualize uma energia vermelha imbuindo o altar.

Segure a tigela com sal em sua mão receptiva. Visualize a luz verde extraída da própria terra para impregnar o sal, despertando-o para seu propósito. Diga: *Eu carrego este sal como um ser da Terra.*

Desenhe um Pentagrama de Banimento no sal com o dedo (ou Athame, quando tiver um). Diga: *Poderes da Terra, livre o solo deste Espaço Sagrado de qualquer impureza.*

Polvilhe três pitadas de sal sobre o altar. Visualize uma energia verde imbuindo o altar.

Segure a tigela com água em sua mão receptiva. Diga: *Eu carrego esta água como um ser de Água e expulso toda impureza.*

Visualize a luz azul saindo do lençol freático para imbuir a água, despertando-a para seu propósito. Com os dedos (ou com o Athame, se você tiver um), adicione três pitadas de sal consagrado à água. Mexa desenhando o Pentagrama de Banimento na água com o dedo ou Athame. Diga: *Poderes da Água, lave qualquer impureza deste Espaço Sagrado.*

Polvilhe a água sobre o altar três vezes. Visualize uma energia azul imbuindo o altar.

Agora que os elementos foram despertados e o altar limpo, começamos a carregar. Com suas mãos ou sua Varinha, mexa o Ar ao redor do altar em cinco voltas no sentido horário, deosil, em espiral, dizendo:

Como em cima, assim embaixo; como abaixo, assim acima; macrocosmo para microcosmo. Espírito! Habite dentro deste altar em sagrada harmonia entre todos os mundos. Abençoado seja!

Visualize uma luz branca contendo todas as cores agora despertando o altar para seu propósito sagrado.

Toque a campainha três vezes e ouça atentamente enquanto o som diminui naturalmente. Seu altar agora está consagrado e pronto para mais feitiços ou rituais mágicos.

Purifique, ou consagre, seu próprio corpo quíntuplo com estes elementos:

- Passe o incenso pelo seu campo áurico; ao sentir seu cheiro, veja uma luz amarela clareando e equilibrando sua mente.
- Unja seu coração com uma gota de água e veja uma luz azul curando e equilibrando suas emoções.
- Sinta o calor do fogo da vela e veja uma luz vermelha alimentando seus fogos para limpar e equilibrar suas motivações.
- Prove um grão de sal e veja uma luz verde nutrindo e equilibrando sua saúde física.

Dedique cerca de vinte minutos para sua meditação diária, repetindo qualquer uma das afirmações ou encantamentos dos exercícios anteriores que você goste.

❧ Reflexão do Diário ❧

Reflita sobre essa experiência em seu Livro dos Espelhos. Quando terminar, agradeça ao Espírito por seu fluxo contínuo de Amor Divino ao longo de sua vida, dizendo: *Salve e adeus, Grande Espírito!*

Enquanto você apaga as velas. Termine dizendo: *Abençoado seja!*

CAPÍTULO 10
O Templo das Bruxas

O altar funciona como o coração do Templo de uma Bruxa. Agora que você despertou e consagrou seu altar, essas energias podem ser expandidas para fora, formando um Templo maior – grande o suficiente para compartilhar com outras Bruxas, dançar ao redor encenando um teatro ritual e criando magia. O Templo das Bruxas é uma esfera energética construída na encruzilhada da criação. Ele é construído a partir da mesma energia (*chi, ki, prana*, e Força) que percorre nossos chacras e cria nossos corpos. Prefiro pensar nesta energia como o Amor Divino do Deus/Deusa.

Quando nós, as Bruxas, lançamos nosso Círculo, criamos um "Cosmos" simbólico em miniatura. Em seguida, convidamos os poderosos a se associarem conosco em nosso berçário cósmico. O que quer que criemos simbolicamente aqui embaixo receberá um modelo energético em cima. Então a primeira metade do axioma hermético volta: "Como acima, assim abaixo". Para manter o equilíbrio, o berçário cósmico manifesta uma realidade física correspondente, porque é para isso que o espelho astral está aqui. É assim que a Magia Ritual da Wicca funciona. Neste capítulo, exploraremos as técnicas rituais, posturas e linguagem que você pode usar para criar um Templo de Bruxaria para si mesmo.

A Cruz do Círculo

O Templo das Bruxas é simbolizado como uma cruz circular, que representa a interseção dos cinco elementos e dos Três Mundos, formando um lugar liminar onde deuses e mortais podem se encontrar. Quando as Bruxas lançam um Círculo, também ativamos a mesma encruzilhada da divindade dentro de nosso Eu quíntuplo. A cruz do círculo é o símbolo astrológico do Planeta

Terra e o sigilo associado à Iniciação de Primeiro Grau da Wicca.[180] Em nossa analogia de mapeamento, pense na cruz do círculo como o "X" que marca o ponto de onde começar e terminar sua jornada de Bruxaria em seu mapa cósmico. Não importa qual a sua necessidade ou as questões que precisa responder, você certamente chegará à encruzilhada.

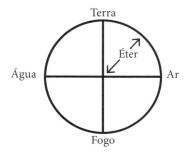

Figura 22: Círculo de Cruz e o sigilo planetário da Terra

Em algumas Tradições, você literalmente se encontra onde três estradas se cruzam para trabalhar sua magia. Isso remonta à devoção grega e romana de Diana Trivia (Diana dos Três Caminhos) e a Deusa tríplice Hécate, ambas deusas da Lua e da Feitiçaria.[181] Quando as Bruxas lançam um Círculo, nós esculpimos aquele lugar sagrado, então abrimos os portões para os quatro reinos elementais e evocamos a divindade do centro. Isso conecta o Mundo Superior e o Mundo Inferior para se juntar a nós em Solo Sagrado aqui no Mundo Médio.

Técnicas Rituais para Construir o Templo das Bruxas

Construir um Templo das Bruxas é o mesmo que "lançar o Círculo". Podemos traçar o Círculo em qualquer lugar e a qualquer momento, e depois "destraçar" esse Círculo quando o rito terminar. Aqui celebramos os festivais sazonais de Sabbats e Esbats da Lua, realizamos trabalhos mágicos e devocionais, elevamos e direcionamos energia para cura ou reequilíbrio e realizamos ritos de passagem. Um ritual é qualquer conjunto predeterminado de ações destinadas a atingir um objetivo. Dentro da Bruxaria Wiccana, os rituais são uma devoção que

---

180. Vivianne Crowley, *Wicca*, 119–120.
181. Doreen Valiente, *An ABC of Witchcraft Past and Present* (Custer, WA: Phoenix Publishing Inc., 1973), 73.

encena a dança divina entre Deusa e Deus no reflexo do microcosmo dentro de nós mesmos. O ritual é uma expressão devocional de libertação da ilusão de separação do Deus/Deusa.[182]

Princípios do Círculo

Qualquer um, não importa sua experiência mágica, pode lançar um Círculo Mágico. As únicas Bruxas que não podem fazer isso são aquelas que nunca se deram uma chance pela primeira vez. Sim, suas habilidades ficam mais fortes com o tempo, mas você tem que começar em algum lugar, e agora é o seu momento.

No Ritual Wicanno, o "Círculo" pode ser qualquer forma que se adeque ao trabalho e ao espaço. Não precisa ser perfeitamente redondo. E também pode ser de qualquer tamanho necessário, porém, os Círculos Mágicos tradicionais da Wicca tinham três metros de diâmetro.[183] Nove é um número mágico que representa a realização espiritual. É o resultado do três multiplicado por si mesmo, e três é um número sagrado para a Deusa tríplice. A menos que seja apenas você e talvez alguns outros, isso será apertado. Eu gosto de me mover! Para Círculos de um Coven, considere seis metros de diâmetro, portanto, um raio de três metros[184]. Como lembrete visual, a circunferência do círculo pode ser marcada no chão, riscando-o na terra do lado de fora, ou desenhando-o com pó de giz, farinha, fubá, sal, etc. Mentalmente, "empurre" as bordas para as extensões da sala, prédio ou propriedade para que você possa se movimentar à medida que a inspiração chegar, sem se preocupar com onde está a borda do Círculo desta vez.

Depois que o Círculo do seu Templo for traçado, ele pode ser sintonizado com qualquer propósito que você designar. Ele responderá a pensamentos e palavras e pode ser usado como filtro, lente de aumento ou amplificador. É um coletor de energia, mas não necessariamente um recipiente. O Círculo é permeável espiritualmente para que as energias e espíritos que convidamos possam entrar e sair livremente. Este espaço focaliza sua vontade como uma lente, direcionando-a para um raio laser de intenções. Por si só, o Círculo não impede necessariamente a entrada de influências ou espíritos indesejados, e

---

182. Parafraseando de um estudo feito em um workshop por meu amigo Moss, um Sacerdote espanhol Wiccaniano.
183. Raymond Buckland, *The Witch Book: The Encyclopedia of Witchcraft, Wicca, and Neo-paganism* (Detroit: Visible Ink Press, 2002), 91.
184. Buckland, *The Witch Book*, 91.

não torna a pessoa nem mais segura nem mais vulnerável às entidades espirituais. O Círculo aumenta sua sensibilidade espiritual e ajuda a estabelecer limites e regras de envolvimento com essas entidades espirituais. Você define as regras em seu Templo, é como programar seu sistema de segurança em casa.

Entrando e saindo de um Círculo

Apesar de algumas superstições, o perímetro de um Círculo pode ser cruzado, se necessário. Basta estar atento à sua passagem, como pressionar suavemente um dedo em uma bolha de sabão. Ela irá se formar novamente ao seu redor. Aproxime-se do limite e lembre-se de que você é um ser energético – sua bolha áurica se funde com a bolha do Círculo. Vocês são agora de uma única energia. Mova-se, e então serão energias separadas novamente, passando para o outro lado e e se fechando atrás de você. No entanto, eu o advertiria a reconsiderar qualquer Tradição antiga que sugira "cortar uma porta" com seu Athame. O ferro de um Athame está lá para banir o encantamento e esculpir entre os reinos. Na minha experiência, espetar ferro pontiagudo desnecessariamente em uma bolha de energia anula seu propósito.

Você é a Magia

Tente não se distrair com as minúcias dessa Magia Cerimonial; isso só vai distraí-lo de seu trabalho genuíno. Sim, essas técnicas são importantes e podem aumentar sua eficácia. Contanto que suas intenções sejam puras e você dê o seu melhor, o Cosmos fluirá com sua intenção. Apenas lembre-se de que você é a magia. Todo o Cosmos é magia. Tudo em sua vida é um evento espiritual. Além disso, sua aura é um Templo pessoal embutido. Então, cada tarefa mundana que você fez hoje, desde fazer café até evacuar, foi um evento espiritual feito em seu Templo. O resto desta técnica é uma questão de apenas empurrar esse limite um pouco além e aumentar a consciência de que sua bolha está interconectada com a bolha divina maior por um tempo.

A Figura 23 ilustra como eu imagino um Templo de Bruxas, com Portais e hastes que sustentam uma esfera. Observe que ele cria uma construção 3D que incorpora os mistérios do Pentagrama, despertando todas as cinco essências através de nossas conexões de chacra e aura. O "Círculo" é, na verdade, uma esfera, que modela a *vesica piscis* e o modelo de Três Mundos. O *yin-yang* da polaridade divina é evocado através do centro, ancorado pelo *axis mundi* dentro de nós mesmos e do Mundo Médio. Uma seção transversal no meio da esfera é a própria Terra e forma o símbolo da cruz circular do Planeta Terra, que também se cruza em nossos próprios centros. O eixo x, y, z em seu próprio centro é o ponto médio do Círculo lançado. Eu sinto isso ao redor do meu umbigo: onde o cordão umbilical físico uma vez me conectou à minha mãe e o cordão de energia espiritual ainda me conecta à Deusa Mãe. Esta interseção é sua encruzilhada interna.

O mistério oculto do Círculo é este: para expandir-se na grandeza do Universo cósmico, a nível divino, primeiro você terá que mergulhar fundo para abrir essas conexões dentro de si mesmo. Em nossas jornadas ao longo da Seção Três, estabeleceremos relações com as essências elementais e os seres que ali habitam. Mas primeiro vamos praticar as técnicas rituais necessárias para começar.

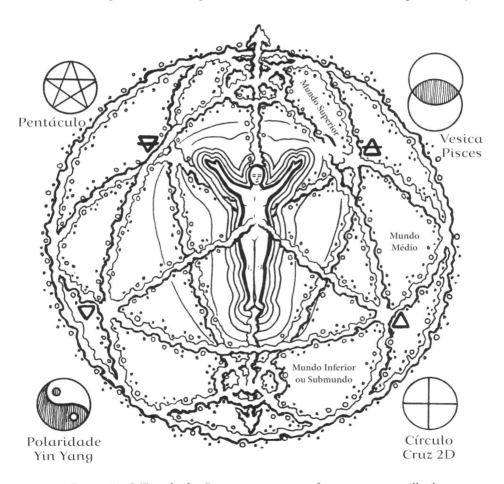

Figura 23: O Templo das Bruxas como uma esfera numa encruzilhada

❧ Ritual 2 ❧
Construindo o Templo de uma Bruxa

O ritual de construir seu Templo fica mais fácil e eficaz à medida que você pratica. O exercício ritual a seguir vai guiar seus passos tanto nos movimentos externos quanto nas visualizações internas. No começo, pode parecer que você está apenas passando pelos movimentos. No entanto, há uma profunda egrégora de poder a ser explorada aqui ao decretar essa práxis e dizer essas palavras como tantas Bruxas fizeram antes. Apenas se apoie nisso com todo o seu coração. Seja sincero e focado ao começar. Confie na sua intuição.

Lembre-se de que qualquer um pode recitar as "palavras mágicas". Não é aí que se encontra o poder elemental. O poder é canalizado através de sua Terra; seus próprios ossos devem chacoalhar em resposta ao seu chamado. As palavras sugeridas a seguir funcionam para sintonizar sua própria consciência na frequência apropriada, que abre o Portal. Quais palavras você diz não são tão importantes quanto como elas afetam seu estado de espírito.

Você vai precisar de:
- Uma vela branca em um suporte à prova de fogo para representar o sempre presente Espírito da divindade
- Uma vela vermelha para representar o elemento Fogo em um suporte à prova de fogo
- Fósforos ou isqueiro
- Qualquer incenso que você goste em um porta-incenso seguro
- Uma pequena tigela com água, filtrada ou destilada é preferível
- Uma tigela pequena com sal marinho
- Um sino, carrilhão ou tigela de canto que possa ser tocado
- Uma imagem de referência da figura 24 dos quatro Pentagramas elementais Invocando e Banindo

Preparação

Antes de lançar o Círculo do Templo, comece com uma limpeza física e organização do espaço e do seu altar. Tome banho e vista-se com roupas frescas e confortáveis, de preferência descalço e com os cabelos soltos, ou nu, como preferir.

Práxis

Comece o ritual de criação do Templo acendendo sua vela do Espírito e explorando o poder da Natureza acima e abaixo com as posturas físicas do Pentagrama, Ramos e Raízes do Deus/Deusa.

Ativando o Altar

Direcione o poder da Natureza através de suas mãos para despertar e consagrar seu altar, conforme ensinado anteriormente no Ritual 1. Este rito inclui purificar-se e ancorar-se através dos elementos.

Essa limpeza espiritual é chamada de santificação. Lembre-se de que semelhante atrai semelhante. Se você entrar no Círculo em Perfeito Amor e Perfeita Confiança, então é isso que atrairá para o seu Espaço Sagrado. O mesmo é verdade para aqueles com intenção perniciosa. É por isso que fazemos um aterramento e limpeza completos antes de qualquer magia. Não entre no ritual com raiva ou você pode não realizar o que sua boca disser; em vez disso, pode receber o que sua raiva estava gritando no fundo do seu subconsciente.

Consagrando o Templo

Uma vez que você já está consagrado, agora vai poder consagrar o espaço sobre o qual seu Templo será construído. Nós consagramos o espaço antes de lançarmos o Templo para que não estejamos inadvertidamente prendendo energias indesejadas dentro da nossa esfera. A consagração do perímetro do Círculo se inicia "depositando" energias no perímetro do Espaço Sagrado, que mais tarde serão lançadas, durante o encerramento do processo.[185] Começamos no Leste, com o nascer do sol de manhã, e prosseguimos em deosil nos movimentando por todo o perímetro.

- **Consagração do Ar:** pegue o seu incensário com incenso já aceso e leve-o para o Quadrante Leste. Apresente o incenso primeiro para este Quadrante, no alto, dizendo com poder na voz: *Eu consagro este Círculo pelos poderes do Ar!* Caminhe pelo perímetro deosil, soprando o incenso aceso enquanto repete o canto a cada Quadrante. Como um construtor de energia, aumente ligeiramente o seu volume enquanto canta. Quando chegar de volta ao Leste, apresente o incenso ao Quadrante novamente e diga: *Como sua Bruxa do Ar, eu o saúdo com ar e peço que sopre e libere qualquer energia nociva deste Círculo esta noite. Assim seja!* Volte para o seu altar.

---

185. Esta técnica de consagração é adaptada de um rito público criado por Doug Helvie e Anna Meadows Helvie e promulgado pela Eternal Harvest Tradition da Wicca de New Bern, NC.

- **Consagração do Fogo:** pegue sua vela vermelha do Fogo, e repita o mesmo processo no Quadrante Sul. Apresente-a do primeiro ao quarto Quadrante, dizendo: *Consagro este Círculo pelos poderes do Fogo!* Em seguida, caminhe pelo perímetro em deosil com a vela acesa enquanto repete o canto. Apresente-se novamente ao Quadrante Sul e diga: *Como sua Bruxa do Fogo, eu o saúdo com fogo e peço que queime e libere qualquer energia nociva deste Círculo esta noite. Assim seja!* Volte para o seu altar.
- **Consagração da Água:** pegue sua tigela com água salgada e repita o mesmo processo no Quadrante Oeste. Apresente-a primeiro a este Quadrante, dizendo: *Consagro este Círculo pelos poderes da Água!* Em seguida, caminhe em deosil, borrifando a água com os dedos enquanto repete o canto. Apresente-se novamente e diga: *Como sua Bruxa da Água, eu o saúdo com água e peço que lave e libere qualquer energia nociva deste Círculo esta noite. Assim seja!* Volte para o seu altar.
- **Consagração da Terra:** pegue sua tigela com o sal consagrado e repita o mesmo processo no Quadrante Norte. Apresente-se primeiro a este Quadrante, dizendo: *Consagro este Círculo pelos poderes da Terra!* Em seguida, caminhe em deosil, polvilhando o sal com os dedos enquanto repete o canto. Apresente-se novamente e diga: *Como sua Bruxa da Terra, eu o saúdo com a terra e peço que aterre e libere qualquer energia nociva deste Círculo esta noite. Assim seja!* Volte para o seu altar.

Lançando um Círculo

Para lançar um Círculo, você deve primeiro aumentar a energia e depois direcioná-la para uma forma esférica. A consagração começou a construir essa energia. Continue visualizando o poder do Amor Divino da Natureza fluindo em suas raízes, galhos e respiração e, em seguida, direcione essa energia com seu coração, pensamentos e ações físicas. Este passo é importante para que você não tente construir acidentalmente todo o seu Templo apenas com o seu *chi* pessoal.

Levantando um Cone de Poder: canto de Awen

Minha técnica favorita de aumento de poder é cantar *Awen*, a palavra galesa para "inspiração divina". *Awen* foi um presente da Deusa Cerridwen, dado através de três gotas da grande poção de seu Caldeirão. Para honrar essas três gotas e os mistérios de sabedoria, poder e amor que elas transmitem, é magicamente pronunciado em três sílabas: *aa-oo-wen*.[186] Também damos três voltas, para "Três vezes o Círculo traçar, para assim o mal se afastar, como aconselhado no poema A Rede Wicanna.[187]

Mova-se para o Quadrante Leste do perímetro do seu Círculo. Mantenha sua mão receptiva sobre a terra para atrair poder. Enquanto canta o *Awen*, caminhe lentamente ao redor, apontando o "athame natural" do indicador e do dedo médio de sua mão projetiva para desenhar um cone em espiral de luz branca do perímetro (consulte a figura 18). Enquanto canta o *Awen*, comece baixo e devagar, cantando para dentro; buscando as energias de cima e de baixo e direcionando-as para as notas: *Aa-oo-wen-aa-oo-wen-aa-oo-wen...* baixinho, com cada repetição da palavra como se fosse um sussurro e, aos poucos, levantando meia nota na escala. Respire fundo quando necessário. Enquanto isso, com uma postura dramática, gire o círculo três vezes, levantando as mãos do nível do solo, desenhando uma cúpula para o ponto central dos céus acima. Aumente o passo e a velocidade e, na terceira volta, bata os pés – faça um barulho selvagem! Convoque e molde este Cone de Poder inspirado, puxando-o para cima na ponta dos dedos. Quando você sentir que a energia está no auge (acredite em mim, você saberá; é muito parecido com um orgasmo), jogue ambas as mãos para o céu, gritando, *Awen*!

Este "Cone" é apenas o poder bruto, que agora precisa ser moldado em uma esfera. Movendo os braços para baixo significativamente, como se estivesse puxando os céus para a terra, diga: *eu chamo os céus para esta encruzilhada*. Em seguida, continue o gesto de "puxar", agora das margens do Círculo para baixo, envolvendo o fundo da esfera e dizendo: *eu chamo o Mundo Inferior para esta encruzilhada!* Repita o gesto de "puxar" de volta até o topo e, em seguida, retome a postura do Pentagrama.

Diga: *Estou nesta encruzilhada em Perfeito Amor e Perfeita Confiança, em um Templo de minha própria criação. Neste tempo fora do tempo, neste lugar entre os mundos, este Templo serve como uma lupa da minha Vontade, um amplificador do meu poder e uma proteção contra toda maldição. Que toda magia feita aqui sirva ao bem maior de todos os envolvidos, não prejudicando a ninguém. Nada além do amor entrará, e nada além do amor emergirá. Assim seja!*

---

186. Christopher Penczak, *The Three Rays of Witchcraft: Power, Love and Wisdom in the Garden of the Gods* (Salem, NH: Copper Cauldron Publishing, 2010), 21.
187. Mathiesen e Theitic, *The Rede of the Wiccae*, 52–53

Abrindo Portais Elementais para os Quatro Quadrantes

Agora que estamos seguros dentro desse campo de contenção, cortamos Portais para deixar entrar as quatro essências elementais, dando ao nosso Templo esférico uma estrutura de suporte. Alguns se referem a essa ação como "chamar os Quadrantes". Eu vejo essa ação ritual mais como uma "abertura dos portões". Porque você pode chamar a noite toda, mas a menos que abra a porta, eles não vão entrar. Abrimos o portão desenhando um Pentagrama de Invocação nesse padrão elemental específico, que corta um Portal entre as dimensões. Esse padrão começa no ponto antes do elemento específico e se aproxima dele no primeiro traço, depois segue em torno em deosil para fechar a estrela. Em seguida, cercamos a estrela com uma espiral em deosil para "abrir a fechadura". Veja a figura 24 para esses padrões.

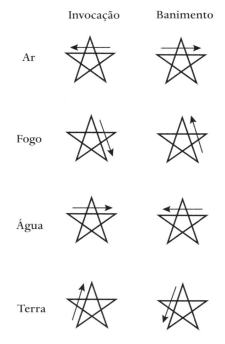

Figura 24: Pentagramas de Invocação e Banimento
para os Quatro Elementos

Abrir os Portais Elementais é como abrir uma torneira de pura energia para fluir e encher o Templo. Quando feito de forma eficaz, há uma mudança tangível na energia do Círculo. Uma vez que os elementos estão fluindo e se misturando, eles precisam do Círculo para contê-los. Por segurança, abra apenas os Portais Elementais para um Templo energético totalmente erguido. Uma vez que você magicamente abriu um Portal para os reinos elementais e chamou os seres elementais para estarem presentes, nunca se esqueça de mandá-los de volta e "fechar a porta" quando terminar. Libere e sele esse Portal com um Pentagrama de Banimento de cada elemento, faça isso no sentido anti-horário, para trancar o Portal. Essa ação é como fechar a torneira ou acionar o disjuntor para interromper completamente o fluxo de eletricidade.

Quando abrimos os Portais Elementais, também despertamos todos os aspectos de nós mesmos que são nutridos por esses reinos: nossos corpos físico, mental, emocional e espiritual. Estamos girando cada uma de nossas "fechaduras" para posição aberta, permitindo que a energia da natureza flua livremente através de um canal aberto, de cima para baixo.

Os Símbolos e a Psique

A linguagem de "chamar os Quadrantes" é poeticamente descritiva por razões psicológicas válidas. Quando fazemos contato com seres elementais e visualizamos as forças que pretendemos atrair, esse símbolo é ativado em nossa psique. A psicóloga junguiana Vivianne Crowley chamou essa técnica mágica de "um ato de clarividência passiva".[188] Mais tarde, quando visualizamos deliberadamente esse símbolo, entramos em contato com a força por trás dele; concentramos nossas mentes em seu poder como um meio de ativar a psique ao contrário.[189] Como uma forma de magia ativa, as Bruxas evocam as essências elementais pelo nome em voz alta, pintando imagens verbais que as descrevem simbolicamente. Não importa muito o que é esse símbolo, desde que ative sua psique e faça os poderes fluírem. Este processo funciona em ambas as direções. Até certo ponto, a psique fornecerá sua própria noção de como os elementais se parecem e então cumprirá essa profecia. Por esta razão, se sílfides aparecerem em sua imaginação como as "fadas" brilhantes que você viu uma vez em um desenho infantil, que assim seja. Apenas libere seu apego à noção de que eles são assim para qualquer outra pessoa. Não importa qual imagem seu subconsciente conjure, ela está correta para você naquele momento.

---

188. Vivianne Crowley, *Wicca*, 47.
189. Vivianne Crowley, *Wicca*, 47.

Você também pode ficar em determinadas posturas elementais ao abrir e fechar os Portais. Essas posturas são uma técnica adaptada descrita no *Ritual de Gestos*, de Scott Cunningham, em seu livro *Wicca: Guia do praticante solitário*. Consulte a figura 25 para imagens dessas posturas elementais e veja seus significados na sequência. A mão receptiva assume uma postura pronta para receber a essência elemental através do Portal. A mão projetiva assume a postura do "athame natural" para cortar o Portal usando os Pentagramas de Invocação.

Figura 25: Posturas elementais

Leste/Ar:

- Vire para o Leste. Fique de pé na Postura do Ar: pés na largura dos ombros, queixo para cima, ombros para trás. Mão receptiva na altura do peito com a palma voltada para fora, dedos abertos como galhos de uma árvore. Visualize o amarelo e sinta o movimento como o vento. Mão projetiva em athame natural levantada em saudação ao Quadrante.
- Lembre-se de suas conexões nos Três Reinos, como a árvore *axis mundi*. Mude sua conexão consciente com seus galhos ao vento. Vibre como esse vento. Respire esse poder como luz amarela. Veja a luz irradiando de seus dedos ou Athame. Sua mão receptiva está preparada para receber a energia que influi.

- Ao falar as palavras da chamada, faça-o com volume e autoridade do diafragma. Permita que sua voz vibre pela atmosfera e chacoalhe as árvores. Convocar a essência selvagem da natureza e os elementais é instintivo. Eles respondem a vibrações semelhantes. Fale da medula de seus ossos!
- Chamada: *Poderes do Leste! Essência do Ar! Eu os convoco a este Espaço Sagrado! Silfos! Paralda, Soberano(a) dos ventos! Estejam comigo agora e emprestem seus poderes de sabedoria, imaginação e comunicação. Abram minha mente! Venham despertar o conhecimento, as dúvidas e a comunicação dentro de mim. Venham asas do voo e altura das montanhas. Venham amanhecer dourado, brisa leve e altas gargalhadas. Venham inspirar e atingir o objetivo desta magia.*
- Desenhe o Pentagrama de Invocação do Ar. Veja a estrela que brilha uma luz amarela do Ar no Quadrante Leste. Circule o Pentagrama em deosil (sentido horário), destravando-o.
- Atraia a energia com seu athame natural, como se puxasse uma serpentina amarela de luz até seus lábios. Beije seu athame natural (dedos). O Portal se abre, o Círculo é inundado com a energia elemental e uma haste de luz amarela envolve sua esfera.
- Coloque sua mão dominante em seu coração e incline-se para o Leste. Diga: *Eu o recebo com gratidão. Salve e seja bem-vindo!*

Sul/Fogo

- Vire para o Sul. Fique de pé na Postura do Fogo: mão receptiva na altura do quadril fechada em um punho apertado, polegar fora dos dedos, como segurar um martelo em uma forja. Visualize a cor vermelha e um fogo furioso. Mão projetiva com athame natural levantada em saudação.
- Mude sua conexão consciente para onde suas folhas absorvem os fogos abrasadores do sol. Vibre como aquele fogo. Respire esse poder como a luz vermelha. Veja a luz irradiando de seus dedos.
- Chamada: *Potências do Sul! Essência do Fogo! Eu os convoco a este Espaço Sagrado! Salamandras! Soberano Djinn do inferno em chamas! Estejam comigo agora e emprestem seus poderes de coragem e de transformação. Venham despertar o desejo e a rendição dentro de mim. Venham brasas brilhantes e sol escaldante. Venham calor do meio-dia de verões e paixões ardentes, para temperar e fortalecer essa magia.*

- Desenhe o Pentagrama de Invocação do Fogo. Veja a estrela que brilha uma luz vermelha do Fogo no Quadrante Sul. Circule o Pentagrama, em deosil, desbloqueando-o.
- Puxe a energia para dentro. Beije seu athame natural (dedos), atraindo a energia do Fogo. O Portal se abre. O Círculo é inundado com energia elemental e uma haste de luz vermelha envolve sua esfera.
- Coloque a mão sobre o coração, curvando-se. Diga: *Eu o recebo com gratidão. Salve e seja bem-vindo!*

Oeste/Água

- Vire para o Oeste. Fique de pé na Postura da Água: mão receptiva na altura da cabeça, de lado, com o polegar e os dedos indicadores formando uma lua crescente, como a boca de uma copo voltada para cima. Visualize o azul e a fluidez das ondas do mar. Mão projetiva com athame natural levantada em saudação.
- Mude sua conexão consciente com suas raízes mergulhando no lençol freático. Vibre como aquela água parada. Respire esse poder como luz azul. Veja a luz irradiando do seu athame natural.
- Chamada: *Poderes do Oeste! Essência da Água! Eu os convoco a este Espaço Sagrado! Ondinas! Soberano(a) Nicksa das profundezas do oceano! Estejam comigo agora e emprestem seus poderes de intuição e emoção. Abram meu coração! Venham despertar seus poderes de ousadia e de aceitação dentro de mim. Venham quebrando as ondas no crepúsculo nevoento. Venham no orvalho brilhante e nas corredeiras do rio. Venham escavar e abrir o caminho para esta magia.*
- Desenhe o Pentagrama de Invocação da Água. Veja a estrela que brilha uma luz azul da Água no Quadrante Oeste. Circule o Pentagrama em deosil, desbloqueando-o.
- Puxe a energia para dentro. Beije seu athame natural (dedos), atraindo a essência da Água. O Portal se abre. O Círculo é inundado com energia elemental e uma haste de luz azul envolve sua esfera.
- Coloque a mão sobre o coração, curvando-se. Diga: *Água, eu te recebo com gratidão. Salve e seja bem-vinda!*

Norte/Terra

- Vire para o Norte. Fique de pé na Postura da Terra: mão receptiva aberta, plana como o horizonte na altura do quadril diante de você. Mão projetiva levantada como athame natural em saudação.
- Mude para a consciência de suas raízes nas profundezas da terra; extraia energia do alicerce. Inspire com a luz verde. Expire e veja a luz irradiando através de seu athame natural.
- Chamada: *Poderes do Norte! Essência da Terra! Eu os convoco a este Espaço Sagrado! Gnomos, Soberano(a) Ghob do Reino da Terra! Estejam comigo agora e emprestem seus poderes de manifestação, estabilidade e Soberania. Fortaleçam meu corpo para o trabalho em mãos! Venham despertar suas lições de silêncio e de ressonância dentro de mim. Venham, cavernas escuras e pedras cobertas de musgo. Venham crescentes solos verdes, ricos e férteis. Venham raízes, sementes e dosséis arqueados. Venham nutrir e manifestar esta magia.*
- Desenhe o Pentagrama de Invocação da Terra. Veja a estrela que brilha uma luz verde da Terra no Quadrante Norte. Circule o Pentagrama em deosil, desbloqueando-o.
- Puxe a energia para dentro. Beije seu athame natural (dedos), atraindo a essência da Terra. O Portal se abre. O Círculo é inundado com energia elemental e uma haste verde envolve seu Templo ao Norte.
- Coloque a mão sobre o coração, curvando-se. Diga: *Eu o recebo com gratidão. Salve e seja bem-vindo!*

Centro: Evocação

Agora precisamos das colunas centrais de sustentação divina do nosso Templo. Evocamos nossas divindades, guias espirituais e ancestrais da Terra, sangue e espírito para se juntarem a nós neste Espaço Sagrado. Essa ação abre um Portal na parte inferior e superior do Círculo, conectando nossa árvore *axis mundi* para tocar o Mundo Superior e o Mundo Inferior. Uma evocação é um convite para uma entidade espiritual se juntar a nós. Neste estágio, usaremos uma evocação simples. Fique na Postura Ramos do Deus/Deusa da figura 21.

Chamada: *Grande Deusa Mãe! Grande Deus Pai! Eu invoco seu Amor Divino como "os* DOIS *que se movem como* UM"! *Eu honro sua presença neste Espaço Sagrado. Junte-se a mim nestes ritos. Salve e seja bem-vindo.*

Acolhendo os Ancestrais da Terra, do Sangue e do Espírito

Damos as boas-vindas aos Ancestrais da Terra, que são entidades espirituais nativas de sua localização. Existem também os espíritos coletivos do lugar conhecidos como *genius loci,* em latim.[190] Os Ancestrais do Sangue são seus próprios parentes de sangue que continuam a zelar por você e a guiá-lo. Antepassados do Espírito são quaisquer outras entidades espirituais que o protegem: anjos ou mestres ascensos, por exemplo.[191]

Chamada: *Ancestrais da Terra!* Bata o pé no chão em um padrão de batimentos cardíacos duplos por três vezes. Exemplo: "boom, boom" (pausa), "boom, boom" (pausa), "boom "boom" (pausa).

Chamada: *Ancestrais do Sangue!* Com o punho dominante, bata no peito em um padrão de batimentos cardíacos duplos três vezes.

Chamada: *Ancestrais do Espírito!* Bata palmas no ar acima de sua cabeça em um padrão de batimentos cardíacos duplos por três vezes.

Chamada: *Todos os seres de boa vontade que guardam, guiam e inspiram minha jornada espiritual, sejam bem-vindos neste Espaço Sagrado. Ajude minha magia para o bem maior de todos os envolvidos, não prejudicando a ninguém. Salve e seja bem-vindo!* O Templo está feito!

Corpo Ritual

Depois que o Templo for construído, a declaração de intenção é feita. Então, o corpo do ritual ou trabalho mágico é encenado, incluindo o trabalho interior como meditações, jornadas e pedidos de oração por ajuda para cumprir metas, capacitar, proteger, equilibrar e curar. A magia externa simpática atualizará essas energias ao se envolver criativamente com símbolos, plantas, pedras e animais por meio de ações e artesanatos ritualizados. O poder é então elevado e direcionado para manifestar sua intenção através de todos os tipos de formas criativas e extáticas: respiração, dança, canto, sexo, percussão, etc.

---

190. "Genius", Enciclopédia Britânica, atualizado em 16 de Janeiro de 2012, https://www.britannica.com/topic/genius-Roman-religion.
191. Esta técnica ancestral de chamada é adaptada de um rito público que vi pela primeira vez encenado por Doug Helvie e Anna Meadows Helvie da tradição Wicca The Eternal Harvest em New Bern, NC.

Banquete Simples

Quando todo o trabalho mágico está completo, normalmente um "Banquete Simples" de bolos e cerveja, ou bolos e vinho, conclui o ritual e ajuda a ancorar a Bruxa de volta em seu corpo físico. Este pequeno lanche tem um propósito simbólico e prático. Quando o trabalho mágico é feito corretamente, ele queima calorias e requer hidratação significativa para o recipiente, que é o seu corpo, canalizar tanta energia divina. Fazer magia pode deixar você com muita fome e sede! Mais importante ainda, durante o Banquete Simples, compartilhamos sensações físicas prazerosas e, portanto, sinto fortemente que tudo o que como parece-me delicioso, espiritualmente inebriante e emocionalmente satisfatório. Durante os ritos em grupo, sou conhecida por brincar que biscoitos de chocolate são como o Deus/Deusa diz "eu te amo". No entanto, este rito contém um simbolismo mágico muito sério.

Como preparação para realizar esse rito durante a jornada para o Espírito, exploraremos os mistérios mais profundos dessa magia de bênção cerimonial no capítulo 16.

Desconstruindo o Templo

O Templo é liberado na ordem oposta à qual foi criado e os movimentos mudam para widdershins (sentido anti-horário), em espirais de dissolução.

Liberando o Centro

- Chamada: *Ancestrais do Espírito!* Bata palmas no ar acima de sua cabeça em um padrão de batimentos cardíacos duplos três vezes.
- Chamada: *Ancestrais do Sangue!* Bata em seu peito em um padrão de batimentos cardíacos duplos três vezes.
- Chamada: *Ancestrais da Terra!* Bata o pé no chão em um padrão de batimentos cardíacos duplos três vezes.
- Diga: *Obrigado por sua orientação e proteção ao longo deste rito e sempre em minha jornada espiritual. Eu libero você agora. Fique se quiser, vá se precisar. Parta em paz. Salve e adeus.*
- Fique de frente para o altar, na Postura Ramos do Deus/Deusa.
- Chamada: *Grande Deusa Mãe! Grande Deus Pai! "os* dois *que se movem como* um*"! Obrigado por sua presença amorosa neste Espaço Sagrado e sua orientação contínua ao longo do caminho à frente. Fique se quiser; vá se precisar. Parta em paz. Salve e adeus!*

Fechando os Portais Elementais

Ao fechar os Portais Elementais para as quatro direções cardeais, começamos com o último Quadrante aberto (neste exemplo, o Norte) e depois os fechamos em *widdershins*, sentido anti-horário.

Norte/Terra

- Vire de frente para o Norte, na Postura da Terra, athame natural erguido em saudação.
- Chamada: *Potências do Norte! Essência da Terra! Gnomos e Soberano Ghob! Agradeço por suas lições de silêncio e ressonância. Continue fortalecendo meu corpo e a Grande Obra ao longo do Caminho da Soberania. Por enquanto, eu os libero para seus reinos justos e terrenos. Salve e adeus!*
- Veja a haste verde e todos os poderes retrocedendo pelo Portal do seu Círculo. Desenhe o Pentagrama de Banimento da Terra com seu Athame ou dedos, como uma chave na fechadura. À medida que você circunda a estrela em movimento, veja o Portal se fechando e travando.
- Mais uma vez, beije seu athame natural (dedos), mas desta vez siga em frente como um esgrimista com um gesto de empurrão em direção ao Quadrante com determinação feroz, direcionando qualquer energia restante para fora do seu reino. Curve-se em reverência.

Oeste/Água

- Volte-se para o Oeste na Postura da Água, athame natural erguido em saudação.
- Chamada: *Poderes do Oeste! Essência da Água! Ondina e Nicksa! Agradeço por suas lições de ousadia e aceitação. Continue a nutrir meu coração e a Grande Obra ao longo do caminho do amor. Eu os libero agora para seus reinos justos e fluidos. Salve e adeus!*
- Veja a haste azul e todos os poderes retrocedendo pelo Portal. Desenhe o Pentagrama de Banimento. À medida que você circunda a estrela em sentido anti-horário, veja o Portal travando.
- Beije seu athame natural (dedos); prossiga com um gesto de impulso em direção ao Quadrante, direcionando qualquer energia restante para o seu reino. Curve-se em reverência.

Sul/Fogo

- Vire-se para o Sul na Postura do Fogo, athame natural erguido em saudação.
- Chamada: *Potências do Sul! Essência do Fogo! Salamandras e Djinn! Agradeço por suas lições de vontade e entrega. Continue fortalecendo minha vontade e minha Grande Obra ao longo do caminho do poder. Eu os liberto agora para seus reinos justos e incandescentes! Salve e até a próxima!*
- Veja a haste vermelha e todos os poderes retrocedendo pelo Portal. Desenhe o Pentagrama de Banimento do Fogo. Circule a estrela em sentido contrário; veja o bloqueio do Portal.
- Beije seu athame natural (dedos); prossiga com um gesto de impulso em direção ao Quadrante, direcionando qualquer energia restante para o seu reino. Curve-se em reverência.

Leste/Ar

- Vire-se para o Leste na Postura do Ar, athame natural erguido em saudação.
- Chamada: *Poderes do Leste! Essência do Ar! Sílfide e Soberana Paralda! Agradeço por suas lições de conhecimento e questionamentos. Continue a inspirar meus pensamentos e a Grande Obra ao longo do Caminho da Verdade. Eu libero você agora para seus reinos justos e arejados. Salve e adeus!*
- Veja a haste amarela recuando pelo Portal.
- Desenhe o Pentagrama de Banimento do Ar com seu athame natural. Conforme você circunda a estrela em sentido contrário, veja o Portal se fechando e travando.
- Beije seu athame natural (dedos); prossiga com um gesto de impulso em direção ao Quadrante, direcionando qualquer energia restante para o seu reino. Curve-se em reverência.

Liberando o Círculo: o Arremesso

Para liberar o Círculo, mova-se para o Norte com seu athame natural apontado primeiro para o topo da esfera. Dê uma volta em sentido contrário ao redor do Círculo, espiralando a esfera para dentro, cada vez menor, enquanto você volta para o altar central. Visualize a energia restante como uma bola de luz entre suas mãos, brilhando intensamente e sendo colocada sobre seu altar. Diga: *Encarrego este Círculo de Amor Divino para ser um farol de luz guia no caminho que conduz a partir deste Espaço Sagrado. Ilumine meu caminho de casa para essas encruzilhadas novamente.*

Jogue a esfera para cima em direção ao céu como um arremesso de basquete e bata palmas três vezes para quebrar completamente o Templo. Diga: *O Círculo está aberto, mas nunca quebrado. Feliz encontro, feliz partida, e feliz encontro novamente. Abençoado seja!*

Ao limpar, apague todas as velas abafando-as. Leve o prato de água consagrada e quaisquer oferendas de comida feitas durante o ritual para fora do Espaço Sagrado, em lugar natural, que pode ser o limite de sua propriedade ou uma cerca viva ao redor do estacionamento. Despeje a água e deixe as oferendas de comida no chão, mas tome cuidado para não deixar para trás nenhum lixo ou alimentos que sejam tóxicos para os animais, como chocolates, por exemplo. Vire-se e vá embora sem olhar para trás ou tentar descobrir qual aspecto da divindade apareceu para desfrutar de sua oferta.

Reflexão do Diário: Criação do Templo

Em sua próxima entrada no diário do Livro dos Espelhos, reflita sobre suas experiências com a Criação do Templo. Como você se sente ao se engajar nas posturas e gestos para cada energia elemental? Você experimentou alguma mudança de percepção enquanto falava as chamadas ou enquanto abria ou fechava os Portais? Essas técnicas parecem eficazes para você? Experimente adaptações e siga sua intuição enquanto continua a praticar essas técnicas de construção de Templos. Ao longo dos exercícios da Seção Três, muitas oportunidades de personalizar suas técnicas se apresentarão para que pareçam mais naturais para você.

CAPÍTULO 11

Preparações Mágicas

Está bem então! Agora que sabemos o porquê de praticar a Bruxaria Elemental, de onde ela vem e o que precisamos fazer, vamos falar sobre como colocar essa vassoura em alta velocidade e dar um passeio... um passeio para descobrir quem somos. Neste capítulo, vamos mudar para os preparativos mágicos necessários para o funcionamento espiritual da Seção Três. Lembre-se, a Bruxaria é uma ortopraxia. O que importa é o que você faz com esses mistérios para que possa viver uma vida agradável e eficaz. É um processo para toda a vida, e o Caminho do Pentáculo nunca termina. Eu tenho trabalhado no sistema apresentado na Seção Três por quase uma década. Cada espiral aprimora a compreensão de uma Bruxa sobre esses mistérios mais nitidamente a cada repetição.

A magia requer um tempo sutil, portanto nossa primeira tarefa é pegar um calendário e planejar a Grande Obra até o próximo giro da Roda do Ano. Também começaremos a coletar materiais específicos para nossos rituais. A ajuda material que teremos ao longo da nossa jornada pela Bruxaria Elemental inclui velas carregadas, misturas de incenso, óleos de unção, loções, poções e muito mais. Essas chaves físicas ajudam a abrir as portas entre os mundos e facilitam as parcerias com os espíritos da planta, pedra e osso. Neste capítulo, abordaremos alguns conceitos básicos de formulários e técnicas de elaboração, depois nos prepararemos para o Rito de Dedicação que você vai realizar, iniciando sua Grande Obra de Bruxaria Elemental no Sabbat de Samhain. Então a Seção Três começa com as lições do elemento Terra.

Planejando seu Grande Trabalho de Bruxaria Elemental

O seguinte curso de estudo mágico é integrado às marés sazonais de poder que as Bruxas chamam de "Roda do Ano". Voltando ao gráfico da roda integrada na figura 5, você vai descobrir que as lições elementais do anel externo se desdobram em uma progressão lógica, alinhada pelos Sabbtas. Eles correspondem ao anel interno das "pétalas" sazonais. O funcionamento elemental e as marés sazonais florescem juntos, revelando uma nova camada de verdade a cada pétala. É por isso que é importante experimentá-los em ordem e por Sabbat.

⁕ Exercício 1: Planejando seu ano de estudo ⁕

A tabela a seguir pode ajudar a planejar seus estudos de Magia Elemental por tempo astrológico, mostrando o ciclo do Sabbat e o mistério da Joia do Poder que exploraremos durante este período.

Você vai precisar de:

Um calendário para os anos em que você se envolverá nesta magia, que inclui informações astrológicas. Um desses recursos é o *Witches' Datebook* publicado por Llewellyn. Existem muitos sites e aplicativos para smartphones que oferecem as mesmas informações.

Práxis

Encontre as datas específicas dos Sabbats astrológicos para você no próximo ano e preencha a tabela. Estes serão os momentos mais oportunos para celebrar cada Sabbat durante a Roda do Ano. Essas datas estabelecem os prazos para as marés solares crescentes e minguantes ao longo do ano. Observe na tabela a seguir que as marés solares minguantes são cinzas e as marés solares crescentes são brancas.

    Para os prazos estabelecidos, observe que o período de tempo é nomeado para o Sabbat que concluirá o ciclo. Por exemplo, o ciclo de Yule começa imediatamente após as celebrações de Samhain, a 15º Escorpião e termina com sua celebração de Yule a 0º Capricórnio, quando nos concentraremos nas lições terrenas do silêncio. Durante essas 6,5 semanas entre os Sabbats, você fará as leituras, meditações e trabalhos manuais para as lições projetivas do elemento Terra, então começará o ciclo da Grande Obra novamente após a celebração do Yule. Em seguida nos voltamos para o Imbolc e mudamos o foco para as lições receptivas de ressonância e os rituais de magia ao longo do Caminho da Soberania.

Preparações Mágicas 241

Maré Solar de 6,5 semanas levando ao Sabbat	Elemento e Polaridade	Dogma de Mistério	Data de início astrológico	Data de início do calendário	Data de término astrológico	Data de término do calendário
Data do Rito de Dedicação	Lua Cheia mais próxima do Samhain (Escorpião/Touro):					
Yule (minguante)	Terra – Projetiva	Silenciar, Calar	15° Escorpião		0° Capricórnio	
Datas das Luas Cheias						
Imbolc (crescente)	Terra – Receptiva	Ressoar, Emitir	0° Capricórnio		15° Aquário	
Datas das Luas Cheias						
Ostara (minguante)	Ar – Projetivo	Conhecer, Aprender	15° Aquário		0° Áries	
Datas das Luas Cheias						
Beltane (crescente)	Ar – Receptivo	Questionar, Duvidar	0° Áries		15° Touro	
Datas das Luas Cheias						
Litha (minguante)	Fogo – Projetivo	Vontade, Querer	15° Touro		0° Câncer	
Datas das Luas Cheias						
Lamma (crescente)	Fogo – Receptivo	Render-se, Entregar-se	0° Câncer		15° Leão	
Datas das Luas Cheias						
Mabon (minguante)	Água – Projetiva	Ousar, Desafiar	15° Leão		0° Libra	
Datas das Luas Cheias						
Samhain (crescente)	Água – Receptiva	Aceitar, Permitir	0° Libra		15° Escorpião	
Datas das Luas Cheias						

Determine a data em que você concluirá seu Rito de Dedicação. Este rito é melhor realizado na lua cheia mais próxima do Samhain. Dependendo do ano, esta Lua pode cair um pouco antes ou depois do Samhain. Além disso, dependendo do seu hemisfério, o Sol estará em Escorpião (Norte) ou Touro (Sul), com a lua cheia no signo oposto. Exemplo: Bruxas do Hemisfério Norte, devem descobrir a data em que o Sol está em Escorpião e o dia exato em que a lua cheia atinge o pico, que será em Touro. (Vice-versa para o Hemisfério Sul).

Preencha as datas para o resto das luas cheias durante esta Roda do Ano. Registre em qual maré solar (e lição elemental) elas cairão. Observe que há doze a treze luas em cada Roda do Ano, mas dei espaço para até duas luas por maré. Geralmente há apenas uma lua cheia por período do zodíaco; no entanto, a cada terceira roda cairá uma segunda lua cheia dentro de um signo do zodíaco, que é a chamada "lua azul" e tem poder especial.

Momento Favorável ao Longo da Seção Três

Uma lição principal aprendida através do sistema da Grande Obra apresentada na Seção Três deste livro vai trazer, esperançosamente, uma maior consciência dos ciclos astrológicos interligados do Sol, da Lua e das energias elementais filtradas através de cada signo do zodíaco. Com o prático gráfico da Roda do Ano da figura 5, observe que cada ciclo elemental entre os Grandes Sabbats deve ser experimentado enquanto o Sol/Terra passa por pelo menos metade de quatro signos do zodíaco diferentes, que fornecem todos os quatro filtros elementais para o Sol. Este período de tempo é de aproximadamente três meses do calendário, com cerca de três lunações e pelo menos três luas cheias pelas quais você pode cronometrar três principais trabalhos mágicos apresentados em cada capítulo. Enquanto isso, a Lua está orbitando a Terra, passando por todo o zodíaco no ritmo acelerado de um novo filtro de energia elemental/signo a cada 2,5 dias. Isso cria muitas chances de trabalhar enquanto a Lua está na energia elemental desta lição.

Conforme avança nos capítulos deste livros, você vai encontrando notas sobre o momento favorável recomendado para cada trabalho mágico, com ênfase em qual signo a Lua está ou o dia da semana correspondente ideal. As chances são boas de que isso não funcione perfeitamente para atingir cada marca da sua programação pessoal, então faça o melhor que puder. Ter um calendário astrológico ou uma agenda das Bruxas para o ano ajudará muito no seu planejamento da Bruxaria Elemental.

Para fins de planejamento geral, durante a primeira lunação do ciclo elemental, leia e prepare seu formulário. Durante a segunda lunação, idealmente logo após o Sabbat Menor passar e você mudar para os mistérios receptivos, decrete a jornada ritual principal para o reino elemental. Durante a terceira lunação, encontre sua ferramenta elemental e execute os feitiços para equilibrar e melhorar ao longo desse caminho.

Tempo Astrológico para Criações de Formulários

Agora que já sabe quando realizará seu Rito de Dedicação, há materiais que você precisa preparar com antecedência. Antes de chegarmos às receitas específicas, começaremos com algumas noções básicas que você precisa saber antes de qualquer aventura com fitoterapia mágica.

Uma vez que as combinações mágicas são criadas, elas mantêm a marca astrológica específica daquele momento; elas têm seu próprio mapa natal e "destino" a cumprir, conforme governadas pelas sete esferas celestes. Você então as carrega com as energias elementais ou divinas desejadas. Essas misturas mágicas tornam-se poderes concentrados em uma garrafa, que mais tarde podem ser liberadas para um bom uso sempre que você precisar delas.

Na Seção Um, discutimos como cada uma dessas sete esferas celestes é governada por um dos sete "planetas" clássicos que também governam as forças elementais. Esses planetas eram considerados "deuses errantes" pelos antigos, e por isso existem arquétipos cheios de divindades associadas a cada esfera de influência planetária. É dos nomes das divindades nórdicas e romanas para cada planeta e deus que derivamos os nomes para os sete dias da semana.

A Ordem Caldeia: dias planetários

A ordem dos dias da semana foi derivada do sistema astrológico grego clássico conhecido como "Ordem Caldeia". Este sistema foi derivado dos babilônios, que estabeleceram a semana de sete dias e nomearam os dias após os sete planetas clássicos. Posteriormente, este sistema foi copiado pelo Império Romano. O padrão semanal tornou-se: o Sol (domingo); Lua (segunda-feira); Marte (Tyr, terça-feira); Mercúrio (Odin, quarta-feira); Júpiter (Thor, quinta-feira); Vênus (Frigg, sexta-feira) e Saturno (Saturno, sábado).[192]

---

192. "Semana". *Enciclopédia Britânica*, atualizado em 20 de abril de 2020, https://www.britannica.com/science/week.

Cada dia é "governado" ou influenciado por aquele planeta e, portanto, esse dia é um bom momento para trabalhar feitiços para as necessidades dentro dessa esfera de influência. No entanto, um "dia" planetário não é baseado no calendário ou relógio mundano. Como na maioria das observâncias religiosas mágicas e neopagãs, celebramos o fluir e o refluxo das energias sentidas com o nascer e o pôr do sol ao longo de uma rotação completa da Terra. Os dias planetários decorrem do momento preciso do nascer do sol até o nascer do sol seguinte.

A tabela a seguir apresenta os planetas, as divindades, os dias da semana, as correspondências elementares e suas esferas de influência para uso no planejamento de feitiços com magia planetária.

Símbolo	Planeta	Dia	Divindade/ Arquétipo	Esfera de influência	Ajuda Mágica
☉	Sol	Domingo	Dia do Sol. Apolo, juventude divina, divindades solares.	Poder de crescimento. Vida. Mundo Superior, elemento Fogo.	Saúde, sucesso, carreira, objetivos, ambição, finanças pessoais, progresso, drama, status social, figuras de autoridade, colheitas, promoção, mistérios masculinos.
☽	Lua	Segunda	Dia da Lua. Luna, Artemis, divindades lunares.	Todo poder mágico. Submundo, reino astral, emocional, elemento Água.	Perseguições psíquicas, reencarnação, sonhos/viagens astrais, mistérios femininos, preocupações domésticas, emoções, tudo relacionado à água, iniciação, mudança de forma.
♂	Marte	Terça-feira	Dia de Tyr. Marte, Ares, guerreiro, protetor, divindades de batalha.	Poder para projetar. Vontade, elemento Fogo.	Ação, paixão, sexo, caça, agressão, energia, coragem, luta, energia física, atletismo, armas, confronto, mecânica, batalha.
☿	Mercúrio	Quarta-feira	Dia de Odin. Mercúrio, Hermes, Thoth, mensageiro, mago, escriba, divindades psicopompos.	Poder da mente. Intelectual, elemento Ar.	Viagem, comunicação, cura, sabedoria, comunicação, inteligência, memória, escrita, educação, mensagens, mercadores, contratos, artes visuais, línguas.

Símbolo	Planeta	Dia	Divindade/Arquétipo	Esfera de influência	Ajuda Mágica
♃	Júpiter	Quinta-feira	Dia de Thor, Júpiter, Zeus, divindades do céu e da tempestade.	Poder de expansão. Eu Superior, elemento Ar.	Negócios, jogos de azar, poder político, riqueza material, educação, religião, filosofia, expansão, sorte, caridade, autoaperfeiçoamento, pesquisa, estudo.
♀	Vênus	Sexta-feira	Dia de Frigg/Freya. Vênus, Afrodite, amor, fertilidade e divindades do oceano.	Poder de amor e atração. Corpo físico, elementos Terra e Água.	Amor romântico, amizades, beleza, arte performática, harmonia, paz, relacionamentos, graça, luxo, atividade social, casamento, criatividade.
♄	Saturno	Sábado	Dia de Saturno, Cronos, morte e renascimento, divindades de grãos, ceifador.	Poder de contração. Morte, elemento Terra.	Ligação, proteção, carma, morte, renascimento, estrutura, disciplina, labuta, lei, justiça, limites, obstáculos, resistência, sacrifício, separação, transformação, quebra de hábitos, aceitação de responsabilidade.

A Ordem Caldeia: horas planetárias

A Ordem Caldeia também descreve o ciclo de todos os sete poderes planetários ao longo das "horas" dessa rotação diária. Dependendo de sua localização e latitude, à medida que as estações mudam, os comprimentos relativos da luz do dia e da escuridão também mudam. No entanto, as "horas" planetárias caldeias permanecem iguais; doze períodos de luz do dia e doze períodos de escuridão, que circulam em regência pelos sete planetas em um padrão espiral.[193] Perto dos equinócios, a duração da luz do dia e da escuridão são quase "iguais", e, portanto, essas "horas" terão cerca de 60 minutos no seu relógio. No entanto, perto do Solstício de Inverno o período de escuridão é mais longo. Já no Solstício de Verão, é o período de luz do dia que é mais longo, dependendo da sua latitude, tornando as horas do dia e da noite variáveis em duração.

---

193. Maria Kay Simms, *Planetary Hours: The Method and the Magick for Quick Timing Decisions*, Llewellyn, 30 de Outubro de 2003, https://www.llewellyn.com/journal/article/534.

Por exemplo, no Solstício de Inverno, onde moro, na Carolina do Norte, quando o Sol entra no signo de Terra de Capricórnio, entre o nascer e o pôr do sol temos 585 minutos de luz do dia. Divida isso por doze partes em "horas de luz do dia" de aproximadamente 49 minutos cada. Do pôr do sol ao nascer do sol seguinte teremos 856 minutos de escuridão. Agora divida isso por doze em "horas de escuridão" de aproximadamente 71 minutos cada. A regência de cada dia planetário também rege a primeira hora planetária começando ao amanhecer e depois flui de lá na Ordem Caldeia. A ordem das horas planetárias é diferente daquela dos dias planetários. A regência das horas é organizada do movimento mais lento para o mais rápido, conforme observado da Terra.[194] Esta ordem Caldeia também segue o modelo hermético de esferas celestes, ou planetárias, da esfera mais externa para a mais interna: Saturno, Júpiter, Marte, Sol, Vênus, Mercúrio, Lua.[195]

Este Solstício de Inverno caiu em uma segunda-feira, dia regido pela Lua, que é um ótimo momento para trabalhos com o elemento Água, para magia de cura psíquica e emocional. O prático site *Farmers' Almanac* me diz que o nascer do sol é às 7h 15m. Assim, das 7:15 da manhã (com duração de 49 minutos) até às 8:04 da manhã é um horário duplamente governado pela lua e, portanto, um horário duplamente poderoso para a magia lunar. No entanto, se nesse dia eu precisar de um rápido acesso aos fogos de Marte para impulsionar meu trabalho emocional, eu poderia esperar até a segunda "hora" das 8:04 às 8:53 – dia da lua, hora de Marte. A elegância deste sistema é que, ao amanhecer, nós vamos para a hora governada pelo próximo planeta na sequência.

As tabelas a seguir são uma referência rápida para o ciclo caldeu de regência horária. No entanto, existem muitos sites e aplicativos excelentes para o seu dispositivo móvel que podem calcular esses horários e potências de maneira rápida e fácil com base na sua localização GPS e data. Alguns aplicativos fornecerão alarmes para notificá-lo quando as energias planetárias mudarem ao longo do dia, revelando sincronicidades notáveis para afirmar o poder desse sistema. Nunca foi tão fácil para as Bruxas praticarem magia planetária de sucesso!

---

194. Simms, *Planetary Hours*.
195. Denis Labouré, *The Seven Bodies of Man in Hermetic Astrology*, trans. Michael Edwards, *The Traditional Astrologer* 4 (1994): https://www.skyscript.co.uk/7bodies.html.

Horas Planetárias de Luz do Dia

Horas	Domingo	Segunda	Terça-feira	Quarta-feira	Quinta-feira	Sexta-feira	Sábado
1	Sol	Lua	Marte	Mercúrio	Júpiter	Vênus	Saturno
2	Vênus	Saturno	Sol	Lua	Marte	Mercúrio	Júpiter
3	Mercúrio	Júpiter	Vênus	Saturno	Sol	Lua	Marte
4	Lua	Marte	Mercúrio	Júpiter	Vênus	Saturno	Sol
5	Saturno	Sol	Lua	Marte	Mercúrio	Júpiter	Vênus
6	Júpiter	Vênus	Saturno	Sol	Lua	Marte	Mercúrio
7	Marte	Mercúrio	Júpiter	Vênus	Saturno	Sol	Lua
8	Sol	Lua	Marte	Mercúrio	Júpiter	Vênus	Saturno
9	Vênus	Saturno	Sol	Lua	Marte	Mercúrio	Júpiter
10	Mercúrio	Júpiter	Vênus	Saturno	Sol	Lua	Marte
11	Lua	Marte	Mercúrio	Júpiter	Vênus	Saturno	Sol
12	Saturno	Sol	Lua	Marte	Mercúrio	Júpiter	Vênus

Horas Planetárias de Escuridão

Horas	Domingo	Segunda	Terça-feira	Quarta-feira	Quinta-feira	Sexta-feira	Sábado
1	Júpiter	Vênus	Saturno	Sol	Lua	Marte	Mercúrio
2	Marte	Mercúrio	Júpiter	Vênus	Saturno	Sol	Lua
3	Sol	Lua	Marte	Mercúrio	Júpiter	Vênus	Saturno
4	Vênus	Saturno	Sol	Lua	Marte	Mercúrio	Júpiter
5	Mercúrio	Júpiter	Vênus	Saturno	Sol	Lua	Marte
6	Lua	Marte	Mercúrio	Júpiter	Vênus	Saturno	Sol
7	Saturno	Sol	Lua	Marte	Mercúrio	Júpiter	Vênus
8	Júpiter	Vênus	Saturno	Sol	Lua	Marte	Mercúrio
9	Marte	Mercúrio	Júpiter	Vênus	Saturno	Sol	Lua
10	Sol	Lua	Marte	Mercúrio	Júpiter	Vênus	Saturno
11	Vênus	Saturno	Sol	Lua	Marte	Mercúrio	Júpiter
12	Mercúrio	Júpiter	Vênus	Saturno	Sol	Lua	Marte

Fundamentos Herméticos para o Feitiço de uma Bruxa

À medida que a divindade desce através das esferas celestiais para se tornar qualquer tipo de nova matéria – animal, vegetal ou mineral – ela é moldada com sua própria consciência, espírito e poderes únicos para eventualmente se manifestar na Terra como um ser multiforme. No momento em que o ser nasce, seu destino, personalidade, forças e fraquezas são acionados. Foi sobre essa base que as práticas de laboratório dos alquimistas foram construídas. Eles estudaram exaustivamente e rarificaram as essências de plantas e minerais em medicamentos mágicos e físicos.

A Doutrina das Assinaturas era um sistema primitivo que afirmava que, observando as plantas com cuidado, a "assinatura da divindade" descreveria as qualidades que a planta oferecia. Um exemplo famoso é que as folhas de pulmonária (*Pulmonaria officinalis*) são em forma de pulmão e contêm compostos úteis para a saúde respiratória. Os resultados da experimentação alquímica ainda são amplamente utilizados hoje no uso curativo com óleos essenciais e tinturas, fitoterapia medicinal e cura com cristais. É esta sabedoria que liga o planeta ao signo do zodíaco, ao aspecto do Deus/Deusa governando uma área da consciência, aos dias da semana, ao elemento, ao poder, e que entrelaça todas as tabelas de correspondências mágicas de uma Bruxa. Por exemplo, a esfera do Planeta Vênus ➡ Libra e Touro ➡ Deuses/Deusas do amor (Astarte, Ishtar, Vênus, Afrodite, Freya, Frigg) ➡ sexta-feira (Dia de Frigg) ➡ elementos Terra e Água ➡ que ajudam com romance, beleza, graça, criatividade, sensualidade, sexualidade, relacionamento, prazeres ➡ rosas, quartzo-rosa, cobre, pomba, etc.

Ao planejar um feitiço com base no momento favorável, comece com o poder planetário apropriado e então os ingredientes para o feitiço se tornarão claros! Em seguida, faça parceria com os espíritos desses seres materiais e suas essências elementais, e sua vibração se sintonizará ainda mais com essa frequência. Agora você vai atrair mais do mesmo poder, porque "semelhante atrai semelhante". Decrete esse feitiço durante um período governado pelo planeta em questão e seus desejos se harmonizarão ainda mais com o fluxo da natureza e sua magia se tornará ainda mais fácil de se manifestar.

Como projetar seu feitiço em parceria com esses poderes para mudar sua vida, torna-se sua forma de arte... seja criativo. Todos os feitiços e formulários que forneci na Seção Três deste livro são apenas um ponto de partida. Eu os criei com base no meu conhecimento dessas mecânicas de tentativa e erro para ver o que funcionou para mim. Você pode fazer o mesmo.

Noções Básicas de Técnicas Mágickas

Além dos sete princípios herméticos que discutimos no capítulo 2, há sabedoria perene dentro de muitos sistemas mágicos ao longo da história, codificados em "leis" de magia.

Lei da Simpatia: itens que são semelhantes ou associados de alguma forma podem ser ligados através da intenção ritual de estar em "simpatia" uns com os outros, que então espelham o símbolo na realidade entre os Três Reinos. A magia ritual é uma representação simbólica menor do que desejamos manifestar.

Lei do Contágio: quando duas coisas se tocam, elas continuam a se influenciar, mesmo a distância. A física chama isso de "emaranhamento quântico". O contágio é o motivo pelo qual em feitiços as Bruxas adicionam *taglocks* como cabelos ou unhas ou algo previamente usado pelo sujeito do feitiço, como roupas ou joias, para "travar" os efeitos da magia para a pessoa "marcada". Além disso, quaisquer poderes detidos por algo são contagiosos, de modo que o poder se espalha para tudo o que toca. Então, se uma única gota de água contém uma bênção, despeje-a em uma tigela maior de água e essa bênção é transferida para todo o conteúdo líquido. O contágio também é o motivo pelo qual uma pitada de uma mistura de ervas carregada ou uma gota de óleo carregado pode transferir esse poder para todo um encanto, amuleto ou talismã, e porque uma vela nova, quando acesa de uma vela carregada anteriormente, transferirá esse poder para a nova cera.

Lei da Triplicidade: a Bruxaria é mais forte em números de três. "Lembrar da Lei Tríplice você deve…"[196] Três vezes cantado é três vezes feito. Adicione múltiplos de três em seus itens para impactar os Três Reinos: mental, espiritual e físico. Três vezes feito para as fases CARDINAL, FIXA e MUTÁVEL, e para o Deus/Deusa em três aspectos: Mundo Inferior, Mundo Médio e Mundo Superior.

Fundamentos do Formulário: Herbalismo Mágico

A Bruxaria tem uma história única de uso de coisas para magia. Aqui está a ironia: você precisa de coisas caras para levar uma vida de Bruxa eficaz? Na verdade, não. Embora muito enriquecedoras, essas "coisas" são luxos, não necessidades. Com ou sem objetos materiais, você é a magia. Comece com você e encontre sua conexão com a Fonte Espiritual. Ir direto, mente a mente e espírito a espírito

---

196. Mathiesen e Theitic, *The Rede of the Wiccae*, 53.

não lhe custa nada. Dito isto, a Bruxaria Elemental é especificamente sobre "cavar" neste mundo material e descobrir como prosperar em parceria aqui, ao lado de todas essas pessoas da flora, fauna e minerais. Além disso, pode ser espiritualmente satisfatório e divertido. No entanto, se a fitoterapia mágica do tipo "faça você mesmo" não é sua coisa favorita, procure e faça um comércio justo com um artesão mágico, cujas práticas e integridade possam ser confiáveis.

Magia Material Consciente

Eu encorajo você a adotar uma abordagem biorregional e sustentável para sua magia. Muita coisa mudou desde que os formulários dos velhos grimórios foram escritos. Materiais simples, sustentáveis, baratos e disponíveis localmente são sempre preferíveis. Considere a fonte de seus materiais como o primeiro passo. Apoie seus varejistas locais sempre que possível (por favor e obrigado). Procure produtos naturais, cultivados e colhidos de forma sustentável e que respeitem as culturas e os ecossistemas dos quais são derivados.

Magia com plantas, pedras ou partes de animais é uma aliança cocriativa com o espírito inerente a esses materiais. No entanto, a Bruxaria benéfica não é materialista. E não deveria ser uma mercantilização de "coisas" para "conseguir o que você quer". Lembre-se, a dominação e a exploração são a maldição da supercultura patriarcal que estamos tentando transformar por meio de parceria e cooperação. Que tipo de magia você pretende fazer? Enganadora e exploradora? Ou autêntica e benéfica? Estas são suas escolhas. A magia consciente deve trabalhar para preservar a rede interconectada da existência dentro da qual somos todos sagrados e dignos de segurança e abundância, incluindo os seres dentro dos reinos das plantas, pedras e ossos. Desenvolva relacionamentos respeitosos com seus aliados e você vai descobrir que sua magia se torna muito mais eficaz.

Autenticidade Espiritual e Discernimento

Os ingredientes dos feitiços são escolhidos por seus atributos espirituais inerentes. Um paradigma panenteísta consideraria esses seres como parte da família Deus/Deusa. Portanto, o respeito e a administração responsável da Natureza são inegociáveis. O DNA dentro de uma planta ou animal atua como um ascendente espiritual para a consciência coletiva e o poder dessa espécie.[197] Portanto, somente o verdadeiro negócio vai servir. O mesmo se aplica a pedras, cujas estruturas cristalinas ressoam em uma frequência particular dentro da

---

197. Sheldrake, *Morphic Resonance and Morphic Fields*.

consciência. Essas estruturas podem "sintonizar" você para essa "estação" dentro da consciência como um botão em um rádio. Se não for a planta, animal ou pedra real que você pretendia, não vai sintonizar em nada além do que o efeito placebo pode fornecer. Em outras palavras, a howlita tingida é adorável, mas não trará o autêntico espírito da turquesa, mesmo que sejam parecidas. Esses amigos materiais fornecem uma chave específica para abrir portas específicas de poder.

Às vezes é difícil especificar a diferença entre falsificações comercializadas sem escrúpulos e o material real. Ainda bem que você é uma Bruxa e tem maneiras para isso. Pratique discernir o poder de um ingrediente natural apenas tocando-o, cheirando-o, conectando-se através da sua consciência para a consciência deste material e perguntando diretamente: "olá amigo, fale-me sobre você". Se for um lixo sintético à base de petróleo, a sensação que sinto em minhas entranhas é doentia – uma sensação morta e venenosa. Se for natural, mas apenas identificado incorretamente, preste atenção ao que sua intuição lhe diz sobre os poderes que ela pode autenticamente emprestar. Comece perguntando qual essência elemental amplia sua intuição e veja quais imagens surgem em sua mente ou onde em seu corpo você sente sua vibração. A intuição vem a partir daí.

Noções Básicas de Queima de Velas

A queima de velas é o ponto mágico e doce de uma Bruxa. O tipo de velas que você vai precisar para a Bruxaria na Seção Três são aquelas votivas, que chamamos de "Vela de Santuário" ou "Vela de sete dias". Este tipo de vela normalmente vem em um pote de vidro com 5,5 x 20 centímetros de altura e seu refil tem 5 centímetro de largura. Essas velas estão disponíveis em lojas de magia, esotéricas ou metafísicas. Para uma alternativa sustentável à vela de cera de parafina típica, procure cera de abelha. Elas queimam duas vezes mais, limpam o ar enquanto queimam e cheiram bem naturalmente, e ainda apoiam as abelhas, que são sagradas para o Deus/Deusa e ajudam o meio ambiente.

As velas mágicas são carregadas e imbuídas como um símbolo físico de suas mudanças pretendidas e representam as parcerias que você tem com aliados em todos os reinos. As plantas, pedras, imagens e sigilos são chaves que ajudam a abrir essa porta específica para você. Suas energias investidas neste símbolo meramente ancoram seu poder Divino aqui na Terra. Elas ajudam a transmitir esse poder ao mundo para criar mudanças de acordo com sua Vontade. No entanto, você é a fonte desse poder, que só é atualizado através da vela. A menos que você carregue a vela com propósitos mágicos, ela pode muito bem ser simplesmente um giz de cera.

Noções Básicas de Incenso Solto

Para minhas misturas de incenso, uso uma fórmula bastante simples. A proporção é de 1:1:1 entre madeira base, resina e material vegetal de ervas e pedaços variados.[198] Os óleos essenciais são opcionais e adicionam um aroma rico, mas não são estritamente necessários. Nos exercícios a seguir, incluí minhas receitas baseadas em materiais que posso obter facilmente a um custo razoável onde moro. Você pode alterar suas misturas ao que é local para você. As antigas receitas de grimórios foram escritas em outra época e provavelmente em um local distante de onde você está agora. Eles provavelmente usavam ingredientes que cresciam em seus quintais! Consulte as tabelas de correspondência incluídas na seção de formulário de cada capítulo elemental para outras opções e substituições. Experimente criar algo único para si mesmo.

Você pode fazer a quantidade de incenso que precisar usando medidas simples, como "uma parte". Para uso pessoal, costumo usar uma colher de sopa como medida. Dessa forma, você terá sete colheres de sopa, que durarão pelo menos sete queimas. Isso fará com que você passe facilmente de ano nessas lições. Depois de misturar e carregar, coloque o incenso em um pequeno frasco de vidro e lacre-o. Vidros de cores mais escuras proporcionam vida útil mais longa. Use etiquetas com os sigilos alquímicos e astrológicos apropriados e a data de criação para continuar sendo carregado através da Lei do Contágio.

Noções Básicas de Óleo de Unção

A mistura de óleo de unção é uma parte importante da maioria das tradições mágickas. Não é aconselhável usar a maioria dos óleos essenciais sem diluição em um óleo carreador. Os óleos carreadores podem ser qualquer óleo vegetal, mas eventualmente ficarão rançosos, com prazos de validade variados. O óleo de jojoba é um dos meus preferidos, porque é uma cera vegetal líquida, é fantasticamente nutritivo para a pele e tem uma vida útil incrivelmente longa.[199]

Cuidados com o óleo essencial:
- Não use óleos essenciais que não foram diluídos diretamente sobre a pele, a menos que seja orientado por um aromaterapeuta certificado. Alguns podem causar queimaduras químicas se não forem usados corretamente.

---

198. Foi assim que aprendi com a Bruxa e herbalista Courtney Varnadoe.
199. Amy Blackthorn, *Blackthorn's Botanical Magic: The Green Witch's Guide to Essential Oils for Spellcraft, Ritual, and Healing* (Newburyport, MA: Weiser, 2018) 23.

- Não use óleos essenciais em crianças menores de doze anos, a menos que seja orientado por profissionais certificados, e nunca em bebês. Muitos óleos essenciais devem ser evitados durante a gravidez.
- Muitos óleos essenciais são tóxicos para animais de estimação, e mesmo quando usados em um difusor, eles se depositam potencialmente nas superfícies, podendo causar problemas de saúde.
- Não ingira óleos essenciais sem orientação profissional.

Não se preocupe em substituir óleos essenciais puros por óleos de fragrâncias sintéticas. Por exemplo, o espírito de uma rosa está presente, porque essa gota de óleo essencial é a "alma" extraída alquimicamente de rosas reais. O óleo "perfumado" de rosa pode ter cheiro de rosa, e certamente é melhor para o seu bolso, mas é um coquetel químico, uma falsificação e não um substituto. É melhor escolher uma rosa real (cultivada organicamente) e incluir uma pétala seca em sua mistura de óleo ou selecionar um substituto com poderes venusianos semelhantes.

Noções Básicas de Pedra, Cristal e Metal

Pedras, cristais e metais são os ossos da própria terra e são muito estudados pelos alquimistas. Esses amigos minerais têm uma capacidade natural de focalizar e regular o fluxo de energia, incluindo a energia *chi*. A estrutura cristalina e o conteúdo molecular de cada variedade de pedra são especialmente capazes de amplificar suas características únicas em tudo ou em qualquer coisa ou com quem quer que entre em contato. Eles só precisam estar dentro dos corpos sutis de um campo áurico para começar a sintonizar esse campo em ressonância com sua esfera de consciência. É por isso que é importante saber por qual(is) planeta(s) clássico(s) um material é governado e qual(is) signo(s) do zodíaco, para, assim, descobrir quais elementos e modalidades eles ampliam. A partir daí, eles podem ser mapeados para qual chacra equilibrariam e quais intenções mágicas ajudariam. Como esses materiais têm componentes complexos e normalmente ressoam em múltiplas esferas de influência, suas forças e correspondências raramente são simples. Exemplo: pedra da lua ➡ Câncer ➡ cardinal ➡ Água ➡ receptiva (*yin*) ➡ Chacra do Coração ➡ auxilia afeição, habilidade psíquica, compaixão, criatividade, amor, gravidez e parto, magia da lua, etc.

As pedras geralmente estão disponíveis em várias formas para atender a diferentes necessidades. Elas não precisam ser enormes ou caras para serem úteis. Pedras estão por toda parte, e você pode escolher as que são locais e de origem sustentável. Magia não precisa incluir materiais exóticos, raros, tóxicos ou ameaçados de extinção para funcionar; faça substituições para o que está disponível e menos prejudicial para todos os envolvidos.

Pedras roladas ou brutas: funcionam igualmente bem, independentemente de estarem em sua forma bruta ou que tenham sido transformadas por um polimento leve. As de três centímetros ou menos são mais fáceis de colocar em bolsas ou enfiar debaixo de um travesseiro ou em um banho espiritual.

As lascas: são pedras preciosas muito pequenas, normalmente vendidas em pequenos potes – fáceis de encaixar em um pequeno frasco de óleo ou em uma mistura de ervas.

Advertências: não ingerir pedras ou cristais diretamente; não os coloque na boca. Algumas gemas reagem perigosamente ao ácido estomacal ou são perigosas quando as partículas são inaladas. Tome cuidado com quais pedras preciosas são adicionadas para energizar as águas para consumo (às vezes chamadas de "elixires de cristais"), pois algumas pedras se dissolvem na água. Tenha especial cuidado ao usar pedras para energizar águas que possam entrar em contato com sua pele, como banhos espirituais e águas rituais. Muitas pedras contêm componentes que são tóxicos para a saúde humana se inalados ou ingeridos, como cobre, amianto, alumínio, chumbo, zinco e arsênico. Muitas dessas pedras podem ser seguras de manusear, mas são tóxicas quando molhadas ou inaladas. Por exemplo, a malaquita, uma pedra verde rica em cobre, é maravilhosa para o planeta Vênus, para o Chacra do Coração e para magia do amor, mas pode deixá-lo doente se ingerida ou inalada.

Areias de pedra estão disponíveis e são maravilhosamente fáceis de usar em misturas de ervas, mas também são empoeiradas e devem ser cuidadosamente selecionadas se puderem ser inaladas ou posteriormente queimadas. Basta escolher com cuidado e fazer sua pesquisa. Para referência, o site da *International Gem Society* mantém uma tabela de toxicidade de pedras preciosas de mais de 280 minerais.[200] A tabela a seguir é uma referência rápida para os minerais mais comumente usados para magia e cura energética, classificando seu risco de toxicidade com base na ingestão ou inalação de partículas e não necessariamente em uso uso geral ou somente para mantê-las por perto. No entanto, para variedades de alto risco, as pedras roladas ou polidas são preferíveis às pedras brutas, por limitar a exposição ao pó.

---

200. Addison Rice, *Gemstone Toxicity Table*, International Gem Society, n.d., https://www.gemsociety.org/article/gemstone-toxicity-table/.

Elemento	Sem toxicidade conhecida	Risco baixo ou médio	Alto risco (se ingerido ou inalado)
Ar	angelita, celestita, calcita (clara, amarela), howlita, iolita, moldavita, sodalita, aragonita	ágata (árvore), ônix-preto, calcedônia, opala, tectita	apatita, ametrina, quartzo transparente, aventurina (quartzo-verde)
Fogo	berilo, diamante, calcita (vermelha, laranja), danburita, granada, rubi, serpentina, pedra do sol, topázio, turmalina (vermelha)	ágata, pedra de sangue, cornalina, hematita, jaspe (vermelho), obsidiana, rodonita, opala (fogo), rodocrosita, zircão (vermelho)	âmbar, ametrino, citrino, pirita, quartzo, olho de tigre
Água	alexandrita, angelita, água-marinha, berilo, calcita (azul), fluorita, cianita (azul), labradorita, lepidolita, larimar, pedra da lua, morganita, sodalita, topázio (azul), turmalina (azul), safira	ágata (renda azul), crisocola, jaspe (oceano), lápis-lazúli (risco médio), opala, turquesa, obsidiana (brilho dourado)	ametista, ametrina, azurita, dioptase, quartzo-rosa, coral, qualquer tipo de pérola
Terra	alexandrita, esmeralda, calcita (verde), diopsídio, peridoto, turmalina (preta, rosa, verde), fluorita	ágata, amazonita, crisocola, hematita, crisoprásio, turquesa, jaspe (musgo verde)	âmbar, apatita, azeviche, malaquita, quartzo-fumê

Preparando-se para a Dedicação à Grande Obra

A Grande Obra é um esforço mágico de um ano que se aprofunda nos mistérios a cada giro da Roda. A cada ano, as Bruxas podem optar por se dedicar a um determinado caminho de estudo. Sua dedicação este ano será explorar o programa do Caminho do Pentáculo da Bruxaria Elemental descrito nos capítulos seguintes.

Na preparação desse Rito de Dedicação, você criará uma vela para servir como luz guia em seus rituais. O objetivo desta vela de dedicação é uma evocação da divindade ao seu altar e um lembrete de seu objetivo durante todos os seus trabalhos. Uma vez feito, ela viverá em seu altar pessoal e vai servir como a vela do "Espírito", que é acesa primeiro em cada ritual e trabalho.

Eu recomendo que sua vela mágica de dedicação seja aquelas votivas, que chamamos de "Vela Santuário" ou "Vela de sete dias" e que vêm em um frasco de vidro reutilizável. Inserções de vela separadas normalmente estão disponíveis para uso como recarga e podem ser atualizadas para todos os seus trabalhos futuros. Basta acender a nova inserção na chama da última vela utilizada que a magia é transferida através da Lei do Contágio. Essas velas são um investimento e estabelecem a base da prática ritual que pode ser usada nos próximos anos.

❖ Exercício 2 ❖
Criando e Dedicando sua Vela de Santuário

Esta vela de dedicação deve ser acesa toda vez que você estiver meditando, lendo, escrevendo no diário, fazendo exercícios ou realizando os rituais e feitiços mágicos durante todo o ano.

Você vai precisar de:
- Livro dos Espelhos e uma boa caneta
- Um retângulo de papel leve com 19 centímetros
- Qualquer material de arte necessário para decorar o papel, como um embrulho de vela
- Uma Vela de Santuário branca ou natural, em frasco de vidro reutilizável (votivas ou de sete dias). Essas velas medem 5,5 x 20 centímetros de altura e suas recargas tem cerca de 5 centímetros de largura. Use conforme necessário.
- Chave de fenda de cabeça chata ou um perfurador com uma ponta adequada
- Três gotas de azeite
- Pauzinho ou palito de dente
- Três gotas de resina de olíbano e de mirra
- Três pequenas lascas de cada uma das seguintes pedras (ou encontre um substituto nas tabelas de formulário para cada capítulo elemental na Seção Três): turmalina-negra (Terra); citrino ou quartzo transparente (Ar); hematita (Fogo); pedra da lua (Água)
- 33 centímetros de fita ou cordão para fixar seu papel de intenção à sua vela

Preparação

Em seu Livro dos Espelhos, escreva sua declaração de intenção para o ano. Aqui está um modelo de exemplo:

> *Eu (seu nome) venho a esta encruzilhada sagrada para me dedicar à Grande Obra de Magia durante este giro da Roda do Ano (diga o ano). Dedico-me ao estudo da Bruxaria Elemental enquanto percorro os Caminhos do Pentáculo da Soberania, Verdade, Vontade, Amor e Perfeição. Devolva-me ao equilíbrio, a facilidade e a capacitação em todos os níveis. Invoco meus guias, deuses e ancestrais para me ajudarem e me protegerem nesta jornada. Que esta magia sirva ao bem maior de todos os envolvidos, não prejudicando a ninguém. Assim seja!*

Copie sua declaração de intenção em um dos lados do papel de embrulho da vela.

Decore o outro lado do papel como se fosse um "quadro de recados" daquilo que você deseja alcançar nesse giro da roda. Inclua imagens, símbolos e sigilos de sua intenção. Para o Caminho do Pentáculo, isso representaria o equilíbrio saudável de todos os cinco elementos em sua vida. Um Pentagrama e os sigilos alquímicos para os elementos seriam apropriados, o *yin-yang*, a Árvore do Mundo e os Três Mundos *vesica piscis* seriam imagens significativas para focar sua mente sempre que estiver dispersa. Talvez copie e pinte as figuras 13 ou 16. Você pode ser tão criativo e artístico ou simples quanto desejar.

Para carregar uma Vela de Santuário (votiva, de sete dias) que já foi derramada diretamente no vidro, pegue uma chave de fenda (ou um perfurador com uma ponta adequada) e torça três furinhos, de três centímetros ou menos, na cera. Apenas finja que você está parafusando algo enquanto perfura a cera por cerca de três centímetros. Ocasionalmente, retire e despeje os pedaços de cera de lado para reutilização em uma etapa posterior.

Desperte cada ingrediente material para o seu propósito antes de adicioná-lo à vela. Toque, sopre suavemente e fale com esses itens. Os aliados nos reinos vegetal e mineral ficam muito mais felizes em trabalhar conosco se obtivermos sua cooperação primeiro.

Segure as gotas de olíbano e de mirra na palma da mão; toque-as, sopre sobre elas e diga: *Desperte, desperte, desperte para o seu poder de equilíbrio espiritual*. Com um pauzinho ou palito de dente, coloque as gotas nos três furos da vela.

Segure as lascas de pedra na palma da mão, uma variedade de cada vez. Toque-as, sopre sobre elas, diga: *Desperte, desperte, desperte* (nome da pedra) *para o seu poder de* (nome do elemento). Em cada um dos três furos, coloque uma lasca de pedra de turmalina-negra (Terra), citrino ou quartzo transparente (Ar), hematita (Fogo) e pedra da lua (Água). (Ou outros substitutos).

Mantenha a maioria do material botânico inflamável mais no fundo da cera ou afastado do pavio, para não queimar acidentalmente as plantas ou resinas antes que a cera comece a derreter. Reponha os pedaços de cera de volta nos furos, tanto quanto possível.

Pingue três gotas de azeite no topo da vela e esfregue-a em deosil com o dedo indicador da mão projetiva. Imagine um pouquinho de sua energia pessoal fluindo através de seu dedo para a vela. Isso adiciona sua "impressão digital" e um toque de seu DNA através das células da sua pele para reivindicar este trabalho como seu.

Enrole o papel ao redor da vela e amarre com a fita ou cordão para fixar. Não acenda a vela até que receba a orientação de fazê-lo durante o Ritual de Dedicação.

❧ Ritual 3: Rito de Dedicação ao Caminho do Pentáculo e Construção de um Templo Astral ❧

Esta é uma jornada interativa para o reino astral para construir o seu Templo Astral e então se dedicar ao Caminho do Pentáculo da Bruxaria Elemental como sua Grande Obra de Magia este ano. Este ritual tem partes que são feitas dentro do olho da mente em uma meditação típica. Mas quando solicitado, você também realizará ações cerimoniais, como acender sua vela de dedicação e ler sua declaração de intenção. A Bruxaria requer que você use seu corpo, mova-se e realize ações rituais, enquanto também está em estado meditativo leve. Idealmente, você será capaz de manter a visão interior de seus olhos abertos em foco suave, cuidando de seu altar. Isso requer prática, então apenas entre e faça o seu melhor.

Momento favorável

O seguinte Rito de Dedicação é melhor cronometrado durante a lua cheia mais próxima do Grande Sabbat Samhain (ou Alto Outono). Continue sua prática diária de meditação, escreva no seu diário regularmente e celebre as estações do ano e as marés lunares conforme elas mudam mais uma vez.

Você vai precisar de:
- Elementos de consagração e equipamentos necessários: sal, vela vermelha, incenso e água
- Vela de dedicação preparada
- Seu Livro dos Espelhos e uma caneta, virada para a página com sua dedicação escrita no Exercício 2
- Um isqueiro ou caixa de fósforos

Preparação

Monte seu altar de forma criativa para refletir suas intenções para a Bruxaria Elemental do próximo ano. Complete o despertar e a consagração do altar e purifique-se conforme descrito no Ritual 1 no capítulo 9.

Consagre as margens do Círculo com os quatro elementos, lance seu Templo com um Cone de Poder Awen e feche a esfera conforme instruído no Ritual 2 no capítulo 10.

Práxis

Sente-se e feche os olhos; faça algumas respirações profundas. Imagine aquele quartinho aconchegante dentro de sua própria cabeça e de sua consciência como uma versão minúscula do seu Eu mais mágico, sentado em sua cadeira confortável. Seus olhos são uma janela em uma parede distante de você agora.

Você está cercado de conforto. (Pausa). Sente-se longe daquela janela. Longe da agitação do mundo exterior. Quaisquer ruídos que distraiam ou pensamentos dispersos são apenas pássaros voando por aquela janela distante... Liberte-os sem ansiedade.

Acima de você há uma claraboia. Um suave feixe de luz branca brilha sobre sua cabeça.

Encontre a porta ornamentada no chão, próximo a você. Lembrando que as escadas em espiral e o caminho adiante podem levar a qualquer lugar que você deseja ir nos Três Reinos.

Diga em voz alta: *Convido meus guias, deuses e ancestrais a se juntarem a mim nesta jornada. Mantenha-me seguro; mostre-me o caminho. Peço que as visões sejam claras e que suas mensagens sejam compreensíveis e gentis. Que tudo o que eu faço seja para o bem maior de todos os envolvidos, não prejudicando a ninguém. Abençoado seja.*

Abra aquela porta ornamentada no chão e encontre uma escada em espiral que desce mais além. A cada expiração, desça cada vez mais fundo em seu estado meditativo. A cada fôlego, a cada passo, sua mente relaxa, os pensamentos se acalmam, a respiração se aprofunda. Continue descendo; cada vez mais fundo em sua mente subconsciente. Desça mais doze degraus, girando, girando, e então pise na escada em espiral. Você sabe que no fim desses degraus chegará ao seu próprio centro. (Pausa).

Saia desse último degrau e chegue à encruzilhada dentro de você. Por trás do seu umbigo, você está conectado como um cordão umbilical de prata ao reino astral.

Veja um espelho diante de você, uma tela de sua mente mais profunda e a porta de entrada para o reino astral. Sobre o espelho, uma imagem começa a se formar; é um grande Templo que combina perfeitamente com seu caminho e preferências pessoais.

É sua intenção entrar em um tempo entre os tempos e em um lugar entre os mundos para formar um Templo Astral de sua própria criação. Você criará um Espaço Sagrado onde poderá comungar com o Deus/Deusa e todos os seus seres espirituais. Aquilo que você procura está dentro de você. E assim você viaja agora para aquele lugar sagrado interior. (Pausa).

Mais perto do espelho agora, você percebe que seu espírito é da mesma substância que os reinos astrais do além. Na contagem de três, você passa facilmente por este Portal para o caminho que leva ao seu Templo. Um, dois, três, atravesse! (Pausa).

Você está no Plano Astral. Ao longe vê a Árvore do Mundo, seu *axis mundi*. Além da Árvore do Mundo há um caminho que leva ao seu Templo. Siga o caminho... (Pausa).

Seu Templo Astral pode ser o que você quiser, em qualquer lugar, natural ou não, com qualquer estilo arquitetônico... ou sem nenhum.

Você chega em uma paisagem de sua própria escolha. Olhe a sua volta; Onde você está? O que você vê? (Pausa).

Seu Templo entra em foco agora. Observe o estilo, os detalhes... isso faz você lembrar de algo que já viu antes? (Pausa).

Mais perto agora, você está na entrada de seu Templo Astral pessoal. Como é essa entrada? O que ela representa para você? (Pausa).

Agora entre no Templo de sua criação. Talvez ele já esteja totalmente formado. Talvez seja uma lousa em branco. Você pode adicionar ou alterar qualquer coisa que desejar com um mero pensamento. (Pausa).

Primeiro, encontre seu lugar de Fogo. Veja o brilho da luz e do calor. É uma lareira? Uma fogueira aberta? Há uma chama sagrada que você cuida aqui. Com o que se parece? Há iluminação suficiente para ver facilmente e aquecer você. Lembre-se da sua própria Vontade de Fogo e que sua Soberania é Sagrada. (Pausa).

Encontre o caminho para o seu lugar de Água. (Pausa). Siga a sensação da névoa fria; ouça o tilintar enquanto flui suavemente pelo Templo. É uma fonte? Uma piscina em cascata? Estas são as águas mais puras da vida. Encontre-as agora. Você pode tocá-la, bebê-la se quiser. Purifique-se nesta efusão do Amor Divino. Lembre-se de suas próprias emoções e que seu amor é sagrado. (Pausa).

Encontre o caminho para o seu lugar de Ar. (Pausa). Siga o cheiro do incenso queimando e a sensação da brisa contra sua pele, mantendo o Templo fresco e vibrante. De onde sopra o vento da inspiração? De uma janela? De um jardim distante? (Pausa). Como é isso para você? Esta é a Mente Divina da inovação, permitida a se mover livremente. Você é lembrado de suas próprias ideias e de que seus pensamentos são sagrados. (Pausa).

Encontre seu lugar de Terra, que é o próprio altar, no coração do seu Templo. (Pausa). Siga sua intuição para encontrar um grande altar de Terra. Como é o seu altar? Ele é grande? Talvez de pedra natural, cristal, sal ou madeira? Anote todos os detalhes. (Pausa). Este altar é o centro do mundo manifesto para você. Este é o seu Espaço Sagrado, onde você pode decretar sua magia natural. (Pausa). Contemple o seu altar. Já tem alguma coisa sobre ele? (Pausa).

O Espírito envolve você. Ele é a fundação da Terra, o luar, a luz do Sol e os céus estrelados acima. Assim como o Grande Deus/Deusa, o Espírito estava aqui "desde o princípio", e é "aquilo que é atingido no final do desejo".[201] O Espírito despertou em atenção quando você chegou e estará sempre ali, por onde quer que vá. Convide "os dois que se movem como um" para habitar com você este Lugar Sagrado. Diga em voz alta: *Bem-vindo, Espírito!*

Segure sua vela de dedicação em suas mãos. Sinta suas conexões com o ambiente natural fluindo através de sua coroa acima e a partir de suas raízes abaixo. Direcione este poder do seu coração para baixo, chegando até as suas mãos. Visualize em sua mente esse poder brilhando como luz e saturando a vela.

Sopre suavemente por cima da vela e diga em voz alta: *Desperte, desperte, desperte a quintessência. Seja minha luz guia ao longo do Caminho do Pentáculo.*

---

201. Valiente, *The Charge of the Goddess*, 13.

Coloque a vela em seu altar. Em seu Livro dos Espelhos, leia a dedicação que você escreveu no Exercício 2. Fale em voz alta com poder na voz. Você está se dirigindo à totalidade do Cosmos... então levante o queixo, ombros para trás e projete sua voz a partir de seu diafragma. Anuncie-se com autoridade para todos os reinos. Você é um Deus/Deusa, então certifique-se de que todos aqueles que ouvem sua dedicação saibam que você a conhece!

(Pausa para leitura da dedicação). Acenda sua vela! Diga: *Assim seja!*

Reserve algum tempo para explorar e projetar seu Templo e comungar com o espírito.

Você pode voltar ao seu Templo para cada um dos Caminhos do Pentáculo sempre que precisar de consolo ou assistência. Por enquanto, quando estiver pronto para retornar ao seu mundo, saia pela porta de seu Templo, tomando o caminho de volta... retorne pelo caminho por onde veio. (Pausa).

Passe pela Árvore do Mundo ao longe, encontrando o espelho mais uma vez.

Vendo sua própria imagem no vidro, dê três passos para retornar ao seu próprio ventre. Um, dois, três, atravesse!

Volte ao centro do seu ser, ao pé da escada em espiral. Suba as escadas, dando cada passo para trás, retornando à consciência desperta. Comece a alongar os músculos; até chegar ao topo, fechando o alçapão atrás de você. Diga em voz alta: *Aos meus guias, deuses e ancestrais: agradeço por sua presença orientadora em minha vida e por sua ajuda e proteção ao longo de minha jornada hoje. Abençoado seja!*

Vá até a janela e, quando estiver pronto para retornar ao mundo desperto, abra os olhos. Apague suas velas abafando-as.

⚜·· Reflexão do Diário: Declaração de Intenção ··⚜

Reflita sobre esta experiência ritual e os detalhes de seu Templo Astral. Inclua sentimentos, expectativas, medos, esperanças, sonhos. Talvez você possa esboçar uma imagem do que viu. Escreva uma carta para a parte de você que eventualmente vai concluir esta Grande Obra de Bruxaria Elemental e fale com seu futuro Eu. O que você espera realizar até o final deste ano mágico? Quem você deseja se tornar? No próximo ano, reflita sobre o trabalho do ano atual relendo este diário. Dessa forma, você pode ver o quanto progrediu e determinar o que mais precisa ser trabalhado na próxima volta da Roda do Ano.

SEÇÃO TRÊS

TRILHANDO O CAMINHO DO PENTÁCULO DA BRUXARIA ELEMENTAL

A vida Bruxa pode ser intensa e não será adequada para todos. Qualquer livro ou professor que diga o contrário provavelmente está vendendo algo que você não quer. Para ter sucesso nas habilidades espirituais mais avançadas e glamorosas da Bruxaria, é necessário primeiro estar bem equilibrado nos níveis mais realistas. Se não começar pelas próprias raízes de sua existência para descobrir a humanidade e a idade adulta, para se nutrir e se fortalecer de baixo para cima, você vai literalmente explodir sua mente, uma vez que não dá para entrar no mundo realmente místico pelas margens de cima.

A Bruxaria lida com a totalidade da vida. Lembre-se de que não há exclusões dentro da perfeição do Amor Divino, nenhuma separação entre o sagrado e o mundano; é tudo magia. Então, o primeiro trabalho do Caminho do Pentáculo da Bruxaria Elemental apresentado a você agora é muito prático.

A vida é um processo de se tornar. A cada giro da roda você se torna um pouco mais autêntico. Se você não tivesse trabalho a fazer para alcançar seus objetivos, não haveria motivo para se preocupar com a Bruxaria. Então, dê um tempo a si mesmo, aceite onde está e trace um rumo para onde quer chegar. Ao girarmos a Roda do Ano, começamos na escuridão, antes do amanhecer. Iniciamos com as lições elementais da Terra onde toda a vida emerge: o Chacra Raiz.

CAPÍTULO 12

O Elemento Terra e o Caminho da Soberania

Começamos nossas práticas de Bruxaria Elemental no declínio sombrio da temporada de Yule, explorando o Caminho da Soberania através dos mistérios elementais da Terra. As lições deste capítulo são divididas em duas partes: durante as seis semanas e meia do fim do Yule, exploraremos o mistério elemental projetivo para o SILÊNCIO. Durante as seis semanas e meia de Imbolc crescente, exploraremos o mistério elemental receptivo para RESSOAR.

A Grande Obra: Roda do Ano

À medida que trilhamos o Caminho da Soberania, há três trabalhos rituais a serem concluídos, que podem ser cronometrados para as três marés lunares que atingem a crista neste período solar. Você vai precisar:

1. Criar materiais de formulário para rituais e feitiços da Terra.
2. Fazer uma viagem ritual aos reinos do elemento Terra.
3. Realizar um feitiço com os planetas Terra, Vênus e Saturno para equilibrar holisticamente suas necessidades físicas e fortalecer sua Soberania pessoal.

Yuletide: de Samhain até Yule

O período que vai de Samhain até o Yule é de descanso e reflexão. Durante esse tempo, verifique os mistérios projetivos do silêncio da Terra. Leia seus diários antigos, reflita sobre o que aprendeu no ano passado. Este período de declínio na escuridão é quando as lições da colheita anterior são integradas e encontramos a conclusão do que o ano ensinou. Cuide-se: descanse, alimente-se, sonhe, divinize e mime seu corpo. Pratique o silêncio ativo. Faça perguntas e depois ouça com atenção, sem interrupção ou julgamento. Ore em um diálogo aberto com seus guias, depois preste atenção aos sinais, presságios e sincronicidades em sua vida diária, seguindo as "migalhas de pão intuitivas" à medida que elas pousam. Leia as lições do capítulo e, então, quando a próxima lua crescente estiver em um signo de Terra, prepare sua Vela Mágicka de Santuário da Terra e as misturas vistas nos formulários para incensos, óleos de unção e algumas guloseimas que você vai precisar para os rituais do elemento Terra a seguir.

Imbolctide: de Yule até Imbolc

Avançando de Yule até Imbolc, mude para as lições receptivas de ressonância. Olhe para o nascimento do novo ciclo e pergunte ao Cosmos: "O que vem a seguir?" Se você pratica alguma forma de adivinhação como a leitura de cartas de tarô, procure orientação para a nova Roda. Experimente o Tarô da Joia do Poder, fornecido no Exercício 17. Enquanto a lua crescente estiver em um signo da Terra, faça a jornada ritual para os reinos da Terra, buscando aliança com gnomos e o Soberano Ghob. É durante esta jornada que você vai buscar orientação sobre a ferramenta correta da Terra para você. Então você encontrará ou criará essa ferramenta para si mesmo como uma continuação de sua magia. Durante a lunação final antes de Imbolc, defina o novo tom para a magia do próximo ano por meio dos exercícios de construção de Soberania e caráter, trabalhando o Feitiço 1 "Eu sou a magia" para reequilibrar sua Terra em Soberania.

O Caminho do Pentáculo da Soberania e o Corpo Físico			
Chacra	Chacra Raíz	Chacra Sacro
Regulamenta	Sobrevivência, evolução	Prazer, fertilidade
Aberto por	Soberania pessoal	Liberdade sexual
Bloqueado por	Medo	Culpa
Objetivo da magia	Estabelecendo a independência	Configurando sua bússola moral
Condições de amor	Recursos *versus* medo de sofrer	Afeição *versus* medo de abandono
Feitiço de afirmação	Pelos cinco poderes elementais, tenho tudo o que preciso para sobreviver e prosperar.	Pelos poderes da Terra e do mar, compartilho a intimidade desejada.

Mistérios do Elemento Terra

A Terra é uma energia elemental que representa a diversidade de formas e existência física. A energia da Terra também ajuda nossa consciência de praticidade, prazer físico e recursos. É o elemento que rege o sentido do tato, de simplesmente estar presente em nossos corpos e sustentá-los. Na alquimia hermética, acredita-se que este elemento tenha uma natureza seca e fria e um gênero mental principalmente feminino; no entanto, na minha experiência, a Terra possui uma fluidez de gênero multifacetada.

O Planeta Terra é muito mais do que apenas um lar; somos feitos de terra, e a expressão energética dessa terra é a encarnação. Em "A Carga da Deusa", as Bruxas são instruídas que "todos os atos de amor e prazer são meus rituais".[202] Deleitar-se com o prazer físico é uma comunhão válida com o Deus/Deusa; estar totalmente presente em nossa carne e ossos é nossa oração.

Chamamos de "aterramento" quando tocamos no elemento Terra para acalmar nossos corpos sutis. É uma prática especialmente útil quando estamos desequilibrados e experimentando ansiedade, agitação ou distração. Formas práticas de aterramento incluem descanso, comer alimentos nutritivos e beber bastante água, suar com exercícios físicos, fazer sexo ou masturbar-se. Fazer contato da pele nua com o solo literal é muito útil, como deitar na terra, abraçar uma árvore amiga, segurar uma pedra, andar descalço do lado de fora e estender profundamente nossas raízes energéticas para encontrar estabilidade no leito rochoso.

A energia elemental da Terra é nossa maneira de nos conectarmos com nosso ambiente natural como parte do ecossistema. O elemento Terra reside no Norte, por isso também está associado à escuridão do inverno, à meia-noite, ao vazio e ao potencial. A Terra é um elemento de paradoxos, ao que parece sólida e imóvel; no entanto, seus átomos são principalmente espaços vazios, feitos de partículas em órbita em constante movimento.[203]

A Terra Através do Zodíaco

Os poderes do elemento Terra emergem pelo ciclo de vida e do zodíaco, começando pelo signo FIXO de Touro. Como um bebê humano explorando as lições do "eu tenho", Touro pode ensinar aos outros que amor é paciência, enquanto aprende que amor é perdão. Mais tarde, a Terra surge como Virgem

---

202. Valiente, *The Charge of the Goddess*, 12–13.
203. Roderick, *Wicca: A Year and a Day*, 180.

MUTÁVEL e o adulto humano responsável explorando as lições do "eu analiso". Virgem pode ensinar aos outros que o amor é puro enquanto aprende que o amor pode trazer satisfação. Finalmente, como o CARDINAL Capricórnio, a Terra explora as lições do "eu uso". Capricórnio pode ensinar aos outros que o amor é sabedoria enquanto aprende que o amor é altruísta.[204]

Joia do Poder da Bruxa: Terra		
	Yang: Projetivo	Yin: Receptivo
Dogma de Mistério	Silenciar, Calar	Ressoar, Emitir
Roda do Ano	Samhain passando por Yule	Yule passando por Imbolc
Esfera Planetária	Saturno	Vênus

A Joia do Poder da Bruxa: Silenciar, Calar

Como uma expressão projetiva do elemento Terra, o silêncio é uma energia de quietude. Através do silêncio, o corpo, a mente e o espírito se aprofundam e se expandem para abrir espaço para o que está por vir. Então, esse poder do silêncio é também o vazio. Um vazio secreto e subatômico dentro de todas as coisas. Paradoxalmente, a energia do vazio é também uma energia potencial; o vazio está eternamente pronto para se manifestar como novas formas. No nível mais profundo da realidade, abaixo do nível subatômico, há um mar de pura informação e energia suprema, disponível para a busca. Assim, em certo sentido, o vazio também é plenitude; o nada também é tudo. Esta mudança de percepção é a chave para a magia da manifestação física.

A expressão do silêncio terreno rege o ganho material, a prosperidade, o trabalho, a força, a coragem, a honestidade, a praticidade, o prazer, o conforto e as artes. Ao invés do termo "silêncio", que muitas vezes é confundido com sigilo, prefiro a a expressão "ocupar espaço". Em nossa sociedade, é difícil não preencher um espaço vazio com conversa fiada ou bugigangas inúteis. Quando foi a última vez que você teve um minuto livre e não pegou passivamente seu telefone para verificar os feeds de mídia social?

Manter um espaço ocupado é a parte ativa de pacientemente não fazer nada, mas permanecer presente no momento. Em nossa sociedade *vai-vai-vai*, esta

---

[204]. Linda Goodman, *Linda Goodman's Love Signs: A New Approach to the Human Heart* (New York: Harper Collins Publishers, HarperPerennial edition, 1992), 13.

pode ser a lição mais difícil de todas. No entanto, desde o funeral em Samhain até o renascimento de Yule, somos incumbidos a descansar, assim como o Deus/Deusa fazendo uma escala no Mundo Inferior. Uma vez que o crepúsculo do Samhain cai e as lições do silêncio estão sobre nós, é hora de prestar atenção em quais efeitos estão surgindo como resultado de nossas ações anteriores. Mantemos o espaço ocupado, como um molde, para dar a essas manifestações um lugar para se formar.

O Princípio Hermético de Causa e Efeito me informa que tudo em minha vida é efeito de uma causa que posso afetar, mesmo que essa fonte não seja óbvia aqui no Plano Físico. Se esta realidade não é aquela que eu gostaria de estar, o que eu poderia mudar para manifestar uma experiência de vida diferente? Esta avaliação é o primeiro passo do processo mágico.

A Joia do Poder da Bruxa: Ressoar, Emitir

Ressoar é a expressão interna e receptiva da Terra, a energia que emerge do silêncio, onde estamos conectados ao potencial vibracional subjacente a todas as coisas. Representa a interconectividade de toda a realidade, ampliando a perspectiva para entender que não há divisão entre você e tudo o mais, então todos os recursos estão ao seu alcance. Em momentos de quietude, podemos sentir o pulsar da vida. É no mistério receptivo da Terra que ganhamos uma incrível ferramenta de cooperação, porque na ressonância, o elétron muda da aparência finita, como uma partícula, para a possibilidade infinita, como uma onda de potencial.[205] Quando você entra em ressonância, a densidade da Terra se torna luminosa, leve e sem esforço... um recurso inesgotável e suficiente para todos.

Figura 26: Mistérios elementais da Roda do Ano, forma linear

---

205. Glenn Stark, "Light," *Enciclopédia Britânica*, atualizado em 29 de Outubro de 2020, https://www.britannica.com/science/light.

Em nosso sistema de Roda do Ano, dividimos esses mistérios terrenos em duas partes para encerrar o processo. Começamos o trabalho do ano que se inicia com os mistérios receptivos da Terra – para ressoar no útero fértil. A ressonância é o primeiro estágio que define a frequência e o tom do que está por vir, como tocar um gongo cósmico para ver qual é a próxima vibração para nós. Do renascimento em Yule à (re)dedicação à Grande Obra em Imbolc, mudamos para a ressonância, estabelecemos uma nova intenção e apresentamos um novo plano de ação avançando.

Em primeiro lugar, diga ao Cosmos que você gostaria que um novo "bebê" descesse por aquele canal de nascimento no final da Grande Obra. A "data prevista" será quando fizermos um ciclo de volta ao silêncio novamente. No Imbolc, você descobre que nome dar ao "bebê". No resto do ano você faz o que for preciso para que cada camada de si mesmo ressoe em equilíbrio harmônico com essa intenção – física, mental, emocional, de vontade e espiritual, os corpos devem estar todos engajados. O ciclo sabático celebra o período de gestação, nutrição e crescimento dessa intenção durante todo o ano. Este ciclo ritual é como torcemos as engrenagens desse canal de bloqueio de nossos corpos sutis, que devem estar alinhados, criando um canal aberto entre sua vontade pessoal e a fonte de poder através da Vontade Divina. Como uma parteira, uma vez que o período de silêncio terreno volta depois do Samhain, você pode atender ativamente o vazio e simplesmente recebê-lo à medida que sua nova realidade emerge. Basta abrir os braços e pegar o "bebê". Começamos em ressonância; terminamos em silêncio.

Ferramentas Cooperativas da Deusa

Ressoar é o poder receptivo (Deusa) do elemento Terra e, portanto, contém as lições cooperativas necessárias para progredir nossa cultura em direção a um futuro mais abundante. Em ressonância, a pessoa assume um papel ativo na criação de nossa realidade coletiva. Em vez de tolerar silenciosamente qualquer crença ou tirania imposta aos cidadãos por autoridades externas, a ressonância concede ao indivíduo autodeterminação. As culturas cooperativas empregariam a ressonância por meios democráticos, dando voz aos indivíduos no fórum público de liberdade de expressão, participação compartilhada no governo, liberdade para protestar, liberdade religiosa e um voto igual para tudo o que realmente importa. Em suma, a ressonância terrena é expressa como as liberdades civis que são protegidas pela Declaração de Direitos dos Estados Unidos, mas totalmente estendidas a todos os membros de uma sociedade sem racismo sistêmico, classismo, sexismo ou homofobia.

O Caminho da Soberania

Ao longo do Caminho do Pentáculo, essa volta pelos mistérios terrenos é chamada de Caminho da Soberania. Soberania significa simplesmente que você é a autoridade sobre sua própria mente, coração, corpo e espírito, com livre-arbítrio para determinar seu próprio curso na vida. Ser Soberano é calibrar sua própria bússola moral de acordo com seus próprios valores e então navegar seu próprio caminho por essa bússola com convicção.

Em "A Carga da Deusa", uma Bruxa Soberana é encarregada de definir seus "ideais mais elevados" para si mesma, então em Soberania fazer escolhas que "se esforçam sempre por" esses ideais, mantendo-os "puros" ou descomprometidos, não deixando nada "desviá-los" de seus objetivos.[206] Afirmar a Soberania pessoal reivindica a independência de alguém. Sem pressão, certo? Parece solitário. O que nos leva ao paradoxo de que os mistérios elementais ajudam a conciliar.

O Paradoxo da Soberania: Independência vs. Interdependência

Embora a Soberania nessa definição possa parecer uma busca solitária de cada Bruxa por si mesma, o ensinamento dos mistérios não pode parar por aí. Essa independência radical pode isolar uma Bruxa com a solitária suposição de que estamos separados, abandonados à nossa própria sorte. O paradoxo é que as Bruxas também afirmam nossa interdependência dentro do Deus/Deusa, a matriz que nos une. Enquanto manifestados na Terra, somos incumbidos de governar nosso pedaço pessoal dessa matriz.

No entanto, como o velho ditado nos lembra, "com grandes poderes vêm grandes responsabilidades". A chave para o paradoxo da Soberania pessoal é que estamos interconectados através do Amor Divino do Deus/Deusa, que é perfeito e cumpre as Nove Condições do Amor Divino para todos como nossos direitos sagrados. Através da práxis de união da Bruxaria, descobrimos que a separação é uma ilusão. Eu, meu vizinho, aquela árvore, a sujeira, o oceano, o ar e todas as criaturas que habitam os Três Mundos são aspectos fundamentalmente interdependentes dentro da totalidade do Deus/Deusa. Após essa realização, a Soberania se torna uma escolha fácil para uma participação plena dessa totalidade, como "organizadores" do Amor Divino; isto é, do "comitê" dos nossos Deuses/Deusas.

---

206. Valiente, *The Charge of the Goddess*, 12–13.

Soberania interdependente significa que não há desculpas para comportamentos prejudiciais, incluindo danos próprios ou participando das injustiças de uma sociedade dominadora. O paradigma do Amor Divino não tem "bodes expiatórios" nem "povo escolhido" de elite. Uma vez que toma posse de sua coroa por direito, você internaliza sua fonte de controle e depois coloca esse controle a seu benefício. Pense na Soberania interdependente assim: estamos todos aqui para fazer esta cama na qual dormimos juntos. Quanto mais confortável for a cama que fizermos, melhor dormiremos.

Chacra Raiz: Estabelecendo a Independência

A essência elemental da Terra é regulada através do Chacra da Raiz na base do torso. Assim como uma raiz principal em uma árvore, também nos conectamos ao elemento Terra através de nosso Chacra Raiz.

Da raiz para cima, lentamente estabelecemos nossa independência. Quando somos concebidos, somos completamente dependentes do corpo de nossa mãe para sustentar nossa vida. Nosso crescimento nos prepara constantemente para emergir do útero de nossa mãe e existir como um corpo separado. Através do próprio nascimento, passamos pelo Chacra Raiz de nossa mãe, que corresponde à área do períneo do corpo entre as aberturas vaginal e anal.

A consciência do Chacra Raiz corresponde ao estágio de vida da infância humana. Durante a nossa infância, ainda somos completamente dependentes do cuidado e do carinho dos outros. Este estágio é quando nós, como novos humanos, temos que descobrir que estamos mais uma vez encarnados na ilusão de um corpo separado. Isso poderia explicar todo o choro. Os bebês trabalham com as lições do "eu sou".[207] Durante a infância, percebemos que há coisas que precisamos e coisas que queremos, e descobrimos o que é nosso. As crianças descobrem as lições do "eu tenho".[208] Tudo isso é o estabelecimento inicial de nossa Soberania: este é meu corpo separado, essas são minhas coisas, esses são meus parâmetros dentro do mundo material.

Ao longo de nossa infância, saímos desse lugar de impotência. Por necessidade, a fonte de nosso controle, segurança e autoridade está localizada fora de nós mesmos. Somos dependentes de nossos cuidadores para suprir nossas

---

207. Goodman, *Linda Goodman's Love Signs,* 13.
208. Goodman, *Linda Goodman's Love Signs,* 13.

necessidades educacionais (Ar) e emocionais (Água). Nossos pais ou cuidadores fornecem todas as nossas necessidades físicas (Terra) e nos mantêm seguros com estruturas externas, elaborando regras (Saturno) e aplicando-as, quer gostemos (Vontade) ou não. No entanto, à medida que passamos para a idade adulta, naturalmente nos individualizamos e nos separamos de nossos pais até que sejamos suficientemente capazes de internalizar o controle sobre nossa vida e derivar nossa própria autoridade de dentro de nós mesmo. Através de uma vida de experiência confiável, crescemos em autoestima e autoconfiança, eventualmente internalizando nosso senso de segurança à medida que amadurecemos.

Resumindo a totalidade da tealogia, propósito e práxis da Bruxaria, o que a diferencia tão radicalmente das ortodoxias invasivas é a exigência de que os indivíduos tenham Soberania pessoal. É muito mais difícil controlar ou explorar pessoas totalmente capacitadas! A Soberania pessoal fala sobre a plena aceitação de nossa maturidade adulta, assumindo liderança e responsabilidade dentro de sua esfera de influência.

❧·· Exercício 3 ··❧
Mapeamento da Soberania

Ao longo do Caminho da Soberania, faça a si mesmo perguntas difíceis sobre suas atuais circunstâncias físicas. A resolução de todas as perguntas não acontecerá da noite para o dia, mas você pode começar sendo verdadeiro sobre o que é real. Em que condição, com quais parâmetros, recursos, forças e necessidades você inicia essa jornada de Soberania? Você deve estar presente para vencer.

Considere as seguintes perguntas que começam na "raiz" do problema: você é fisicamente saudável, seguro, abundante e financeiramente independente como gostaria de ser? Você sabe o que precisa saber para fazer o que gostaria de fazer, suprir suas necessidades e cumprir sua Missão Sagrada? Você está expressando sua bela diversidade, do seu jeito, dentro da qualidade dos relacionamentos que deseja? Já está se divertindo? Se a resposta for realmente não, então o primeiro trabalho mágico estabelecido no caminho que veio antes de você, seria alcançar esses objetivos.

A Bruxaria está enraizada na parceria, em relacionamentos mutuamente benéficos com seres nos reinos visíveis e invisíveis. Idealmente, todos nós somos apoiados dentro da rede formada por nossa aldeia, amigos, familiares ou parceiros de nossa escolha e com nossos deuses, ancestrais e guias espirituais. No entanto, essas relações devem ser consensuais e mutuamente benéficas. Ou seja, elas capacitam você a se tornar seu Eu mais completo. Por sua vez, você apoia a Soberania de todos os outros nesta rede. A Soberania pessoal efetiva é a chave para transmutar a cultura dominadora das ortodoxias invasivas na cultura cooperadora do Deus/Deusa.

Aqui está a coisa mais difícil e mais importante a considerar: se os relacionamentos que sustentam sua sobrevivência física também o aprisionam, oprimem, abusam, privam ou menosprezam você, isso é o oposto da Soberania; isso é escravidão. Se as pessoas de quem você depende manipulam sua presença mediante ao medo do sofrimento ou do abandono ou tentam oprimir sua vontade de se tornar seu Eu mais autêntico de alguma forma, você tem um trabalho sério de Bruxaria a fazer, e não será fácil. O tipo de feitiço que você precisa inicialmente é para remover esse controle. Procure com prudência diferentes estruturas de apoio e relacionamentos que nutrirão a plenitude de suas necessidades únicas ao longo do tempo. Este é um processo ao longo da vida, exigindo diplomacia criativa e desenvolvimento gradual. Por enquanto, estabeleça metas para o seu estado ideal de Soberania e depois, cuidadosamente, "esforce-se sempre para alcançá-lo".[209]

Considere essas perguntas e escreva todas as maneiras pelas quais suas necessidades físicas são atendidas e quais seus objetivos para suprir qualquer falta. Isso é como deixar cair o alfinete no seu mapa GPS do destino. Encontre o ponto A no seu mapa: você está aqui. Agora, onde você quer chegar? Esse é o ponto B. Em seguida, desenhe uma linha entre esses pontos com as tarefas adicionais necessárias para atingir esse objetivo. Este é o seu plano de Bruxaria. Agora que você sabe do que precisa, pode empregar técnicas mundanas e mágicas para cumprir esse plano.

Chacra Sacral: Definindo sua Bússola Moral
O sistema de chacras hindu associa o Chacra Sacro ao elemento Água. No entanto, ao longo do Caminho do Pentáculo, incluo essas necessidades com os mistérios elementais da Terra. O prazer é uma oitava mais alta dos recursos da Terra, em que não estamos apenas sobrevivendo, estamos prosperando.

---

209. Valiente, *The Charge of the Goddess*, 12–13

Através do Chacra Sacro desfrutamos os prazeres de nossa vida encarnada; gostamos de bolo de chocolate, não apenas de pão simples. O Chacra Sacral realmente toca todos os cinco corpos. Grande parte da existência humana está envolvida em nossas necessidades sexuais e no desejo de procriar. O chacra sacral também está associado à necessidade humana de toque físico (Terra), intimidade emocional (Água), nossas luxúrias e desejos primordiais (Fogo) e nossa identidade e autoexpressão (Ar). Em um paradigma baseado no Amor Divino, o Chacra Sacral até toca em nossa missão espiritual como Bruxas. Para facilidade e proximidade, essas lições sacras também equilibram nossos corpos físicos e o elemento Terra.

A condição do Amor Divino para o afeto e essa necessidade de intimidade do Chacra Sacro é ferida pela privação do toque e pelo medo do abandono. O termo que usamos nesses casos é "falta de toque" e muitas pessoas sofrem com os prejuízos psicológicos de não ter um toque seguro e platônico. Apertos de mão, abraços, tapinhas nas costas, dança, carinho – essa necessidade de afeto é muito maior do que apenas intimidade sexual. As feridas causadas pelo abandono, isolamento e rejeição social, e os terrores que muitas vezes resultam dessas feridas, podem ser evitados pelo apoio amoroso da cultura de parceria cooperativa da Bruxaria, que aceita e afirma a sexualidade como sagrada de forma saudável, equilibrada e consensual.

⁘ Exercício 4 ⁘
Construindo um Caráter Forte

O objetivo da maioria das filosofias esotéricas é "conhecer a si mesmo". Para um equilíbrio de nossas naturezas terrenas, descubra o que lhe dá prazer, o que você gosta e o que não gosta. Essas são as fronteiras terrenas que a Soberania nos pede para estabelecer e depois defender. O ponto para este exercício dentro da Bruxaria começa com a noção de que é sagrado e necessário aproveitar sua vida; seu consentimento é primordial, e isso inclui o cultivo cuidadoso e deliberado de seu caráter.

Seu caráter emerge de uma vida totalmente explorada, apreciada, desafiada e experimentada. A totalidade em todos os níveis resulta em escolhas benéficas. Mas antes que seu personagem possa ganhar força, ele precisa ser cultivado. Esse cultivo é outro benefício da Grande Obra de Magia da Bruxa e é a chave para internalizar nosso senso de autoridade que nada mais é que a confiança em seu caráter e no que você representa, para que possa confiar em sua intuição para tomar decisões acertadas por si mesmo. Caso contrário, continuamos infantilizados e vulneráveis à exploração.

Passo 1: Fazer Perguntas

Para este exercício, considere as seguintes perguntas sobre o que é prazeroso para você: que tipo de comida você gosta de comer? Que tipo de casa, roupa, música, entretenimento lhe traz alegria? Que tipos de recreação ou hobbies despertam você? Tão importante quanto, o que você não gosta?

E suas preferências sexuais? É sagrado amar, ser amado, tocar e ser tocado da maneira que você desejar. Temos todo o direito de buscar afeto consensual entre outros adultos, ou não, como preferirmos. (As palavras operativas aqui são consensuais e adultas). O que você deseja? Em quais atividades sexuais você não consente em participar?

E as questões sociais? A passividade dificilmente é um traço da Bruxaria; explore ideias sociais, filosóficas e políticas em todo o espectro para que você possa definir sua posição em questões importantes muito além de seu próprio quintal. O que é sagrado para você?

Lembre-se de que não há tabus puritanos para escravizar as Bruxas. Nenhuma extorsão dominadora pode "negar a carne" para nos envergonhar. No poema de Doreen Valiente, *O Credo das Bruxas*, somos incumbidos de "... beber o bom vinho para os Deuses Antigos, e dançar e fazer amor em seu louvor..."[210] No entanto, leva algum tempo e esforço para reprogramar esses medos profundamente arraigados e aprender a desfrutar nossa vida intencionalmente e dentro de um equilíbrio saudável.

Passo 2: Escreva sua Lista "Eu Sou"

Em seu Livro dos Espelhos, comece uma lista "Eu Sou". Passamos grande parte da nossa vida definindo quem não somos: não sou criança; não sou a religião dos meus pais; não sou uma vítima; não sou (insira qualquer pacote que alguém tentou enfiar em você). A fase do "não sou" é necessária para a diferenciação da nossa criação, mas uma Bruxa Soberana eventualmente

---

210. Valiente, *The Charge of the Goddess*, 19–21.

passa para o outro lado e passa a viver no "Eu Sou..." Eu Sou um adulto; Eu Sou uma Bruxa; Eu Sou um sobrevivente; Eu Sou (qualquer bela identidade que seja verdadeira para você).

Passo 3: Vá Fazer as Coisas

Nunca é tarde demais para se tornar o seu Eu mais completo e autêntico. Lembre-se de que a quarta Regra para Soberania Pessoal é estar presente para vencer. Além de apenas conhecer a si mesmo, como é possível se tornar totalmente você mesmo sem começar a fazer as coisas mais importantes? Com base nas perguntas e afirmações sugeridas, faça uma lista de todos os tipos de coisas que gostaria de experimentar, aprender, explorar ou se envolver, e então faça essas coisas como um ato de magia.

Aqui estão algumas ideias práticas para começar: explore sua sexualidade e, se sexo é algo que você gosta, aprenda a ser um bom ou uma boa amante (exigindo tanto um ouvido cuidadoso quanto uma fala correta). Explore a arte, música, comida e dança de outras culturas que você nunca experimentou antes. Desenvolva sua moda pessoal ou estilo de decoração de interiores. Leia todos os tipos de literatura, não apenas os livros com os quais você já concorda. Viaje para algum lugar totalmente fora da sua zona de conforto. Seja voluntário em campanhas políticas locais ou outras formas de ajuda ou ativismo social.

Passo 4: Cultive Relacionamentos

Mais importante ainda, ao trilhar o Caminho da Terra, lembre-se de suas interconexões e cultive amizades. Em última análise, as práticas de Bruxaria são sobre a construção de relacionamentos que têm limites saudáveis. Temos que nos dar bem com poderes visíveis e invisíveis se quisermos criar um mundo melhor. "Feliz encontro e feliz partida, um bom momento em sua vida."[211] Pense nisso. Se você não pode trabalhar bem com pessoas humanas, que chance tem de trabalhar bem com os espíritos selvagens da Natureza? Os poderes do elemento Terra podem ajudar.

---

211. Mathiesen e Theitic, *The Rede of the Wiccae*, 52–53.

Figura 27: Imagem do papel de embrulho da vela do elemento Terra por Heron Michelle

Formulário para o Elemento Terra

À medida que o Yule diminui em direção ao Solstício de Inverno, há artesanatos mágicos e preparativos a serem feitos. Para a magia a seguir, você vai precisar de alguns suprimentos. Escolha um momento favorável para criar seu incenso, óleo e vela do elemento Terra. Consulte a tabela na sequência para as correspondências elementais da Terra e faça as substituições necessárias para se adequar aos materiais disponíveis regionalmente e acessíveis para você.[212]

---

212. Eu montei esses gráficos de correspondência de elementos a partir de muitas fontes, mas uma boa referência é *Llewellyn's Complete Book of Correspondnces,* da Sandra Kynes.

Correspondências Elementais da Terra	
Símbolo Alquímico	▽
Cor	Verde
Estado da Matéria	Sólido
Direção	Norte
Hora do dia	Meia-noite
Fase da vida	Declínio/morte
Estação	Inverno
Qualidades alquímicas	Frio e seco
Gênero mental	Yin, feminino, gênero fluído
Governa	Corpo físico: praticidade, quietude, contemplação
Poder Projetivo	O poder de ficar em silêncio
Poder Receptivo	O poder de ressoar
Seres Elementais	Gnomos
Soberano Elemental	Ghob/Gob
Ferramenta Mágicka	Pentáculo patena, altar, vassoura, mão aberta, corpo humano
Consagração	Sal
Influência Planetária	Terra, Saturno ♄, Vênus ♀
Dia da semana	Sábado para Saturno, sexta-feira para Vênus
Signos astrológicos	CARDINAL: Capricórnio; FIXO: Touro; MUTÁVEL: Virgem
Cristais	Alexandrita, amazonita, calcita-verde, crisocola, esmeralda, fluorita, jade, madeira petrificada, quartzo-fumê, turmalina (preta, rosa ou verde), diopsídio, peridoto, jaspe (musgo verde).
Metais	Chumbo (use com cuidado!)
Ervas	Confrei, hera, patchouli, agulha de pinheiro, madressilva, verbena, cinco-em-rama, grãos, raiz High John (glória da manhã)
Árvores/Bosques/Cascas	Cinza, cedro, olmo, ancião, zimbro, magnólia, bordo, carvalho, pinho, abeto
Resinas	pinho, bordo
Criaturas	Touro, cervo, cabra, urso, besouro, búfalo, veado, cachorro, elefante, tartaruga, texugo, javali, marmota

✣ Exercício 5 ✣
Elaboração do Formulário da Terra

Momento favorável

Ciclo lunar crescente, de preferência enquanto a Lua estiver em um signo da Terra, de Touro, Virgem ou Capricórnio e/ou nos dias/horas de Vênus (sexta-feira) ou Saturno (sábado). Escolha um momento propício para "dar vida" a esses materiais em suas formas combinadas. Uma vez concluídos, eles cumprirão o destino das estrelas sob as quais foram feitos.

Você vai precisar de:

- Veja as prescrições a seguir para materiais e equipamentos específicos para cada receita.
- A elaboração de formulários realmente coloca o "trabalho" em um altar de trabalho, portanto, certifique-se de ter área de superfície suficiente para se espalhar, fazer uma bagunça alegre e ser artisticamente criativo.
- Elementos de consagração, incluindo um carvão vegetal em um incensário para testar sua mistura de incenso (preparada anteriormente).
- Adicione qualquer coisa que ajude sua conexão com as energias elementais da Terra: cristais, plantas vivas, etc.

Preparação

Desperte e consagre seu altar com o Ritual 1 no capítulo 9. Convoque seus guias espirituais para estarem presentes e inspirarem suas criações mágickas.

Para carregar qualquer material que represente o elemento Terra, entoe este feitiço baseado em "Flag, Flax, Fodder and Frigg", uma antiga bênção saxônica. Frig é o nome nórdico da Deusa do lar. Seu significado é: "que você sempre tenha uma casa para morar, roupas para vestir, comida para comer e alguém para amar".[213]

Feitiço de Bênção da Terra

Poderes da Terra, de Ghob e gnomos,
Flag, Flax, Fodder and Frigg, pedras fundamentais.
Venham poderes de crescimento e de Soberania.
Assim eu farei, assim será!

---

213. Valiente, *Witchcraft for Tomorrow*, 65.

❧ Incenso do Elemento Terra ☙
Magia Planetária da Terra

Esta receita de incenso é eficaz em qualquer viagem ou feitiço nos quais o poder elemental da Terra possa ajudar a manifestar sua intenção – traz silêncio, ressonância, aterramento, estabilidade, prosperidade, crescimento e boa saúde.

Você vai precisar de:
- Almofariz e pilão para moer e misturar ingredientes secos
- Duas partes de madeira de base – pós de olmo, cedro ou casca de pinheiro (Terra)
- Duas partes de resina – de pinho ou piche
- 1/2 parte de patchouli (Saturno)
- Uma parte de agulhas de pinheiro (Terra)
- Uma parte de flores de madressilva (Terra)
- Óleos essenciais (opcional) – 9 gotas de cada de patchouli e pinho
- Duas partes de glicerina vegetal para dar liga
- Nove lascas de pedra de turmalina-negra (ou substituto)
- Um frasco de cor escura com tampa e abertura grande o suficiente para caber sua colher de incenso; vidro verde é ideal

Práxis

Em seu almofariz e pilão, moa com um movimento em deosil todos os ingredientes da planta até ficarem relativamente moídos. Ao adicionar cada ingrediente, convide seus espíritos para ajudar em seu trabalho terreno e agradeça-os. Adicione o óleo essencial (opcional) e a glicerina e mexa para misturar e dar liga. Adicione lascas de pedra. Com o dedo de Saturno (meio) de sua mão projetiva, desenhe o sigilo alquímico da Terra no incenso. Transfira a mistura para o frasco e segure-o nas mãos.

Entoe o Feitiço de Bênção da Terra três vezes. Carregue com os poderes elementais da Terra, imaginando um belo paraíso terrestre de vegetação luxuriante. Visualize a energia natural dessa paisagem brilhando em uma luz esverdeada. Agora direcione essa luz através de sua mente e de suas mãos, para a mistura. Visualize a mistura verde brilhante.

Rotule o frasco, incluindo a data e os sigilos da Terra – Saturno e Vênus – para continuar carregando. Queime um pouco no carvão para testar o cheiro e aprofundar as energias terrenas enquanto continua trabalhando.

❧ Óleo de Unção do Elemento Terra ☙

Este óleo pode ser usado para ungir velas, você mesmo ou outros itens mágicos, para causar afinidade com objetivos físicos.

Você vai precisar de:
- Frasco de vidro de cor escura
- Mistura de três gotas de cada um dos óleos essenciais de patchouli e pinho
- Três lascas de pedra de turmalina-negra (ou substituto)
- Conta-gotas

   Encher até o topo com óleo de jojoba para uma vida útil mais longa ou outro óleo carreador para uso a curto prazo

Práxis

À medida que você adiciona cada ingrediente, dê pequenos tapinhas no vidro e nas lascas de pedra para despertar os poderes de crescimento e abundância do elemento Terra. Convide seus espíritos para fazer parte de sua equipe mágicka e agradeça por todas as manifestações que eles o ajudarão a alcançar. Quando tudo estiver montado dentro do frasco, tampe-o e misture os óleos em deosil. Carregue e sele o frasco com a visualização anterior, entoando o Feitiço de Bênção da Terra três vezes. Rotule-o com o nome, data e sigilos da Terra para continuar carregando. Unte o Chacra da Raiz (no cóccix) e o Chacra Sacral (parte inferior da barriga) com o óleo para continuar alinhando seu corpo com as energias elementais da Terra enquanto continua trabalhando.

❧ Vela do Elemento Terra ☙

Da mesma forma que você preparou sua Vela de Dedicação, prepare uma Vela de Santuário (votiva, de sete dias) em um pote de vidro, para canalizar os poderes do elemento Terra.

Você vais precisar de:
- Vela de Santuário verde, em frasco de vidro (votivas ou de sete dias). Essas velas medem 5,5 x 20 centímetros de altura e suas recargas tem cerca de 5 centímetros de largura.
- A imagem da figura 27 pode ser copiada e colorida para criar um embrulho para a vela ou você pode decorar criativamente seu próprio pedaço de papel de forma simples.

- 33 centímetros de fita ou cordão verde
- Chave de fenda de cabeça chata ou um perfurador com uma ponta adequada
- ½ colher de chá de incenso do elemento Terra (preparado anteriormente)
- 3 gotas de óleo de unção do elemento Terra (preparado anteriormente)
- 3 pequenas lascas de turmalina-negra ou outra variedade de pedra (consulte a tabela para opções)

Práxis

No lado em branco do papel de embrulho da vela, escreva uma Chamada de Abertura do Portal da Terra. Componha sua própria Chamada ou faça referência às fornecidas no Ritual 2. Se você não estiver usando a imagem fornecida na figura 27, decore a parte externa da embalagem com imagens do elemento Terra, como montanhas, Pentagrama, gnomos, moedas, o círculo de cruz, símbolo alquímico da Terra, glifos planetários de Saturno ♄ e de Vênus ♀, etc.

Com a chave de fenda ou o perfurador, faça três furos na cera com cerca de 2,5 centímetros de profundidade. Carregue a vela enfiando um pouco de incenso do elemento Terra nos buracos com um pauzinho. Cubra com uma lasca de pedra em cada buraco. Em seguida, unte com três gotas de óleo elemental da Terra e esfregue-o ao redor da cera, em deosil, com o dedo nu.

Enrole a embalagem de papel no frasco e amarre com o cordão ou fita verde. O carregamento desta vela ocorrerá durante a jornada ritual para o elemento Terra mais tarde.

Viagem aos Reinos da Terra

Este ritual interativo mescla a realização de ações rituais no Templo externo com uma jornada meditativa dentro de seu Templo Astral, imaginada dentro do olho da mente. A meditação guiada no início ajuda a Bruxa a atingir um estado de consciência de "alfa elevado". Este é o estado de ondas cerebrais de 7 a 13Hz, que todos nós experimentamos quando sonhamos acordados. Passamos por este estado quando estamos prestes a adormecer. O autor Christopher Penczak chama isso de "consciência ritual", um estado meditativo funcional onde você "se aprofunda em sua experiência interior... permanecendo calmo, relaxado e consciente, mas ainda sendo capaz de andar, acender velas, falar e assim por diante".[214] Quando solicitado, entoe ou fale em voz alta, acenda velas,

---

214. Penczak, *Inner Temple of Witchcraft*, 87.

jogue incenso nas brasas, etc. Com a prática, você vai aprender a manter a visão interior enquanto seus olhos estão abertos e levemente focados na realização do rito. A jornada ritual é melhor encenada ouvindo uma gravação da meditação ou enquanto alguém a lê em voz alta para você.

❧⋅⋅ Ritual 4: Templo do Elemento Terra ⋅⋅❧

Começamos nosso ciclo ritual chamando a essência do elemento Terra do Quadrante Norte e depois fazendo uma viagem guiada através de seu Templo Astral até o plano terrestre elemental. O objetivo é buscar parceria com gnomos e o Soberano Ghob e receber o conhecimento sobre as ferramentas mágicas da Terra e quais aliados de pedra, cristal ou metal podem melhor ajudar sua Soberania.

Ao contrário da criação completa do Templo, este Espaço é aberto apenas para o elemento Terra. As jornadas elementais são mais impactantes quando feitas na natureza, perto de onde o elemento está naturalmente, e sem interrupções. Uma caminhada ou acampamento na floresta seria o cenário perfeito para esses ritos. No entanto, você pode realiza-lo em qualquer lugar.

Momento favorável
Durante o segundo ciclo lunar mais próximo do Solstício de Inverno, no período lunar crescente, quando a Lua está em um signo de Terra (Touro, Virgem ou Capricórnio).

Você vai precisar de:
- Elemento de consagração: tigela com sal marinho como oferenda aos seres elementais
- Objetos que evoque o elemento Terra para colocar em seu altar: toalha de mesa verde, pedras e cristais, uma planta em crescimento, flores, etc.
- Incensário com areia; carvão vegetal redondo, como aqueles usados para narguilés; pinças; colher pequena e isqueiro ou caixa de fósforos
- Mistura de incenso de ervas do elemento Terra
- Óleo de unção do elemento Terra
- Vela de dedicação para o Espírito
- Vela verde dedicada ao elemento Terra, preparada com cordão ou fita verde
- Pelo menos um cristal do elemento Terra para segurar: um quartzo-fumê, turmalina-negra ou um substituto
- Seu Livro dos Espelhos e uma caneta

- Diagramas do elemento Terra com Pentagramas de Invocação e Banimento. Para fácil referência, veja a figura 24.
- Um Athame, se você já tiver um, ou apenas seu "athame natural", os dedos indicador e médio de sua mão projetiva. O dedo médio dirige o poder de Saturno.
- Dispositivo para reproduzir uma gravação da viagem guiada

Preparação

Comece com uma limpeza física e organização do Espaço Ritual e do seu altar. Tome banho e vista-se com roupas frescas e confortáveis, de preferência descalço e com os cabelos soltos, ou nu, como preferir.

Monte seu altar de trabalho de maneira acessível diante de você, organizado de tal forma que possa meditar confortavelmente e ainda alcançar tudo facilmente.

Unte-se com um óleo do elemento Terra entre a raiz e o Chacra Sacral, perto do topo do osso púbico. Acenda sua vela de dedicação para acolher o Espírito, que está sempre presente. Coloque no incensário o carvão vegetal aceso, para queimar o incenso solto preparado anteriormente.

Práxis

Consagração do Altar: desperte seu altar para o elemento Terra. Mude sua consciência para suas raízes profundas no alicerce. Respire profundamente e estabeleça o fluxo de poder conectando você aos Três Reinos. Inspire esse poder da Terra em forma de luz verde; expire através de sua mão projetiva. Segure a tigela com sal nessa mão. Visualize a luz verde extraída da própria terra para impregnar o sal.

Diga: *Eu carrego este sal como um ser da Terra*. Desenhe um Pentagrama de Banimento no sal com o dedo médio projetivo.

Diga: *Poderes da Terra, livre de qualquer impureza este Espaço Sagrado*. Polvilhe três pitadas de sal sobre o altar. Visualize uma energia verde imbuindo o altar.

Consagração: ande pelo perímetro do seu Círculo com a tigela com sal, polvilhando e cantando: *eu consagro este Círculo pelos poderes da Terra*. Apresente o sal ao Quadrante Norte e diga: *Como sua Bruxa da Terra, eu o saúdo com a Terra e peço que você libere quaisquer energias maléficas deste Círculo esta noite. Assim seja!*

Templo: lance seu Círculo com o Cone de Poder Awen como ensinado no Ritual 2; feche a esfera acima e abaixo.

Abra o Portão do Norte: conforme ensinado no Ritual 2. Fique de frente para o Norte. Fique em uma Postura de Evocação da Terra. Expire e veja a luz verde da Terra irradiando de sua mão projetiva. Sua mão receptiva está preparada para receber a energia que chega. Fique em pé, queixo para cima, ombros para trás; fale com autoridade, a partir do diafragma.

Diga: *Poderes do Norte! Essência da Terra! Eu os convoco a este Espaço Sagrado! Gnomo, Soberano(a) Ghob do Reino da Terra! Estejam comigo agora e emprestem seus poderes de manifestação, estabilidade e Soberania. Fortaleçam meu corpo para o trabalho em mãos! Despertem suas lições de silêncio e ressonância dentro de mim. Espíritos da caverna escura e pedras cobertas de musgo, venham crescendo verde esse solo rico e fértil. Venham da semente até a raiz e a copa da árvore para nutrir e manifestar esta magia. Eu vos recebo com gratidão. Salve e sejam bem-vindos.*

Desenhe o Pentagrama de Invocação da Terra com o athame natural de sua mão projetiva. Veja a estrela que brilha uma luz verde da Terra no Quadrante Norte. Contorne o Pentagrama em deosil, destravando-o. Leve seus dedos em direção aos lábios, puxando uma espiral do elemento Terra. Beije o athame natural (dedos), e então, com a mão sobre o coração, faça uma reverência para essa direção.

Sente-se e prepare-se para meditar. Comece a gravação desta jornada guiada.

❧·· Meditação 5 ··❧
Viagem Guiada aos Reinos da Terra

Feche seus olhos; respire fundo. Imagine seu Eu mais mágico sentado em uma cadeira confortável em uma sala aconchegante dentro de sua mente. Está quieto e tranquilo em seu Santuário mental. Seus olhos são agora uma janela em uma parede distante daquela sala. Qualquer ruído ou pensamento disperso que o distraia são apenas pássaros voando por aquela janela distante... Liberte-os sem medo! (Pausa).

Há uma claraboia acima de você e um suave raio de luz divina brilha sobre seu Chacra Coronário. Inspire a luz. Faça três respirações profundas. Inspire pelo nariz e expire pela boca... liberando toda a tensão. (Pausa para três respirações). Você está perfeitamente à vontade em todos os níveis. (Pausa).

Uma porta linda, toda ornamentada, aparece em sua mente. Abra essa porta e encontre uma escada em espiral que desce mais além. Inspire. A cada expiração você desce mais fundo em sua mente subconsciente, internalizando até seu próprio ventre. Quando chegar ao pé da escada, você atingirá à sua encruzilhada interna. Mais doze passos abaixo, girando, girando, e você pisa no último degrau da escada em espiral.

Diante de você está pendurado um espelho, um Portal para os reinos astrais, onde todas as coisas são possíveis por um mero pensamento. Imagine seu Templo Astral através do espelho. (Pausa).

Diga em voz alta: *Minha intenção é viajar ao meu Templo Astral e ao plano elemental da Terra para aprender os mistérios do silêncio e da ressonância. Trilho o Caminho da Soberania, buscando um relacionamento com os seres que governam a essência da Terra, os gnomos e seu/sua Soberano(a) Ghob. Desejo receber minha ferramenta do elemento Terra e aliados de pedra para auxiliar meu equilíbrio físico. Invoco meus guias, deuses e ancestrais para me manter seguro e me mostrar o caminho. Abençoado seja.* (Pausa).

Na contagem de três, atravesse o Portal e chegue ao caminho para o seu Templo. Um, dois, três, atravesse!

Você chega no Plano Astral; a grande Árvore do Mundo assoma a distância. Desta vez, pegue o caminho do Templo que está diante de você. Desça, desça, continue descendo pelo caminho que você percorreu, veja a luz brilhante do seu Templo logo à frente. Sinta o cheiro doce do incenso do Templo queimando, atraindo você para casa.

Você chega à porta do seu Templo Astral e entra. Este lugar sagrado é perfeitamente adequado às suas necessidades. As águas puras do Amor Divino fluem frias e refrescantes de seu lugar de Água. A brisa da inspiração divina sopra suavemente, frescas e agradáveis, do seu lugar de Ar. As chamas sagradas de sua Vontade Divina brilham intensamente de seu lugar de Fogo. Encontre agora seu lugar de Terra, o caminho para o coração do seu Templo, seu próprio altar de barro, amplo e estável. Fique diante do seu altar resistentemente.

No altar, várias coisas estão espalhadas diante de você: uma vela verde, um pote de incenso de ervas e um incensário com brasas preparadas para sua cerimônia. Polvilhe um pouco de incenso sobre o carvão quente para chamar de "Terra". À medida que a fumaça aumenta, os aromas aprofundam suas conexões terrenas.

Diga em voz alta: *Bem-vindos, espíritos vegetais de olmo e pinheiro, copal e patchouli, madressilva... Abra o caminho para os reinos da Terra. Ajude-me agora com seus poderes!*

Sobre o altar está um cristal ou uma pedra. Pegue esta pedra e segure-a em sua mão receptiva. Mude sua atenção para a superfície da pedra em sua mão e perceba como você a sente contra sua pele. Sinta a solidez da pedra.

Observe como ela está, fria, quente? Lisa, áspera? Sinta sua estrutura. Sinta seu peso inflexível. Ouça agora enquanto a pedra lhe ensina suas lições de solidez e silêncio. (Longa pausa).

Não existe matéria, apenas uma energia tão densa que pode ser percebida. (Pausa). Você também é feito de energia; não há diferença entre você e a borda dessa pedra. Ajuste sua frequência para combinar com a pedra. Agora, aprofunde sua mente na própria pedra; empurre da superfície para a estrutura cristalina da pedra; ela emite uma vibração. (Pausa).

Encontre os espaços entre a matriz da pedra e vá ainda mais fundo, até suas moléculas. Observe o padrão e a ordem desta matriz. (Pausa).

Continue se aprofundando, agora até seus átomos. Encontre um vasto espaço aberto. Encontre o pulso e o ritmo na rotação dos elétrons como um Sistema Solar. No fundo, no fundo, encontre um movimento de potencial infinito. (Pausa). Vá mais fundo agora, encontrando informações reais. Profundo, profundo, até a ressonância da pedra. Tudo vibra. Ouça agora enquanto a pedra lhe ensina suas lições de vibração e ressonância. (Pausa).

Puxe sua atenção de volta agora, volte por onde veio, através dos elétrons, átomos, moléculas, matriz, volte a sentir a borda da pedra entre seus dedos – separe-se dela mais uma vez. Coloque a pedra de volta em seu altar.

Agora, pegue sua vela verde e segure-a em sua mão projetiva. Lembre-se dessa conexão com o reino material ao seu redor. Canalize esse poder terreno através de suas mãos para dentro da vela. Desperte a cera para o poder da Terra. Bata no vidro da vela três vezes até vê-lo brilhando em verde no olho da sua mente. Agora acenda a vela verde.

A luz do Templo se aprofunda; as sombras se projetam contra a luz suave, como o solo de uma floresta. A própria medula de seus ossos desperta; sua visão se alonga à medida que você sente uma mudança; os poderes da Terra estão retumbando nas proximidades.

No olho de sua mente, fique de frente para o Quadrante Norte do seu Templo. Segure as palmas das mãos abertas paralelas ao chão, firmes como a rocha.

Com poder na voz, diga em voz alta: *Poderes da Terra! Você que é labuta, resistência e forma. Eu invoco seus seres elementais, os gnomos, e procuro conhecer seu Soberano(a), Ghob! Estabilize e me dê substância. Conceda-me entrada em seus reinos terrenos! Abra o Portal e me mostre o caminho!*

Um Portal no Norte aparece. Veja-o claramente ao se aproximar do portão; símbolos ou imagens adornam sua moldura. Lembre-se deles. (Pausa).

Você ouve os sons de uma floresta ou selva viva além do portão. A vida crescendo, veloz, fervilhante, a umidade do solo úmido, sua decadência e floração. (Pausa).

A energia verde cintilante flui através do Portal e preenche seu campo áurico. Facetas cristalinas se formam ao redor da borda de sua aura. Você está protegido, como o equipamento de segurança de um mineiro. Sua densidade muda com sua vibração áurica conforme ela ressoa com a essência da terra.

Toque no Portal e ele se abrirá. Avance pelo Portal para pousar suavemente em um caminho de terra macia em uma floresta escura. Aprecie os detalhes deste ambiente exuberante. Ouça o zumbido e o clique de insetos escondidos, o arranhar e o chilrear das criaturas entre a folhagem farfalhante, o ranger e o timbre das árvores na brisa. A vitalidade da terra infunde você em silêncio e admiração. (Pausa).

A borda cristalina de sua aura forma uma lente. Através desta lente você agora vê as interconexões dentro deste ecossistema: veja a matriz de toda a vida. Olhando mais de perto agora, você também vê as criaturas elementais da Terra – seres conhecidos como gnomos estão se aproximando de você agora. Eles espiam por trás das rochas e folhas. Como eles se apresentam para você? (Pausa).

Esses Guardiões da Terra essencial mostram como cada ser deste ecossistema trabalha em conjunto. Ilustrando a história de como a luz do sol, o ar, minerais e as águas são energia para criar toda a vida aqui na Terra. Receba a visão. (Longa pausa).

Siga os gnomos pelo caminho mais profundo em seu reino e experimente o entrelaçamento... em perfeito equilíbrio de nascimento, crescimento, procriação, morte, decadência e renascimento. Siga-os agora... (Longa pausa).

Os gnomos levam você à boca de uma abertura na terra. Esta abertura leva você profundamente em seus reinos subterrâneos, onde seu Soberano, Ghob, o encontrará em uma câmara de audiência. O caminho para baixo é iluminado com uma fosforescência para que seja fácil de ver. Com os gnomos como seus guias, você está seguro. Siga-os pelo caminho fosforescente nas profundezas da rocha fria e escura. (Pausa).

Há um brilho por toda parte e os veios brilhantes de ouro, prata e cobre levam você a uma grande caverna aberta. Olhe ao redor... há estruturas de cristais cintilantes, majestosas formações de pedra. Como eles se parecem? (Pausa).

Ao entoar em voz alta o nome de Ghob, definimos uma vibração ressoante para convocar o Soberano à sua câmara. Em um tom profundo, cante *Ghob* em três respirações longas e sustentadas. Respire fundo... Recite em voz alta: *Ghob... Ghob... Ghob...* (Pausa).

A consciência coletiva da essência terrena se reúne na rocha circundante e se aglutina como o Soberana da Terra. Ghob aparece diante de você. Apresente-se. Lembre-se de todos os detalhes de sua aparência. (Pausa).

Você pergunta em voz alta: *Ghob! Eu busco sua orientação ao longo do meu caminho de Soberania pessoal na vida!* Ghob compartilha sua sabedoria com você agora... (Longa pausa).

Você pergunta em voz alta: *Ghob, por favor, ensine-me suas lições de silêncio. Qual a melhor forma de manter o espaço da presença consciente em minha vida?*

Ghob convida você a uma jornada para aprender o poder do silêncio. (Longa pausa).

Você pergunta em voz alta: *Ghob, por favor, ensine-me as lições da ressonância. Qual a melhor forma de definir uma frequência dentro do vazio potencial? O que devo manifestar em seguida para o meu bem maior?*

Ghob convida você a uma jornada para aprender o poder da ressonância... (Longa pausa).

Você pergunta em voz alta: *Ghob, você fará parceria comigo na minha magia?* (Pausa).

Se sim, você pergunta novamente em voz alta: *Qual Instrumento mágico melhor convoca os poderes dos gnomos e do elemento Terra para minha Grande Obra? Talvez um Pentagrama, uma Patena ou uma Vassoura?*

Ghob agora apresenta essa ferramenta. Observe os detalhes do Instrumento com muito cuidado. (Pausa). A você é mostrado onde e como pode obter esta ferramenta no Mundo Médio. Receba a visão. (Pausa).

Você pergunta a Ghob: *Qual pedra, cristal ou metal ajudará melhor no meu equilíbrio de Soberania?*

Ghob lhe dá o presente e uma visão para ajudar a identificá-lo claramente. (Pausa).

Aceite esses presentes e visões com gratidão ao se despedir. Ghob se desmaterializa e desaparece.

Os gnomos agora levam você de volta à superfície de onde veio. Cada vez mais alto, você segue esse caminho fosforescente. De volta à abertura da caverna, de volta à floresta. Dê adeus aos gnomos. Eles se camuflam mais uma vez e são obscurecidos de sua vista.

De volta ao portão, retornando ao seu Templo, dê um passo para trás através desse Portal e o escudo verde cristalino é derramado atrás de você, reabsorvido pelos reinos da Terra. Sua vibração muda e ilumina seu retorno ao estado normal.

Volte para o seu altar. Colocando seus presentes, ferramentas e pedras sobre o altar, você se lembra das lições com perfeita clareza. Reserve um momento para refletir sobre tudo o que aprendeu, lembrando-se de que pode retornar ao seu Templo e aos portões da Terra sempre que desejar.

Agora é hora de retornar ao Mundo Médio. Saindo pelo Portal do Templo, seguindo o caminho de volta por onde veio, procurando o espelho, aquele Portal de volta ao seu corpo. Veja seu corpo através do espelho. Quando passar por este Portal, mais uma vez siga o cordão umbilical de volta ao seu próprio ventre. Em três passos, três, dois, um, atravesse!

A partir dessas encruzilhadas em seu centro, suba a escada em espiral, cada vez mais alto, doze degraus para a consciência desperta, emergindo de volta para a sala de meditação em sua mente e fechando a porta ornamentada no chão atrás de você.

Diga em voz alta: *Agradeço aos meus guias, deuses e ancestrais – e a todos aqueles que me mantiveram seguro e me mostraram o caminho. Sejam abençoados.* Alongue seus músculos. Mova-se para a janela de seus olhos e abra-os para encontrar seu Templo externo esperando.

⁂ Reflexão do Diário ⁂

Em seu Livro dos Espelhos, registre as mensagens de seus aliados, desenhe suas visões e explore seus pensamentos e sentimentos sobre a experiência. Quando terminar, desconstrua seu Templo.

⁂ Desconstruindo o Templo ⁂

Feche o Portal elemental, ficando de frente para o Norte na Postura do Elemento Terra, athame natural erguido em saudação.

Diga em voz alta: *Poderes do Norte! Essência da Terra! Gnomos e Soberano(a) Ghob! Agradeço por sua robusta presença e ajuda nestes ritos. Continue fortalecendo meu corpo e a Grande Obra ao longo do Caminho da Soberania. Por enquanto, eu os libero para seus reinos justos e terrenos. Salve e adeus!*

Veja a haste verde e todos os poderes retrocedendo pelo Portal do seu Círculo. Desenhe o Pentagrama de Banimento da Terra com seu athame natural, como uma chave na fechadura. Conforme você circunda a estrela em sentido contrário, veja o Portal se fechando e travando.

Mais uma vez, beije seu Athame ou dedos, mas desta vez siga em frente como um esgrimista com um gesto de empurrar em direção ao Quadrante, brandindo sua lâmina com determinação feroz. Direcione qualquer energia restante para fora do seu reino.

Libere o Círculo juntando a esfera em suas mãos, cada vez menor até que ela seja imaginada como uma bola brilhante sobre o altar. Carregue a bola para iluminar ainda mais o seu trajeto ao longo do Caminho do Pentáculo. Grite: *Liberte-se!* Enquanto você joga a esfera para cima, em direção ao Cosmos, batendo palmas três vezes e dizendo: *O Círculo está aberto, mas nunca quebrado, Feliz encontro, feliz partida e feliz encontro novamente.*

Magia da Soberania

Com suas alianças recém-feitas com o elemento Terra, planeje um feitiço holístico de abundância e sucesso para ajudá-lo a atingir seus objetivos físicos e de Soberania. Este ritual desperta sua conexão com a vasta fonte de poder cósmico que já flui através de você. O resultado final desta magia é uma mudança de perspectiva da ilusão material finita para a ressonância infinita potencial. Através deste feitiço, reivindique seus poderes fenomenais e aproveite a abundância e os prazeres terrenos enquanto cria sua vida Soberana ideal.

Feitiço 1: Eu Sou a Magia

Este feitiço de abundância Soberana cria uma bolsa de encantamento que você usará para harmonizar os sete chacras e os cinco corpos alinhados com os elementos. Esteja atento para selecionar materiais pequenos o suficiente para que todos caibam na bolsa que você escolher. Não precisa de muito, substitua conforme necessário.

Influência Planetária
Terra, Saturno e Vênus

Momento favorável
Em uma sexta-feira ou sábado, durante uma fase de lua crescente quase cheia, em Touro, Virgem ou Capricórnio.

Você vai precisar de:
- Tigela com sal; óleo e incenso do elemento Terra, incensário, carvão vegetal redondo e suas ferramentas mágicas
- Dedicação e velas do elemento Terra
- Um saquinho ou uma pequena bolsa de couro com alça para guardar todos os seus ingredientes e que possa ser facilmente usada com você diariamente
- Quadrado de papel com cerca de 7,5 x 23 centímetros
- Uma caneta em tinta preta, marrom ou verde
- Para a bolsa de encantos, você vai precisar de nove itens no total, um para cada um dos nove chacras principais que alimentam a Joia do Poder da Bruxa
- Corpo Espiritual
    - Deusa, Chacra Estrela da Terra: azeviche (Terra, Saturno)
    - Deus, Chacra Estrela da Alma: palito de fósforo de madeira (Fogo)
    - Chacra Coronário: quartzo transparente ou ametista (Espírito)
- Corpo Físico
    - Chacra Raiz: bolota de carvalho (Terra, Júpiter, Sol)
    - Chacra Sacral: moeda de cobre (Vênus, Água)
- Corpo da Vontade
    - Chacra do Plexo Solar: pequeno prego de ferro ou aço ou pedra hematita
- Corpo Emocional
    - Chacra do Coração: quartzo-rosa ou pétalas de rosa (Vênus, Água)
- Corpo Mental
    - Chacra da Garganta: vagem de anis-estrelado (Ar, Júpiter)
    - Chacra do Terceiro Olho: lápis-lazúli (Vênus, Ar)
- Um fósforo de madeira pequeno. Esta centelha de fogo traz os outros ingredientes "à vida" como uma entidade talismânica. O escritor Orion Foxwood me apresentou pela primeira vez a essa técnica de Conjuradores do Sul. Como o Dr. Frankenstein montando partes de sua criação, quando ele aciona aquele interruptor de eletricidade, é quando sua criação chega à vida mágicka.

Práxis

Defina, desperte e consagre seu altar. Purifique-se com os quatro elementos ensinados no Ritual 1. Unte seus sete chacras com um óleo do elemento Terra.

Lance seu Círculo. Abra o Portal para o elemento Terra e chame Ghob e os gnomos para ajudar a construir sua Soberania por meio de recursos materiais.

Convide para estar presente seus guias, ancestrais e espírito. Chamar a Deusa Vênus e o Deus Saturno é apropriado se você se sentir confortável em fazê-lo. Peça a ajuda deles para construir sua vida ordenada, disciplinada e prazerosa no Mundo Médio.

No papel, escreva uma declaração de intenção em tinta preta, marrom ou verde. Por exemplo: *Eu (seu nome) invoco o Deus/Deusa para ajudar minha abundância e equilíbrio Soberanos, para obter meu controle, autoridade e segurança de dentro de minhas interconexões divinas. Poderes da Terra, Vênus e Saturno, manifestem meus objetivos de* (listar seus objetivos). *Para o bem maior de todos os envolvidos, não prejudicando a ninguém. Assim seja!* Adicione os sigilos da Terra, Vênus e Saturno. Com o dedo médio (Saturno), pingue uma gota de óleo do elemento Terra em cada canto do papel enquanto canta o seguinte feitiço:

> *Fonte abaixo para fonte acima,*
> *Vontades alinhadas com o Perfeito Amor,*
> *Minhas necessidades são atendidas abundantemente.*
> *Pela facilidade de Vênus e autoridade de Saturno,*
> *Eu reivindico minha Soberania pessoal.*
> *Canal aberto, a terra flui através de mim,*
> *Eu sou a magia, assim seja!*

A cada passo do feitiço a seguir, segure o material e mude sua consciência para ele, assim como você se conectou à pedra durante a meditação da jornada terrestre. Repita as afirmações em conjuntos de três. Construa uma cadência e poder na voz. Cante-as se isso parecer certo. Quando a conexão estiver completa, termine com "Eu sou a magia" declarado com autoridade e, em seguida, solte o item na bolsa.

Conecte-se ao azeviche e diga: *Através da Deusa, eu cresço compassivamente.*
Repita (3x): *Eu sou a magia.*
Conecte-se à bolota e diga: *Através da Terra, eu cresço abundantemente*
Repita (3x): *Eu sou a magia.*
Conecte-se ao cobre e diga: *Através de Vênus, vivo com prazer.*
Repita (3x): *Eu sou a magia*

Conecte-se ao ferro ou hematita e diga: *Através do Fogo, ajo com integridade.* Repita (3x): *Eu sou a magia.*

Conecte-se ao quartzo-rosa ou pétalas e diga: *Através da Água, amo incondicionalmente.* Repita (3x): *Eu sou a magia.*

Conecte-se ao anis-estrelado e diga: *Pelo Ar, falo com autenticidade.* Repita (3x): *Eu sou a magia.*

Conecte-se ao lápis-lazúli e diga: *Através do espírito, percebo com clareza.* Repita (3x): *Eu sou a magia.*

Conecte-se ao quartzo transparente ou ametista e diga: *Através de Saturno, sou coroado em Soberania.* Repita (3x): *Eu sou a magia.*

Segure cuidadosamente a bolsa aberta com o polegar e o dedo indicador em um anel ao redor do topo, mas não segure a bolsa com os dedos restantes ou você pode se queimar nesta próxima parte mais complicada.

Conecte-se ao fósforo de madeira e repita três vezes: *Pelos fogos celestiais do Deus, acenda...*

Acenda sua vela do Espírito, enquanto diz com autoridade: *Eu Sou a magia!*

Com um floreio dramático, enfie o fósforo inteiramente na bolsa e aperte a parte superior dela para apagá-lo. (Isso é um dos motivos pelo qual eu prefiro bolsas de couro para feitiços – menos inflamáveis). Deixe o palito de fósforo na bolsa.

Enrole o papel de intenção firmemente e adicione-o à bolsa.

Feche os cordões, segurando a boca do saquinho perto dos próprios lábios, soprando o ar dentro dele; cante: *Eu Sou a magia!*, repetindo muitas vezes como um mantra de aumento de poder até que você sinta que está completamente feito e todos os poderes estão embebidos na bolsa. Use o volume de sua voz para aumentar o poder, sussurrando no início, ficando mais alto e depois suavizando o volume, para um sussurro novamente.

Amarre o cordão da bolsa com nove nós, cantando a cada vez: *Por minha Soberana autoridade, como eu quero, assim seja!*

Adicione regularmente uma gota de óleo do elemento Terra no topo do saco para alimentá-lo.

Coloque a bolsa perto do seu coração. Em um cordão longo para que ela seja usada ao redor do pescoço é minha maneira preferida de carregar essas coisas, ou enfiadas em um sutiã ou bolso, como as Bruxas fazem.

Desconstrua as pontas de seu Templo conforme as instruções anteriores, fechando o Portal da Terra e dando adeus a Deus/Deusa e aliados espirituais; carregue e solte a esfera do Templo para iluminar seu caminho. Limpe e saiba que o trabalho está feito. Libere todas as expectativas do resultado enquanto permanece aberto a possibilidades infinitas.

⁌ Reflexão do Diário: o Caminho da Soberania ⁍

Depois de encerrar o trabalho com os poderes da Terra, reserve um tempo para completar a reflexão elemental abaixo em seu Livro dos Espelhos. Lembre-se de que não há respostas erradas em uma entrada de diário. O ponto é pensar profundamente sobre as coisas e registrar esses pensamentos e sentimentos para o seu futuro Eu encontrar. A estrutura a seguir para o pensamento crítico é baseada nos mistérios da Joia do Poder da Bruxa e pode desencadear seu processo, dando a você permissão sagrada para questionar tudo o que aprendeu. Se funcionar para você, aplique essa estrutura a todas as reflexões do seu diário.

Do Ar: Conhecer e Questionar
- O que de mais impactante você aprendeu com esta lição?
- Ficou ainda alguma dúvida de algo que precisa ser mais explorado?

Do Fogo: Desejo e Rendição
- Como você aplicou sua vontade a esses exercícios? Você os adaptou para torná-los seus? O que funcionou ou não funcionou bem para você?
- Existe ainda alguma expectativa, suposição ou medo que precisa ser abandonado?

Da Água: Ousar e Aceitar
- Quais reações emocionais instintivas surgiram para você?
- O que o surpreendeu? Quais foram fáceis de aceitar?
- Quais você se atreve a desafiar ou superar?

Da Terra: Silenciar e Ressoar
- Agora que o trabalho está feito, preste atenção ao que está acontecendo em sua vida.
- Como este trabalho afetou suas percepções, ações, sonhos?
- Quais padrões estão surgindo?
- De que maneiras práticas você vai ressoar sua nova consciência na realidade?

CAPÍTULO 13

O Elemento Ar e o Caminho da Verdade

Continuamos nossas práticas de Bruxaria Elemental após o Sabbat de Imbolc, explorando o Caminho da Verdade através dos mistérios elementais do Ar. As lições deste capítulo são divididas em duas partes: durante as seis semanas e meia de Ostara minguante, exploraremos o mistério elemental projetivo do CONHECIMENTO. E durante as seis semanas e meia de Beltane crescente, exploraremos o mistério elemental receptivo dos QUESTIONAMENTOS.

A Grande Obra: Roda do Ano

Enquanto trilhamos o Caminho da Verdade, há três trabalhos rituais a serem concluídos, que podem ser cronometrados para as três marés lunares que atingem a crista neste período solar:

1. Criar materiais de formulário para rituais e feitiços do Ar.
2. Fazer uma viagem ritual aos reinos do elemento Ar.
3. Realizar um feitiço de duas partes com os planetas Saturno e Mercúrio para expressar suas verdades pessoais.

Ostaratide: Do Imbolc para Ostara

De Imbolc a Ostara, comece a sua investigação mental do Ar para sua dedicação à Bruxaria Elemental deste ano. Construa sobre sua base terrena estabelecida no último capítulo e use essa estabilidade para explorar o mundo intelectual, mudando para os mistérios projetivos do conhecimento do Ar. Este é um bom momento para mergulhar profundamente em textos complementares sobre assuntos que podem ter despertado seu interesse ao longo do caminho. Confira minhas sugestões para leitura adicional no final do livro. Faça mais pesquisas sobre o que já é conhecido, pensado e acreditado ser verdade sobre a Bruxaria Elemental. Faça muitas perguntas e procure respostas estabelecidas. Leia as lições do capítulo, faça os exercícios e, em seguida, prepare sua Vela Mágicka de Santuário do elemento Ar e as guloseimas do formulário necessárias para os rituais a seguir.

Beltanetide: De Ostara a Beltane

De Ostara até Beltane, abra as janelas mentais e deixe entrar a brisa receptiva dos questionamentos do Ar. Sabe todos aqueles fatos que você acabou de pesquisar? Não leve tudo ao pé da letra! A própria definição de "oculto" é que existem significados escondidos sob a superfície do óbvio. Questione "como as coisas sempre foram" em sua feitiçaria, crenças ou vida em geral, e busque uma nova perspectiva com base em tudo o que aprendeu. Este é o momento da experimentação. Pouco depois de Ostara, enquanto a lua crescente está em um signo de Ar, faça a viagem ritual aos reinos do Ar, buscando aliança com os silfos e a Soberana Paralda, orientação sobre as ferramenta do elemento Ar correta para você e um guia espiritual de plantas para ajudar seu equilíbrio mental. Então, como antes, você vai procurar ou começar a criar sua ferramenta de Ar para continuar sua magia. Aplique o que você aprendeu para decretar os feitiços em duas partes, do Julgamento de Saturno (acerto de contas) à Verdade de Mercúrio.

O Caminho do Pentáculo da Verdade e o Corpo Mental		
Chacras	Laríngeo (Garganta)	Terceiro Olho
Regulamenta	Comunicação	Percepção
Aberto por	Mente Divina	Mente Divina
Bloqueado por	Decepção	Ilusão, desilusão
Objetivo da magia	Expressando a verdade pessoal	Discernindo a crença individual
Condições de amor	Expressão *versus* medo de privação de direitos	Autenticidade *versus* medo de exploração
Feitiço de afirmação	Pelos poderes do Ar e do Fogo, minha voz é forte, minha verdade admirada.	Por Aquele que se move como dois, minha visão é clara e divinamente plena.

Mistérios do Elemento Ar

O elemento Ar forma nosso corpo mental e governa o pensamento, a comunicação e o conhecimento. Está associado à educação, linguagem, discurso, análise e filosofia. O Ar rege o olfato, que é uma das razões pelas quais este elemento está envolvido com a fumaça do incenso. Na alquimia hermética, acredita-se que o elemento Ar tenha uma natureza quente e úmida e um gênero mental primariamente masculino; no entanto, ao longo do espectro relativo dessa polaridade, o Ar mantém uma fluidez de gênero mais suave.

O Ar Através do Zodíaco

Em relação ao ciclo de vida e ao zodíaco, o poder do Ar é expresso através do MUTÁVEL Gêmeos como uma criança humana curiosa, revirando cada pedra continuamente, testando cada limite, perguntando mil vezes por que e como? Gêmeos se expressa com as lições de "eu acho". Eles estão aqui para ensinar aos outros que o amor é consciência, enquanto aprendem que o amor é sentimento. Mais tarde, o Ar surge através do CARDINAL Libra, expresso como as lições do "eu equilibro" explorando as parcerias. Libra está aqui para ensinar aos outros que o amor é belo, enquanto aprende que o amor é harmonioso. Finalmente, o Aquário FIXO expressa as lições do "eu sei" através de uma exploração do idealismo. Aquário está aqui para ensinar aos outros que o amor é tolerante, enquanto aprende que o amor é sobre unidade.[215]

	Joia do Poder da Bruxa: Ar	
	Yang: Projetivo	**Yin: Receptivo**
Dogma de Mistério	Conhecer, Aprender	Questionar, Duvidar
Roda do Ano	Imbolc passando por Ostara	Ostara passando por Beltane
Esfera Planetária	Júpiter	Mercúrio

---

215. Goodman, *Linda Goodman's Love Signs*, 13.

A Joia do Poder da Bruxa: Conhecer, Aprender

Conhecer é o poder projetivo do elemento Ar. O conhecimento representa a aquisição da compreensão racional do mundo ao seu redor. O primeiro passo para resolver qualquer problema é saber qual é o problema. Assim é também com a magia da transformação pessoal. As pessoas que ficam presas naquilo que pensam saber podem se tornar rígidas e temerosas demais para sequer considerar uma possibilidade alternativa.

Do nosso paradigma hermético, se o Cosmos é criado a partir da Mente Divina (*Nous*) e é principalmente mental, o conhecimento assume um significado único. É dentro dos mistérios do saber que devemos coletar dados, discernir o que é verdade e analisar nossas crenças com base nessas verdades para remover as viseiras que limitam a forma como percebemos nossa realidade. Por esta razão, é fundamental que os praticantes de magia estudem a ciência, filosofia e tealogia que formam os fundamentos de sua magia. Sem conhecer as possibilidades e como as coisas realmente funcionam, ficamos com fé cega, superstição e religiosidade vazia. Isso nos deixa impotentes, vulneráveis e dependentes de uma autoridade externa.

A Joia do Poder da Bruxa: Questionar, Duvidar

Questionar é o poder receptivo do elemento Ar e o oposto polar do conhecimento. A dúvida é a renúncia de ideias preconcebidas com a mente aberta. É experimentar a sabedoria que surge quando você deixa de se importar com as opiniões e os julgamentos de pessoas de fora e quebra os altares empoeirados da convenção para se adaptar e evoluir. Em meio às dúvidas podemos descobrir uma verdade pessoal revelada.

Questionar permite pensar "fora da caixa", o que ameaça estagnar a criatividade. É a dúvida que impulsiona o avanço tanto pessoal quanto social, despertando engenhosidade e inovação. É aí que começa a invenção. O Ar receptivo da curiosidade é o que precede uma investigação científica e fornece a inspiração necessária até mesmo para tentar a magia de mudança. Talvez as nove musas gregas sejam, na verdade, elementais do Ar e das dúvidas!

Em nossa sociedade, as pessoas que mais questionam são os heróis que louvamos hoje. Muitos deles são bem conhecidos, porque foram perseguidos, presos ou assassinados como hereges pelos fundamentalistas de seu tempo: Galileu Galilei, Joana d'Arc, Susan B. Anthony, Martin Luther King Jr., Mahatma

Gandhi, Pitágoras, Paracelso, Hipátia de Alexandria, Jesus de Nazaré, etc.[216] Cada um deles olhou além da crença comum para se perguntar como o mundo poderia ser melhor, se...

Ferramentas Cooperativas da Deusa

Questionar (duvidar) é o poder receptivo (Deusa) do elemento Ar e, portanto, contém as lições cooperativas necessárias para progredir nossa cultura em direção a um futuro melhor. Em nossa analogia *yin-yang*, este ponto do lado da Deusa da polaridade do Ar é o buraco da fechadura para desbloquear o verdadeiro poder mental e o equilíbrio. É por meio do poder da dúvida que podemos reexaminar os programas de impotência instalados pela cultura dominadora e descobrir nossas verdades pessoais para que cada um possa retomar sua própria autoridade e depois trabalhar juntos para resolver os problemas sociais como iguais.

O Caminho da Verdade

O que é verdade? O que alguém acredita ser verdade ou pensa ser verdade é uma questão de perspectiva. Até para construir essa última frase foram necessários os verbos "acreditar" e "pensar". Ambos nos trazem de volta às funções do corpo mental, que são os domínios do elemento Ar.

O Princípio Hermético do Mentalismo afirma: "O Todo é MENTE; O Universo é MENTAL."[217] Se a consciência transcendente de um Cosmos corporificado é a Mente Divina do Deus/Deusa, poderíamos descrevê-los poeticamente como a si mesmos. Eles sonham com galáxias girando em torno de Sistemas Solares; sonham com ecossistemas, com abelhas buscando o néctar e com a forma como as raízes seguram o solo e as flores se inclinam para os raios de sol; sonham com elétrons girando dentro de átomos, moléculas se ligando; sonham com deuses, deusas, heróis, vilões e monstros. A Mente Divina contém belas fantasias utópicas e pesadelos de destruição distópica; todos estão dentro da possibilidade infinita do Deus/Deusa. Tudo o que consideramos relativamente "verdadeiro"

---

216. Albert Van Helden, "Galileo," *Enciclopédia Britânica*, atualizado em 19 de fevereiro de 2021, https://www.britannica.com/biography/Galileo-Galilei; Hall, *Secret Teachings*, 65, 150; John G. Hargrave, "Paracelsus." *Enciclopédia Britânica*, atualizada em 14 de janeiro de 2021. https://www.britannica.com/biography /Paracelsus.
217. Atkinson, *The Kybalion*, 64.

e "real" são os próprios pensamentos, algo afetado pelos pensamentos ou os efeitos criados pelos pensamentos; "o Universo é Mental".[218]

Neste poema cósmico, os humanos também seriam um pensamento divino e estamos pensando com nossa própria centelha da Mente Divina. Através de nossos pensamentos (mental), sentimentos (emocionais) e sensações (físicas), temos a senciência para integrar todas essas informações (Espírito) e responder com propósito e poder (Vontade). Isso porque sabemos quem somos e onde nos encaixamos no esquema maior das coisas. As Bruxas percebem que somos tanto o sonhador quanto o sonho.

O Paradoxo da Verdade: Absoluto vs. Relativo

Em O Caibalion: Uma Filosofia Hermética, um ensinamento sobre a verdade emerge do Princípio Hermético da Polaridade, que afirma que "todas as verdades são meias-verdades; todos os paradoxos podem ser reconciliados".[219] Os hermetistas chamam isso de "paradoxo divino" entre as verdades absolutas e relativas.[220] Se tudo no Universo é um sonho dentro da Mente Divina e nossa separação material é uma ilusão, então chegamos a uma verdade absoluta: a única coisa objetivamente "real" é o Deus/Deusa como um Todo. Tudo o que Deus/Deusa sabe seria uma verdade absoluta e inefável. No entanto, deve haver o lado oposto da verdade também. Tudo o que os humanos entendem ser "verdadeiro" aqui no Mundo Médio, com nossas mentes finitas e nossas melhores tentativas de raciocinar com os sentidos mortais é uma verdade relativa. O que percebemos ser relativamente verdadeiro é baseado em nosso ponto de vista: o que é óbvio, palpável, comprovável, mensurável?

Para que a magia se torne objetivamente "real", lembra o Caibalion, uma Bruxa deve "tomar cuidado com as meias verdades".[221] Um exemplo desse paradoxo da verdade está na relativa ilusão de nossa separação material, que está sujeita ao tempo e à impermanência, em oposição à realidade absoluta de nossa unidade espiritual dentro do Deus/Deusa, imortal e infinito. Isso pode parecer impossível de compreender, mas a ciência nos apresenta um exemplo semelhante na estrutura do átomo. A matéria, que os humanos percebem como relativamente

---

218. Atkinson, The Kybalion, 64
219. Atkinson, The Kybalion, 67
220. Atkinson, chapter 6, no The Kybalion.
221. Atkinson, The Kybalion, 98.

sólida e imóvel, é cientificamente afirmada como sendo principalmente espaço vazio, informação e forças que estão em constante movimento. Os elétrons são ao mesmo tempo partículas e ondas de potencial.[222] Ambos são simultaneamente verdadeiros em graus variados. O paradoxo pode ser reconciliado, mas a flexibilidade mental que chamamos de "dúvida" nos permite considerar mais de uma perspectiva ao mesmo tempo. Abrace uma realidade subjetiva. Os estudos ocultistas começam com o conhecimento da verdade relativa óbvia, observável e cientificamente descritível do Mundo Médio. Então eles buscam espiritualmente a verdade oculta, oposta e absoluta no outro lado do óbvio, ou o que eu chamo de "Ser". Dessa busca equilibrada por toda a verdade, as Bruxas derivam nossas próprias crenças, reveladas no curso de nossas práticas.

Chacra do Terceiro Olho: Repensando a Crença

O sistema de chacras hindu alinha o Chacra do Coração com o elemento Ar, o que faz sentido em um contexto, pois os sistemas cardiopulmonares regulam a respiração. No entanto, da perspectiva da alquimia hermética, os esforços de expressão através da fala, percepção e processos de pensamento estão alinhados com os poderes elementais do Ar. Então, para equilibrar nossos corpos mentais ao longo do Caminho da Verdade, consideraremos as lições dos Chacras da Garganta e do Terceiro Olho. Através do Chacra Laríngeo, a consciência emerge como uma expressão de nossa verdade pessoal que compartilhamos externamente por meio de nosso discurso, contribuições, arte e estilo pessoal. Mas antes que possamos expressar essa verdade, precisamos do conhecimento do Chacra do Terceiro Olho para discernir qual pode ser essa verdade pessoal.

 O Chacra do Terceiro Olho, quando aberto, tem uma percepção clara da verdade das coisas, mas é bloqueado pela ilusão ou, em muitos casos, pela desilusão. Quem foi criado dentro de uma das ortodoxias invasivas, pode ter sido ensinado que é inerentemente falho, pecaminoso e precisa de salvação. O paradigma patriarcal e dominador instala aquele *locus externo* de programa de controle onde tudo o que nos acontece é uma bênção concedida, porque "obedecemos", ou uma punição infligida, porque "desobedecemos". Se você gosta do que recebe, permanece em dívida com essa fonte caprichosa. E se você não

---

222. Descrito pelo experimento de dupla fenda; Glenn Stark, "Young's Double Slit Experiment", em "Light", *Enciclopédia Britânica*, atualizado em 29 de Outubro de 2020, https://www.britannica.com/science/light/youngs-double-slit-experiment

gosta do que recebe, continua sendo vítima dessa fonte caprichosa. Ambas são posições de impotência e escravidão. Ambas são ilusões que impedem nossa própria percepção divina, verdade pessoal e autoridade, bem como negam nossa Soberania terrena.

A crença é definida como a aceitação da verdade de que algo existe. Crenças são estruturas dentro das quais processamos todas as outras informações e sobre as quais agimos.[223] Portanto, reconsiderar cuidadosamente a própria verdade e as crenças provenientes dessa verdade deve ser a primeira tarefa de qualquer praticante de magia.

As crenças de alguém são como o sistema operacional de um computador, que é instalado desde o nascimento por nossa cultura. Somos programados por nossos pais, professores, pelos "valentões", pela publicidade, pela cultura popular e pelos líderes políticos e religiosos. Cada mensagem que internalizamos se torna parte de nossa programação raiz. Tudo o que fazemos na vida é executado a partir da plataforma desse sistema operacional. Mesmo que você eventualmente rejeite partes de sua cultura de origem, esse programa ainda pode se esconder insidiosamente em segundo plano até que você faça mudanças propositais. Isso será desafiador. Se sua programação básica negou a possibilidade de magia, tentar um trabalho mágico é tão inútil quanto tentar executar um programa Mac no sistema operacional de um Windows; você perderá muito tempo e energia hackeando-o, e os resultados serão, na melhor das hipóteses, problemáticos e com falhas.

A Bruxaria é um sistema operacional mágico de totalidade, abundância, Soberania e empoderamento, codificado pelo paradoxo da Verdade Divina. A práxis pode ser um manual técnico para ajudar a limpar o antigo sistema operacional e instalar cuidadosamente um sistema que suporte novos objetivos espirituais. O *Witching OS* (sistema operacional Bruxo) faz com que todos os seus sistemas (físico, mental, de vontade, emocional e espiritual) trabalhem harmoniosamente juntos para que, eventualmente, tudo seja possível com uma simples mudança da mente.

---

223. Joyce Higginbotham e River Higginbotham, *Paganism: An Introduction to Earth-Centered Religions* (Woodbury, MN: Llewellyn Publications, 2007), 45–46.

❧ Exercício 6: Respondendo à Dissonância Cognitiva ❧
em Doze Passos

Quando novas informações ou insights que recebemos estão em conflito com as crenças de nosso antigo programa operacional, surge uma forma de tensão mental chamada "dissonância cognitiva", que é aquela sensação de ansiedade que temos quando confrontados com informações que são contraditórias às nossas crenças. Talvez novas evidências científicas refutem uma antiga teoria, ou uma verdade relativa está sendo expressa por outra pessoa que nunca consideramos. Nossa coragem podem aumentar, e isso pode resultar em ofensa, frustração, postura, raiva e violência. Ridicularizar e condenar são armas dos temerosos para menosprezar o que ou quem quer que desafie sua programação básica. Infelizmente, desafiar o *status quo* causa medo em qualquer um que se beneficie das velhas suposições. A dissonância cognitiva criada por pensadores livres muitas vezes aparece com forcados e tochas, mas não podemos deixar que isso nos impeça de descobrir e evoluir para uma vida melhor. É preciso uma força interior significativa para reivindicar e viver de acordo com nossa verdade Bruxa.

Para as Bruxas ao longo da história, apenas viver autenticamente pode causar dissonância cognitiva naqueles ao nosso redor. Mas não estamos imunes a esse conflito interno enquanto trilhamos o Caminho da Verdade. Essa tensão de dissonância cognitiva é um bom sinal de que você está progredindo. Parabéns! Você acabou de descobrir um pouco de programação oculta e esta é sua oportunidade de ouro para trabalhar nisso! Em vez de reagir, reserve um tempo para responder. Esta é a magia dos incríveis doze passos que veremos a seguir.

1. Reconheça que existe algum tipo de problema causando dissonância cognitiva.
2. Pare por um momento. Como aconselha o poema A Rede Wiccana "... falas pouco e muito ouves"[224] É melhor não disparar defensivamente ou atacar as redes sociais. Abaixe o telefone.
3. Vire-se para enfrentar o desafio. Não fuja! Incline-se e olhe atentamente. O que realmente está acontecendo aqui? Tenha uma conversa cara a cara com quem mais pode estar envolvido. Lembre-se da quarta Regra da Soberania Pessoal: "deve estar presente para vencer". Ouça com atenção a verdade relativa da perspectiva da outra pessoa. Faça perguntas e ouça um pouco mais. Considere seu próprio direito à Soberania pessoal.

---

224. Mathiesen e Theitic, *The Rede of the Wiccae*, 52–53.

4. Agora, recue e procure um padrão maior para sua própria vida. Este problema já surgiu antes de outras maneiras? Faça muitas perguntas a si mesmo. Que tipo de suposição está em jogo aqui? Quais preconceitos ou privilégios de sua experiência pessoal impedem a perspectiva de qualquer um dos envolvidos? Considere essas questões à luz de seu próprio direito de Soberania Pessoal.

5. Sinta toda essa comoção sem se censurar. Em seu Livro dos Espelhos, nomeie esses sentimentos. Deixe-os fluir de você para as páginas do livro sem julgamento ou análise. Todos esses sentimentos desagradáveis, em ambos os lados dessa confusão, são válidos, relativamente falando.

6. Considere a segunda Regra da Soberania Pessoal: "não seja o problema". Quais são as verdades ou ações de cada parte sobre essas verdades que realmente constituem o problema nesta situação? É você? Busque orientação superior por meio da adivinhação, oração e meditação para acessar sua própria consciência superior; procure o conselho de um amigo sábio, fale com seu terapeuta, Sacerdotisa ou ambos; marque uma consulta com um astrólogo ou adivinho de confiança para uma leitura imparcial para se certificar de que não foi você que saiu dos trilhos nessa situação. Lembre-se da terceira Regra da Soberania Pessoal: "Não seja o elo fraco".

7. Mantenha o espaço em tudo o que você está descobrindo sem se apressar em julgar. Dê-lhe o tempo e a atenção necessários para desfazer uma vida inteira de lavagem cerebral infligida a todos dentro dessa cultura dominadora. Tenha bastante folga, porque você está fazendo um trabalho de sombra muito difícil e nobre agora. Lembre-se da primeira Regra de Soberania Pessoal: "Não Queime a Bruxa".

8. Dê um pouco de folga às outras pessoas, porque todos nesta cultura dominadora estão traumatizados de alguma forma, e todos os que estão feridos já atacaram irracionalmente o outro em algum momento e de diversas maneiras. Não queime a "outra" Bruxa na fogueira também.

9. Finja que está saindo do seu próprio cérebro, assistindo a distância, como um observador. Que pedaço de dogma ou medo de falta de amor está sendo desafiado nesta situação? Essa ideia é consistente com o resto do seu paradigma de Bruxaria? Ou isso é um programa remanescente de uma ortodoxia invasiva que ainda tenta controlar por meio do medo, vergonha ou culpa?

10. Agora, que tipo de Bruxa você quer ser? Que tipo de vida você quer viver? Que tipo de mundo você quer criar para trazer mais felicidade e

respeito mútuo para a maioria das pessoas? Sem considerar a culpa ou as consequências punitivas, qual seria o próximo passo para resolver de fato o problema original para todas as partes?

11. Responda adequadamente. A diplomacia pode encontrar uma trégua, mesmo que a paz real ainda não seja possível? Isso nem sempre é a mesma coisa que "tornar legal". Às vezes, a solução é se desvencilhar, ir embora e defender seus limites Soberanos a uma distância que você define. Outras vezes, isso significa assumir uma posição ofensiva e interromper comportamentos nocivos por meio de intervenção, ação legal, ligação mágica ou algo semelhante. O que o Amor Divino faria?

12. Para seguir em frente expresse pessoalmente tanto a ansiedade como as verdades que você está descobrindo de forma criativa, que possa demonstrar o crescimento que você acabou de ter: poesia, arte, dança, música – faça algo real e compartilhável para refletir sua realização. Essa descoberta é o que você deveria compartilhar em seu *feed* de mídia social (ou em qualquer outro lugar).

Chacra da Garganta: Expressando sua Verdade

O Chacra Laríngeo fala de suas verdades, de sentir-se livre para ser autenticamente você mesmo e compartilhar isso abertamente por meio de todas as formas de expressão: de sua maneira de se expressar verbalmente, da sua arte, dança, de como você usa seu cabelo, adorna seu corpo, seu estilo pessoal e de que maneira vive sua vida. Estes são todos os métodos pelos quais compartilhamos o que é verdade para cada um de nós. O Chacra Laríngeo está bloqueado por mentiras – até mesmo por omissão. Você foi ferido pela falta de autenticidade ou aceitação do mundo? Então esse chacra se fecha e parece que temos "um nó na garganta" quando não estamos seguros para dizer ou ser o que sentimos.

Redefinir suas verdades relativas sobre o Cosmos, sobre você mesmo e suas capacidades é um processo de liberação dos medos e limitações dos outros. Em última análise, é um processo natural de crescimento. Obedecer com medo à vontade de autoridades externas é a mentalidade infantilizada que os dominadores do patriarcado praticamente exigem de nós. Comportar-se com maturidade é um ato radical de desafio.

Após essa reflexão, você pode descobrir que não há muito o que precisa ser ajustado em seu sistema de crenças. Suas verdades relativas já podem estar corretas para você e alinhadas com seus objetivos. O propósito desse Caminho da Verdade é abrir regularmente sua mente para a possibilidade de que, com mais experiência e descoberta de novas informações, sua verdade relativa possa mudar com o tempo. Desenvolvemos flexibilidade mental permitindo que suposições sejam desafiadas e analisadas. Dessa forma, podemos aprimorar nosso caminho mais perto de vislumbrar flashes da Verdade Divina Absoluta e alcançar a iluminação. Este é um processo de várias vidas. O truque para a Soberania é que você decide o que melhor se adapta a você. Confie na sua intuição.

⁌ Exercício 7: Internalizando seu Locus de Controle ⁍

Ouvi dizer que a coisa mais fácil de mudar é a sua mente. Peço desculpa, mas não concordo. Levei uma década para me livrar das amarras do "temor e admoestação do Senhor" que dominavam minha infância. Mas mudar internamente seu estado de espírito de vítima para vencedor pode e deve ser feito. Neste exercício, comece pensando conscientemente e listando o que é verdade e quais velhas ideias precisam ser transmutadas para que você possa internalizar o controle sobre sua vida.

Passo 1: Acredite em Si Mesmo

Para começar, você tem permissão sagrada para entender o mundo e a si mesmo de forma única a partir de qualquer outra pessoa que conheça. Escolha perceber o mundo e seu lugar dentro dele de uma maneira mais saudável e poderosa do que seus ancestrais jamais ousaram sonhar ser possível. Não é desleal evoluir além do ponto de vista de seus pais. Esta evolução é normal e honra seus ancestrais para se fortalecer. Acredite que você é capaz de fazer essas mudanças necessárias. Na cultura dominada pelas ortodoxias invasivas, estar saturado de noções de pecado e condenação pode fazer com que pensamentos autodestrutivos chacoalhem suas correntes em nossas mentes como os fantasmas das religiões passadas! Se no fundo você se preocupa que sua humanidade seja de alguma forma vergonhosa, débil, subordinada e separada do Deus/Deusa, lembre-se de que essa vibração lamentável é um anátema para nosso ensino panenteísta de integridade perfeita. Você é feito de Amor Divino; você é inteiro e completo em conexão infinita e abundante com Deus/Deusa, não importa o quê.

Em seu Livro dos Espelhos, liste o que você acha que é relativamente verdadeiro sobre o Cosmos, a Divindade, o propósito da vida. O que é bom? O que é admirável? Como a vida e a sociedade operariam em sua ideia de mundo perfeito? Crie uma declaração pessoal de verdade descrevendo seu ideal mais elevado. Agora, descreva seu papel dentro do Cosmos e sua parte na realização desse ideal. Como sua Bruxaria pode se esforçar para tornar esse sonho uma realidade para mais pessoas? Liste todos seus pontos fortes admiráveis que o ajudarão a alcançar esse ideal. Reformule todas as qualidades afirmativas, que podem incluir coisas como: "eu aprendo com meus erros". Valorize-se! Ouça a si mesmo! Reivindique toda a sua beleza e habilidades. Defina a Bruxa incrível que você já é e visualize o seu eu futuro ainda mais ideal. Sonhe grande.

Passo 2: Internalizando o Controle

Agora, liste maneiras de recuperar o controle necessário sobre sua vida para realizar esses ideais e se tornar a poderosa Bruxa que você imaginou. Que poder para mudar suas circunstâncias você tem agora? Lembrando-se de que você é um sonhador dentro da mente sonhadora de um Deus/Deusa infinitamente poderoso, imagine o melhor cenário possível. Exemplos: "posso recusar este convite para uma discussão. Posso deixar um relacionamento opressivo para trás. Ou posso ligar para esta linha de ajuda para obter apoio para quebrar um vício".

Permanecemos infantilizados enquanto nos sentirmos agredidos por caprichos de forças externas. Devemos internalizar o *locus de controle*. Não há "bodes expiatórios" na Bruxaria a quem possamos culpar; nenhum "demônio me fez fazer isso" como desculpa para as escolhas odiosas ou autodestrutivas que estou fazendo agora. Se assim for, você está perdendo "o jogo da culpa", que é um indicador primário de um *locus de controle* externo sem poder. Na história de tudo, nunca houve um vencedor do jogo da culpa, porque ambos os lados foram queimados na estaca metafórica.[225]

Passo 3: Quebre o Ciclo

Finalmente, coloque em prática suas crenças de Bruxaria para alcançar seus ideais no futuro. Quebrar o ciclo de escravidão começa com a compreensão de que as feridas das outras pessoas e o dano que suas próprias escolhas lhe causaram nunca foram realmente sobre você. O comportamento abusivo tende a se espalhar, como pedras jogadas em uma poça de lama. Eles também ocorrem em ciclos geracionais, porque as pessoas feridas aprendem a ferir mais pessoas. Você tem suas próprias escolhas a fazer. É uma droga, e não desculpa o mau

---

225. Sue Mehrtens, *How to Internalize a Locus of Control, a Locus of Authority and a Locus of Security: A Follow-Up Essay*, Centro Junguiano de Ciências Espirituais, acesso em 30 de Abril de 2020, https://jungiancenter.org/how-to-internalize-a-locus-of-control/.

comportamento dos dominadores em nossa cultura, mas pode explicá-lo. É difícil, mas uma explicação pode nos devolver à compaixão do Amor Divino para que possamos nos desapegar e descobrir nossa própria paz. Por meio desse desapego, podemos mudar da perspectiva de vítima para a de sobrevivente e, na verdade, quebrar o ciclo de ferimento para nos tornarmos o vencedor em nossa história. Parafraseando uma pérola de sabedoria perene muitas vezes repetida: "O ódio é como se envenenar e esperar que seu inimigo morra".[226] Transmute o veneno em seu próprio antídoto; aplique liberalmente.

Figura 28: Imagem do papel de embrulho da vela do elemento Ar por Heron Michelle

---

226. Variações deste tema foram atribuídas a Emmet Fox e repetidas por muitas pessoas sábias.

Formulário para o Elemento Ar

À medida que Ostara diminui em direção ao Equinócio da Primavera, crie os materiais mágicos para a magia do Ar a seguir. Crie seu incenso, óleo e vela mágica do elemento Ar, referenciando a tabela a seguir para as correspondências elementais do Ar, e faça as substituições conforme necessário.[227]

Correspondências Elementais do Ar	
Símbolo Alquímico	△
Cor	Amarelo
Estado da matéria	Gasoso
Direção	Leste
Hora do dia	Alvorecer
Fase da vida	Nascimento
Estação	Primavera
Qualidades Alquímicas	Quente e úmido
Gênero mental	Yang, masculino, gênero fluído
Governa	Corpo mental: pensamento, comunicação, conhecimento, sabedoria, intelecto, inspiração, viagem liminar
Poder projetivo	O poder de conhecer
Poder receptivo	O poder de questionar
Seres Elementais	Silfos
Soberano Elemental	Paralda
Ferramenta Mágicka	Varinha, cajado, sino
Consagração	Fumaça de incenso
Influência Planetária	Mercúrio ☿, Urano ♅, Júpiter ♃
Dias da semana	Quarta-feira
Signos astrológicos	CARDINAL: Libra; FIXO: Aquário; MUTÁVEL: Gêmeos

---

227. Eu montei esses gráficos de correspondência de elementos de muitas fontes, mas uma boa referência é *Llewellyn's Complete Book of Correspondences*, da Sandra Kynes.

Correspondências Elementais do Ar	
Cristais	Cristal de quartzo (transparente), citrino, ametrino, aragonita, moldavita, celestita, crisoberilo, árvore de ágata, turmalina-azul
Metais	Alumínio, mercúrio, estanho
Ervas	Agrimonia, bergamota, vassoura, trevo, lavanda, erva-cidreira, hortelã-pimenta, hortelã, sálvia, visco, anis-estrelado, barba-de-velho, erva-ulmeira
Árvores/Bosques/Cascas	Acácia, freixo, bétula, olmo, espinheiro, avelã, tília, sicômoro
Resinas	Benjoim, copal
Criaturas	Gazela, condor, corvo, falcão, libélula, a maioria dos pássaros

Exercício 8: Elaboração do Formulário do Ar

Momento favorável

Olhe para o período de tempo que você deixou até Ostara e escolha um horário durante um ciclo lunar crescente, de preferência enquanto a lua estiver em um signo de Ar (Gêmeos, Libra ou Aquário) e/ou no dia/hora de Mercúrio (quarta-feira).

Você vai precisar de:

- Veja as prescrições a seguir para materiais e equipamentos específicos para cada receita.
- Monte seu altar de trabalho com área de superfície suficiente para se espalhar, fazer uma bagunça e ser artisticamente criativo.
- Elementos de consagração, incluindo carvão vegetal em um incensário para testar sua mistura de incenso.
- Adicione qualquer coisa que ajude sua conexão com as energias do Ar: penas, sinos, etc.

Preparação

Desperte e consagre seu altar com o Ritual 1 do capítulo 9. Chame seus guias espirituais para estarem presentes e inspirarem suas criações mágicas.

Para carregar qualquer material que representa o elemento Ar, entoe este feitiço:

Feitiço de Bênção do Ar

Poderes do Ar, de Paralda e silfos!
Pelo voo de Mercúrio e andorinhões alados!
Venham poderes de verdade e de clareza.
Assim eu farei, assim será!

❧ Incenso do Elemento Ar ❧
Magia Planetária de Mercúrio

Esta receita de incenso é eficaz para reequilibrar o corpo mental e qualquer viagem ou feitiço nos quais o poder elemental do Ar ou do planeta Mercúrio ajudariam a manifestar sua intenção de conhecimento, admiração, comunicação, inspiração, clareza de pensamento, etc.

Você vai precisar de:

- Almofariz e pilão para moer e misturar ingredientes secos
- Duas partes de madeira base – pó de casca de bétula (Ar)
- Duas partes de resina – resina de benjoim
- 1/2 parte de anis-estrelado (Ar, Júpiter)
- Uma parte de lavanda (Ar, Mercúrio)
- Uma parte de capim-limão (Ar, Mercúrio)
- Óleos essenciais – 10 gotas de lavanda e capim-limão (opcional)
- Duas partes de glicerina vegetal para dar liga
- Pedras: citrino, aventurina-amarela ou quartzo transparente
- Frasco de cor escura com tampa e abertura grande o suficiente para sua colher de incenso; vidro marrom âmbar é ideal

Práxis

Em seu almofariz e pilão, moa em movimento deosil todos os ingredientes da planta até ficarem relativamente moídos. Ao adicionar cada ingrediente, convide seus espíritos para ajudar no seu trabalho do Ar e agradeça-os. Adicione o óleo essencial (opcional) e a glicerina e mexa para misturar e dar liga. Adicione lascas de pedra de citrino ou outro substituto. Desenhe o sigilo alquímico do Ar no incenso com o dedo indicador ou varinha. Transfira a mistura para o frasco e segure-o nas mãos.

Entoe o Feitiço de Bênção do Ar três vezes e carregue com os poderes deste elemento, imaginando um alto penhasco no topo dos picos das montanhas mais altas. O vento frio passa; há apenas nuvens e o céu azul acima. Veja a energia natural brilhando daquele céu na luz amarelada do Leste. Direcione essa luz com sua mente, como um vento soprando em suas mãos, até que você visualize a mistura também brilhando em amarelo.

Rotule o frasco, incluindo a data e o símbolo alquímico do Ar e do Planeta Mercúrio ☿ para continuar carregando. Queime um pouco no carvão para testar o cheiro e aumentar o sinal do Ar enquanto continua trabalhando.

⁌ Óleo de Unção do Elemento Ar ⁌

Este óleo pode ser usado para ungir velas, você mesmo ou itens mágicos, para causar afinidade com objetivos mentais e qualquer magia planetária de Mercúrio.

Você vai precisar de:
- Frasco de vidro de cor escura com tampa hermética. O vidro âmbar é o ideal.
- 9 gotas de óleo essencial de lavanda e capim-limão
- 3 lascas de pedra de citrino, quartzo transparente ou substituto
- Óleo de jojoba ou outro óleo carreador

Práxis
Ao adicionar cada ingrediente ao frasco, Dê três tapinhas em cada material e desperte-os para seus poderes do Ar: conhecimento, admiração, comunicação, inspiração. Convide seus espíritos para fazer parte de sua equipe mágica e agradeça por toda a inspiração que eles o ajudarão a alcançar.

Quando tudo estiver montado dentro do frasco, tampe-o e misture os óleos em deosil. Carregue e sele o frasco com a visualização anterior, entoando o Feitiço de Bênção do Ar três vezes.

Rotule o frasco com o nome, data e glifos alquímicos do elemento Ar e do Planeta Mercúrio ☿ para continuar carregando. Unte o Chacra do Terceiro Olho e da Garganta para alinhar ainda mais seus pensamentos com o Ar enquanto continua trabalhando.

❧·· Vela do Elemento Ar ··❧

Da mesma maneira que você preparou sua dedicação e a vela do elemento Terra, prepare uma Vela de Santuário (votiva, de sete dias) em um pote de vidro, para canalizar os poderes do elemento Ar.

Você vai precisar de:

- Vela de Santuário amarela, em frasco de vidro (votivas ou de sete dias). Essas velas medem 5,5 x 20 centímetros de altura e suas recargas tem cerca de 5 centímetros de largura.
- A imagem da figura 28 pode ser copiada e colorida para criar um embrulho de vela ou você pode decorar criativamente seu próprio pedaço de papel de forma simples.
- 33 centímetros de fita ou cordão na cor amarela
- Chave de fenda de cabeça chata ou um perfurador com uma ponta adequada
- ½ colher de chá de incenso de ervas do Ar (preparado anteriormente)
- 3 gotas de óleo de unção do Ar (preparado anteriormente)
- 3 pequenas lascas de citrino, quartzo transparente ou outra variedade de pedra (consulte a tabela para opções)

Práxis

No lado em branco do papel de embrulho da vela, escreva uma Chamada de Abertura do Portal do Ar. Componha sua própria Chamada ou faça referência às fornecidas no Ritual 2. Se você não estiver usando a imagem fornecida na figura 28, decore a parte externa da embalagem com imagens do elemento Ar, como pássaros, varinha, bastão ou cajado, silfos, penas, símbolo alquímico do Ar, glifo planetário de Mercúrio ☿, etc.

    Com a chave de fenda ou o perfurador, faça três furos na cera com cerca de 2,5 cm de profundidade. Carregue a vela enfiando o incenso do elemento Ar nos furos com um pauzinho. Cubra com uma lasca de pedra em cada buraco. Em seguida, unte com três gotas de óleo do elemento Ar e esfregue-o ao redor da cera, em deosil, com o dedo nu.

    Enrole a embalagem de papel ao redor do frasco e amarre com o cordão ou fita. O carregamento desta vela ocorrerá durante a jornada ritual aos reinos do elemento Ar.

Viagem aos Reinos do Elemento Ar

Da mesma forma que foi feito para a viagem do elemento Terra, este ritual interativo funde a realização de ações rituais no Templo externo, com uma viagem meditativa que ocorre dentro de seu Templo Astral, imaginado dentro do olho da mente. Esse estado funcional de ondas cerebrais "alfa elevado" é chamado de "consciência ritual".[228] Quando solicitado, entoe ou fale em voz alta, acenda velas, jogue incenso nas brasas, etc. A jornada ritual é melhor encenada ouvindo uma gravação da meditação ou enquanto alguém a lê em voz alta para você.

✥ Ritual 5: Templo do Elemento Ar ✥

Nosso ciclo ritual continua chamando a essência do Ar do Quadrante Leste e depois fazendo uma viagem guiada através de seu Templo Astral até o plano elemental do Ar. O objetivo é buscar parceria com os silfos e sua Soberana Paralda, receber o conhecimento sobre as ferramentas mágicas do Ar que funcionam para você, e identificar quais plantas aliadas podem melhor auxiliar no seu Caminho da Verdade. Este Templo será aberto exclusivamente para o Ar. Essa experiência é mais comovente quando encenada na Natureza, onde você pode respirar o ar fresco, sentir a brisa e ouvir os pássaros cantando. Diz-se que os altos cumes das montanhas são as moradas das sílfides. Se isso não for possível, dentro de casa será suficiente... espero que você possa abrir uma janela e receber um golpe de ar natural!

Momento favorável

Durante o segundo ciclo lunar mais próximo do Equinócio da Primavera, no período de uma fase lunar crescente, quando a Lua está em um signo de Ar (Gêmeos, Libra ou Aquário).

Você vai precisar de:

- Objetos que evoquem a presença do elemento Ar para colocar em seu altar: uma toalha de mesa amarela, imagens de pássaros, penas, etc.
- Elemento de consagração: oferenda para os silfos, queimar incenso em um incensário com areia, carvão vegetal redondo, como aqueles usados para narguilés, pinças, colher pequena e um isqueiro ou caixa de fósforos

---

228. Penczak, *Inner Temple of Witchcraft*, 87.

- Mistura de incenso de ervas do elemento Ar
- Óleo de unção do elemento Ar
- Vela de dedicação para o Espírito
- Vela do elemento Ar amarela, preparada com cordão ou fita amarela
- Uma pena de um pássaro, grande o suficiente para segurar facilmente em sua mão[229]
- Seu Livro dos Espelhos e uma caneta
- Diagramas do elemento Ar com Pentagramas de Invocação e de Banimento. Para fácil referência, veja a figura 24.
- Um Athame, se você já tiver um, ou apenas seu "athame natural", os dedos indicador e médio de sua mão projetiva
- Dispositivo para reproduzir uma gravação da viagem guiada

Preparação

Comece com uma limpeza física do espaço ritual. Tome banho e vista-se com roupas frescas e confortáveis, de preferência descalço e com os cabelos soltos, ou nu, como preferir.

Monte seu altar de trabalho diante de você, organizado de tal maneira que possa meditar confortavelmente e ainda alcançar tudo com facilidade.

Unte-se com óleo do elemento Ar no Chacra da Garganta, onde as clavículas se encontram, e o Chacra do Terceiro Olho na testa.

Acenda sua vela de dedicação para acolher o Espírito, que está sempre presente. Coloque no incensário o carvão vegetal aceso para queimar o incenso solto preparado anteriormente.

Práxis

Consagração do Altar: acenda sua vela de dedicação e então desperte e consagre seu altar como ensinado no Ritual 1. Mude sua consciência para os galhos no alto da atmosfera. Respire profundamente e estabeleça o fluxo de poder conectando você aos Três Reinos. Inspire esse poder do Ar em forma de luz amarela; expire

---

229. Esteja ciente de que é ilegal possuir penas de aves protegidas pela Lei do Tratado de Aves Migratórias de 1918 (16 U.S.C. 703–712, MBTA), https://www.fws.gov/lab/featheratlas/feathers-and-the-law.php.

através de sua mão projetiva. Segure o frasco de mistura de incenso nessa mão. Visualize a luz amarela puxada pelo vento para impregnar o incenso.

Diga: *Eu carrego este incenso como um ser de Ar.*

Coloque uma colher (chá) de incenso no carvão quente do incensário. À medida que a fumaça sobe, desenhe o Pentagrama de Banimento do Ar na fumaça sobre o altar. Diga: *Poderes do Ar, libertem qualquer impureza deste Espaço Sagrado.* Visualize uma energia amarela imbuindo o altar.

Consagração: caminhe pelo perímetro do seu Círculo com o incenso aceso, flutuando e cantando em voz alta: *Eu consagro este Círculo pelos poderes do Ar.* Apresente o incenso ao Quadrante Leste e diga: *Como Bruxa do Ar, eu o saúdo com Ar e peço que você libere quaisquer energias maléficas deste Círculo esta noite. Assim seja!*

Templo: lance seu Círculo com o Cone de Poder Awen como ensinado no Ritual 2; feche a esfera acima e abaixo.

Abra o Portão Leste: conforme ensinado no Ritual 2. Vire-se para o Leste. Fique em uma Postura de Evocação do Ar. Expire e veja a luz amarela do Ar irradiando de sua mão projetiva. Sua mão receptiva está preparada para receber essa energia influindo. Fique em pé, queixo para cima, ombros para trás; fale com autoridade do diafragma: *Poderes do Oriente! Essência do Ar! Eu os convoco a este Espaço Sagrado! Silfos! Soberano(a) Paralda os ventos alcançam! Estejam comigo agora e emprestem seus poderes de sabedoria, dúvidas e comunicação. Abram minha mente! Venham despertar suas lições de conhecimento e questionamentos dentro de mim. Venham asas de voo e alturas das montanhas. Venham amanhecer dourado, brisa leve e riso levantando, para firmar e inspirar esta magia. Eu vos recebo com gratidão. Salve e sejam bem-vindos!*

Desenhe o Pentagrama de Invocação do Ar com o athame natural de sua mão projetiva. Veja a estrela que brilha uma luz amarela do Ar no Quadrante Leste. Contorne o Pentagrama em deosil, destravando-o. Leve seus dedos em direção aos lábios, puxando uma espiral do elemento Ar. Beije seu athame natural (dedos), e então, com a mão sobre o coração, faça uma reverência para essa direção. Uma haste amarela agora envolve seu Templo no Leste.

Sente-se e prepare-se para meditar. Comece a gravação desta jornada guiada.

❧· Meditação 6 ·❧
Viagem Guiada aos Reinos do Ar

Feche seus olhos; respire fundo. Imagine seu Eu mais mágico sentado em uma cadeira confortável em uma sala aconchegante dentro de sua mente. Está quieto e tranquilo em seu Santuário mental. Seus olhos são agora uma janela em uma parede distante daquela sala. Qualquer ruído ou pensamento disperso que o distraia são apenas pássaros voando por aquela janela distante... Liberte-os sem medo! (Pausa).

Há uma claraboia acima de você, e um suave raio de luz divina brilha sobre seu Chacra Coronário. Respire a luz. Faça três respirações profundas. Inspire pelo nariz e expire pela boca... liberando toda a tensão. (Pausa para três respirações). Você está perfeitamente à vontade em todos os níveis. (Pausa).

Uma porta linda, toda ornamentada, aparece em sua mente. Abra essa porta e encontre uma escada em espiral que desce mais além. Inspire. A cada expiração você desce mais fundo em sua mente subconsciente, internalizando até seu próprio ventre. Quando chegar ao pé da escada, você atingirá à sua encruzilhada interna. Mais doze passos abaixo, girando, girando, e você pisa no último degrau da escada em espiral.

Diante de você está pendurado um espelho, um Portal para os reinos astrais, onde todas as coisas são possíveis por um mero pensamento. Imagine seu Templo Astral através do espelho. (Pausa).

Diga: *Minha intenção é viajar ao meu Templo Astral para buscar o plano elemental do Ar e aprender os mistérios do conhecimento e da dúvida. Trilho o Caminho da Verdade, buscando uma relação com os seres que regem a essência do Ar, os silfos e seu/sua Soberano(a), Paralda. Desejo receber minha ferramenta do elemento Ar e seus aliados de plantas ou árvores para auxiliar meu equilíbrio mental. Invoco meus guias, deuses e ancestrais para me manter seguro e me mostrar o caminho. Abençoado seja.* (Pausa).

Na contagem de três, atravesse o Portal e chegue no caminho para o seu Templo. Um, dois, três, atravesse!

Você chega no Plano Astral; a grande Árvore do Mundo assoma a distância. Desta vez, pegue o caminho do Templo que está diante de você. Desça, desça, continue descendo pelo caminho que você percorreu, veja a luz brilhante do seu Templo logo à frente. Sinta o cheiro doce do incenso do Templo queimando, atraindo você para casa.

Você chega à porta do seu Templo Astral e entra. Este lugar sagrado é perfeitamente adequado às suas necessidades. As águas puras do Amor Divino fluem frias e refrescantes de seu lugar de Água. A brisa da inspiração divina sopra suavemente, frescas e agradáveis, do seu lugar de Ar. As chamas sagradas de sua Vontade Divina brilham intensamente de seu lugar de Fogo. Encontre agora seu lugar de Terra, o caminho para o coração do seu Templo, seu próprio altar de barro, amplo e estável. Fique diante do seu altar resistentemente.

No altar várias coisas estão espalhadas diante de você: uma vela amarela, uma pena, um pote de incenso de ervas e um incensário com brasas preparadas para sua cerimônia. Polvilhe um pouco de incenso sobre o carvão quente para chamar de "Ar". À medida que a fumaça aumenta e seu olfato é estimulado, suas conexões com o Ar são aprofundadas.

Diga em voz alta: *Bem-vindo, Espírito de benjoim e lavanda; abra o caminho para o reino do Ar. Ajude-me com seus poderes!* (Pausa).

Sobre o altar está uma pena. Pegue-a e segure-a em sua mão receptiva.

Mude sua atenção para a superfície da pena e como ela se sente sobre a pele de seus dedos. Visualize o pássaro voando pelo ar com esta pena. Estenda sua consciência logo além daquela pena macia para sentir o vento.

O Ar é o reino invisível que magicamente sustenta o reino visível. Ao inspirar, você respira uma conexão com o passado. Esta atmosfera está aqui desde o início. Seus ancestrais respiravam esse ar. Ao respirar, deixe este ar ser seu guia. Coloque a pena de volta no altar.

Pegue sua vela amarela em sua mão projetiva. Lembre-se dessa conexão com o Ar e canalize todo esse poder através de suas mãos para a vela. Dê três tapinhas no vidro da vela, imaginando suas chamas consumindo o oxigênio. Faça isso até ver o vidro brilhando amarelo em sua mente. Agora acenda a vela amarela.

A luz do Templo muda para dourado e abre ainda mais a mente, a visão se alonga. Sua respiração se agita quando você sente uma mudança; os poderes do Ar começam a soprar nas proximidades. (Pausa). Em sua mente, vire-se para o Quadrante Leste de seu Templo. Levante as mãos até a altura dos ombros, palmas para fora, dedos abertos como uma árvore com seus galhos fluindo.

Com poder na voz, diga em voz alta: *Poderes do Ar! Você que é pensamento, comunicação e intelecto! Eu invoco seus seres elementais chamados sílfides e procuro conhecer sua Soberana, Paralda. Abra minha mente para novas possibilidades! Conceda-me entrada em seus reinos arejados! Abra o Portal e me mostre o caminho!*

Um Portal no Leste aparece. Veja-o claramente ao se aproximar do portão; símbolos ou imagens adornam a moldura. Lembre-se deles. (Pausa).

Você ouve sons de um vento uivando e pássaros cantando além do portão, o bater de asas e galhos farfalhando, o cheiro de fumaça perfuma o ar. (Pausa).

A energia dourada flui através do Portal e preenche seu campo áurico. Mechas emplumadas se formam ao redor da borda; você está protegido, como num traje de voo. Sua densidade fica mais leve à medida que ressoa com a essência do ar. Leve como a própria brisa, com um pensamento, você pode voar.

Toque no Portal e ele se abre. Voe para a frente através do portão para descer suavemente por penhascos rochosos no alto da atmosfera. Está amanhecendo. Conheça os detalhes desse ambiente. Sinta o vento frio enquanto sopra. (Pausa).

A borda dourada de sua aura forma uma lente. Através desta lente você pode ver muito mais. Do próprio vento, os silfos emergem em um bando de voo alado e esvoaçante. Eles cercam e levantam você. Como eles se apresentam para você? (Pausa).

Voe com eles; tão fácil quanto pensar, cavalgue o vento com os silfos onde quer que a imaginação o leve. Eles mostram como seus poderes criam o mundo. Voe com eles e abra sua mente para possibilidades. Receba a visão. (Longa pausa para viagem).

Os silfos levam você a um belo lugar dentro de seu reino arejado. Você aterrissa suavemente onde pode ter uma audiência com sua Soberana, Paralda. Como é esse lugar? (Pausa).

Ao cantar em voz alta uma entonação do nome de Paralda, estabelecemos uma ressonância para convocar a Soberana a aparecer. Cante "Paralda" em três respirações longas e sustentadas. Respire fundo... Recite em voz alta: *Pa-ral-da... Pa-ral-da... Pa-ral-da...*

A consciência coletiva do Ar se reúne a partir do vento ao redor e brilha na forma como a Soberana Paralda aparece diante de você. Apresente-se. (Pausa). Lembre-se de todos os detalhes de como eles aparecem para você. (Longa pausa).

Você proclama em voz alta: *Paralda! Eu busco sua sabedoria enquanto ando no Caminho da Verdade!* (Pausa).

Paralda compartilha sua sabedoria com você agora... (Longa pausa). Você proclama em voz alta: *Paralda! Por favor, ensine-me suas lições de conhecimento. Qual a melhor forma de buscar conhecimento para minha magia? O que preciso saber ao buscar a verdade em minha vida?* E então Paralda convida você a uma jornada para revelar seu poder de conhecimento. (Longa pausa).

Você proclama em voz alta: *Por favor, ensine-me as lições da dúvida. Que novas questões devem ser exploradas? Qual programação precisa ser excluída?* Paralda convida você a uma jornada de visão para aprender o poder da dúvida que o Ar empresta. (Longa pausa).

Agora você pergunta em voz alta: *Paralda, você fará parceria comigo na minha magia?* (Pausa).

Se sim, você pergunta: *Qual instrumento mágico melhor convoca os poderes dos silfos e do elemento Ar para minha Grande Obra? Uma varinha ou um cajado? Algo mais?* Paralda agora lhe apresenta essa ferramenta. Observe os detalhes com muito cuidado. (Pausa). A você é mostrado onde e como pode obter essa ferramenta no Mundo Médio. Receba a visão. (Pausa).

Você pergunta: *Qual espírito de árvore ou planta ajudará melhor meu equilíbrio mental através do elemento Ar?* Paralda presenteia você com este dom e uma visão para ajudar a identificá-lo claramente. Você recebe uma visão dessa cura, que acalma sua mente. (Pausa).

Aceite esses presentes e visões com gratidão. Ao se despedir, Paralda brilha e se vai com o vento.

Os silfos se reúnem ao seu redor e decolam mais uma vez. Siga-os nos ventos da imaginação, de volta por onde você veio. Passeie pela dúvida, permitindo que as brisas esclareçam seus pensamentos. Permita que os poderes do Ar inspirem uma nova visão de sua vida e verdade. (Longa pausa).

Suavemente, os silfos o aterrissam de volta ao portão do Templo e você se despede deles. À medida que volta, o traje de proteção de voo dourado é derramado atrás de você, reabsorvido pelos reinos do Ar. Sua vibração volta ao seu estado normal.

Volte para o seu altar. Colocando seus presentes, as ferramentas e as plantas, sobre ele. Você se lembra de suas lições com perfeita clareza. Reserve um momento para refletir sobre tudo o que aprendeu.

Agora é hora de retornar ao Mundo Médio. Saia pela porta do Templo, seguindo o caminho de volta por onde veio. Procure o espelho, aquele Portal de volta ao seu corpo. Veja seu corpo através do espelho. Quando passar por este Portal, você mais uma vez seguirá o cordão umbilical de volta ao seu próprio ventre. Em três passos, três, dois, um, atravesse!

A partir dessas encruzilhadas em seu centro, suba a escada em espiral, cada vez mais alto, retornando à consciência desperta. Emergindo de volta para a sala de meditação em sua mente e fechando a porta ornamentada no chão atrás de você.

Diga em voz alta: *Agradeço aos meus guias, deuses e ancestrais – todos aqueles que me mantiveram seguro e me mostraram o caminho. Abençoado seja.* Alongue seus músculos. Mova-se para a janela de seus olhos e abra-os para encontrar seu Templo externo esperando.

⁘ Reflexão do Diário ⁘

Em seu Livro dos Espelhos, registre as mensagens de seus aliados, desenhe suas visões e explore seus pensamentos e sentimentos sobre a experiência. Quando terminar, desconstrua seu Templo.

⁘ Desconstruindo o Templo ⁘

Feche o Portal elemental ficando de frente para o Leste na postura do Ar, athame natural erguido em saudação.

Diga: *Poderes do Oriente! Essência do Ar! Silfos e Soberana Paralda! Agradeço por sua presença inspiradora e sua ajuda nesses ritos. Continue a fortalecer minha mente e a Grande Obra no Caminho da Verdade. Por enquanto, eu libero você para seus reinos justos e arejados. Salve e adeus!*

Veja a haste amarela e todos os poderes retrocedendo pelo Portal do seu Círculo.

Desenhe o Pentagrama de Banimento do Ar com seu athame natural, como uma chave na fechadura. Conforme você circunda a estrela em sentido anti-horário, veja o Portal se fechando e travando.

Mais uma vez, beije seu athame ou dedos, mas desta vez prossiga com um gesto de empurrão em direção ao Quadrante, direcionando qualquer energia restante para fora do seu reino. Curve-se em reverência.

Libere o Círculo juntando a esfera em suas mãos, cada vez menor, até que ela seja imaginada como uma bola brilhante sobre o altar. Carregue a bola para iluminar ainda mais os seus passos ao longo do Caminho do Pentáculo. Grite: *"Liberte-se!"* Enquanto você joga a esfera para cima, em direção ao Cosmos, batendo palmas três vezes e dizendo: *O Círculo está aberto, mas nunca quebrado. Feliz encontro, feliz partida e feliz encontro novamente!*

Magia da Verdade

Com suas alianças nos reinos elementais do Ar, planeje e execute o seguinte feitiço de duas partes para se libertar de forma holística de velhos pensamentos e identidades que não são mais "verdadeiros" para você. Em seguida, fortaleça maravilhosamente seus novos objetivos mentais e verdades pessoais, equilibrando os chacras do Terceiro Olho e da Garganta. Comece em uma lua escura enquanto no Hemisfério Norte o Sol passa pelo signo de Touro (Terra), ou no Hemisfério Sul pelo signo de Escorpião (Água). A segunda parte segue depois que a lua cresce novamente, com a ajuda do signo do elemento Ar, Mercúrio, enquanto você redefine e expressa sua nova verdade.

✤ Feitiço 2 ✤
Pote de Acerto de Contas de Saturno

O propósito deste trabalho mágico é examinar o que tem sido "verdadeiro" sobre suas experiências de vida com muito cuidado, para descobrir quais crenças e ilusões perniciosas ainda impedem a verdadeira percepção de seu Terceiro Olho. Ele descobre quais programas sociais tentaram roubá-lo do controle interno, autoridade e segurança. Libere os apegos às velhas formas que você conhecia de si mesmo e às antigas identidades que não servem mais ao seu futuro Eu.

Este feitiço é especialmente eficaz após grandes transições de vida, como adotar uma nova prática de Bruxaria, divórcio, mudança de nome, "sair do armário", afirmação de gênero, conclusão de qualquer tipo de reabilitação, etc. O que quer que simbolicamente vá para este pote será eliminado de seu "sistema operacional". A ordem cármica está agindo e colocando aquilo para descansar tão seguramente quanto um funeral, então seja extremamente cuidadoso e ético com suas palavras e escolhas. Lembre-se: "Não queime a Bruxa"; "Não seja o problema"; "Faça o que quiser, mas não prejudique ninguém".

Influência Planetária

Saturno e os elementos Terra e Água, para equilibrar pensamentos dispersos com disciplina fundamentada.

Momento favorável

A primeira parte deste feitiço deve ser encenada durante o quarto trimestre lunar, à medida que a Lua se desvanece ao anoitecer, de preferência em um sábado ou, melhor ainda, quando a Lua está em Capricórnio, regida por Saturno.

Você vai precisar de:
- Objetos de consagração para seu altar, como, incenso do elemento Ar, incensário com areia, carvão vegetal redondo, como aqueles usados para narguilés, pinças, colher pequena, um isqueiro ou caixa de fósforos e uma tigela com sal marinho.
- Velas de Santuário dos elementos Terra e Ar e sua Dedicação (colocar também em seu altar de trabalho)
- Uma imagem da Carta da Morte (XIII) impressa em papel, pode ser de qualquer sistema de tarô que você goste. Esta imagem forma um Portal para as energias das transformações externas radicais que você busca, libertando-o de velhas armadilhas e liberando velhos apegos que impedem seu progresso.
- Pote de vidro com tampa bem ajustada
- Uma pilha de papéis cortados no tamanho 5 x 10 centímetros. Você pode precisar muito!
- Caneta de tinta preta
- Representações simbólicas de quaisquer "verdades", identidades ou afiliações anteriores que você pretende deixar para trás. Exemplos: símbolos de sua religião de infância; uma chave de uma antiga casa que representa os tempos que é melhor deixar para trás; um crachá, cartão de sócio; cartão de visita antigo ou documento de identidade de uma antiga afiliação, casamento, nome morto ou identidade que você não responde mais; uma velha foto sua tirada quando ainda não estava no controle de sua vida ou ainda não estava em sua verdadeira forma; qualquer documento ou certificado desnecessário com um nome que não usa mais; substâncias de influência controladora como um rolha de vinho, pílulas, cigarro, etc.
- Três hastes de uma rosa (cor-de-rosa é o ideal) com os espinhos afiados intactos. Retire as pétalas para secar em seu altar. Salve as pétalas para o Feitiço 3: Pote da Verdade de Mercúrio.
- Três cristais de turmalina-negra ou qualquer cristal associado a Saturno e Chacra Raiz
- Uma xícara (ou um pouco mais) de sal marinho
- Uma vela de chá preto, lata de metal removível
- Algumas gotas do óleo de unção do elemento Terra que você preparou durante a lições deste elemento

Preparação

Defina seu altar de trabalho e monte todos os materiais que tem em mãos com bastante espaço de trabalho para escrever.

Cole a imagem da carta da Morte na parte externa do pote.

Práxis

Acenda sua vela de dedicação. Desperte e consagre seu altar de trabalho como ensinado no Ritual 1. Consagre a si mesmo e ao perímetro do Círculo com fumaça de incenso e sal, como ensinado no Ritual 2. Unja seus chacras do Terceiro Olho e da Garganta com um óleo do elemento Ar.

Faça seu Círculo como ensinado no Ritual 2. Abra os Portais para a Terra e para o Ar; acenda suas velas.

Convide seus guias, ancestrais e espírito para estarem presentes. Chame o Deus Saturno para ajudar em seu trabalho, se você se sentir confortável em fazê-lo.

Sente-se, feche os olhos, respire profundamente e vá para a sala de meditação em sua mente, conforme ensinado na Meditação 1. Desça pelo alçapão, vá pelas escadas em espiral até chegar ao seu próprio centro, em um estado profundamente relaxado e atento.

No espelho, imagine projetar ali um documentário – como um vídeo retrospectivo de sua vida e tudo o que lhe ensinaram que era "verdade" no passado. As imagens fluem pela tela: sua infância, sua cultura, sua família, relacionamentos anteriores, situações de vida, as doutrinas que lhe foram ensinadas. Desta distância segura, deixe emergir uma recordação de experiências que impactaram o seu desenvolvimento como pessoa. (Pausa longa).

Quando você se sentiu impotente? Ou sem controle sobre suas circunstâncias? Quando você foi infantilizado ou desencorajado de confiar em sua verdade interior?

Todos nós temos experiências difíceis que precisam ser enfrentadas, liberadas e curadas. Sempre que uma memória difícil surgir na tela, mude a luz até que toda a cena esteja tingida de rosa... visualize essa energia rosa como o amor incondicional caloroso e reconfortante do Deus/Deusa, aliviando quaisquer tensões que surjam da memória. Continue até se sentir pronto para avaliar os problemas objetivamente.

Lembre-se de que você é um filho perfeito do Amor Divino.

Considere as Nove Condições do Amor Divino e os medos que surgem de sua falta. Agora nomeie aquelas circunstâncias difíceis que o feriram em uma palavra ou frase. Pobreza? Sofrimento? Violência? Traição? Intolerância? Exploração? Mentiras? Opressão do seu livre-arbítrio? Abandono? Quais "verdades" que você considerou no passado que não soam mais verdadeiras para você? Escreva cada uma em um pedaço de papel; inclua quaisquer detalhes específicos de sua experiência a partir das quais busca isolamento emocional e cura.

Quando as noções de "falha" ou "culpa" surgirem para explicar o porquê de essas coisas aconteceram, crie uma declaração de liberação e quebra de ciclo em um pedaço de papel. Algo como: *Eu libero as* (digas as ações) *da* (fale sobre a parte defeituosa) *em paz. Eu quebro as correntes da culpa. Sou livre para fazer escolhas diferentes.*

Lembre-se de quaisquer pensamentos recorrentes de derrota que mancham sua própria imagem. Quais ilusões ou preocupações obscurecem seu brilho? Quais programações tóxicas aprendidas com a sociedade precisa ser deletada? Você já foi criticado? Rebaixado? Chamado por um insulto doloroso ou ouviu que você não era suficiente? Geralmente isso ocorre vindo de um valentão tentando oprimir ou manipular para aliviar seu próprio sofrimento. Siga essas mágoas de volta à sua fonte. Que programas sociais tóxicos se escondem nessas sombras? Dogma? Dominação? Racismo? Sexismo? Misoginia? Classismo? Ageísmo? Habilidade? Ambição? Homofobia? Vergonha do corpo? Vergonha de qualquer outra coisa? Isso tudo são ilusões originadas do medo.

Em um pedaço de papel, escreva qualquer lembrança, pensamento ou ideia perniciosa, qualquer palavra que não sustente a incrível pessoa e Bruxa que você está se tornando. Anote qualquer crença falsa ou os efeitos nocivos dessas falsidades que você agora baniu de sua mente e da sua vida.

Coloque todos esses pedaços de papel, um por um, no pote, nomeando cada um com poder na voz, seguido de uma declaração em voz alta: *Eu estou banindo você!* Grite, cante, espete-os no chão se quiser; aumente o poder com todas as emoções dragadas através desta cura e direcione-o para o pote.

Acrescente quaisquer símbolos adicionais de suas antigas identidades ou substâncias controladoras que você libera agora. Declare em voz alta: *Eu libero todo apego a esse antigo Eu* (nome, identidade). *Assim como eu farei, assim seja!*

Corte as hastes espinhosas das rosas (pedaços curtos o suficiente para caber dentro do pote); sopre suavemente sobre eles e peça a ajuda de Vênus para defender seu Amor Divino incondicional. Adicione-os ao pote, dizendo em voz alta: *Pelo espinho da rosa e pelo desprezo de Vênus, bana a perdição com justiça e amor. Como abaixo, assim acima!*

Toque nas três pedras de turmalina-negra, sopre suavemente sobre elas e peça a ajuda de Saturno para ligar e neutralizar todos os danos remanescentes. Coloque-os no pote, dizendo em voz alta: *Pela turmalina-negra e pelos anéis de Saturno, amarre a ruína com a ordem, defendendo minhas fronteiras. Como acima, assim abaixo!*

Despeje o sal, chamando os poderes do elemento Terra para purificar e anular ainda mais.

Remova a lata de metal da vela de chá preto. Unte em movimento circular com o óleo do elemento Terra e carregue para desintegrar as conexões que permanecem entre você e tudo o que está agora no pote. Coloque a vela de chá preto cuidadosamente sobre o sal e acenda-a. Enquanto queima, imagine-a atraindo todas as influências externas para dentro do pote e anulando seu efeito em seu futuro.

Assista à vela acesa enquanto medita por pelo menos 29 minutos. (Representando os anos da revolução de Saturno). Tome cuidado para extinguir a chama bem antes de ela atingir o sal.

Apague a chama abafando-a. Urine no pote como um líder alfa que você é. Não seja tímido ou melindroso agora, porque nada é Bruxaria até que as coisas fiquem viscerais. Desta forma primordial, você vai exercer domínio sobre este território. Marque o trabalho como seu. Urinar é literalmente como desintoxicar o lixo do corpo físico, então é o ato simbólico perfeito. Além disso, a urina é realmente estéril, e o ácido úrico e a amônia decompõem ainda mais o material, continuando lentamente o trabalho ao longo do tempo.

Feche bem a tampa do pote. Declare com autoridade: *O trabalho está completo!* Bata palmas três vezes para liberá-lo.

Agradeça a seus guias e guardiões por sua ajuda. Feche os Portais Elementais da Terra e do Ar; libere o Círculo. Deixe o pote em seu altar. Se você já tem uma Patena Pentagrama, coloque o pote nela.

Mais tarde, no primeiro dia do ciclo da Lua escura, quando a Lua e o Sol estiverem em conjunção no mesmo signo, leve o pote para um local arborizado natural, distante de onde você mora. Encontre uma árvore com a qual possa estabelecer uma parceria de trabalho, de preferência uma espécie alinhada com Saturno. Existem muitos: álamos, faias, ciprestes, olmos, abetos, azevinhos, magnólias e pinheiros, para citar alguns.[230] Peça ao Sacerdote do reino vegetal de

---

230. Sandra Kynes, *Llewellyn's Complete Book of Correspondences: A Comprehensive & Cross-Referenced Resource for Pagans & Wiccans* (Woodbury, MN: Llewellyn Publications, 2013), 382.

Saturno para guardar e ajudar em suas suaves transmutações e reordenações. Peça ajuda na disciplina mental enquanto você se reprograma. Se houver um acordo, ofereça água fresca à árvore em agradecimento e enterre o pote debaixo dela. Cubra o local com cuidado, arrumando como se a terra nunca tivesse sido mexida.

Mais uma vez, bata palmas três vezes, afirmando com autoridade: *Eu liberto você! Eu liberto você! Eu liberto você! Assim seja!* Vire-se bruscamente no local e vá embora. Não olhe para trás e nunca mais visite o lugar. Mantenha a lição do silêncio da Terra e não fale sobre isso com ninguém. Apenas mantenha aberto o espaço do potencial que agora é criado dentro dos seus pensamentos.

✤ Feitiço 3 ✤
Pote da Verdade de Mercúrio

O propósito deste trabalho mágico é o de buscar uma nova verdade. Abra sua mente para o poder receptivo de questionamentos do elemento Ar. Qual é a sua verdade pessoal? Qual paradigma cósmico realmente faz sua vassoura voar? O problema é que a velha crença e a nova verdade nem sempre combinam. Esta magia atende a esse realinhamento. É aqui que você constrói sua nova identidade como uma Bruxa(o) empoderada, pronta para ter sua mente aberta aos mistérios de um Cosmos Mágico.

Trabalhamos para abrir o Chacra da Garganta, que é falar a sua verdade e expressar externamente o seu Eu autêntico. A garganta é bloqueada por mentiras, até mesmo por omissão, e em muitos casos pelas "portas do armário" atrás das quais nos escondemos por medo de sermos rejeitados ou prejudicados.

O resultado final deste Caminho da Verdade é se tornar um adulto espiritual completo com autoridade sobre sua própria mente e escolhas. O que quer que simbolicamente entre neste pote representa a sua verdade. Agora é sua hora de expressar o ser maravilhoso que você está se tornando. Como sugere "A Carga da Deusa", afirme seu "ideal mais elevado" para que você possa "se esforçar sempre por ele".[231]

Cuidado com o que você pede, porque sem dúvida você vai conseguir; o Universo tem um senso de humor astuto. Lembre-se: *não seja o elo fraco; você deve estar presente para vencer*; o *Perfeito Amor e Perfeita Confiança* começam por você.

---

231. Valiente, *The Charge of the Goddess*, 12–13.

Influência Planetária
Mercúrio e os elementos do Ar e da Água

Momento favorável
A segunda parte deste feitiço deve ser decretada alguns dias depois de completar o Feitiço 2: Pote de Acerto de Contas de Saturno, durante o próximo primeiro quarto lunar, quando as marés da Lua mudarem para crescente, de preferência na quarta-feira seguinte, ou melhor ainda quando a Lua estiver em um signo de Ar.

Você vai precisar de:
- Objetos para reparar seu altar de trabalho que se relacione com a magia elemental do Ar: elemento de consagração do incenso, um incensário com areia, carvão vegetal redondo, como aqueles usados para narguilés, pinças, colher pequena e um isqueiro ou caixa de fósforos.
- Velas de Santuário do elemento Ar e sua dedicação.
- Um pote de vidro com tampa, prego pequeno e martelo. Vire a tampa do pote sobre uma tábua de corte e martele o prego por dentro, bem no meio. Vire-o de volta para que a ponta afiada saia do topo como um pico de vela para segurar a vela votiva com segurança.
- Uma imagem da Carta do Mago (I) impressa em papel, pode ser de qualquer baralho de tarô que você goste. Esta imagem representa os poderes de Mercúrio, nossa comunicação clara e brilho mental flexível, "a Vontade, a Sabedoria e a Palavra através da qual o mundo foi criado".[232] O trapaceiro Mercúrio flerta com o limite entre a verdade e a falsidade, colocando em questão todas as ideias e julgamentos preconcebidos.
- Uma pilha de papéis cortados no tamanho 5 x 10 centímetros.
- Uma caneta de tinta azul.
- Representações simbólicas de suas verdades, poderes e identidades pessoais. Exemplos: Pentagrama ou outros símbolos de sua religião escolhida; seu nome mágico, se você já tiver um, ou um novo nome legal, se aplicável. Imagens do Deus/Deusa. Qualquer afiliação ou identidade que você reivindicar como sua. Seja criativo.

---

232. Gerd Ziegler, *Tarot: Mirror of the Soul: Handbook for the Aleister Crowley Tarot* (Boston: RedWheel/Weiser, 1988), 16.

- As pétalas de rosa que você está secando em seu altar desde a realização do Feitiço 2: o Acerto de Contas de Saturno.
- Três cristais de citrino, ou qualquer pedra associada a Mercúrio e ao Chacra Laríngeo
- Uma xícara de várias sementes, bagas e flores secas associadas a Mercúrio e ao elemento Ar. Exemplos: bagas de zimbro e de sabugueiro, várias sementes de flores silvestres, penugem de dente-de-leão (use a cabeça das sementes da estação) lavanda, madressilva, jasmim, camomila, etc.
- Uma grande dose de mel
- Uma caneca de gin, um licor destilado de bagas de zimbro e um sigilo Espírito de Mercúrio
- Uma vela votiva (amarela) de 5 centímetros, de cera de abelha natural
- Óleo de unção do elemento Ar (receita na seção de formulários)
- Uma placa à prova de fogo, grande o suficiente para segurar o pote com segurança e pegar qualquer cera de vela que escorrer para o lado

Práxis

Sente-se confortavelmente, feche os olhos e respire profundamente. Comece na sala de meditação em sua mente como ensinado na Meditação 1. Encontre o alçapão no chão e desça as escadas em espiral até encontrar o espelho no centro de seu ser.

Considere estas perguntas: quais verdades ou identidades relativas você se apossa plenamente? Considerando as Nove Condições do Amor Divino, que são direito inato de todos: recursos, afeto, livre-arbítrio, aceitação, segurança, confiabilidade, expressão, autenticidade e reciprocidade, qual destas condições você reivindica mais para o seu futuro?

No espelho em sua mente, imagine projetada ali uma visão de suas circunstâncias atuais e do futuro que você está construindo para si mesmo. Veja-se coroado e Soberano no centro de seu domínio, trilhando sabiamente o Caminho da Verdade. Em três passos, passe pelo espelho e chegue ao Plano Astral: um, dois, três, atravesse! Sinta sua coroa; pesquise seu domínio. Uma teia de interconexões brilhantes flui de você, estendendo-se por todo o Cosmos, tocando todo o resto.

Sigilo Espírito de Mercúrio

Recorde do exercício anterior quaisquer momentos de falta ou de feridas do passado, quando parecia que as circunstâncias estavam fora de seu controle. Como Soberano, estenda suas conexões ao passado e atenda a essas necessidades em sua imaginação.

Alcance e se conecte com o Amor Divino através dessa rede; veja todos os recursos físicos e estruturas que você precisa para prosperar, manifestando-se na Árvore do Mundo, como frutas prontas para serem colhidas. Em um pedaço de papel, escreva algo como: *Reivindico o controle sobre meu corpo, minha saúde e a criação de minha vida física. Eu crio abundância para que eu possa prosperar e atrair para mim* (liste as coisas que você afirma). Você pode ser específico sobre o que precisa arrancar dessa árvore, ou deixar o assunto geral. Leia o papel em voz alta e jogue-o em seu pote. Veja isto como um ato de interiorização do seu *locus de controle*.

Alcance e se conecte com a Mente Divina através dessa rede, ao conhecimento e à dúvida. Abra-se para entender suas verdades e identidades pessoais. Dê tempo para sonhar alto... Em um pedaço de papel, escreva algo como, *Eu reivindico autoridade sobre minha própria mente e escolhas. Eu busco a verdade dentro de mim. Eu me pergunto* (faça aquela perguntas para as quais você sempre buscou respostas). Você também pode reivindicar quaisquer verdades pessoais, como: *Eu sou um ser sagrado, completo dentro de mim e equilibrado em todos os níveis*; *Eu cresci em uma compreensão mais profunda do meu lugar dentro da ordem cósmica*; *Eu sou confiável*. Agora reflita, o que você sabe? O que você quer saber? Escreva-o no papel, leia-o em voz alta e coloque-o em seu pote. Veja isso como um ato de internalizar seu *locus de autoridade*.

Alcance e se conecte com a Vontade Divina através dessa rede, o poder da natureza e a centelha do devir divino. Alcance e assuma o controle necessário sobre seus próprios objetivos e ações. Reivindique a disciplina necessária para superar hábitos nocivos. Reivindique a energia necessária para cumprir sua Missão Sagrada e evolua conforme necessário por meio de suas ações e escolhas. Reivindique autoconfiança e habilidades sociais necessárias para viver efetivamente na sociedade como um colaborador. Em um pedaço de papel, escreva algo como: *Reivindico meu livre-arbítrio para buscar minha felicidade e minha realização em paz, Eu estabeleci meu próprio curso com segurança por minha própria bússola moral para o bem maior de todos os envolvidos, não prejudicando a ninguém*. Leia em voz alta e libere o papel em seu pote. Veja isso como um ato de internalizar seu *locus de segurança*.

Adicione ao pote quaisquer símbolos adicionais de seu devir. Nomeie-os e reivindique-os à medida que coloca cada um no pote.

Pegue as pétalas de rosa secas, sopre suavemente sobre elas e peça a ajuda de Vênus em sua graciosa aceitação de seu Amor Divino. Adicione-as ao pote, dizendo em voz alta: *Pela flor da rosa e pelo caramanchão de Vênus, reivindico meu controle acima e abaixo!*

Pegue e toque no citrino três vezes, sopre suavemente sobre os cristais e peça a ajuda de Mercúrio para discernir sua própria verdade e se comunicar de forma eficaz. Coloque-os no pote, dizendo em voz alta: *Pelo poder do citrino e pela hora de Mercúrio, reivindico minha voz por vontade e escolha.*

Despeje no copo de sementes, bagas e flores, chamando os poderes de Mercúrio e do Ar para inspirar novos pensamentos e ideias frutíferas das mais belas maneiras. Diga em voz alta: *Por sementes arejadas, frutas e árvores, alimento minha própria autoridade.*

Derrame a gota de mel em cima de tudo, chamando a doçura suave de aceitação amorosa e nutrição de seu espírito ao longo do próximo ciclo de seu crescimento.

Encha o pote até o topo com o gin e coloque o sigilo Espírito de Mercúrio, preservando e fortalecendo o trabalho de seu próprio Espírito Divino. Aperte bem a tampa.

Unte a vela votiva de cera de abelha em um movimento deosil com o óleo do elemento Ar e carregue-a para inspirar todas as transformações representadas pelo pote. Empurre a vela cuidadosamente no prego, segurando-a firmemente no lugar. Coloque o pote em um prato à prova de fogo que possa pegar qualquer cera extra, ou na Patena do altar, se você já tiver uma. Acenda a vela. Passe algum tempo meditando e orando com a vela enquanto ela queima, suavemente focada na chama, permitindo que a cera escorrendo pelas laterais sele o pote.

Feche os olhos e visualize-se no Plano Astral. Veja-se no espelho. Em três etapas, retorne ao Mundo Médio. Um, dois, três, atravesse! Você chega ao seu próprio centro e sobe os doze degraus em espiral, através do alçapão no chão, para o Santuário de sua mente. Vá para a janela de seus olhos e abra-os para encontrar seu Templo externo esperando.

Quando estiver pronto, agradeça e libere seus guias, guardiões e deuses, feche o Portal do elemento Ar e feche seu Círculo. Carregue a esfera do seu Círculo para iluminar seu retorno ao longo do Caminho da Verdade.

Todos os dias, durante o restante do ciclo da lua crescente, reacenda a vela e medite por um tempo sobre tudo o que você internalizou, tudo o que está se tornando e as responsabilidades sagradas exigidas de uma Bruxa Soberana. Na noite de lua cheia, permita que a vela termine de queimar completamente, se ainda não o fez. Bata palmas três vezes dizendo: *O trabalho está completo. Assim seja!*

Deixe o pote "viver" em seu altar pelo tempo que achar melhor, cuidando delicadamente dele. Se você sentir a necessidade de nutrir ainda mais o trabalho, unte e adicione outra vela amarela e participe dessas meditações novamente. Se você quiser aposentar este pote mágico, enterre-o em um lugar especial em sua propriedade ou perto de onde você mora, de preferência sob uma roseira ou zimbro. Peça a ajuda de Vênus (rosa) ou Mercúrio (zimbro) para guiar suavemente sua busca pela verdade.

❧ Reflexão do Diário ❧
O Caminho da Verdade

Para sua revisão do Livro dos Espelhos dessas lições, use a estrutura da Joia do Poder da Bruxa a seguir. Antes de mudar as engrenagens para as lições do Fogo do próximo capítulo, registre suas impressões sobre as seguintes questões para o seu futuro Eu encontrar. Faça isso como uma carta para si mesmo sobre onde você estava neste ponto ao longo do Caminho do Pentáculo. Considere estas perguntas: que verdade foi revelada a você por meio dessa magia? Você está se expressando de forma autêntica? Ao examinar suas crenças, de que maneira suas percepções da vida mudaram? De que maneiras suas crenças de longa data foram afirmadas como corretas para você?

Do Ar: Conhecer e Questionar
- O que de mais impactante você aprendeu com esta lição?
- Ficou ainda alguma dúvida de algo que precisa ser mais explorado?

Do Fogo: Desejo e Rendição
- Como você aplicou sua Vontade a esses exercícios? Você os adaptou para torná-los seus? O que funcionou ou não funcionou bem para você?
- Existe ainda alguma expectativa, suposição ou medo que precisa ser abandonado?

Da Água: Ousar e Aceitar
- Quais reações emocionais instintivas surgiram para você?
- O que o surpreendeu? Quais foram fáceis de aceitar?
- Quais você se atreve a desafiar ou superar?

Da Terra: Silenciar e Ressoar
- Agora que o trabalho está feito, preste atenção ao que está acontecendo em sua vida.
- Como este trabalho afetou suas percepções, ações, sonhos?
- Quais padrões estão surgindo?
- De que maneiras práticas você vai ressoar sua nova consciência na realidade?

CAPÍTULO 14
O Elemento Fogo e o Caminho do Poder

Do Sabbat da Alta Primavera em Beltane ao Alto Verão em Lammas, trabalhamos os mistérios do elemento Fogo. As lições deste capítulo são divididas em duas partes: durante as seis semanas e meia de Litha minguante, exploraremos o mistério elemental projetivo da VONTADE, e durante as seis semana e meia de Lamma crescente, vamos explorar o mistério elemental receptivo da RENDIÇÃO.

A Grande Obra: Roda do Ano

Mais uma vez, à medida que trilhamos o Caminho do Poder, há três trabalhos rituais a serem concluídos, que podem ser cronometrados para as três marés lunares que atingem a crista neste período solar:

1. Criar materiais de formulário para rituais e feitiços do Fogo.
2. Fazer uma viagem ritual aos reinos do elemento Fogo.
3. Realizar um feitiço com a magia planetária de Marte, para proteção e equilíbrio holístico de sua Vontade.

Lithatide: Beltane para Litha

À medida que a primavera minguar, acenda seus fogos e aplique sua Vontade, agindo em sua dedicação à Grande Obra para este ano. Este é o momento de arregaçar as mangas e mergulhar na parte "fazer as coisas" da vida. Aplique seus fogos aos projetos práticos que precisam ser trabalhados: jardinagem, projetos de reparos domésticos, exercícios físicos necessários. Vá e faça coisas mágickas que promovam sua Soberania Bruxa (Terra) e lute por seus ideais (Ar). Vê um problema que precisa de atenção? Assuma a liderança e resolva-o. Leia as lições do capítulo, complete os exercícios e então prepare seu formulário e Vela Mágicka de Santuário do elemento Fogo necessários para os rituais que virão a seguir, após Litha.

Lammastide: Litha para Lammas

À medida que o verão esquenta, mude para os mistérios receptivos da rendição ígnea, alimentando o fogo da forja de sua Vontade. Deixe de lado quaisquer formas antigas que estejam atrapalhando seu progresso, como a cobra trocando uma pele muito fina ou a lagarta passando por uma transformação radical na crisálida antes de emergir como uma borboleta. No entanto, o truque para disparar está em discernir o equilíbrio entre alimentar os fogos benéficos e aplicá-los efetivamente sem queimar ou explodir.

Todos os dias deste ciclo, limpe uma área de peso morto ou congestionamento em sua vida. Retire o lixo literal ou metafórico. Separe seus pertences para doação ou cancele a inscrição em listas de e-mail indesejadas – remova os excessos. Semelhante à época católica da Quaresma, desista de um hábito indesejável ou excesso de indulgência por um tempo, apenas para exercer sua Vontade de viver o estilo de vida mais saudável que você escolher. Prove a si mesmo que você é Soberano em sua vida, não seus vícios ou obsessões. Talvez umas férias das redes sociais? Ou uma limpeza dietética (sob a orientação de seu médico) de algum tipo para melhorar sua saúde ou cumprir melhor seus ideais? Pouco depois de Litha, enquanto a lua crescente está em um signo de Fogo, faça a jornada ritual para os Reinos do Fogo, buscando alianças com as salamandras e o Soberano Djinn. Procure orientação sobre a ferramenta do elemento Fogo correta para você e um guia espiritual animal para ajudar no equilíbrio de sua Vontade. Então, encontre ou comece a criar sua ferramenta elemental de Fogo como uma continuação de sua magia. Aplique o que você aprendeu para decretar o feitiço Escudo de Marte para proteção e equilíbrio entre a vontade pessoal e a Vontade Divina.

O Caminho do Pentáculo do Poder e o Corpo da Vontade	
Chacra	Plexo Solar
Regulamenta	Empoderamento
Aberto por	Vontade Divina
Bloqueado por	Vergonha
Objetivo da magia	Missão Sagrada de alinhamento de desejos
Condições de amor	Livre-arbítrio *versus* medo da opressão. Aceitação *versus* medo de intolerância.
Feitiço de afirmação	Pelos poderes do Fogo e dos ossos, eu sou quem eu sou e faço o que deve ser feito.

Mistérios do Elemento Fogo

O Fogo elemental energiza o corpo da Vontade. Dinâmico e agressivo, o fogo governa nossa determinação, paixões e força de vontade, estimulando nossa carga para a batalha como um guerreiro do Amor Divino em uma Missão Sagrada. O movimento dos nossos músculos é proporcionado pelas reações químicas do nosso corpo, liberando nosso fogo metabólico interno. É também o fogo interno e espiritual da divindade dentro de nós. Nosso sentido da visão está associado ao fogo, pois detém o poder da luz. Na alquimia hermética, acredita-se que o elemento Fogo tenha uma natureza quente e seca e ancora a extremidade masculina divina do espectro do gênero mental.

O elemento Fogo é a primeira essência a emergir do Espírito e é a energia menos densa dos reinos elementais. É um estado de transição entre matéria e energia, entre nossos talentos e ações, regulando o desejo sexual e a intensidade. É também a faísca curiosa que alimenta a imaginação e leva a pessoa a manifestar essas imaginações. O elemento Fogo também alimenta nosso trabalho – seja a carreira ou a Missão Sagrada de alguém, como alguém que cria oportunidades e depois faz bom uso delas.

O Fogo Através do Zodíaco
As lições do Fogo são vistas primeiro através do ciclo humano de vida e do signo CARDINAL de Áries como o surgimento de um novo bebê, expressando a lição do "eu sou". Áries está aqui para ensinar aos outros que o amor é sobre

inocência e para aprender que o amor requer confiança mútua. Mais tarde, o Fogo emerge através do signo de Leão FIXO como o adolescente humano, expressando: "eu vou". Leão está aqui para ensinar aos outros que o amor pode ser extático enquanto aprende que o amor requer humildade. Por fim, o Fogo surge como Sagitário MUTÁVEL com uma exploração do conhecimento, expressando a lição do "eu vejo". Sagitário está aqui para ensinar aos outros que o amor requer honestidade, enquanto aprende que o amor gera lealdade mútua.[233]

Joia do Poder da Bruxa: Fogo		
	Yang: Projetivo	Yin: Receptivo
Dogma de Mistério	Vontade, Desejo	Render-se, Entregar-se
Roda do Ano	Beltane passando por Litha	Litha passando por Lammas
Esfera Planetária	Sol	Marte

A Joia do Poder da Bruxa: Vontade, Desejo

A VONTADE é o poder projetivo do elemento Fogo. O que as Bruxas querem dizer com Vontade? O infame ocultista Aleister Crowley é creditado com a máxima Thelêmica, "Fazer o que tu queres será o todo da Lei. Amor é a lei, amor sob vontade."[234] Acredita-se que essa máxima tenha influenciado a diretriz ética da Wicca nos poemas *A Rede Wiccana* e o *Credo das Bruxas*, que aconselham: "Sem nenhum dano causar, faça o que desejar".[235]

O poder projetivo da Vontade representa como realizamos nosso desejo pessoal. Por meio do movimento, da ação, da força e da afirmação, aplicamos nossos "fogos" internos para fazer com que as coisas que queremos realmente aconteçam. Sem fogo essencial nada se faz!

A Vontade é o "motor" do nosso ser – o impulso, a ação, a força, o verbo da frase que escrevemos com nossa vida. Existe uma diferença entre vontade pessoal e Vontade Divina, o que os praticantes de Thelema chamam de "Verdadeira Vontade". A vontade pessoal pode ser míope pelos caprichos do momento. Por

---

233. Goodman, *Linda Goodman's Love Signs*, 13.
234. Aleister Crowley, *The Book of the Law* (York Beach, ME: Red Wheel/Weiser, 1976), 9.
235. *Rede of the Wiccae*, atribuído à Lady Gwen Thompson (Mathiesen and Theitic, *The Rede of the Wiccae*, 52–53), e *The Witch's Creed*, um poema de Doreen Valiente (Valiente, *The Charge of the Goddess*, 19–21).

exemplo, indulgência de comer uma pizza inteira, desejo pelo novo iPhone reluzente, desejo de transar com a fera sexy que acabou de se sentar ao meu lado no bar, compulsão por vingança quando fui prejudicada. Ou talvez seja minha determinação de continuar correndo até que eu caiba no meu jeans favorito novamente ou trabalhe até tarde para conseguir a promoção que eu mereço no trabalho. Em meu microcosmo, a vontade pessoal me compele a fazer o que for preciso para satisfazer o que meu ego quer, e isso não é necessariamente uma coisa ruim, é apenas uma parte menor da coisa final: um subconjunto microcosmo de minha vontade dentro do macrocosmo da Vontade Divina.

A Vontade Divina me compele ao meu destino, alimentando a realização do propósito espiritual da minha existência. Tocar a Vontade Divina inicia o fluxo de poder da fonte criativa, então se alinha com a vontade pessoal, abrindo o canal entre todos os Três Planos: Espiritual, passando pelo Mental, até o Físico. A Bruxa torna-se a condutora desse Poder Divino.

A Joia do Poder da Bruxa: Render-se, Entregar-se

O outro lado do elemento Fogo, a lição passiva, receptiva, feminina e menos óbvia é sobre a RENDIÇÃO. Na entrega, recebemos as ferramentas para transformar a cultura por meio da cooperação. Pense no registro da sua fogueira. O combustível que está queimando deve se render a esse catalisador para que sua matéria-prima seja transformada em algo incrível. Nada incendiado pode permanecer o mesmo. O fogo consome tanto oxigênio (Ar) quanto matéria (Terra), liberando a energia latente na forma de luz e calor. A combinação aplicada de água e fogo nos dá a poderosa máquina a vapor! Quando nos rendemos cooperativamente à transformação pela Vontade Divina, todos os impedimentos à nossa Missão Sagrada são queimados. Assim como temperar uma lâmina de aço, nossas impurezas e fraquezas também são transmutadas em poder. Após a forja, a espada que resta é mais afiada, mais resistente e muito mais eficaz. Da mesma forma, o Fogo essencial tempera nossos pequenos egos em estados mais iluminados de consciência. Com esse propósito rarefeito, as Bruxas estão prontas para uma inter-relação cooperativa com a sociedade e avançando na evolução humana.

Entregar-se é sair do seu próprio caminho, uma atitude de não lutar, não combater o fogo, apenas deixá-lo queimar. Com esse mistério, penso em nosso destino como um rio que corre na direção de nossa evolução (coletiva e individual). Nesta metáfora, somos capitães do nosso destino, no comando do nosso "navio". A questão é, o que está alimentando os motores desse navio? Quando podemos nos desapegar adequadamente das expectativas do nosso pequeno ego, que é o que nos deixa no controle, podemos abastecer nossos motores com a infinitude desse Fogo Divino. Isso nos permite navegar nosso destino harmoniosamente com o fluxo da natureza, em vez de remar egoisticamente contra a corrente.

Ferramentas Cooperativas da Deusa

São os poderes receptivos (deuses) do elemento Fogo que contêm as lições cooperativas de que precisamos no intuito de evoluir nossa cultura para um futuro mais justo e equitativo. A rendição é onde o poder supremo da Vontade Divina pode ser encontrado. Entregar-se é abrir mão de ideias preconcebidas sobre como as coisas devem ser feitas. Na rendição, é possível liberar o aperto de morte que qualquer um sente ao segurar o leme do navio metafórico que comanda sua vida e obra ao longo do tempo. Ao se render, você pode relaxar na emoção do passeio. O poder receptivo do Fogo é uma das maneiras que a sociedade encontra para desenrolar esse canal de potencial hermeticamente fechado, facilitando a fluidez da maior fonte de vitalidade da Natureza. Novamente, nosso verdadeiro poder vem do princípio.

A rendição é onde reequilibramos a facilidade no corpo da Vontade. Às vezes, para curar, é preciso amaldiçoar; para restaurar você deve destruir. Por exemplo: um dente podre deve ser arrancado violentamente de sua mandíbula, porque se você não remover a podridão, a infecção pode matá-lo. Para o bem-estar em todos os níveis, deve haver um equilíbrio entre dar e receber: a labuta e o sacrifício da maré vazante e o prazer e a satisfação da maré de afluência. Com a verdadeira liberdade vem uma grande responsabilidade e às vezes um grande sacrifício.

O Caminho do Poder

O que é poder, afinal? Em inglês, esta palavra é usada como substantivo, verbo e modificador. O poder pode ser notado quando usamos um "terno poderoso" para tratar de negócios. Ou quando temos a capacidade de agir ou potencial para criar mudanças, como no "poder da fala". Ou ainda pode ser representado pela autoridade, como no caso de um "governo no poder", por exemplo. Mas também pode ser um exercício de força ou resitência, como "o poder do furacão". Assim como a energia mecânica ou elétrica que "alimenta as lâmpadas". Em todos os casos, o elemento Fogo desempenha seu papel.

Para as Bruxas, a questão necessária sobre o poder não é "o que é?" ou "como utilizá-lo?" Não, a questão que importa realmente para as Bruxas é: "de onde vem o poder?" Tanto no setor imobiliário quanto na magia: posição, posição, posição! Mais uma vez voltamos às lições da psicologia de internalizar os três *loci*: controle, segurança e autoridade. A liturgia "A Carga da Deusa" é uma lição sobre como reivindicar o Poder Divino: se o poder é "aquilo que você procura", então o Deus/Deusa sugere que o busquemos dentro de nós mesmos.[236]

Com as lições do elemento Terra, exploramos o controle sobre a sobrevivência física e as circunstâncias da vida. Com as lições do Ar, exploramos o controle sobre a verdade relativa de alguém e as crenças que essas verdades falam por sua autoridade. Com as lições do Fogo, vamos examinar o papel do livre-arbítrio e como controlarmos nosso poder. Exploraremos como defender nossa autoridade, resultando em autoconfiança e uma sensação interna de segurança.

O Paradoxo do Poder: Dominação vs. Cooperação

O paradoxo do poder que a Bruxaria Elemental pode ajudar a reconciliar está no alcance da polaridade entre os modelos de "controle" de dominação e cooperação que temos explorado ao longo deste trabalho. O poder do Deus/Deusa em igual equilíbrio se distingue pela forma como todos os seres estão interconectados dentro da Natureza (Terra), como o Amor Divino do Deus/Deusa impulsiona diversos relacionamentos (Água) e como podemos imaginar maravilhosamente novas soluções para compartilhar problemas dentro da Mente Divina (Ar). O caminho do poder ensina que as pessoas mais poderosas internamente estão alinhadas dentro da Vontade Divina (Fogo). Isso resulta em uma Missão Sagrada que tende a promover o fortalecimento pessoal nos outros. Em outras palavras, as pessoas mais poderosas espiritualmente têm as parcerias de compartilhamento de poder mais cooperativas e tendem a ser as mais pacíficas, o que é um paradoxo! O mistério está na localização de onde essa pessoa deriva seu poder: interna ou externamente.

Sue Mehrtens, do Jungian Center, escreve sobre como esse compartilhamento de poder é semelhante ao compartilhamento de amor: "Nossa sociedade considera o poder como uma 'coisa de soma zero'. Se você tem, eu não tenho. Mas na realidade, o poder é como o amor: quanto mais o compartilhamos e

---

236. Valiente, *The Charge of the Goddess*, 12–13.

empoderamos os outros, mais poder há no mundo".[237] Isso descreve o objetivo final da Grande Obra de Magia Hermética. Primeiro nos capacitamos de dentro para fora, depois compartilhamos essa sabedoria para resolver juntos os grandes problemas, ajudando os outros. Internalizar nosso poder é um processo de crescimento.

Exercício 9: Reflexão de Poder

No livro de Janet Hagberg, *Real Power: Stages of Personal Power in Organizations* (1984), ela delineou brilhantemente seis estágios do relacionamento humano com o poder. Os três primeiros estágios iniciam o alcance dos locais mais externalizados de poder.

Passo 1: Os Estágios de Poder de Hagberg

Ao ler os estágios resumidos do poder, faça anotações em seu Livro dos Espelhos sobre cada estágio. Em seguida, anote exemplos que exibam as qualidades e comportamentos desse estágio. Pense em pessoas que você conhece ou ouviu falar, como celebridades ou figuras históricas, ou organizações governamentais, empresariais ou religiosas. Pense até mesmo criticamente sobre os líderes Neopagãos e Bruxos que você conhece ou ouviu falar.

1. **Impotência:** pessoas que não sentem controle pessoal sobre suas circunstâncias ou sobrevivência. Totalmente dependentes de ajuda externa: crianças, pessoas escravizadas ou encarceradas. Muitas vezes sentida pelos oprimidos, desfavorecidos, deficientes e desprotegidos de gênero e minorias em uma sociedade.

2. **Poder por Associação:** pessoas que sentem algum acesso ao poder por meio de suas afiliações a outros, como os pais, o cônjuge, um guru espiritual, um empregador. Ou pela promessa de um messias ou "outro mago" que eles acreditam que os salvarão se assim o merecerem.

3. **Poder por Realização:** são aqueles que sentem o poder do reconhecimento externo da realização; encontrados em símbolos de sucesso como títulos, credenciais, fama ou prêmios. Ou por meio da concessão de privilégios, como associações exclusivas ou autorizações de segurança. Ou sentido ao colecionar bens exclusivos, como roupas de grife, carros esportivos,

---

237. Mehrtens, "How to Internalize a Locus of Control."

jatos, iates ou seu nome em um prédio. Em um cenário de mídia social em mudança, talvez até considerem o poder dos seguidores do Twitter e do Instagram ou dos assinantes do YouTube.[238]

A maior parte da sociedade capitalista americana, estando nos níveis um e dois, tende a pensar que três é o pináculo do poder, quando, na verdade, é o mais tênue. Todas essas formas de poder afirmado externamente podem ser extirpadas em um instante de mau tempo, queda do mercado de ações ou um escândalo.

Crises do Despertar

Hagberg descreve como passar para os três últimos níveis normalmente requer algumas crises ou eventos que alteram a vida: uma tragédia pessoal, uma experiência de quase morte, uma perda profunda ou um catalisador espiritual para iniciar a autodescoberta, que "impulsiona o indivíduo a entrar no domínio do autoconhecimento e da integridade".[239] As Bruxas chamam isso de "o despertar". Os místicos às vezes chamam isso de "crise de iniciação xamânica".[240] A ilusão sonhadora da separação material cai, mesmo que seja por um momento de êxtase, e somos despertados para uma nova luz. Nesse ponto, a unidade cósmica não pode ser ignorada e o poder real é finalmente possível. Os três últimos estágios do poder são cada vez mais internalizados, oferecendo verdadeiro controle, autoridade e segurança.

4. **Poder pela Reflexão:** são aquelas pessoas que sentem o verdadeiro poder dentro de si mesmo, expresso como sua identidade, seus valores centrais e o que eles representam. Durante esse processo, elas não se importam muito com coisas materiais que podem ser facilmente destruídas ou negadas. Essas pessoas conseguem separar seu senso de autoestima dos relacionamentos e apreciá-los honestamente sem dependência. As pessoas no estágio quatro sabem quem são, e sua própria integridade é, em última análise, a autoridade que fortalece suas vidas. Elas podem ser coerentes e justas.

---

238. Janet O. Hagberg, *Real Power: The Stages of Personal Power in Organizations,* 3rd ed. (Salem, WI: Sheffield Publishing Co., 2003), n.p.
239. Hagberg, *Real Power,* 79.
240. Roger Walsh, "The Making of a Shaman: Calling, Training and Culmination," *Journal of Humanistic Psychology* 34, no. 3 (Summer 1994): 12–15, https://doi.org/10.1177/00221678940343003.

Uma vez que você vê a divindade em seu reflexo, então aumenta a autoconfiança e tem maior autoestima, e essa autoconsciência mais ampla resulta em uma sensação internalizada de segurança.

O Caminho Íngreme

Para fazer a transição para o estágio cinco, temos que atingir o que Hagberg chama de "o Muro".[241] Eu aposto que, mesmo considerando a leitura deste livro, você já atingiu "o Muro" em sua vida espiritual há algum tempo. Na linguagem das Bruxas, poderíamos chamar o processo de "atravessar o Muro" como uma crise iniciática.[242] A autora Vivianne Crowley descreve esta viagem como descendo o "caminho íngreme" rumo ao Submundo para enfrentar nossos medos. Este caminho íngreme descreve a jornada iniciática entre os ritos Wiccanianos de Segundo e Terceiro graus. Para navegar com sucesso no caminho do poder, o Deus/Deusa inevitavelmente desnuda todos os apegos do ego para que a Bruxa possa internalizar o controle e ser fortalecida pelo Deus/Deusa interior. Na Bruxaria, chamamos essa magia de "trabalho das sombras", e é um processo para toda a vida. No entanto, um avanço significativo deve ser feito antes que a Bruxa possa ascender à próxima onda, pronta para assumir com responsabilidade o manto da liderança do Coven.[243]

O Caminho do Poder é onde a vontade pessoal está alinhada com a Vontade Divina e é forçada a confrontar o que o Muro lança na sombra: "nossas feridas, nossos vícios ocultos... nossas dores de infância, nossa autoabsorção".[244] A Bruxa é convidada a deixar ir e fluir com seu destino estrelado, quer goste quer não.

No Caminho Íngreme do Poder, podemos sentir muita turbulência interior, como se tivéssemos sido completamente abandonados por nosso Deus/Deusa. Durante minha própria crise iniciática, descrevi-o como sendo arrastado pelos espinhos do jardim de rosas de Afrodite. Mas por outro lado, somos abraçados por seu amor e graça de uma nova maneira.

---

241. Hagberg, "Chapter 5: The Wall," em *Real Power*, 121.
242. Por exemplo, o caminho da carta de tarô da Torre entre *Hod* (Vênus) e *Nezach* (Mercúrio) na Árvore da Vida da Cabala, seguindo Ritos de Iniciação para Sacerdotes e Sacerdotisa.
243. Crowley, "Chapter 12: The Steep Path," in *Wicca: The Old Religion in the New Millennium*, 207–219.
244. Hagberg, *Real Power*, 121.

As técnicas do Caminho do Pentáculo da Bruxaria Elemental são projetadas para ajudar as Bruxas a navegar pelos desafios de seu despertar, crescer através de suas sombras e, eventualmente, realizar os dois últimos níveis de poder internalizado para si mesmas. No entanto, Hagberg oferece um aviso pungente ao qual devemos prestar atenção, especialmente porque a Bruxaria tende a ganhar popularidade em torno dos influenciadores de mídia social. Ela adverte: "Você não pode aprender o Estágio Cinco se comportando como pessoas do Estágio Três".[245] Como praticante de Bruxaria, devo afirmar inequivocamente que não há nada que você possa comprar, nenhuma classe cara demais, nenhuma associação exclusiva, nenhuma caixa de assinatura ou kit de peças de Bruxaria que magicamente vai lhe conceder um "poder pela intenção ou pela sabedoria" externamente. Aliados materiais e professores sábios podem ser úteis, mas a verdadeira capacitação só pode ser alcançada através da realização interna, direta da Fonte. Qualquer "influenciador" autonomeado que faça afirmações grandiosas ou ofereça garantias de outra forma, dificilmente se aproximará do "Muro", ou notará suas sombras, ou então, provavelmente ele ainda está iludido por seu ego pessoal.[246] Mais uma vez, o discernimento é fundamental.

5. **Poder por Propósito:** essas pessoas sentem o poder de uma Missão Sagrada clara, que as sintonizam mais plenamente com a Vontade Divina. Elas alimentaram seu motor interno da rede de energia cósmica da divindade. Estar "em chamas" para cumprir a Missão Sagrada também lhe dá uma razão para sair da cama pela manhã. As pessoas no estágio cinco geralmente se tornam algum tipo de ajudante, defensora ou ativista. Elas autenticamente colocam seus poderes para trabalhar por uma vida e por um mundo melhor para todos.

6. **Poder pela Sabedoria:** sem esforço e humildemente são pessoas que sente o Poder Divino de dentro de si: notado pela humildade, paz, felicidade, compaixão e capacidade de cura. Essas pessoas compreendem claramente os padrões maiores de interconexão como um todo sinérgico e organizado. Tendem a escolher estilos de vida modestos e simples. Suas vidas se tornam um canal aberto desse poder e criatividade divinos para a Terra como mensageiros e professores.

---

245. Hagberg, *Real Power*, 121.
246. Hagberg, *Real Power*, 121.

O Poder pela Sabedoria se aproxima da *"opus"* alquímica da iluminação espiritual, o alinhamento perfeito da individualidade divina e a felicidade potencial da reunião com a Fonte depois que morrem, liberados de outras encarnações.

Teoricamente, a Bruxa que atinge o sexto estágio de empoderamento sábio poderia criar sem esforço dentro da Vontade Divina, sonhar vastas possibilidades dentro da Mente Divina, e amar incondicionalmente dentro do Amor Divino com nenhuma vela necessária para tornar seus sonhos realidade. Esse nível de poder natural pode parecer um "milagre", ou talvez algo "sobrenatural" ou "paranormal" para aqueles que ainda não podem ver nossas interconexões divinas. Paradoxalmente, as pessoas neste nível de consciência nem querem mais as armadilhas externas e o prestígio do "poder". É assim que você sabe que elas estão no nível seis de sabedoria. Essas pessoas tendem a ser conhecidas por sua missão de capacitar os outros, pela paz, benevolência e cooperação e respeito mútuo por todos.

Infelizmente, as pessoas que ainda operam a partir dos três primeiros níveis de potência tendem a divinizar esses sábios humanos do sexto estágio; eles os chamam de gurus, santos, mestres ascensionados, líderes de sociedades secretas, avatares ou Bodhisattvas. Alguns deles ficaram conhecidos como Trismegisto (o Três Vezes Maior), Cristo (do grego: o Ungido), ou Buda (do sânscrito: o Desperto).[247]

Infelizmente, quando as massas impotentes e inseguras vislumbram o verdadeiro poder humano brilhando, elas tendem a ser atraídas como mariposas para uma chama, mas são inevitavelmente queimadas. As coisas tendem a ir mal para todas as partes a partir daí. A verdade é que as pessoas não podem ouvir o que esses mensageiros entregam até que estejam prontas para buscá-lo dentro de si. O mito hermético e Wiccano só pode oferecer salvação das ilusões de separação e impotência. No entanto, cada Bruxa ainda deve percorrer seu próprio Caminho do Pentáculo até a conclusão, descobrindo esses mistérios por si mesmas.

---

247. "Hermetic Writings," *Enciclopédia Britânica*, atualizado em 3 de Setembro de 2013, https://www.britannica.com/topic/Hermetic-writings.; Jaroslav Jan Pelikan e E. P. Sanders, "Jesus," *Enciclopédia Britânica*, atualizado em 24 de Março de 2021. https://www.britannica.com/biography/Jesus.; Donald S. Lopez, "Buddha," *Enciclopédia Britânica*, atualizado em 19 de Fevereiro de 2020, https://www.britannica.com/biography/Buddha-founder-of-Buddhism

Passo 2: Refletindo Sobre sua Relação com o Poder

Para continuar o Exercício 9, considere sua própria relação com o poder ao longo de suas experiências de vida. Faça um diário em seu Livro dos Espelhos sobre sua própria jornada durante esses estágios de consciência espiritual. Onde você está agora? Quais sombras podem ser lançadas pelo "Muro" que é melhor eventualmente trabalhar?

Isso ajuda a mapear onde você já esteve no Caminho do Poder. Agora, qual estágio de poder é seu próximo objetivo? Que ato de vontade ou de entrega está sendo pedido a você para reconciliar o paradoxo do poder para si mesmo?

O paradoxo do poder reconcilia dois extremos do espectro entre dominação e cooperação, poder exteriorizado e poder interiorizado. O poder dominador dá origem à tirania, que se apodera do controle externo ao privar o livre-arbítrio dos outros – oprimindo o direito de autodeterminação de nossa Soberania pessoal dado por Deus/Deusa. O poder do cooperador dá origem à humildade, que compartilha o controle cultivando o livre-arbítrio dos outros – defendendo a liberdade e a busca da felicidade por meio da Soberania pessoal e da autodeterminação de todos os membros dessa sociedade. Quanto mais poder internalizado você exercer, menor será a probabilidade de abusar desse poder, resolvendo o paradoxo.

O Chacra do Plexo Solar: Missão Sagrada

O Chacra do Plexo Solar, localizado no diafragma – ponto médio entre o umbigo e o coração – é o ponto de entrada dos fogos essenciais do corpo. Imagine seus fogos pessoais irradiando como o Sol em seu centro. Este chacra regula nosso empoderamento e, quando devidamente aberto, alimenta os fogos da Vontade Divina nos motores de nossa vontade pessoal. No entanto, o fluxo deste chacra pode ser bloqueado por questões de vergonha sobre nossas ações ou intolerância devido a qualquer falta de aceitação de nossas verdadeiras identidades. Qualquer opressão de nosso livre-arbítrio impede o fluxo de energia através do Plexo Solar e resulta em uma espécie de escravidão espiritual.

⁌ Exercício 10 ⁌
Missão Sagrada e seu Retorno de Saturno

O estágio cinco de Hagberg "poder por propósito" fala sobre nossa "Missão Sagrada". O que você faz com seu tempo e energia se assemelha remotamente ao que sua Vontade Divina veio aqui realizar? Em primeiro lugar, descubra sua Missão Sagrada. Lembre-se de que a filosofia hermética acredita que o Espírito desceu através do mecanismo celestial das estrelas, chamado "astrologia", e foi moldado como você em um conjunto muito específico de aptidões, forças para oferecer e desafios para aprender. Quando você fortalece ativamente suas fraquezas e contribui com o que é bom, sua tarefa com a Missão Sagrada está sendo cumprida. Basicamente, viver sua melhor vida como seu melhor Eu é o seu trabalho.

Uma maneira de descobrir qual poderia ser essa Missão Sagrada seria pesquisando sua carta astrológica natal. As Bruxas geralmente começam observando em quais signos do zodíaco o Sol e a Lua estavam e qual signo estava "nascendo" no horizonte (também chamado de ascendente) no momento do seu nascimento. Quais planetas clássicos regem esses signos? As energias elementais desses signos e as características desses governantes planetários virão naturalmente para você. No entanto, para nossas lições sobre o Fogo e o Caminho do Poder, é útil descobrir como Saturno, um dos planetas do elemento Terra, está posicionado em seu mapa natal.

Saturno é frequentemente considerado "maléfico" na astrologia, por isso tem uma má reputação. Ele é a estrita figura paterna das esferas planetárias. Ele é o disciplinador e capataz: tudo que se relaciona com responsabilidade, dever e ética de trabalho. Saturno é aquele ancião que lança desafios para você como uma ferramenta de ensino para paciência, diligência e maturidade, para que você cresça superando as dificuldades. Em seu mapa, o planeta Saturno mostra que tipo de adulto você será e como aplicará melhor seu poder no mundo. As pessoas tendem a temer as coisas que Saturno governa, mas não há como evitá-las. Papai continuará restringindo você até que consiga se autodisciplinar por conta própria.[248] Se você enfrentar esses desafios, é mais provável que evolua em caráter e poder, realizando todo o seu potencial. Entender Saturno é abranger a verdadeira natureza da vida divina aqui na Terra.[249] Quando alinhamos o Fogo

---

248. Joanna Martine Woolfolk, *The Only Astrology Book You'll Ever Need* (Lanham, MD: Taylor Trade Publishing, 2006), 264.
249. Dominguez, *Practical Astrology for Witches and Pagans*, 34.

de nossa vontade, objetivos e ações com a maneira que gastamos nosso tempo em relação a forma como o poder de Saturno funciona para nós, a vida fica mais fácil e gratificante.

Passo 1: Entendendo Saturno

Saturno intermedia a energia do elemento Terra para o Mundo Médio. Ele forma o poder divino em estruturas sociais, regras, leis e sistemas de causa e efeito. Quando falamos em defender "limites" para nossa segurança e Soberania, nós, Bruxas, estamos explorando o poder terreno de Saturno, que ensina o pragmatismo e é sentido como o desafio das restrições físicas, como as leis da física, as limitações do corpo humano e a marcha do tempo em direção à morte. É pelo martelo e bigorna de Saturno que o metal de nossa vontade ígnea é forjado e colocado em bom uso. Em uma analogia onde nosso fogo é o poder de uma máquina a vapor, Saturno é como o trem e os trilhos que nos guiam para onde esse poder de fogo vai nos levar.

As pessoas tendem a descobrir o que realmente querem fazer com sua vida e, finalmente, assumem o comando de seu destino por volta do seu primeiro Retorno de Saturno, como um rito cósmico de passagem para a vida adulta espiritual. Saturno leva cerca de 29 anos para completar uma volta ao redor do zodíaco, o que o leva de volta ao mesmo signo do zodíaco em que estava no dia do seu nascimento. E leva 2,5 anos para cruzar cada signo, então, os efeitos do primeiro Retorno de Saturno são sentidos entre os 27 e 30 anos.[250] De sorte que, nós, humanos, temos três Retornos de Saturno para amadurecer, com um segundo retorno entre os 58 e os 60 anos e, esperançosamente, novamente no final dos 80 anos.

Os Retornos de Saturno geralmente não são divertidos. Eles podem ser sentidos como a luta do "chefão" no final de um nível de videogame, mas então você "sobe de nível" e abraça seu papel de adulto na vida. Se você ainda não estava envolvido em sua Missão Sagrada, de repente se sentirá compelido a fazer grandes mudanças em sua vida, como mudar de carreira, casar, divorciar ou mesmo ter um filho. Aos 27 anos, de repente eu queria ter meu primeiro filho. Com 28 anos eu realoquei minha família de volta ao meu estado natal e deixei para trás a profissão que gastei dez anos e incontáveis recursos para alcançar para que eu mesma pudesse criar meus filhos. Foi quando comecei a buscar treinamento em magia a sério. Sem sequer saber sobre a influência de

---

250. Dominguez, *Practical Astrology for Witches and Pagans*, 120.

Saturno, essas escolhas me levaram de volta à ocupação que meu mapa natal refletia que estou aqui para fazer. Foi absolutamente a melhor decisão fazer a troca; eu só gostaria de ter descoberto isso antes. As pessoas que vão em frente e se aprofundam no trabalho que as levam a cumprir sua Missão Sagrada serão menos perturbadas por seus Retornos de Saturno. É um caminho direto para a realização também, porque o destino flui com você.

Passo 2: Mapa Natal

Para iniciar essa busca astrológica de autodescoberta, você vai precisar adquirir seu mapa natal. Para criar este gráfico, é preciso saber a localização exata, hora e data do seu nascimento. Se você não sabe exatamente a hora aproximada do dia, tente chegar o mais próximo possível. Existem muitos sites e aplicativos disponíveis on-line que preparam esses mapas astrais gratuitamente e fornecem explicações prontas. No entanto, recomendo que você invista em si mesmo, procurando um astrólogo profissional qualificado para uma leitura completa.

Uma descompactação completa da mecânica astrológica envolvida em um mapa natal está além do escopo deste livro. Francamente, está além da minha própria experiência. Eu recomendo *The Only Astrology Book You'll Ever Need*, de Joanna Martine Woolfolk, como um guia para descompactar todos os detalhes do seu mapa natal.

Em resumo, lembre-se de que os planetas representam o estado divino de ser de sua esfera e fonte de poder. Em seu mapa natal, a energia desse planeta é filtrada com base em qual signo do zodíaco ele estava no dia do seu nascimento e determina como isso influencia sua vida.[251] Ivo Dominguez Jr. chama esse colapso dos signos do zodíaco de "12 estilos de sabedoria e loucura humana... 12 modos básicos de consciência humana".[252] Esse "filtro" do zodíaco também sintoniza a energia desse planeta em seu elemento e modalidade particulares, como abordamos no capítulo 4. Recapitulando: o Ar confere qualidades intelectuais, a Terra confere qualidades materiais, o Fogo confere qualidades ativas, a Água confere qualidades emocionais e místicas. A energia CARDINAL é autoiniciada, a energia FIXA trabalha duro para sustentar e servir, a energia MUTÁVEL fecha o negócio e se transmuta no próximo ciclo.

---

251. Dominguez, *Practical Astrology for Witches and Pagans*, 21.
252. Dominguez, *Practical Astrology for Witches and Pagans*, 21.

O próximo filtro para determinar como a energia do planeta aparece em sua vida é conhecido como "casa". As casas são as doze grandes cunhas que dividem o círculo do seu mapa natal. Dominguez descreve as casas como as energias dos signos do zodíaco projetadas "até a Terra" e representam doze instâncias de funções em nossa vida.[253] Por exemplo, a quarta casa é a área da família e da vida doméstica, enquanto a décima primeira casa é o setor dos amigos e da sua vida social.

Passo 3: Pesquisando a Influência de Saturno

Para este exercício, sua tarefa é determinar através de qual signo do zodíaco (modalidade e energia elemental correspondente) a influência de Saturno está sendo filtrada em sua vida. Descubra qual planeta rege esse signo e quais divindades estão associadas a ele para obter pistas sobre esses atributos. Em seguida, olhe para a área de qual casa esse poder é concreto para você. Por exemplo: Saturno em Gêmeos (governado por Mercúrio) na décima casa da carreira e posição pública. Esta informação indicará seu estilo de vida adulta e o campo em geral no qual sua Missão Sagrada pode ser perseguida.

A posição de Saturno também indica quais lutas você deve enfrentar, incluindo os problemas de saúde que pode desenvolver. Essa parte pode parecer desanimadora, mas considere que "prevenido é feito de antemão", como se costuma dizer. É como se o canal meteorológico lhe dissesse que tipo de tempestade está se aproximando, quando e onde ela vai chegar e que tipo de dano pode causar, para que você possa se preparar e fazer suas escolhas de acordo.

Empregando o poder do elemento Ar do conhecimento, pesquise mais sobre o que esses posicionamentos significam para você. Em seu Livro dos Espelhos, faça anotações para preencher uma tabela pessoal, como no exemplo a seguir. Aplique o que já sabe sobre o poder elemental e a modalidade do signo em que Saturno está para você e como essas energias afetaram sua personalidade, aptidões e motivações. Anote a casa, a área da sua vida e as palavras-chave sobre como essas habilidades, obstáculos e desafios de saúde normalmente são vividos lá. Você pode perceber, sem dúvidas, que todos os recursos astrológicos que sofrem a influência de Saturno incluem formas potenciais que fazem nossos lados se inflamarem, podendo distorcer suas qualidades e nos prejudicar. É quando podemos "queimar a Bruxa" ou nos tornar o problema ou o "elo fraco" da sociedade. Mas isso também nos dá pistas sobre o que estamos mais aptos a alcançar.

---

253. Dominguez, *Practical Astrology for Witches and Pagans*, 25.

Passo 4: *Brainstorming*[254] sua Missão Sagrada

Com todos esses detalhes em mente, empregue seu poder de questionar do elemento Ar e pense em maneiras de aplicar com responsabilidade a estrutura de Saturno aos seus fogos elementais para fortalecer a Missão Sagrada de sua vida. Que ações ajudariam a evitar os potenciais vícios e desafios de saúde? O que pode ser entregue aos fogos da Vontade Divina para que possa seguir em frente? Veja o gráfico de exemplo a seguir e use-o para ajudar a preencher o seu. Veja a terceira coluna para um exemplo do processo de pensamento dos questionamentos do Ar.

	Posição de Saturno [255]	O que isso significa para sua Missão Sagrada
Signo do zodíaco	Gêmeos: posicionamento favorável. Capacidades intelectuais versáteis.	Busque uma profissão que exija flexibilidade e resistência mental, comunicação e percepção. Escritor(a)? Professor(a)?
Elemento do Signo	Ar: Mental	Poderes do Conhecimento: pesquisa, estudo. Questionamentos: inovação, pensamento pioneiro.
Modalidade do Signo	Mutável	Bom para integrar dados metodicamente e em ver padrões e transmutá-los em novas formas, multitarefa, – atravessa o limiar.
Regente Planetário do Signo. Divindades	Governado por Mercúrio. Divindades: Mercúrio, Hermes, Thoth.	Intelecto, linguagem, magia, mediunidade, viagem liminar, comércio, artesanato.
Casa	Décima casa de carreira e posição pública; reputação de status da comunidade; todos os assuntos fora de casa.	Busque uma profissão fora de casa. Deixe que as ambições sirvam à comunidade, expresse os talentos mentais externamente; curadoria de imagem pública confiável.

---

254. *Brainstorming* (tempestade de ideias): Técnica de discussão em grupo que se vale da contribuição espontânea de ideias por parte de todos os participantes, no intuito de resolver algum problema ou de conceber um trabalho criativo.
255. Woolfolk, The Only Astrology Book You'll Ever Need, 267, 297.

Obstáculos na vida	A primeira infância, solidão, tristeza; obstáculos no início da educação e na construção da identidade separada dos pais; restrições para viagens.	Perdoar os pais pelos desafios de diferenciação de identidade e crenças. Perceber que os obstáculos ficam mais fáceis à medida que envelhece. Atenção especial em viagens futuras. Tomar cuidado extra com a comunicação pública.
Obstáculos na saúde	Peito e pulmão	Evite fumar; cuide da saúde cardiopulmonar por meio de dieta e exercícios, observe o colesterol, faça mamografias regulares.
Virtudes a empregar	Idealismo e curiosidade infantis; lucidez, responsabilidade, talento em finanças e com a música; boa resistência.	Seja persistente e calculista; nunca pare de aprender ou de compartilhar, continue lutando pelos seus ideais. Confie nos instintos financeiros.
Vícios a evitar	Cinismo, ceticismo, insensibilidade, egoísmo, cautela excessiva, sarcasmo.	Arrisque-se; tente não ser tão sombrio e sério o tempo todo; tenha fé que o sucesso vem com persistência, apesar dos obstáculos iniciais; seja propositalmente sensível às necessidades dos outros.

Passo 5: Aplicando o Fogo

Confio que você esteja percebendo como a influência de Saturno já apareceu com certa frequência em sua vida até agora; desde sua educação e suas escolhas, até em seus empregos, hobbies e motivações. Quanto do seu tempo e energia lhe proporcionará ainda mais felicidade e realização? De que maneira você pode compartilhar o resultado dessas ações para melhorar o mundo? O que precisa ser resolvido para que você possa avançar? Um relacionamento abusivo? Um trabalho errado? Um vício? Prometo que a vida ficará mais fácil quando você entregar esses obstáculos ao fogo de sua Vontade Divina.

Passe algum tempo em meditação, adivinhação e oração para buscar orientação superior sobre a melhor forma de alinhar sua vontade pessoal com a Vontade Divina. Descubra quais ajustes em seu curso usariam esses poderes de maneira mais eficaz para beneficiar a si mesmo e a todos que sua vida toca. Então, trabalhe duro e faça mais dessas coisas benéficas. A magia do elemento Fogo ajudará.

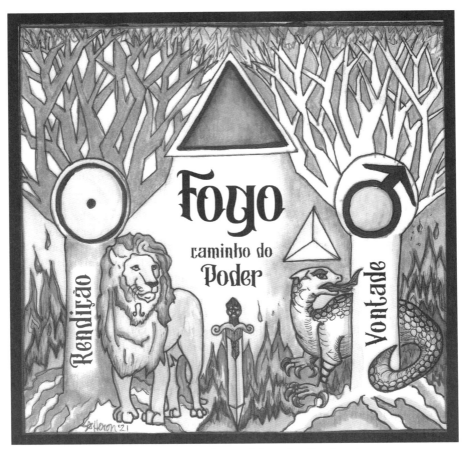

Figura 29: Imagem do papel de embrulho da vela do elemento Fogo – por Heron Michelle

Formulário para o Elemento Fogo

À medida que Litha diminui em direção ao Solstício de Verão, prepare seus materiais de formulário de Fogo para elaboração dos ritos a seguir. Crie seu incenso, óleo e vela mágica do elemento Fogo.

Consulte a tabela na sequência para as correspondências elementais do Fogo e faça as substituições conforme necessário.[256]

---

256. Eu montei esses gráficos de correspondência de elementos de muitas fontes, mas uma boa referência é *Llewellyn's Complete Book of Correspondences*, da Sandra Kynes.

	Correspondências Elementais do Fogo
Símbolos alquímicos	△
Cor	Vermelho
Estado da matéria	Plasma
Direção	Sul
Hora do dia	Meio-dia
Fase da vida	Juventude
Estação	Verão
Qualidades alquímicas	Quente e seco
Gênero Mental	Yang, masculino
Governa	A Vontade: paixões, energia física, ação, desejos
Poder Projetivo	O poder de querer
Poder Receptivo	O poder de render-se
Seres Elementais	Salamandra
Soberano Elemental	Djinn
Ferramenta Mágicka	Athame, espada, turíbulo
Consagração	Vela
Influência Planetária	Marte ♂, Sol ☉
Dia da semana	Terça-feira para Marte, Domingo para o Sol
Signos astrológicos	CARDINAL: Áries; FIXO: Leão; MUTÁVEL: Sagitário
Cristais	Âmbar, pedra de sangue, ágata de fogo, cornalina, olho de tigre dourado, rocha vulcânica, rubi, calcita-vermelha, opala de fogo, pirita, rodonita, sardônica, pedra do sol, topázio-dourado, zircão-vermelho
Metais	Ferro, aço, ouro
Ervas	Angélica, manjericão, cravo, endro, gengibre, noz-moscada, laranja, alho, hissopo, alecrim, calêndula, girassol, arruda, erva-de-são-joão
Árvores/Bosques/Cascas	Amieiro, castanha, azevinho, louro, palmeira (dragoeiro), noz, teixo, canela
Resinas	Sangue de dragão, Olíbano
Criaturas	Abelha, leão, raposa vermelha, carneiro, cavalo, tigre, porco-espinho

❥·· Exercício 11 ··❥
Elaboração do Formulário do Fogo

Momento favorável

Olhe para o período de tempo que você deixou até Litha e escolha um dia durante um ciclo lunar crescente, de preferência enquanto a Lua estiver em um signo de Fogo (Áries, Leão ou Sagitário) e/ou nos dias/horas de Marte (terça-feira) ou Sol (domingo).

Você vai precisar de:
- Veja as prescrições a seguir para materiais e equipamentos específicos para cada receita.
- Monte seu altar de trabalho com área de superfície suficiente para se espalhar, fazer uma bagunça e ser artisticamente criativo.
- Elementos de consagração, incluindo carvão vegetal em um incensário para testar sua mistura de incenso.
- Adicione qualquer coisa que ajude sua conexão com as energias do Fogo: ferro, velas extras, imagens de dragões, rocha vulcânica, pedra do sol, pedras de hematita, etc.

Preparação

Desperte e consagre seu altar como ensinado no Ritual 1. Chame seus guias espirituais para estarem presentes e inspirarem suas criações mágickas.

Para carregar qualquer material que representa o elemento Fogo, entoe este feitiço:

Feitiço de Bênção do Fogo

Poderes do Fogo, salamandra e Djinn!
Pela lâmina de Marte, controlada internamente!
Venham poderes da vontade e da autoridade!
Assim eu farei, assim será!

✤ Incenso do Elemento Fogo ✤
Magia Planetária de Marte e do Sol

Esta receita de incenso é eficaz para reequilibrar o corpo da Vontade e qualquer viagem ou feitiço nos quais o poder elemental do Fogo e a influência planetária de Marte e do Sol ajudariam a manifestar sua intenção: coragem, proteção, empoderamento, motivação e sucesso.

Você vai precisar de:
- 1 parte de madeira de base – pó de madeira de carvalho (Terra, Sol)
- 1 parte de pó de casca de canela (Fogo, Sol)
- 2 partes de resina de sangue de dragão (Fogo, Marte)
- ½ parte de gengibre em pó ou chips (Fogo, Marte)
- ½ parte de cravo em pó (Fogo, Sol)
- 1 parte de casca de laranja ou tangerina em pó (Fogo, Sol)
- Óleos essenciais – 10 gotas de laranja doce e cravo (opcional)
- 2 partes de glicerina vegetal para dar liga
- Pedras: hematita, pedra do sol ou aventurina-vermelha
- Frasco de cor escura com tampa e abertura grande o suficiente para sua colher de incenso; vidro vermelho é ideal

Práxis

Moa todos os ingredientes vegetais em seu almofariz e pilão no sentido horário até ficarem relativamente moídos. Convide seus espíritos vegetais para ajudar em seu trabalho; agradeça-os pela ajuda. Adicione o óleo essencial (opcional) e a glicerina e mexa para misturar e dar liga. Adicione lascas de pedra de hematita ou outro substituto. Desenhe o sigilo alquímico do Fogo no incenso com o dedo anelar, ou athame, se você já tiver um.

    Carregue com os poderes do Fogo imaginando um fogo intenso, o crepitar da madeira e do ar consumidos e a luz e o calor liberados pelas chamas bruxuleantes. Veja a energia natural desse fogo brilhando com uma luz incandescente como lava, fluindo pelas suas mãos até que você visualize a mistura também brilhando em vermelho. Entoe o Feitiço de Bênção do Fogo três vezes para construir e direcionar o poder para a mistura.

Transfira a mistura para o frasco e rotule-o. Inclua a data, o glifo do elemento Fogo e os símbolos alquímicos planetários de Marte ♂ e Sol ☉ para continuar carregando. Queime um pouco em seu carvão vegetal para testar o cheiro e impulsionar o sinal de Fogo enquanto você continua trabalhando.

❧⋯ Óleo de Unção do Elemento Fogo ⋯❧

Este óleo pode ser usado para ungir velas, você mesmo ou itens mágicos, para causar afinidade com os objetivos relacionados à sua Vontade.

Você vai precisar de:
- Frasco de vidro escuro com tampa hermética, vidro vermelho seria o ideal
- Misture 20 gotas totais de óleo essencial: escolha entre uma mistura de laranja, cravo ou gengibre
- 3 lascas de pedra de hematita, pedra do sol ou aventurina-vermelha
- Óleo de jojoba para uma vida útil mais longa ou outro óleo carreador para uso a curto prazo

Práxis

Ao adicionar cada ingrediente ao frasco, toque nos materiais três vezes e desperte-os para seus poderes de Fogo: força de vontade, rendição, coragem, poder. Convide-os para fazer parte de sua equipe mágicka e agradeça-os por toda a ação que incitarão.

Quando tudo estiver montado dentro do frasco, tampe-o e misture os óleos em deosil. Carregue e sele o frasco com a visualização anterior, entoando o Feitiço de Bênção do Fogo três vezes. Rotule-o com o nome, data e sigilos alquímicos do elemento Fogo, Marte ♂ e Sol ☉ para continuar carregando. Unte seu Chacra do Plexo Solar com a mistura de óleo para energizar seu trabalho mágico.

❧⋯ Vela do Elemento Fogo ⋯❧

Da mesma maneira usada anteriormente, prepare uma Vela de Santuário (votiva, de sete dias) em um pote de vidro, para canalizar os poderes do elemento Fogo.

Você vai precisar de:
- Vela de Santuário vermelha, em frasco de vidro (votivas ou de sete dias). Essas velas medem 5,5 x 20 centímetros de altura e suas recargas tem cerca de 5 centímetros de largura.

- A imagem da figura 29 pode ser copiada e colorida para criar um embrulho de vela ou você pode decorar criativamente seu próprio pedaço de papel de forma simples.
- 33 centímetros de fita ou cordão na cor vermelha
- Chave de fenda de cabeça chata ou um perfurador com uma ponta adequada
- ½ colher de chá de incenso de ervas do Fogo (preparado anteriormente)
- 3 gotas de óleo de unção do Fogo (preparado anteriormente)
- 3 lascas de hematita, pedra do sol ou aventurina-vermelha, ou substituto

Práxis

No lado em branco do papel de embrulho da vela, escreva uma Chamada de Abertura do Portal do Fogo. Componha sua própria Chamada ou faça referência às fornecidas no Ritual 2. Se você não estiver usando a imagem fornecida na figura 29, decore a parte externa da embalagem com imagens do elemento Fogo, como dragões ou fênix, athame ou espada, salamandras, símbolo alquímico do Fogo, glifos planetários de Marte ♂ e do Sol ☉, etc.

Com a chave de fenda ou o perfurador, faça três furos na cera com cerca de 2,5 cm de profundidade. Carregue a vela enfiando um pouco de incenso nos buracos com um pauzinho. Cubra com uma lasca de pedra em cada buraco. Em seguida, unte com três gotas de óleo do elemento Fogo e esfregue-o ao redor da cera, em deosil, com o dedo anelar nu.

Enrole a embalagem de papel ao redor do frasco e amarre com o cordão ou fita. O carregamento desta vela ocorrerá durante a jornada ritual aos Reinos Elementais do Fogo.

Viagem aos Reinos de Fogo

Da mesma maneira feita em jornadas anteriores, este ritual interativo mescla ações rituais feitas no Templo externo com uma jornada meditativa prevista dentro de seu Templo Astral. Esse estado funcional de ondas cerebrais "alfa elevado" é chamado de "consciência ritual".[257] Quando solicitado, cante ou fale em voz alta, acenda velas, jogue incenso nas brasas, etc. A jornada ritualizada é melhor encenada ouvindo uma gravação da meditação ou enquanto alguém a lê em voz alta para você.

---

257. Penczak, *Inner Temple of Witchcraft*, 87.

⁌ Ritual 6: Templo do Elemento Fogo ⁍

Continuamos o ciclo ritual chamando a essência do elemento Fogo do Quadrante Sul e depois fazendo uma viagem guiada pelo seu Templo Astral até o reino Elemental do Fogo. O objetivo é buscar parceria com as salamandras e o Soberano Djinn, receber o conhecimento sobre as ferramentas mágicas do elemento Fogo e saber quais aliados de espíritos animais podem ajudar melhor em seu poder e Missão Sagrada.

Ao contrário da criação completa do Templo, este rito abre apenas os portões do Fogo ao Sul. As jornadas elementais são mais impactantes quando feitas externamente, perto do elemento. Este fogo pode ser construído com segurança em uma lareira, ao redor de uma fogueira ou em um Caldeirão no pátio. Se ao ar livre não for possível, coloque velas vermelhas adicionais ao seu altar interno.

Momento favorável

Realize este rito durante o segundo ciclo lunar crescente, mais próximo do Solstício de Verão, quando a Lua estiver em um signo de Fogo (Áries, Leão ou Sagitário).

Você vai precisar de:
- Elemento de consagração: uma pequena vela vermelha do elemento Fogo, como oferenda às salamandras
- Adicione qualquer item que evoque o Fogo para você: uma toalha de mesa vermelha, imagens, rocha vulcânica
- Incensário com areia; carvão redondo para narguilé; pinças; colher pequena e isqueiro ou caixa de fósforos
- Dedicação da vela do Santuário para o Espírito
- Mistura de incenso de ervas do elemento Fogo
- Óleo de unção do elemento Fogo
- Vela de Santuário vermelha para o elemento Fogo, preparada com cordão ou fita vermelha
- Um prego de ferro, prego de ferrovia ou outro implemento de ferro ou aço para segurar. A pedra hematita é outra substituição com alto teor de ferro.
- Seu Livro dos Espelhos e uma caneta
- Diagramas dos Pentagramas de Invocação e Banimento do elemento Fogo. Para fácil referência, veja a figura 24.
- Um Athame, se você já tiver um, ou apenas o "athame natural" de sua mão projetiva. O dedo anelar projeta o poder do Sol.

- Dispositivo para reproduzir uma gravação da viagem guiada
- Extintor de incêndio acessível, apenas no caso de precisar
- Beber água para hidratação adicional se você ficar com sede durante o rito

Preparação

Assim como um atleta antes do esforço físico, faça uma refeição rica em calorias com um pouco de sal (eletrólitos) algumas horas antes do seu rito. Hidrate-se com água extra pura para que, ao canalizar a energia do Fogo, seus sistemas físicos tenham energia e água extras para apoiar seu trabalho ígneo.

Comece com uma limpeza física e organização do espaço ritual e do seu altar. Tome banho e vista-se com roupas frescas e confortáveis, de preferência descalço e com os cabelos soltos, ou nu, como preferir.

Monte seu altar de trabalho acessível diante de você, organizado de forma que possa meditar confortavelmente e ainda alcançar tudo facilmente; preste atenção extra às práticas seguras de combate a incêndios. Observe que para este trabalho inicial de fogo, há uma vela separada acesa no início para consagrar o altar e como oferenda às salamandras. Isso é um acréscimo à Vela de Santuário do elemento Fogo, preparada para ser carregada durante este rito e que pode ser usada posteriormente também para consagrações do altar.

Unte seu Chacra do Plexo Solar com óleo de unção do elemento Fogo em seu diafragma.

Acenda sua vela de dedicação para dar as boas-vindas ao Espírito, que está sempre presente. Coloque no incensário o carvão vegetal aceso, para queimar o incenso solto preparado anteriormente.

Práxis

Consagração do Altar: desperte seu altar para o elemento Fogo como ensinado no Ritual 1. Mude sua consciência para os ramos no alto da atmosfera, tocando a luz do sol. Respire profundamente e estabeleça o fluxo de poder conectando você aos Três Reinos. Inspire esse poder do Fogo em forma de luz vermelha; expire através de sua mão projetiva. Segure a vela vermelha de consagração do elemento Fogo nessa mão. Visualize a luz vermelha vinda do próprio Sol para impregnar a vela. Diga: *Eu carrego esta vela como um ser de Fogo*. Acenda a vela. Desenhe um Pentagrama de Banimento com a vela sobre o altar.

Diga: *Poderes do Fogo, queime e liberte qualquer impureza deste Espaço Sagrado*. Visualize uma energia vermelha imbuindo o altar.

Consagração: percorra o perímetro do seu Círculo com a vela, cantando: *Eu consagro este Círculo pelos poderes do Fogo.* Apresente a vela para o Quadrante Sul e diga: *Como sua Bruxa do Fogo, eu o saúdo com fogo e peço que você queime e liberte quaisquer energias perniciosas deste Círculo esta noite. Assim seja!*

Templo: lance seu Círculo com o Cone de Poder Awen como ensinado no Ritual 2; feche a esfera acima e abaixo.

Abra o Portão Sul: conforme ensinado no Ritual 2. Vire-se para o Sul para o Sul. Fique em uma Postura de Evocação do Elemento Fogo, athame natural erguido em soluto, mão receptiva em punho na altura do quadril (veja a figura 25). Expire e veja a luz vermelha do fogo irradiando de sua mão projetiva. Sua mão receptiva está preparada para receber a energia que influi. Fique em pé, queixo para cima, ombros para trás; fale com autoridade do diafragma.

Diga: *Poderes do Sul! Essência do Fogo! Eu os convoco a este Espaço Sagrado! Salamandras! Soberano Djinn do inferno em chamas! Estejam comigo agora e emprestem seus poderes de coragem e de transformação. Fortaleçam meu poder para o trabalho em mãos. Venham despertar suas lições de vontade e entrega dentro de mim. Venham brasas brilhantes e sol incandescente. Venham calor do meio-dia dos verões e plasma ardente, para temperar e fortalecer essa magia. Eu vos recebo com gratidão. Salve e sejam bem-vindos!*

Desenhe o Pentagrama de Invocação do Fogo com o athame natural de sua mão projetiva. Veja a estrela que brilha uma luz vermelha do Fogo no Quadrante Sul. Contorne o Pentagrama em deosil, destravando-o. Leve seus dedos em direção aos lábios, puxando uma espiral do elemento Fogo. Beije seu athame natural (dedos), e então, com a mão sobre o coração, faça uma reverência para essa direção. Uma haste amarela agora envolve seu Templo ao Sul.

Sente-se e prepare-se para meditar. Comece a gravação desta jornada guiada.

❧ Meditação 7: Viagem Guiada aos Reinos do Fogo ❧

Feche seus olhos; respire fundo e imagine seu Eu mais mágico sentado em uma cadeira confortável em uma sala aconchegante dentro de sua mente. Está quieto e tranquilo em seu Santuário. Seus olhos são agora uma janela em uma parede distante daquela sala. Qualquer ruído ou pensamento disperso que o distraia são apenas pássaros voando por aquela janela distante... Liberte-os sem medo! (Pausa).

Há uma claraboia acima de você e um suave raio de luz divina brilha sobre seu Chacra Coronário. Absorva a luz com três respirações profundas.

Inspire pelo nariz e expire pela boca... liberando toda a tensão. (Pausa para três respirações). Você está perfeitamente à vontade em todos os níveis. (Pausa).

Uma porta linda, toda ornamentada, aparece em sua mente. Abra essa porta e encontre uma escada em espiral que desce mais além. Inspire. A cada expiração você desce mais fundo em sua mente subconsciente, internalizando até seu próprio ventre. Quando chegar ao pé da escada, você atingirá à sua encruzilhada interna. Mais doze passos abaixo, girando, girando, e você pisa no último degrau da escada em espiral.

Diante de você está pendurado um espelho, um portal para os reinos astrais, onde todas as coisas são possíveis por um mero pensamento. Imagine seu Templo Astral através do espelho. (Pausa).

Diga: *Minha intenção é viajar ao meu Templo Astral para buscar o Reino Elemental do Fogo e aprender os mistérios da Vontade e da Rendição. Trilho o Caminho do Poder, buscando um relacionamento com os seres que regem a essência do Fogo, as salamandras e seu/sua Soberano(a), Djinn. Desejo receber minha ferramenta de Fogo e os animais aliados para auxiliar meu empoderamento e minha Missão Sagrada. Invoco meus guias, deuses e ancestrais para me manter seguro e me mostrar o caminho. Abençoado seja.* (Pausa).

Na contagem de três, atravesse o Portal e chegue no caminho para o seu Templo. Um, dois, três, atravesse!

Você chega no Plano Astral; a grande Árvore do Mundo assoma a distância. Pegue o caminho do Templo que está diante de você. Desça, desça, continue descendo pelo caminho que você percorreu, veja a luz brilhante do seu Templo logo à frente. Sinta o cheiro doce do incenso do Templo queimando, atraindo você para casa.

Você chega ao seu Templo Astral e entra. Este lugar sagrado é perfeitamente adequado às suas necessidades. As águas puras do Amor Divino fluem frias e refrescantes de seu lugar de Água. A brisa da Inspiração Divina sopra suavemente, frescas e agradáveis, do seu lugar de Ar. As chamas sagradas de sua Vontade Divina brilham intensamente de seu lugar de Fogo. Encontre agora seu lugar de Terra, o caminho para o coração do seu Templo, seu próprio altar de barro, amplo e estável. Fique diante do seu altar resistentemente.

No altar, várias coisas estão espalhadas diante de você: uma vela vermelha, um pote de incenso de ervas e um incensário com brasas preparadas para sua cerimônia. Polvilhe um pouco de incenso sobre o carvão quente para chamar de "Fogo". À medida que a fumaça aumenta, o aroma desperta suas conexões com o Fogo.

Diga em voz alta: *Bem-vindos, espíritos vegetais da canela e do sangue de dragão! Abram os caminhos para os reinos da Terra. Ajude-me agora com seus poderes de Fogo!*

Sobre o altar está um implemento de ferro. Pegue-o com sua mão receptiva e segure-o. Mude sua atenção para a superfície do ferro contra a palma da mão. Em sua mente, imagine-se como o ferreiro em uma forja, o ferro em brasa nas brasas alaranjadas. Sinta o calor e a luz. Tire o ferro das brasas e imagine na outra mão um martelo, que bate o ferro macio e vermelho contra a bigorna. Sinta como o metal, maleável, rende-se à forma exigida pelo martelo. (Pausa). Sinta também o ferro frio e inflexível da bigorna. Com força e persistência, a vontade do ferreiro molda e refina a matéria-prima em uma lâmina formidável, afiada e forte. Observe enquanto ela toma forma. (Longa pausa). Puxe sua atenção para trás, para sentir o ferro frio e duro em suas palmas mais uma vez. Coloque-o de volta sobre o altar.

Pegue sua Vela de Santuário vermelha, preparada para o elemento Fogo, e segure-a em sua mão projetiva. Lembre-se dessa conexão com o calor e o poder da forja e canalize esse fogo através de suas mãos para a vela, despertando a combustão potencial dentro dela. Bata no vidro da vela três vezes até vê-lo brilhando em vermelho no olho da sua mente. Acenda a vela vermelha.

A iluminação no Templo também fica avermelhada, um jogo bruxuleante de luz e sombra. Seu próprio metabolismo acelera e sua visão se alonga à medida que uma mudança se torna perceptível; os poderes do Fogo estão crepitando nas proximidades.

Em sua mente, vire-se para o Quadrante Sul de seu Templo. Mantenha os punhos erguidos até a altura da cintura, como se estivesse segurando o martelo e a lâmina na forja.

Com poder na voz, diga em voz alta: *Poderes do Fogo! Você que é catalisador, força e transmutação, invoco seus seres elementais conhecidos como salamandras e procuro conhecer seu/sua Soberano(a), Djinn! Acenda e fortaleça minha vontade e minha Missão Sagrada! Conceda-me entrada em seus Reinos de Fogo. Abra o Portal e me mostre o caminho!*

O Portal no Sul aparece. Veja-o claramente ao se aproximar do portão; símbolos e imagens adornam a moldura. Lembre-se deles. (Pausa).

Você ouve o estalo e o rugido do plasma queimando além do portão. Quente, seco, cheiro de fumaça e cinzas. Uma dança leve, derramada de vida e luz, desperta, fundindo-se ao ritmo do bater de tambores distantes.

O Elemento Fogo e o Caminho do Poder 367

A energia vermelha brilha através do Portal para preencher seu campo áurico. Facetas cintilantes se formam ao redor da borda de sua aura. Por dentro, você permanece frio e protegido, como se estivesse vestindo um traje vermelho e brilhante de proteção de bombeiro. Sua densidade fica mais leve com sua vibração áurica em perfeita ressonância com a essência do Fogo. Você está completamente seguro para viajar dentro de seus reinos. (Pausa).

Toque no portão e ele se abrirá. Atravesse o Portal à sua frente, avance por uma paisagem de areia e rochas no escuro da noite. Ao longe, há uma fogueira... uma chama o atrai, levando-o para perto do fogo abrasador. Observe as chamas dançando, consumindo e iluminando a escuridão. (Pausa).

O contorno de sua aura funciona como uma lente. Você pode ver agora uma salamandra no coração de cada chama, como lampejos que saltam da areia. (Pausa). Como eles se apresentam a você? (Pausa).

Esses Guardiões do Fogo elemental convidam você a se juntar a eles em suas danças saltitantes para o Fogo. Você também é o coração do fogo, e então os segue. (Pausa). Há um pulso; você ouve as batidas do seu coração e o pulsar do seu sangue. Esta fuga crepitante se reduz a um ritmo caótico. (Pausa).

Salamandras correm por essa paisagem em chamas e dançam ao som de tambores, você se junta a elas... Dançando, dançando... (Pausa). Deixe o fogo transformar todo medo em coragem. Toda fraqueza se rende para ser fortalecida enquanto você dança, dança, dança... (Longa pausa).

As salamandras o levam agora a um lugar de poder, onde você vai se encontrar com o(a) Soberano(a) Djinn. Há uma atração que o impulsiona a uma certa direção, como se uma pressão estivesse se formando. Levante suas mãos em punho na Postura do Fogo mais uma vez.

Você entoa em voz alta o nome de Djinn, estabelecendo uma ressonância com a qual vai convocar o Soberano. Em um tom de médio a alto alcance, com poder na voz, cante o nome Djinn em três respirações longas e sustentadas. Inspire e entoe: *Djinn... Djinn... Djinn...*

A consciência coletiva da essência ígnea cintila à vista. Djinn, o Soberano do Fogo, aparece diante de você em um esplendor glorioso. Apresente-se. (Pausa). Lembre-se de todos os detalhes da aparência dele que você percebeu. (Pausa).

Você pergunta: *Djinn! Eu busco sua orientação ao longo do Caminho do Poder em minha vida. Como devo assumir o controle e construir uma vida segura?* Djinn compartilha sua sabedoria com você agora. (Longa pausa).

Novamente você pergunta: *Djinn, por favor, ensine-me agora as lições da Vontade. Qual Missão Sagrada alinharia melhor minha vontade pessoal com a Vontade Divina para uma vida plena?* Djinn convida você em uma jornada para receber sua Missão Sagrada. (Longa pausa).

Você pergunta: *Djinn, por favor, ensine-me agora as lições da rendição. Quais apegos do ego devo liberar ao Fogo para me redimir?* Djinn o convida para as chamas brancas da moderação e você vê o que deve ser redimido se desprendendo suavemente e se transmutando em uma força maior. (Pausa). Libere tudo o que não serve ao seu bem maior. Essas fraquezas são transmutadas em iluminação. Você é a lâmina temperada empunhada em sua própria vida. (Longa pausa).

E então você pergunta: *Djinn, você fará parceria comigo na minha magia?* (Pausa).

Se sim, pergunte e ele: *qual Instrumento mágico melhor convoca os poderes das salamandras e do elemento Fogo para minha Grande Obra? Talvez um athame ou uma espada? Algo mais?*

Djinn agora apresenta a sua ferramenta. Lembre-se dos detalhes. (Pausa). A você é mostrado onde e como pode obter esta ferramenta no Mundo Médio. Receba a visão. (Longa pausa).

Você pergunta: *Djinn, qual espírito animal pode ajudar melhor no meu equilíbrio da Vontade?* Djinn lhe apresenta um espírito animal que pode ajudar no seu equilíbrio com uma visão do que eles podem ensinar. Receba a visão. (Longa pausa).

Aceite esses presentes e visões com gratidão ao se despedir de Djinn, que se transforma em fumaça e desaparece.

As chamas das salamandras surgem para levá-lo de volta pelo caminho de onde veio, dançando novamente na mesma fogueira, nas areias da noite, próximo ao Portal que vai levar você de volta ao seu Templo Astral. As salamandras recuam para as fogueiras mais uma vez. (Pausa).

De volta ao portão, retornando ao seu Templo, você volta por aquele Portal, e o traje vermelho brilhante é reabsorvido pelos Reinos do Fogo.

Volte para o altar e coloque a ferramenta que recebeu de presente sobre ele. Você se lembra de todas as lições com perfeita clareza. Coloque as mãos no altar e aterre todas as energias em excesso, permitindo que a pedra esfrie e estabilize você mais uma vez, voltando a uma densidade normal e confortável. Sente-se por um momento à luz de velas e reflita sobre tudo o que experimentou aqui. (Longa pausa). Lembre-se de que você pode retornar ao seu Templo e aos Portais de Fogo sempre que desejar.

Agora é hora de retornar à consciência desperta. Saindo de seu Templo, então siga o caminho de volta. Volte por onde veio, procurando o espelho, aquele Portal de volta para você. Veja-se naquele espelho. Passando por este Portal, siga mais uma vez o cordão umbilical. Três passos para trás até seu próprio ventre. Três, dois, um, atravesse!

Suba doze degraus pela escada em espiral, cada vez mais alto, retornando à consciência desperta. Voltando ao quartinho atrás de seus olhos, fechando o alçapão no chão atrás de você.

Diga em voz alta: *Agradeço aos meus guias, deuses e ancestrais – todos aqueles que me mantiveram seguro e me mostraram o caminho. Sejam abençoados.* Alongue seus músculos. Quando estiver pronto para retornar ao seu dia, revigorado e equilibrado, caminhe até a janela de seus olhos, abrindo-os para retornar ao seu Templo externo.

⁂ Reflexão do Diário ⁂

Em seu Livro dos Espelhos, registre as mensagens de seus aliados, desenhe suas visões e explore seus pensamentos e sentimentos sobre a experiência pelo tempo que desejar.

⁂ Desconstruindo o Templo ⁂

Feche o Portal elemental ficando de frente para o Sul na Postura do Fogo, athame natural erguido em saudação. Veja a figura 25.

Diga: *Poderes do Sul! Essência do Fogo! Salamandras e Soberano Djinn! Agradeço por sua presença fortalecedora e sua ajuda nesses ritos. Continue fortalecendo minha Vontade e a Grande Obra ao longo do Caminho do Poder. Por enquanto, liberto-os agora para seus reinos de justiça e de Fogo! Salve e adeus!*

Veja a haste vermelha e todos os poderes retrocedendo pelo Portal do seu Círculo. Desenhe o Pentagrama de Banimento do Fogo com seu athame natural, como uma chave na fechadura. Conforme você circunda a estrela em sentido contrário, veja o Portal se fechando e travando.

Beije seu Athame (ou dedos) mais uma vez, mas agora siga em frente, como um esgrimista com um gesto de empurrar em direção ao Quadrante, brandindo sua lâmina com determinação feroz. Direcione qualquer energia restante para fora do seu reino. Curve-se em reverência.

Libere o Círculo reunindo a esfera de energia restante em suas mãos, cada vez menor até que ela seja imaginada como uma bola brilhante sobre o altar. Carregue a bola para iluminar ainda mais o seu percurso ao longo do Caminho do Pentáculo. Grite: *Liberte-se!* Enquanto você joga a esfera para cima em direção ao Cosmos, batendo palmas três vezes e dizendo: *O Círculo está aberto, mas nunca quebrado! Feliz encontro, feliz partida e feliz encontro novamente!*

Magia da Vontade

É hora de colocar suas novas parcerias do elemento Fogo em ação. Os feitiços do Fogo são mais eficazes quando equilibram o corpo da Vontade dentro do seu Eu quíntuplo. Mais uma vez, a natureza holística da existência está entrelaçada em todos os níveis, assim como o Pentagrama retrata. Para usar este poder da Vontade Divina com segurança, é preciso estar em equilíbrio saudável em todos os níveis.

- **Mental:** a Vontade alimenta a visão e os ideais que você se propõe a realizar.
- **Emocional:** a Vontade age sobre o desejo mais profundo do coração. É a paixão que incita você a se levantar do tapete e continuar lutando, não importa quantas vezes você seja derrubado.
- **Físico:** é o que estimula você a investir recursos, sangue, suor, lágrimas e ossos em sua Missão Sagrada.
- **Vontade:** a Vontade Divina concede a comissão como um agente do Amor Divino e lhe dá a autoridade, o poder do Fogo e a energia necessários para realizar seus objetivos.
- **Espírito:** quando a vontade pessoal está alinhada com a Vontade Divina, o espírito flui livremente do microcosmo para o macrocosmo para manejar a ferramenta mais poderosa da criação: a magia.

⁂ Feitiço 4: Escudo de Marte ⁂

Com esse equilíbrio holístico em mente, decrete o feitiço Escudo de Marte. Considere esta linha do poema A Rede Wiccana: "Quando o infortúnio chegar, use a estrela azul em sua testa para afastar".[258] Esta instrução sugere o poder do Pentagrama de Banimento como um meio equilibrado para estabelecer um escudo de proteção quando há perigo ou infortúnio. Este escudo é a

---

258. Mathiesen e Theitic, *The Rede of the Wiccae*, 52–53.

magia essencial para percorrer o Caminho do Pentáculo dentro do campo de batalha da cultura dominadora. Essa adaptação de uma prática tradicional usa a combinação de energia da Terra e do Fogo para criar armaduras energéticas que desviam todas as influências nocivas.

Influência Planetária

Marte e Saturno, Fogo e Terra

Momento favorável

Lua crescente em um signo de Fogo (Áries, Leão ou Sagitário), dia/horas de Marte (terça-feira) ou Sol (domingo).

Você vai precisar de:
- Adicione qualquer item ao seu altar de trabalho que evoque uma sensação de empoderamento e proteção
- Vela de dedicação para o Espírito, que está sempre presente
- Velas de Santuário dos elementos Fogo e Terra carregadas
- Mistura de óleo de unção do elemento Fogo
- Mistura de incenso do elemento Fogo
- Incensário com areia, carvão redondo para narguilé, pinças, colher pequena, isqueiro ou caixa de fósforos
- Uma tigela com sal marinho
- Uma tigela com água pura
- Um Athame de aço ou lâmina de ferro e uma Patena de Pentagrama, se você já os tiver
- Qualquer coisa de ferro para proteção de Marte – pregos de ferro, um espigão de ferrovia ou uma pedra de hematita
- Uma imagem para referência do Pentagrama de Banimento da Terra e do Pentagrama de invocação do Fogo. Veja a figura 24.
- Beba água para hidratação adicional se você ficar com sede durante o rito

Preparação

Mais uma vez, coma uma refeição rica em calorias com um pouco de sal (eletrólitos) algumas horas antes do seu rito. Hidrate-se com água extra pura, para que seus sistemas físicos possam suportar seu trabalho com o elemento Fogo.

Tome banho e vista roupas frescas que sejam confortáveis, pés descalços e cabelos soltos, ou nu, como preferir.

Monte seu altar de trabalho para o Fogo e a Terra organizado de tal forma que você possa meditar confortavelmente com seus materiais facilmente visíveis e acessíveis à sua frente.

Práxis

Desperte e consagre seu altar de trabalho conforme ensinado no Ritual 1. Consagre a si mesmo e o perímetro do Círculo pelos quatro elementos conforme ensinado no Ritual 2.

Lance seu Círculo com o canto *Awen*, fechando a esfera acima e abaixo. Abra os Portais para a Terra no Norte e atire no Sul como ensinado no Ritual 2; acenda suas velas.

Convide para estar presente seus guias, ancestrais e Espírito. Chame os deuses Saturno e Marte se você se sentir confortável fazendo isso.

Sente-se, feche os olhos, respire profundamente e vá para a sala de meditação em sua mente a partir da Meditação 1. Desça pelo alçapão seguindo pelas escadas em espiral, chegando ao seu próprio centro, em um estado profundamente relaxado e consciente.

Imagine seu Templo Astral num espelho. Na contagem de três, atravesse o espelho para chegar ao Portal do seu Templo. Um, dois, três, atravesse!

Você encontra seu Templo Astral exatamente como o deixou. Entrando pela porta, olhe ao redor, encontrandono seu lugar de Fogo, a Chama Sagrada que você tende ainda a queimar intensamente. Sinta a brisa doce do seu lugar de Ar e sinta o cheiro do incenso queimando. Sinta a névoa fresca do seu lugar de Água e seja purificado. De volta ao seu altar de Terra, e você está ancorado e centrado. (Pausa).

Sobre o altar, veja uma Patena, ferramenta em forma de disco com o símbolo do Pentagrama: a estrela de cinco pontas. Os pontos representam os cinco elementos: Terra, Ar, Fogo e Água em perfeito equilíbrio com o Espírito, circundando-os. Eles representam a continuidade do Amor Divino tecendo o Cosmos vivo. (Pausa). O Pentagrama também é um símbolo da humanidade em sua existência quíntupla.

Sua intenção através deste exercício é a de se fortalecer através do Caminho Quíntuplo, construir um escudo de proteção com o Pentagrama de Banimento e então acender o Fogo da Vontade Divina dentro de você para fortalecer sua Missão Sagrada.

Visualize-se no centro do seu Templo e levante-se fisicamente agora em uma postura de poder e autoridade: pés na largura dos ombros, queixo erguido, ombros para trás. Levante os braços como os galhos de uma árvore. Visualize a luz branca do Espírito abrindo seu Chacra Coronário, fluindo livremente através de um canal aberto deste chacra ao Chacra Raiz. Expire a luz do Deus. (Pausa).

Agora, visualize uma luz negra do Espírito abrindo seu Chacra Raiz, fluindo através do canal aberto, da raiz ao Chacra Coronário. Inspire a escuridão da Deusa. (Pausa).

Estenda a mão direita para o alto e inspire o Ar elemental em forma de luz amarela. Veja uma esfera da Verdade Divina agora brilhando em amarelo em sua palma direita.

Estenda a mão esquerda para o Sol ou para as estrelas brilhantes e inspire o Fogo elemental. Veja uma esfera de Poder Divino agora brilhando em vermelho em sua palma esquerda. (Pausa).

Aprofunde suas raízes através de seu pé esquerdo na base de pedra e inspire a Terra elemental. Você está sobre uma esfera de Soberania Divina, agora brilhando em verde sob seu pé esquerdo. (Pausa).

Aprofunde suas raízes através de seu pé direito no lençol freático e inspire a Água elemental. Você está sobre uma esfera de Amor Divino brilhando em azul sob seu pé esquerdo. (Pausa).

Veja-se como um Pentagrama incorporado, conectado através do centro pela Divindade no Mundo Superior, Mundo Médio e Mundo Inferior. Fique no poder, entrelaçando os lugares liminares entre terra, mar, céu e estrelas. Cruze os braços sobre o peito, pressionando as esferas da verdade e do poder no Chacra do Plexo Solar de seu ventre. (Pausa).

Ajoelhe-se tocando as esferas de Soberania e amor abaixo de você. Fique de pé, puxando o poder através de seu corpo, mais uma vez cruzando os braços sobre o peito e pressionando as esferas de Soberania e amor no Chacra do Plexo Solar em sua barriga.

Abaixe as mãos e forme com os dedos um triângulo apontando para cima, o glifo alquímico do Fogo, e mantenha essa posição da mão sobre o Chacra do Plexo Solar. Vendo os feixes integrados como um arco-íris de luz branca fluindo através de você. Esse poder quíntuplo forma um toro de energia que se estende por todo o seu campo áurico.

Diga em voz alta: *Eu Sou Divino; Eu Sou Soberano; Eu vejo a verdade; Eu Sou Poderoso; Eu estou amando; Eu Sou inteiro e completo dentro de mim. Eu Sou um filho perfeito do Deus/Deusa.*

Do seu altar, pegue o ferro em sua mão projetiva (athame, prego comum, prego ferroviário, hematita), estenda seu dedo indicador e médio (Saturno) ao longo do ferro, apontando. Canalize o poder de cima e de baixo através de seus dedos, como empunhar uma caneta laser na energia verde do elemento Terra. Com a essência da Terra, você lança proteção contra quaisquer danos que possam interferir em sua saúde, segurança e abundância no Mundo Médio, bem como quaisquer interferências espirituais no cumprimento de sua Missão Sagrada. A Terra oferece uma base moderada prática para suas fogueiras.

No total, você vai desenhar seis Pentagramas de Banimento da Terra. Isso forma um escudo na superfície interna do seu campo áurico em todas as seis direções ao seu redor: quatro direções cardeais, abaixo e acima.

Com a luz verde, desenhe o primeiro Pentagrama de Banimento da Terra no ar: comece no canto inferior esquerdo, suba até o ponto superior, desça até o canto inferior direito, atravesse para a esquerda, atravesse para a direita, volte para baixo onde você começou, de volta ao Espírito, no topo. Em seguida, circule-o no sentido anti-horário, ou no sentido anti-horário, para banir todos os danos desse limite.

Veja o Pentagrama verde resplandecente diante de você, protegendo seu livre-arbítrio e Soberania à sua frente. (Pausa longa).

Vire 90 graus para sua direita (deosil) e mais uma vez desenhe o Pentagrama verde, agora sobre seu ombro direito. (Pausa longa). Gire 90 graus em deosil novamente, desenhando o Pentagrama verde atrás de você. (Pausa longa). Gire mais uma vez 90 graus em deosil, desenhando o Pentagrama verde sobre seu ombro esquerdo. (Pausa longa). Em seguida, desenhe o Pentagrama verde abaixo de seus pés (Pausa longa) e acima de sua cabeça. (Pausa longa).

Agora, pare um momento, voltando-se em sua mente para ver esses seis Pentagramas ao seu redor, desenhados entre os mundos, em um lugar além do lugar, em um tempo além do tempo.

Diga em voz alta: *eu desvio tudo o que não serve ao meu bem maior. Somente o amor entrará e somente o amor surgirá. Dentro desses escudos, estou seguro, nutrido e equilibrado em todos os níveis; Eu Sou completo dentro de mim mesmo, um filho perfeito do Deus/Deusa.*

Assim como programar seu sistema de segurança espiritual, agora você pode definir quaisquer regras adicionais e ainda consentir com o que é bem-vindo em sua esfera áurica. Defina suas intenções para quando, como e quem (seres físicos ou espirituais) podem interagir com você e em quais circunstâncias. (Longa pausa).

Seu escudo energético verde brilhante agora começa a mudar e a se moldar à sua forma, tornando-se sua armadura energética. Imagine sua armadura em qualquer design e estilo que goste, encaixando-se perfeitamente, flexível, como sua segunda pele. (Pausa).

Pergunte aos seus guias divinos: *De quais ameaças à minha Soberania, Verdade e Livre-arbítrio os meus escudos me protegem?* Receba a visão. (Pausa).

Agora pergunte novamente a seus guias divinos: *Quais limites devo defender ativamente com meu poder?* Receba a visão. (Pausa).

E então faça mais uma pergunte aos seus guias divinos: *Procuro conhecer minha sagrada missão. Por qual propósito divino minha feitiçaria deveria lutar?* Receba a visão. (Pausa).

Agora, desloque sua atenção para o seu Chacra do Plexo Solar e em combustão com a sua Vontade. Toque sua barriga com a ponta dos dedos e puxe esses fogos como um raio de luz vermelha. Com sua lâmina de ferro ou athame natural, desenhe um Pentagrama de Invocação do Fogo sobre sua barriga, circule a estrela em deosil para ativar a estrela de Fogo, como um distintivo de xerife...

Diga: *Pelos Poderes do Fogo e da Vontade Divina, reivindico meu distintivo de autoridade Soberana!*

Agora, com sua lâmina de ferro ou athame natural, desenhe um Pentagrama de Invocação do Fogo abaixo de seus pés; cerque a estrela em deosil para ativar, e desenhe o fogo derretido da terra, explorando a vontade ígnea da Deusa...

Diga: *Pelos poderes ígneos da Deusa e sua Vontade Divina, eu fortaleço minha insígnia de autoridade Soberana!*

Com sua lâmina de ferro ou athame natural, desenhe um Pentagrama de Invocação do Fogo acima de sua cabeça; cerque em deosil a estrela para ativar e atrair o plasma de fogo do Sol, tocando na ardente Vontade do Deus... Diga: *Pelos poderes ígneos do Deus e sua Vontade Divina, eu fortaleço minha insígnia de autoridade Soberana!* Visualize uma coluna de luz vermelha passando por você, fornecendo poder divino acima e abaixo. Lance aquela estrela vermelha diante de você, um farol projetado como o escudo de um cavaleiro diante de você em seu lado receptivo.

Diga em voz alta: *Que tudo o que defendo sirva à Vontade Divina para o benefício de todos os envolvidos, não prejudicando a ninguém.*

Agora, de sua mão projetiva, projete o feixe de luz vermelha em uma espada, como um sabre de luz Jedi. Diga em voz alta: *Pelo poder da Vontade Divina, aceito sua comissão como agente do Amor Divino. Que tudo o que eu crio seja um benefício a serviço da ordem natural de "os* DOIS *que se movem como* UM*", não prejudicando a ninguém. Assim seja!*

Você está neste Templo de sua própria criação, blindado, protegido e armado pela Vontade Divina, preparado para explorar com segurança os Três Mundos. (Pausa).

No olho da sua mente, volte sua atenção para o seu altar como o centro do seu Templo Astral. Sobre a pedra do altar, você encontra presentes, armas, ferramentas de algum tipo para serem tomadas em poder e segurança em sua vida. O que você encontrou? (Pausa). Ofereça gratidão pelos presentes.

Sente-se em seu altar de trabalho físico e escreva em seu diário do Livro dos Espelhos sobre suas descobertas. Desenhe um esboço de sua armadura, espada e presentes.

Quando for a hora de voltar, saia do Templo e, em sua mente, viaje de volta ao espelho, voltando pelo caminho de onde veio. Veja-se no espelho. Em três passos você volta para seu próprio ventre. Três, dois, um, atravesse!

Volte ao centro do seu ser ao pé da escada em espiral. Dando doze passos para trás, volte à consciência desperta e comece a alongar os músculos. No topo das escadas, feche o alçapão atrás de você. Atravesse a sala até a janela e, quando estiver pronto, abra os olhos.

Feche seu Templo liberando seus guias e deuses com gratidão. Feche os Portões elementais do Fogo e da Terra com gratidão a Djinn e as salamandras e a Ghob e os gnomos por sua ajuda contínua em fortalecer seus escudos e armas mágickas. Apague todas as chamas. Libere o Círculo, reunindo a esfera de luz restante, carregando-a e liberando-a para guiar seu caminho com a integridade do Deus/Deusa. Lembre-se de que você ainda usa sua armadura e permanece protegido e fortalecido em todos os níveis onde quer que vá nos Três Mundos.

✥ Reflexão do Diário: O Caminho do Poder ✥

Em seu Livro dos Espelhos, use a estrutura da Joia do Poder da Bruxa a seguir para registrar suas impressões para o seu futuro Eu encontrar. Considere estas perguntas: quais descobertas você fez sobre sua Missão Sagrada? Como você está agora aplicando seu calor a esse trabalho? Considere seu nível de motivação, temperamento e estágio de poder. De que maneira você se sente mais empoderado internamente agora?

Do Ar: Conhecer e Questionar
- O que de mais impactante você aprendeu com esta lição?
- Ficou ainda alguma dúvida de algo que precisa ser mais explorado?

Do Fogo: Vontade e Rendição
- Como você aplicou sua Vontade a esses exercícios?
- Você os adaptou para torná-los seus?
- O que funcionou ou não funcionou bem para você?
- Existe ainda alguma expectativa, suposição ou medo que precisa ser abandonado?

Da Água: Ousar e Aceitar
- Quais reações emocionais instintivas surgiram para você?
- O que o surpreendeu?
- Quais situações foram fáceis de aceitar?
- Quais você se atreve a desafiar ou superar?

Da Terra: Silenciar e Ressoar
- Agora que o trabalho está feito, preste atenção ao que está acontecendo em sua vida.
- Como este trabalho afetou suas percepções, ações, sonhos?
- Quais padrões surgiram?
- De que maneiras práticas você vai ressoar sua nova consciência na realidade?

CAPÍTULO 15

O Elemento Água e o Caminho do Amor

Na Roda do Ano, os mistérios do elemento Água são explorados do Alto Verão ao Alto Outono, à medida que a jornada elemental segue o Caminho do Amor. As lições deste capítulo são divididas em duas partes: durante as seis semanas e meia do Mabon minguante, explore o mistério elemental projetivo para OUSAR. Durante as seis semanas e meia do Samhain depilatório, explore o mistério elemental receptivo para ACEITAR.

A Grande Obra: Roda do Ano

À medida que trilhamos o Caminho do Amor, há três trabalhos rituais com o elemento Água que podem ser cronometrados para atingir a crista das três marés lunares neste período solar:

1. Criar materiais de formulário para rituais e feitiços do elemento Água.
2. Fazer uma viagem ritual aos reinos do elemento Água.
3. Realizar um feitiço de duas partes com magia planetária da Lua, para o equilíbrio holístico de sua saúde emocional e cura das feridas do coração.

Mabontide: de Lammas a Mabon

A Roda do Ano agora vai de Lammas a Mabon. Aplique os mistérios aquosos da OUSADIA e pergunte quais barreiras emocionais precisam ser desmanteladas para criar as mudanças nas quais você está trabalhando durante a Grande Obra deste ano. Que impedimentos precisam ser superados para recuperar o equilíbrio emocional? Considere as feridas do coração e tudo o que você está sofrendo. Pondere sobre quais impedimentos sociais, tabus ou restrições antiquadas sobre amor e relacionamentos precisam ser redefinidos para avançar em sua

Missão Sagrada no mundo. Busque novos relacionamentos ousados. Leia as lições deste capítulo, complete os exercícios e então prepare sua seu Formulário e Vela Mágicka de Santuário do elemento Fogo necessários para os rituais e feitiços que virão a seguir.

Samhaintide: de Mabon a Samhain

À medida que o outono esfria, mude para os mistérios receptivos da aceitação. Faça um balanço de tudo o que colheu até agora neste ano e identifique qual novo molde está se formando. Este padrão moldará seu novo e melhorado Eu e a vida de Bruxa pela qual você está trabalhando. Ao se aproximar da terceira colheita do Samhain, pare de se esforçar e aceite a nova realidade que você criou. Permita-se se estabelecer nesta nova forma. Esse momento de aceitação também exige que avalie quais de seus limites pessoais precisam ser defendidos para manter seu equilíbrio emocional. Todos os dias deste ciclo, beba bastante água pura. Fazer trabalhos de energia exige ainda mais hidratação, ou você vai explodir seus circuitos. Observe atentamente seus relacionamentos, lembrando-se das lições do Perfeito Amor e aceitando a totalidade das pessoas em sua vida. Logo após Mabon, faça a jornada ritual aos Reinos da Água, buscando alianças com as ondinas e o(a) Soberano(a) Nicksa, pedindo orientação sobre qual ferramenta do elemento Água é a mais correta para você e perguntando qual ancestral aliado pode melhor auxiliar no equilíbrio do seu corpo emocional. Então, procure ou comece a criar sua ferramenta deste elemento como uma continuação de sua magia. Aplique o que você aprendeu para decretar os feitiços lunares nas duas partes da cura emocional.

O Caminho do Pentáculo do Amor e o Corpo Emocional	
Chacras	Coronário (Coração)
Regula	Interdependência
Aberto por	Amor Divino
Bloqueado por	Dor da separação
Objetivo da magia	Cura das feridas do medo
Condições de amor	Segurança *versus* medo de violação Confiabilidade *versus* medo de engano
Feitiço de afirmação	Pelos poderes da Água e do Ar, estou a salvo de todo mal; Posso confiar em meus cuidados.

Mistérios do Elemento Água

O elemento Água forma nossos corpos emocionais e governa seus aspectos e formas. A água sempre se moldará à forma de seu recipiente e é facilmente moldada por uma intenção. A água rege o sentido do paladar, que é uma das razões pelas quais as Bruxas enchem seus cálices com algo saboroso para beber como meio de aproveitar o seu poder. Na alquimia hermética, diz-se que o elemento Água tem uma natureza úmida e fria e ancora a polaridade do poder feminino feroz.

A Água é o elemento do Plano Astral e da mente subconsciente. Regida pela Lua, ela é a energia psíquica moldada por outras influências elementais, mas forma a matriz da qual nossa realidade floresce. Assim como a água física, seu poder flui por toda parte, conectando tudo.

Na Água, mergulhamos profundamente em nossa intuição, sonhos e visões. Essas Águas espirituais são onde nossa mente subconsciente repousa. Quando você está dormindo, o reino aquoso do Plano Astral é onde sua mente subconsciente vai sonhar. Além das necessidades físicas de descanso do nosso corpo, se nós, humanos, não dormimos, ficamos comprovadamente loucos depois de alguns dias. Mas não é apenas inconsciência que precisamos para nossa saúde mental; temos que atingir níveis de sono REM (movimento rápido dos olhos) quando sonhamos, onde nossa essência aquosa é derramada de volta no oceano astral do Amor Divino. Esse é o verdadeiro descanso espiritual. Manter a ilusão de separação é exaustivo e, sem retornos regulares ao nosso reino emocional e espiritualmente interconectado, não podemos recarregar.

A água nos ensina que a existência é cíclica, de maré; há um fluxo e refluxo de toda a vida. Esses mistérios são espelhados ao longo dos ciclos da Natureza, que começam (CARDINAIS), atingem o pico de poder (FIXOS) e declinam para serem transmutados em algo novo (MUTÁVEIS). Isto é especialmente verdadeiro no ciclo de 29,5 dias da lua, com a lua cheia correspondendo à ovulação e a lua escura à menstruação.

O elemento Água também está associado ao pôr do sol no Oeste e, portanto, está simbolicamente ligado à transição liminar entre os reinos onde os fins e os começos se encontram. Assim, o elemento Água é mutável e também de natureza dupla: nasce da água do nosso ventre materno, mas retorna às águas astrais da Grande Deusa, que nos recebe na morte e depois nos prepara para o renascimento. Portanto, a água e o Oeste também estão associados a temas de morte e renascimento.

A Água Através do Zodíaco

As lições do elemento Água emergem através do ciclo de vida humano e do zodíaco primeiro como o CARDINAL Câncer, como o adolescente que atravessa as águas liminares da individuação. A Água de Câncer se expressa como as lições do "eu sinto", e estão aqui para ensinar aos outros que o amor é sobre devoção enquanto aprendem que o amor requer liberdade mútua. Mais tarde, a água emerge através de Escorpião FIXO, como uma exploração da intimidade sexual, expressa como as lições do "eu desejo". Escorpião está aqui para ensinar aos outros que o amor pode ser apaixonado, enquanto aprende que o amor requer rendição mútua. Por fim, o MUTÁVEL Peixes explora as lições de submissão, expressando-se como as lições do "eu acredito". As pessoas de Peixes estão aqui para ensinar aos outros que o amor é compassivo, enquanto aprendem que o "amor" compreende tudo no Cosmos, sem condições.[259]

Joia do Poder da Bruxa: Água		
	Yang: Projetivo	Yin: Receptivo
Dogma de Mistério	Ousar, Desafiar	Aceitar, Permitir
Roda do Ano	Lammas passando por Mabon	Mabon passando por Samhain
Esfera Planetária	Netuno	Lua

A Joia do Poder da Bruxa: Ousar, Desafiar

Ousar é o poder projetivo do elemento Água. A água não conhece discriminação; todos os córregos fluem juntos. As lições de ousadia da Água são sobre inclusão. Não há gota muito preciosa nem poluída demais para ser excluída: oceano, chuva, água benta ou água de banheiro. A água representa as emoções e o coração; é preciso ousadia para abrir seu coração para os outros. Águas audaciosas nos ensinam a trabalhar juntos para superarmos todos os obstáculos. Uma vez reunidos, a maré eleva todos os navios igualmente. Uma gota de orvalho pode parecer pacífica e impotente. Mas lembre-se de que a persistência de muitas gotas em um riacho pode perfurar com precisão a rocha sólida como se fosse manteiga. Muitas gotas de água juntas podem se tornar uma onda violenta de destruição total: resorts chiques e favelas podem ser transformados indiscriminadamente em palitos de fósforo.

---

259. Goodman, *Linda Goodman's Love Signs*, 13.

O poder projetivo da água é de destemor. Com o poder do elemento Água você pode ousar superar todas as barreiras à integridade diante de você. Muito parecido com um rio caudaloso subindo para quebrar as margens e fluir sobre todos os impedimentos, o poder audacioso da água é a energia radical para explodir todas as limitações preconcebidas e injustiças sociais. É essa ousadia que alimenta revoluções e movimentos de mudança, como o sofrimento das mulheres dos anos 1910 e o movimento pelos direitos civis dos anos 1960.

É também a ousadia de curar suas feridas emocionais, fortalecer suas fraquezas e buscar relacionamentos apesar do risco de decepção. Invoque o poder do elemento Água para libertar aqueles que o feriram no passado e invoque a bravura necessária para impedir que o ciclo de danos cause mais destruição. Através do poder de ousadia da Água, redefina seus limites e crie um novo caminho para sua vida. Como o rio lapida uma pedra, a Água pode ajudá-lo a suavizar suas bordas irregulares e polir você com um brilho elegante.

O poder projetivo do desafio quebra os velhos moldes para que você possa se redefinir. Atrever-se a transbordar a borda do Caldeirão só pode acontecer depois que você descobrir onde está esse limite, então você pode corajosamente alcançar novas profundezas de compaixão e intuição. Uma vez que o Caldeirão derrama, não há como conter esse poder.

A Joia do Poder da Bruxa: Aceitar, Permitir

Aceitar é o poder receptivo do elemento Água. A aceitação é um reconhecimento do molde presente que o define. Você precisa saber quem é agora (o bom, o mau e o feio) para diagnosticar suas feridas, fortalecer as fraquezas e colocar seus pontos fortes em ação. É preciso saber onde está para poder se permitir a traçar um curso para onde deseja ir. A aceitação é o primeiro passo em qualquer caminho evolutivo em direção à maturidade emocional.

Considere o Cálice e o Caldeirão da Bruxa como ferramentas mágicas do elemento Água; eles nos ensinam a definir e respeitar os limites. A aceitação é o "copo" que molda sua Água emocional. Esse poder é sobre se ajustar às circunstâncias do seu corpo, ambiente, família, amigos, trabalho, etc. É sobre reconhecer o que realmente está acontecendo agora para que possa determinar o que gostaria que sua vida se tornasse. Por exemplo, primeiro você precisa aceitar que o racismo e o sexismo sistêmicos existem antes de tomar medidas para corrigir o problema.

Ferramentas Cooperativas da Deusa

Mais uma vez, são os poderes receptivos (deuses) do elemento Água que contêm as lições cooperativas de que precisamos para evoluir nossa cultura para um futuro mais compassivo. A aceitação é onde reside o poder emocional supremo. Como exemplo, considere de que maneira a sociedade ocidental se relaciona com a morte. Em uma cultura dominadora, a ameaça de morte é usada como meio de controle temeroso sobre os outros. Viver e morrer é uma competição, a vida sempre se esforçando para impedir a morte. Frequentemente ouvimos frases como "perdeu a batalha" quando alguém morre após uma longa doença. A aniquilação espiritual anormalmente frustrante após a morte tornou-se uma obsessão em muitas culturas antigas. Um exemplo são as práticas funerárias dos faraós egípcios. No entanto, aceitar a mortalidade e abraçar a fase mutável do ciclo como algo natural e necessário libera nosso poder de desfrutar a vida e o amor. Quando não podemos mais ser ameaçados com a morte como meio de controlar nossas escolhas, abraçamos totalmente o poder cooperativo do elemento Água.

Considere os personagens de Voldemort nos livros de Harry Potter e Darth Vader nos filmes de Star Wars: ambos os personagens temiam a morte e ficaram amargurados com a perda do amor. Ambos se voltaram para a magia funesta em uma tentativa de impedir a morte, tornando-se vilões malignos capazes de atrocidades. Em ambos os contos, as forças do mal foram derrotadas por "rebeldes", cujo amor, amizade e unidade ilustram quantas "gotas de água" individuais poderiam se juntar e se erguer em uma onda gigantesca para derrotar esse mal. Os heróis dessas histórias tornaram-se relutantemente guerreiros da cooperação e do amor que, corajosamente, arriscaram morrer em batalha para que pudessem superar a tirania e restaurar a liberdade e a Soberania aos entes queridos. Esta verdade da unidade amorosa é um hino humano que se repete em toda a nossa cultura, ilustrando a relação entre aceitação e ousadia em relação ao poder.

O Caminho do Amor

Nossa experiência emocional é sem dúvida o aspecto mais importante de ser humano. Em sua versão do Mito da Criação Wiccana, Starhawk conclui com "Tudo começou no amor; tudo procura voltar ao amor. O amor é a lei, o mestre da sabedoria e o grande revelador dos mistérios."[260] Nesta metáfora, o mundo físico é uma personificação da emoção divina. É tudo amor, querida! Esta é uma doce resposta para as perguntas sobre o pavor existencial que todos

---

260. Starhawk, *Spiral Dance*, 32.

nós eventualmente sentimos: qual é o nosso propósito humano aqui? Minha resposta é: "eu amo, logo existo".

O paradigma panenteísta começa e termina com o Amor Divino. Idealmente, toda Bruxaria baseada no Deus/Deusa é proveniente do espaço do coração. O autor Miles Batty sabiamente descreveu o Amor Divino como "a principal força vital... a linguagem da Deusa, e as Bruxas falam em sua língua"[261]. Se somos feitos de Amor Divino, então a base do ser seria a essência da emoção, como um oceano de sentimentos. Despertar do coma do mundo material divisivo, da aversão a si mesmo e do "cão come o cão" para a iluminação da Arte, é perceber que estamos interconectados com todos e tudo no Cosmos. Essa mensagem do Amor Divino é muito mais abrangente do que "ame o seu próximo como a si mesmo."[262] E pode até ter sido a mensagem da Era de Peixes, mas a Bruxaria da Era de Aquário nos ajudará a perceber que meus vizinhos e eu somos Um; nós somos Amor Divino.

Infelizmente, mensagens divisíveis estão se repetindo em nossa sociedade moderna, como o estertor do patriarcado no fim da Era, e tem sido perpetuado por pessoas cuja consciência não evoluiu além dos três primeiros chacras (o que preciso, o que tenho e o que quero). Esses níveis são necessários, mas quando são exagerados e desequilibrados, essas pessoas permanecem emocionalmente imaturas. Abraçar completamente o Caminho do Amor requer que a Bruxa acorde e vá além dos estágios egoístas, reacionários e autoritários da infância.

Muitas vezes, pessoas feridas ou magoadas vão até a livraria no corredor de Bruxaria e procuram vencer a raça humana com magia. Permanecer preso pelo ciúme, ódio ou ressentimento de quem ainda se identifica como "o outro"; buscar poder para explorar a natureza para seu ganho exclusivo; ou usar magia na tentativa de ganhar superioridade sobre qualquer outra pessoa, impede de atingir o verdadeiro potencial impressionante que a Bruxaria Moderna tem. Esse é o pensamento da cultura dominadora, e não jogamos esse jogo na casa da mamãe.

A Bruxaria Hermética exige que a Bruxa percorra o Caminho do Amor em igual medida aos da Verdade, do Poder e da Soberania. E até que você pelo menos queira amadurecer e se tornar um adulto responsável, disposto a deixar o ego de

---

261. Miles Batty, *Teaching Witchcraft: A Guide for Teachers and Students of the Old Religion* (Longview, TX: Three Moons Media, 2006), 123.
262. Matthew 22:39, Bruce M. Metzger and Roland E. Murphy, eds. *The New Oxford Annotated Bible with the Apocryphal/Deuterocanonical Books, New Revised Standard Edition* (New York: Oxford University Press, 1991, 1994).

lado e sujar as mãos a serviço da teia da vida, não estará pronto para as chaves desse arsenal mágico. Além disso, amar e respeitar a si mesmo é o pré-requisito mais importante para um trabalho mágico bem-sucedido. Tudo o que você sente sobre si mesmo no fundo do seu subconsciente é exatamente o que sua magia vai reforçar. Portanto, o trabalho da magia do elemento Água e o reequilíbrio do corpo emocional é garantir que você sinta seu lugar sagrado dentro da grandeza do Amor Divino. Para isso, tem que primeiro identificar o que feriu seu coração para depois curar essas feridas.

O Paradoxo do Amor: Amor vs. Medo

O que é o Amor Divino? As Bruxas procuram reconciliar o paradoxo entre o Amor Divino incondicional ou perfeito do Deus/Deusa e as condições necessárias dos relacionamentos humanos enquanto navegamos na ilusão de nossa separação.

Voltando à Tealogia da Perfeição do Deus/Deusa no capítulo 3, o paradoxo resolvido pelo Caminho do Amor é o Amor Perfeito *versus* medo de falta de amor. Tudo se resume a como vivenciamos as Nove Condições do Amor Divino e o medo que surge por não ter essas condições. Quando medos se tornam realidade, nosso coração fica ferido, por isso que chamamos a dor emocional de "coração partido". Ter negadas essas necessidades humanas básicas por muito tempo é traumatizante. Esse trauma causa ansiedade e raiva. Essa raiva torce e apodrece dentro de nós até emergir como paranoia e ódio.

O medo da falta de amor muitas vezes leva a relacionamentos abusivos, onde o fanatismo, a hostilidade e a agressão represam as Águas do Amor Divino. Como animais feridos, às vezes as pessoas atacam e impõem as mesmas transgressões que sofreram, a outros. Esta é a maneira lamentável de conseguir o que eles precisam do jeito mais difícil, ou de se vingar como um meio de diminuir sua dor. A privação do Amor Divino é como os valentões são feitos. Pessoas feridas tendem a ferir outras pessoas.

Esses comportamentos prejudiciais anunciam as feridas de uma pessoa como um *outdoor* gigante, anunciando o que a feriu em primeiro lugar. Como Shakespeare disse em *Hamlet*: "A senhora protesta demais, eu acho!"[263] Isso é

---

263. William Shakespeare, *Hamlet,* Ato 3, Cena 2 (Washington, DC: Folger Shakespeare Library, n.d)., acesso em 27 de Agosto de 2021. http://shakespeare.folger.edu/shakespeares-works/hamlet/act-3-scene-2/.

chamado de "projeção" pelos psicólogos, onde uma pessoa projeta seus próprios medos no mundo ao seu redor, assumindo incorretamente o pior delas mesmas. Projeções anunciam nossas sombras como uma fanfarra, chamando as coisas que mais odiamos em nós mesmos.

Quando as feridas ainda estão no comando do comportamento de alguém, ele pode se tornar o tolo que exige que todos mudem para aliviar seu medo, em vez de enfrentar qualquer terror de rejeição que ainda o prenda. Como exemplo temos os conservadores, pregadores ou legisladores de "valores familiares" que condenam em voz alta a homossexualidade e trabalham horas extras em leis para impedir a igualdade LGBTQI++, apenas para mais tarde serem escandalosamente expostos por relações homoafetivas enrustidas, fechados em suas próprias autoaversão. Seu ódio procede do medo de ser expulso do amor de seu Deus, simplesmente por amar quem eles amam. Essa violência espiritual é uma tragédia que nosso Deus/Deusa está aqui para curar.

Mahatma Gandhi é creditado com um ditado: "O inimigo é o medo. Achamos que é o ódio; mas é o medo."[264] As pessoas odeiam o que temem, e esse medo, em algum nível, vem das feridas infligidas pela falta das Nove Condições do Amor Divino. O paradoxo divino mantém em equilíbrio duas verdades simultâneas: estamos unificados dentro de um Deus/Deusa de Amor Divino incondicional, mas somos indivíduos separados no plano material. Relacionamentos saudáveis devem manter limites seguros que não transgridam nossa diversidade e individualidade. Uma maneira de mostrar amor incondicional por quem viola seus limites saudáveis é uma distância pacífica que você pode definir. Em termos de Bruxaria, isso se dá através da promessa de Perfeito Amor e Perfeita Confiança.

Perceber essa verdade universal nos permite permanecer centrados na compaixão, reconciliando assim o paradoxo. O elemento Água nos concede permissão para aceitar completamente a nós mesmos e a todos os outros exatamente como somos, sem julgamento. Esse elemento também nos concede permissão para redefinir a paisagem social para ser radicalmente inclusiva, garantindo que o Amor Divino incondicional, conforme experimentado através das Nove Condições do Amor Divino, seja acessível a todos os seres. E podemos incluir aí todas as pessoas, sem precisar de um classificação de "matar ou morrer" em uma competição por recursos. Desta forma, o paradoxo entre unidade dentro do Deus/Deusa e diversidade na Terra também é abraçado.

---

264. Atribuído a Mahatma Gandhi.

Chacra Cardíaco: Curando as Feridas do Medo

O quarto chacra, o do coração, é o chacra central dos sete principais centros de energia do corpo. Na luz verde rodopiante do espaço do coração, os três chacras inferiores da consciência pessoal se sobrepõem aos três chacras superiores da consciência social e cósmica. Embora no sistema hindu o Chacra do Coração esteja associado ao elemento Ar, no remapeamento da Bruxaria Hermética, o centro emocional se alinha com o elemento Água.

Para equilibrar o corpo emocional e ativar totalmente os Chacras do Coração, as Bruxas têm a tarefa de primeiro curar as feridas emocionais infligidas pelo medo. A terrível falta de qualquer Condição de Amor Divino impede o fluxo de *chi* através do Chacra Cardíaco. Isso nos deixa impotentes e sem controle interno. Através de uma mudança para a compaixão do Chacra do Coração, você pode recuperar seu poder.

✣ Exercício 12: Consertando o Cálice Quebrado ✣

A feitiçaria do Caminho do Amor pede que você identifique quais medos o ferem emocionalmente para que possa consertar a taça do seu coração partido. Antes que possa interagir adequadamente com os outros em Soberania, verdade e poder, você precisa ter um coração inteiro, curado e fluindo abertamente. Você não pode transbordar adequadamente de um cálice vazio. Valendo-se da Bruxaria dos exercícios e rituais da Água, as Bruxas se esforçam para se tornar o cálice forte através do qual o Perfeito Amor do Deus/Deusa possa fluir para o Mundo Médio.

Para realizar essa façanha, reconheça como essas feridas conduzem ao comportamento de medo e, em seguida, conquiste esses medos. Renove sua conexão com o Amor Divino do Deus/Deusa, que é ilimitado. Quebre o ciclo do ferimento por meio de atos de compaixão e graça. Recupere seu poder de desfrutar sua própria vida e então lute o bom combate de restaurar o equilíbrio dentro de sua esfera de influência, para que outros possam desfrutar das mesmas liberdades. Uma tarefa difícil, com certeza, mas somos Bruxas. Se as Bruxas não aceitarem essa missão, quem mais esperamos que o faça?

As Bruxas tendem ao Caminho do Amor e da Água por último, porque fortalecendo os outros corpos elementais primeiro, você fortalece sua taça emocional o tempo todo. Imagine seu coração como um cálice com bordas robustas formadas por seus outros quatro corpos: físico, mental, vontade e

Espírito. Você começou a moldar suas águas emocionais através da magia terrena de seu corpo físico, estabelecendo o controle Soberano sobre sua vida e alinhando sua bússola moral através do desenvolvimento de um caráter forte e das paixões daquilo que mais gosta. Espero que sua saúde física também melhore. Então, você continuou moldando suas águas emocionais através da magia aérea dos pensamentos, aprimorando suas crenças sobre seu valor sagrado e expressão de sua verdade, resolvendo a dissonância cognitiva com graça. Através da magia ígnea da Vontade, você internalizou seu verdadeiro poder e aceitou sua Missão Sagrada. Essas chamas acenderam a fornalha do seu espírito para manter o cálice do seu coração mais forte do que nunca. Sua capacidade de emoção poderosa, dirigida através da Grande Obra de Magia, expande-se a cada volta do Caminho do Pentáculo, até que, finalmente, esteja preparado para canalizar a grandeza de "os DOIS que se movem como UM" e seu Amor Divino através de seu Chacra Cardíaco.

O Princípio Hermético da Vibração afirma: "Nada descansa; tudo se move; tudo vibra." Nosso estado de saúde mental e emocional define a frequência em que nossa consciência está vibrando.[265] Semelhante atrai semelhante, como dizem. Se você olhar para o mundo através de óculos com cor de medo, vai ver apenas as coisas que o assustam. O medo se torna uma profecia autorrealizável.

Passo 1: Entenda Como o Medo Racha seu Cálice

O medo quebra o cálice do coração através de uma dinâmica de amor *versus* medo da falta do Amor Divino. Isso é normalmente chamado de "ter seu coração partido", mas nosso coração pode ser partido por todos os tipos de coisas além do amor romântico. A negação de qualquer uma das Nove Condições do Amor Divino fere nossos sentimentos. O medo de que seremos feridos novamente se instala. Nossos sentimentos então vibram com "consciência ferida" e tomamos uma vigilância constante na vã esperança de nunca mais sermos feridos. Se isso continuar por tempo suficiente, começamos a projetar nosso medo nas outras pessoas ao nosso redor. A paranoia agora se assume como o pior medo de todos. Levados ao extremo, podemos atacar com comportamentos de bullying para aliviar essa tensão. Podemos até, inconscientemente, pensar que estamos nos protegendo, mas acabamos ferindo outras pessoas com:

---

265. Atkinson, *The Kybalion*, 131.

violações de limites, fofocas, assédio, xingamentos, azarações. Na pior das hipóteses, outras formas de violência espiritual, emocional e física podem resultar. Nesse caso, o alvo dessa violência retalia defensivamente de volta para nós! Assim, sofremos mais das mesmas agressões em espécie, reforçando nossos piores medos. Quando esse cenário se desenrola, uma identidade na vitimização é afirmada, tornando-se uma profecia autorrealizável. Este triste ciclo de ferimentos repete todo caminho para o "lado escuro".

O Cosmos é um espelho que reflete acima e abaixo, mas também vemos o mundo exterior como um espelho do nosso eu interior. Se somos traídos espiritualmente por um mundo que não cumpre sua promessa de Amor Divino para nós, o sofrimento espiritual é caótico e excruciante. Esse tipo de dor bloqueia nosso vínculo de interconexão com os outros, dificultando a empatia. Essa dor emocional pode ser lançada para fora como forma de cumprir a reciprocidade do espelho. Só que desta vez, espelhando o medo ao invés do amor.

Você reconhece algum de seus próprios comportamentos ou os de outras pessoas em nossas comunidades recentemente que estão refletidos nesse ciclo? Quando uma pessoa ataca suas feridas, ela está jorrando suas emoções por todo o lugar através das "rachaduras" no cálice de seu coração. Essas rachaduras são evidenciadas por suas violações inadequadas de limites. Como estamos todos interconectados, todos são afetados em algum nível subconsciente quando qualquer parte de nós sofre. Quem quer sofrer como aqueles caras ali? Declaradamente: é a sobrevivência do mais apto e uma raça de garotas e valentões malvados que evolui para assumir um governo. Se quisermos superar essa corrida de "cão come cão" e a dominação através da guerra para recuperar nosso poder cooperativo, a mudança começa com nossas escolhas individuais. Devemos responder amando de uma maneira radicalmente diferente. As Bruxas são boas em ser radicalmente diferentes. Então, estamos de volta à boa e velha Bruxaria!

Passo 2: Identificando a Consciência Ferida

Para equilibrar cuidadosamente o corpo emocional, considere cada uma das Nove Condições do Amor Divino listadas a seguir. Olhe ao redor do mundo hoje – na política e nos movimentos sociais, em seus próprios relacionamentos e sentimentos – e observe como você está sendo afetado.

Nove Condições de Amor Divino e Consciência Ferida
1. **Recursos:** se estou ferido pela falta de recursos físicos, vibro com consciência de pobreza. Posso projetar sendo ganancioso, guloso, roubando, acumulando coisas, etc.
2. **Afeto:** se sou ferido pela falta do tipo de afeto que prefiro, vibro com consciência de privação. Posso projetar danos através de desvios sexuais não consensuais, como agressão sexual, estupro, automutilação, pedofilia, perseguição, violência contra aqueles que me rejeitam, etc.
3. **Soberania:** se estou ferido por falta de livre-arbítrio, vibro com consciência de escravidão. Posso projetar danos por meio de isolamentos injustificados, cárcere privado, conservadorismo, restrição de imigrantes, crueldade com animais, desrespeito aos direitos civis, etc.
4. **Aceitação:** se estou ferido pelo medo da falta de aceitação, vibro com consciência de intolerância. Posso projetar danos por meio de autodepreciação, racismo, homofobia, transfobia, nacionalismo, xenofobia, etc.
5. **Segurança:** se eu for ferido por falta de segurança, proteção ou privacidade, vibro com consciência de vítima. Posso projetar danos por meio de violência física, invasão de privacidade, bullying, terrorismo, ameaças, etc.
6. **Expressão:** se estou ferido pela falta de expressão, convencido de que minhas contribuições não são dignas de consideração, posso vibrar com consciência impostora. Posso projetar danos humilhando às contribuições dos outros, sendo anti-intelectual, silenciando mediante censura, queimando livros, criando teorias da conspiração, manipulando pessoas e situações, adulterando eleições, etc.
7. **Confiabilidade:** se estou ferido pela falta de confiabilidade, vibro com consciência paranoica. Posso projetar danos disseminando fofoca, desconfiança, traição, espionando, espalhando teorias da conspiração e tendo mania de perseguição, etc.
8. **Autenticidade:** se estou ferido pela falta de autenticidade, vibro com consciência explorada. Posso projetar danos através de mentiras, trapaças, subterfúgio, enganar os outros para meu próprio ganho, etc.

9. **Reciprocidade:** se estou ferido pela falta de reciprocidade, vibro com consciência de traição. Posso projetar danos trabalhando horas extras para vencer a todos no grito. Talvez isso seja apenas um jeito rude de agir, como jogar o lixo fora imprudentemente. Mas será que esse lixo não pode apodrecer e resultar em atitudes cruéis? Os piores "males" resultam de frustrar a ordem natural do Amor Divino, como o desrespeito pela vida humana. Por que se preocupar em fazer a coisa certa se, no fundo, você não consegue imaginar ninguém honrando sua parte no acordo social?

Passo 3: Afirmações de Amor Radicais para Consertar seu Cálice

A realidade se manifesta para combinar com a música que seu coração está cantando. Se o seu coração ainda está entoando um dos cantos de aflição citados, não importa o que seu papel de petição mágicka diga, o que será entregue será mais da consciência de miséria. Em seu Livro dos Espelhos, reflita como você pode ser impactado por essas condições agora. Em seguida, escreva uma lista de afirmações que podem curar essas feridas e reprogramar seu estado de consciência. Você vai precisar dessas afirmações para o "Feitiço 5: Curando o Coração Ferido na Lua Negra" mais adiante neste capítulo.

As afirmações são fórmulas mágicas de reprogramar o velho lixo mental e emocional e forjar novos caminhos neurológicos entre a cabeça e o coração. São ferramentas do elemento Ar para se comunicar em todos os níveis de si mesmo, enviando um memorando até a Mente Divina. É preciso repeti-las muitas vezes, com poder, até que você não apenas acredite nelas em todos os níveis, mas também *sinta-as* em todos os níveis. Então seu coração pode vibrar na consciência do Amor Divino.

Lembre-se de que você não tem controle sobre como as outras pessoas escolhem tratá-lo, mas pode escolher como responder a elas e ter todo o controle sobre como você trata as outras pessoas. Essa é a tarefa mágica da Confiabilidade Perfeita; afirme suas intenções benéficas e torne-se um elo forte na cota de malha da sociedade.

O Elemento Água e o Caminho do Amor 393

Figura 30: Imagem do papel de embrulho da vela
do elemento Água – por Heron Michelle

Formulário para o Elemento Água

À medida que o verão vai diminuindo em direção ao Equinócio de Outono, prepare os materiais mágicos para a magia da Água a seguir. Como já visto nos capítulos anteriores, faça uma vela mágica, incensos e óleos do elemento Água, use a tabela a seguir como referência para as correspondências deste elemento e faça as substituições conforme necessário.[266] Para este elemento, prepare também águas-mãe carregadas com estas instruções.

---

266. Eu montei esses gráficos de correspondência de elementos de muitas fontes, mas uma boa referência é *Llewellyn's Complete Book of Correspondences*, de Sandra Kynes.

Correspondências Elementais da Água	
Símbolos alquímicos	▽
Cor	Azul
Estado da matéria	Líquido
Direção	Oeste
Hora do dia	Crepúsculo
Fase da vida	Adulta
Estação	Outono
Qualidades alquímicas	Frio e úmido
Gênero Mental	Yin, feminino
Governa	Corpo emocional: sonhos, visões, emoções
Poder Projetivo	O poder de ousar
Poder Receptivo	O poder de aceitar
Seres Elementais	Ondina
Soberano Elemental	Nicksa (Necksa)
Ferramenta Mágicka	Cálice, Caldeirão, flagelo
Consagração	Água salgada
Influência Planetária	Lua
Dia da semana	Segunda-feira
Signos Astrológicos	CARDINAL: Câncer; FIXO: Escorpião; MUTÁVEL: Peixes
Cristais	Ametista, água-marinha, angelita, azurita, calcedônia, crisocola, calcita-azul, ágata de renda azul, iolita, dioptase, lápis-lazúli, larimar, cianita-azul, pedra da lua, opala, pérola, quartzo-rosa, safira, selenita, sodalita
Metais	cobre, prata
Ervas	Maçã, aloe, amora, camomila, cardamomo, gardênia, gerânio, uva, urze, erva-cidreira, maracujá, rosa, eucalipto, jasmim, lótus, raiz de lírio, artemísia, juncos, morango, anis-estrelado, tomilho, valeriana

Resinas	Mirra
Árvores/Bosques/Cascas	Maçã, álamo-tremedor, faia, bétula, mimosa, algaroba, murta, azeitona, salgueiro branco, sândalo
Criaturas	Morcego, truta, salmão, golfinho, caranguejo, baleia, castor, lebre, lontra, guaxinim e a maioria das criaturas aquáticas

❧ Exercício 13 ❧
Elaboração do Formulário da Água

Momento favorável
Olhe para o período de tempo que resta até Mabon e escolha um dia durante um ciclo lunar crescente, de preferência enquanto a Lua estiver em um signo de Água (Câncer, Escorpião ou Peixes) e/ou nos dias/horas da Lua (segunda-feira).

Você vai precisar de:
- Veja as prescrições a seguir para materiais e equipamentos específicos para cada receita.
- Monte seu altar de trabalho com área de superfície suficiente para se espalhar, fazer uma bagunça e ser artisticamente criativo.
- Elementos de consagração, incluindo carvão vegetal em um incensário para testar sua mistura de incenso.
- Adicione qualquer coisa que ajude sua conexão com as energias da água: conchas, imagens do oceano ou de tritões, etc.

Preparação
Desperte e consagre seu altar como ensinado no Ritual 1. Chame seus guias espirituais para estarem presentes e inspirarem suas criações mágicas.

Para carregar qualquer material que representa o elemento Água, entoe este feitiço:

Feitiço de Bênção da Água
Poderes da Água, de Nicksa e das ondinas!
Por marés lunares e sonhos astrais!
Venham ousar em amor e união!
Assim eu farei, assim será!

❖· Incenso do Elemento Água ·❖
Magia planetária da Lua

Esta receita de incenso é eficaz para reequilibrar o corpo emocional e qualquer viagem ou feitiço nos quais o poder elemental da Água ou a influência planetária da Lua ajudariam a manifestar sua intenção de ousadia, aceitação, amor, compaixão, cura e trabalho psíquico.

Você vai precisar de:
- Almofariz e pilão para moer e misturar ingredientes secos
- 2 partes de madeira base – pó de casca de salgueiro branco (Água, Lua)
- 2 partes de pó de resina de mirra (Água, Lua)
- 1/2 parte de jasmim ou flor de gardênia (Água, Lua)
- 1/2 parte de tomilho ou eucalipto (Água, Lua)
- 1 parte de casca de limão em pó (Água, Lua)
- Óleos essenciais – 9 gotas de limão e eucalipto cada
- 2 partes de glicerina vegetal para dar liga
- Lascas de pedra: pedra da lua, ametista ou água-marinha
- Frasco de cor escura com tampa e abertura grande o suficiente para sua colher de incenso; vidro azul cobalto é ideal

Práxis

Em seu almofariz e pilão, moa com um movimento em deosil todos os ingredientes da planta até ficarem relativamente moídos. À medida que você adiciona cada ingrediente, convide seus espíritos para ajudar em seu trabalho do elemento Água e agradeça-os. Adicione o óleo essencial e a glicerina e mexa para misturar e dar liga. Adicione lascas da pedra da lua ou uma substituição. Desenhe o sigilo alquímico da Água no incenso com o dedo indicador ou varinha, se você já tiver uma.

Entoe o Feitiço de Bênção da Água três vezes e carregue os Poderes da Água, imaginando as corredeiras agitadas em um rio ou as ondas quebrando ao longo da costa do oceano. Veja a energia natural da água que brilha uma luz azul fria e enevoada. Direcione essa luz com sua mente, como uma corrente de água fluindo por suas mãos, até visualizar a mistura também brilhando em azul.

Transfira a mistura para o frasco e rotule-o, incluindo a data e os glifos alquímicos da Água e da Lua ☽ para continuar carregando. Queime um pouco no carvão para testar o cheiro e aumentar o sinal aquoso enquanto continua trabalhando.

❋·· Óleo de Unção do Elemento Água ··❋

Este óleo pode ser usado para ungir velas, você mesmo ou itens mágicos, para causar afinidade com objetivos emocionais ou psíquicos.

Você vai precisar de:
- Frasco de vidro de cor escura com tampa hermética, vidro azul-cobalto é ideal
- Óleos essenciais – 9 gotas de cada, limão e eucalipto
- 3 lascas de pedra da lua, ametista, água-marinha ou substituto
- Óleo de jojoba para uma vida útil mais longa ou azeite para uso a curto prazo

Práxis

Ao adicionar cada ingrediente ao frasco, bata três vezes nos materiais e desperte-os para seus poderes da Água: ousadia, aceitação, emoções, intuições, sonhos e cura. Convide seus espíritos para fazer parte de sua equipe mágica e agradeça a eles por toda a intuição que eles trazem.

Quando tudo estiver montado dentro do frasco, tampe e misture os óleos em deosil. Carregue e sele o frasco com a visualização anterior, entoando o Feitiço de Bênção da Água três vezes. Rotule-o com o nome, data e sigilos alquímicos de Água e Lua ☾ para continuar carregando. Unte seu Chacra do Coração para alinhar ainda mais suas emoções com a energia da Água enquanto continua trabalhando.

❋·· Vela do Elemento Água ··❋

Da mesma maneira usada anteriormente, prepare uma Vela de Santuário (votiva, de sete dias) em um pote de vidro, para canalizar os poderes do elemento Água.

Você vai precisar de:
- Vela de Santuário azul, em frasco de vidro (votivas ou de sete dias). Essas velas medem 5,5 x 20 centímetros de altura e suas recargas tem cerca de 5 centímetros de largura.
- A imagem da figura 30 pode ser copiada e colorida para criar um embrulho de vela ou você pode decorar criativamente seu próprio pedaço de papel de forma simples.
- 33 centímetros de fita ou cordão azul
- Chave de fenda de cabeça chata ou um perfurador com uma ponta adequada

- ½ colher de chá de incenso de ervas da Água (preparado anteriormente)
- Pauzinho ou palito de dente
- 3 gotas de óleo de unção da Água (preparado anteriormente)
- 3 pequenas lascas de pedra da lua, ametista, água-marinha ou substituto

Práxis

No lado em branco do papel de embrulho da vela, escreva uma Chamada de Abertura do Portal da Água. Componha sua própria Chamada ou faça referência às fornecidas no Ritual 2. Se você não estiver usando a imagem fornecida na figura 30, decore a parte externa da embalagem com imagens de água natural, como criaturas marinhas, ondinas (sereias), conchas, símbolo alquímico da Água, glifo planetário da Lua ☽, etc.

Com a chave de fenda ou o perfurador, faça três furos na cera com cerca de 2,5 cm de profundidade. Carregue a vela enfiando um pouco de incenso do elemento Água nos furos com um pauzinho. Cubra com uma lasca de pedra em cada buraco. Em seguida, unte com três gotas de óleo desse elemento e esfregue-o ao redor da cera, em deosil, com o dedo nu.

Enrole a embalagem de papel ao redor do frasco e amarre com o cordão ou fita. O carregamento desta vela ocorrerá durante a Jornada para os Reinos do Elemento Água que veremos mais tarde.

Águas-mães Energizadas

As águas-mães são preparações mágicas feitas a partir de águas coletadas de fontes naturais, que são em seguida energizadas e preservadas para uso posterior: em tigelas de altar, banhos espirituais e feitiços. Basta adicionar nove gotas de qualquer água-mãe a uma quantidade maior de água doce. De acordo com a Lei do Contágio, as propriedades mágickas são então transferidas e permanecem simpaticamente ligadas à fonte original de água na natureza.[267]

Conserve suas águas-mães, com uma diluição de 50% de aguardente antes de colocá-las na garrafa. O brandy é um álcool feito a partir de uma variedade de frutas destiladas, que também têm associações mágickas. Essas bebidas podem ser escolhidas por suas propriedades elementais ou planetárias. O brandy de uva evidentemente é associado à Lua e ao elemento Água.

---

267. Penczak, *Inner Temple of Witchcraft*, 162.

Momento favorável

Para todos os tipos de águas-mães, recolha a água da natureza sempre que possível, prestando especial atenção ao signo do zodíaco do Sol no momento em que a chuva ou a neve caem para serem recolhidas, pois esse filtro de energia também deixará sua impressora na água. Deixe as águas preparadas para carregar sob a lua cheia, de preferência durante um signo regido pelo elemento Água.

Água-mãe Audaciosa

Use águas audaciosas na magia para destruir limites emocionais, superar a discriminação e abrir novos caminhos através de obstáculos materiais. Por exemplo, dissolva um papel de petição descrevendo o que deve ser superado em uma jarra de água audaciosa e vinagre branco. Águas audaciosas são coletadas durante os ventos fortes de tempestades, nas bordas do oceano, local onde o mar está esculpindo as rochas, ou em corredeiras de rios selvagens, coletadas onde as águas bravas se agitam. Isso pode ser um negócio complicado; tome muito cuidado.

Você vai precisar de:

- 200 ml de águas "audaciosas" coletadas naturalmente
- 200 ml de brandy de uva, ou uma quantidade igual de água para diluição de 50%
- Frasco transparente ou azul com tampa
- Um pequeno cristal de quartzo, ou pedra do sol para o Fogo

Práxis

Ferva a água antes de preservá-la e engarrafá-la para que o elemento Fogo aumente seu poder. Para um impulso extra, adicione pedra do sol ou uma substituição de pedras do elemento Fogo para carregar a água. Água mais Fogo se torna uma poderosa máquina a vapor!

Despeje a água e o conhaque em um frasco de vidro transparente ou azul, adicione a pedra e deixe direto ao luar durante a noite. Carregue com visualizações elementais e encantos, conforme descrito anteriormente. Rotule com a data e os glifos da Lua e do elemento Água e com o símbolo do signo solar sob o qual a água caiu ou foi recolhida.

Água-mãe de Aceitação

As águas-mãe de aceitação são melhor vindas direto da neve, pois ela se deposita suavemente e é coletada em um recipiente deixado do lado de fora, de preferência um Caldeirão. Uma chuva suave capturada em uma tigela de vidro também cumprirá a maioria dos propósitos de aceitação mágicka. Use esta água no trabalho destinado a ajudar a definir ou defender os limites e chegar a um acordo com as circunstâncias emocionais além do seu controle. Por exemplo, adicione 9 gotas de água-mãe de aceitação a uma tigela com água de torneira e um papel de intenção declarando um apego emocional que precisa ser liberado. Congele a água, então deixe que a tigela com a água congelada derreta lentamente em seu altar durante uma lua escura, suavemente.

Você vai precisar de:
- 200 ml de águas de "aceitação" coletadas naturalmente
- 200 ml de brandy de uva, ou uma quantidade igual de água para diluição de 50%
- Frasco transparente ou azul com tampa
- Um pequeno cristal de quartzo, ou calcita-verde para a Terra

Práxis

Despeje a água e o conhaque em um frasco de vidro transparente ou azul, adicione a pedra e deixe direto ao luar durante a noite. Carregue com visualizações elementais e encantos, conforme descrito anteriormente. Rotule com a data e os glifos da Lua e do elemento Água e com o símbolo do signo solar sob o qual a água caiu ou foi recolhida.

Viagem aos Reinos da Água

Continue o ciclo ritual semelhante às jornadas elementais interativas anteriores, com enfoque nas partes feitas dentro do olho da mente, em uma meditação típica. Mas fique atento, quando solicitado, você deve estar pronto para realizar ações cerimoniais. Esse estado funcional de ondas cerebrais "alfa elevado" é chamado de "consciência ritual".[268] A jornada ritual é melhor encenada ouvindo uma gravação da meditação ou enquanto alguém a lê em voz alta para você.

---

268. Penczak, *Inner Temple of Witchcraft*, 87.

❧ Ritual 7: Templo do Elemento Água ❧

Este ritual cria um Templo elemental da Água, abrindo-se a partir do Quadrante Oeste e, em seguida, fazendo uma viagem guiada através de seu Templo Astral até o plano do elemento Água. O objetivo é buscar parceria com as ondinas e a(o) Soberano(a) Nicksa, pedindo para receber o conhecimento sobre as ferramentas deste elemento e qual ancestral aliado espiritual pode melhor auxiliar no equilíbrio de seu corpo emocional. As jornadas elementais são mais impactantes quando feitas ao ar livre, perto do elemento, na natureza. Sempre que possível, faça seu ritual perto de água corrente, como um rio, riacho, lago ou na praia.

Momento favorável

Durante o segundo ciclo lunar mais próximo do Equinócio de Outono, no decorrer de uma lua crescente em um signo de Água (Câncer, Escorpião ou Peixes).

Você vai precisar de:

- Elemento de consagração: tigela com água como oferenda às ondinas, adicione uma pequena concha
- Três pitadas de sal marinho
- Adicione qualquer item que evoque água para você: uma toalha de mesa azul, imagens do mar, conchas adicionais, etc.
- Um búzio ou outra concha maior através da qual você possa "ouvir" o oceano
- Um incensário com areia, carvão redondo para narguilé, pinça, colher pequena e um isqueiro ou caixa de fósforos
- Mistura de incenso de ervas do elemento Água
- Óleo de unção do elemento Água
- Vela de dedicação para o Espírito
- Vela do elemento Água, azul, preparada com cordão ou fita azul
- Seu Livro dos Espelhos e uma caneta
- Diagramas do elemento Água, Pentagrama de Invocação e Banimento. Para fácil referência, veja a figura 24.
- Um athame, se você tiver, ou apenas o "athame natural" de sua mão projetiva
- Dispositivo para reproduzir uma gravação da viagem guiada

Preparação

Comece com uma limpeza física e organização do espaço ritual e do seu altar. Tome banho e vista-se com roupas frescas e confortáveis, de preferência descalço e com os cabelos soltos, ou nu, como preferir.

Monte seu altar de trabalho diante de você, organizado de maneira que possa meditar confortavelmente e ainda alcançar tudo com facilidade.

Unte seu Chacra do Coração com óleo de unção da Água.

Acenda sua vela de dedicação para acolher o Espírito, que está sempre presente. Coloque no incensário o carvão vegetal aceso, para queimar o incenso solto preparado anteriormente.

Práxis

Consagração do Altar: desperte seu altar para o elemento Água. Mude sua consciência para as raízes nas profundezas da terra abaixo, encontrando o lençol freático. Respire profundamente e estabeleça o fluxo de poder conectando você aos Três Reinos. Inspire esse poder da Água em forma de luz azul; expire através de sua mão projetiva. Segure a tigela com água. Adicione três pitadas de sal marinho ou colheres com a ponta do seu athame, se você já tiver um. Mexa desenhando o Pentagrama de Banimento da Terra com seu athame ou dedo na própria água, que bane toda a impureza terrena da água. Diga: *Eu purifico esta água como uma oferenda do elemento Água e bano toda impureza*. Com os dedos ou a ponta do athame, borrife três vezes a água sobre o altar.

Diga: *Poderes da Água, lave qualquer impureza deste Espaço Sagrado*. Visualize uma energia azul imbuindo o altar.

Consagração: caminhe pelo perímetro do seu Círculo levando a tigela com água salgada, aspergindo e cantando: *Eu consagro este Círculo pelos Poderes da Água*. Apresente a água ao Quadrante Oeste e diga: *Como Bruxa da Água, eu o saúdo com água e peço que você lave todas as energias perniciosas deste Círculo esta noite. Assim seja!*

Templo: lance seu Círculo com o Cone de Poder Awen como ensinado no Ritual 2. Feche a esfera acima e abaixo.

Abra o Portão Ocidental: como ensinado no capítulo 10, fique de frente para o Oeste. Faça a Postura de Evocação da Água, com o athame natural erguido em saudação e a mão receptiva formando uma taça na altura dos ombros (ver figura 25). Expire e veja a luz azul do elemento Água irradiando de sua mão projetiva.

Sua mão receptiva está preparada para receber essa energia influindo. Fique em pé, queixo para cima, ombros para trás; fale com autoridade do diafragma. Visualize as ondas do mar batendo contra a costa. Veja a luz azul irradiando de seu athame ou dedos.

Diga em voz alta: *Poderes do Oeste! Essência da Água! Eu os convoco a este Espaço Sagrado! Ondinas! Soberano(a) Nicksa das profundezas do oceano! Estejam comigo agora e emprestem seus poderes de intuição e de emoção. Fortaleçam meu coração para o trabalho em mãos. Venham despertar seus poderes de ousadia e aceitação dentro de mim. Venham ondas, quebrando o crepúsculo nebuloso. Venham orvalho brilhante e corredeiras de rios, para boiar e abrir o caminho para esta magia. Eu vos recebo com gratidão. Salve e sejam bem-vindos!*

Desenhe o Pentagrama de Invocação da Água com o athame natural de sua mão projetiva. Veja a estrela que brilha uma luz azul da Água no Quadrante Oeste. Contorne o Pentagrama em deosil, destravando-o. Leve seus dedos em direção aos lábios, puxando uma espiral do elemento Água. Beije seu athame natural (dedos) e então, com a mão sobre o coração, faça uma reverência para essa direção.

Sente-se e se prepare para meditar. Comece a gravação desta jornada guiada.

❧ Meditação 8 ❧
Viagem Guiada aos Reinos da Água

Feche seus olhos; respire fundo. Imagine seu Eu mais mágico sentado em uma cadeira confortável em uma sala aconchegante dentro de sua mente. Está quieto e tranquilo em seu Santuário. Seus olhos são agora uma janela em uma parede distante daquela sala. Qualquer ruído ou pensamento disperso que o distraia são apenas pássaros voando por aquela janela distante... Liberte-os sem medo! (Pausa).

Há uma claraboia acima de você, e um suave raio de luz divina brilha sobre seu Chacra Coronário. Respire a luz. Faça três respirações profundas. Inspire pelo nariz e expire pela boca... liberando toda a tensão. (Pausa para três respirações). Você está perfeitamente à vontade em todos os níveis. (Pausa).

Uma porta linda, toda ornamentada, aparece em sua mente. Abra essa porta e encontre uma escada em espiral que desce mais além. Inspire. A cada expiração você desce mais fundo em sua mente subconsciente, internalizando até seu próprio ventre. Quando chegar ao pé da escada, você atingirá à sua encruzilhada interna. Mais doze passos abaixo, girando, girando, e você pisa no último degrau da escada em espiral. (Pausa).

Diante de você está pendurado um espelho, um portal para os reinos astrais, onde todas as coisas são possíveis por um mero pensamento. Imagine seu Templo Astral através do espelho. (Pausa).

Diga em voz alta: *Minha intenção é viajar ao meu Templo Astral para buscar os Reinos elementais da Água e aprender os mistérios da ousadia e da aceitação. Quero percorrer o Caminho do Amor, buscando um relacionamento com os seres que governam a essência da Água, as ondinas e seu/sua Soberano(a) Nicksa. Desejo receber minha ferramenta do elemento Água e aliados ancestrais para auxiliar meu equilíbrio emocional. Chamo meus guias, deuses e ancestrais para me manter seguro e me mostrar o caminho. Sejam abençoados.* (Pausa).

Na contagem de três, atravesse o Portal e chegue no caminho para o seu Templo. Um, dois, três, atravesse!

Você chega no Plano Astral; a grande Árvore do Mundo assoma a distância. Pegue o caminho do Templo que está diante de você. Desça, desça, continue descendo pelo caminho que você percorreu, veja a luz brilhante do seu Templo logo à frente. Sinta o cheiro doce do incenso do Templo queimando, atraindo você para casa.

Você chega à porta do seu Templo Astral e entra. Este lugar sagrado é perfeitamente adequado às suas necessidades. As águas puras do Amor Divino fluem frias e refrescantes de seu lugar de Água. A brisa da Inspiração Divina sopra suavemente, frescas e agradáveis, do seu lugar de Ar. As chamas sagradas de sua Vontade Divina brilham intensamente de seu lugar de Fogo. Encontre agora seu lugar de Terra, o caminho para o coração do seu Templo, seu próprio altar de barro, amplo e estável. Fique diante do seu altar resistentemente.

No altar, várias coisas estão espalhadas diante de você: uma Vela de Santuário azul, um pote de incenso de ervas e um incensário com brasas preparadas para sua cerimônia. Polvilhe um pouco de incenso sobre o carvão quente para chamar de "Água".. À medida que a fumaça aumenta, o aroma desperta suas conexões aquosas; seu sangue se agita.

Diga em voz alta: *Bem-vindas, plantas aliadas, salgueiro, mirra, camomila e jasmim. Ajudem-me agora com os poderes do elemento Água!*

Sobre o altar também está uma tigela com água salgada e uma concha. Coloque os dedos nesta água, tocando a concha. Permita que seu foco afunde profundamente na própria água. A consciência pode viajar para qualquer lugar, então, como olhar através de um microscópio, você aumenta o zoom, sua consciência é pequena o suficiente para nadar na tigela. (Pausa).

Não existe matéria, apenas uma energia tão densa que pode ser percebida. (Pausa). Você também é feito de energia; não há diferença entre você e a água. Sinta o frescor e a fluidez contra a sua pele. Observe como a água se desloca para recebê-lo, fluindo suavemente ao redor para receber seu dedo. Permita que sua consciência encha a tigela, permanecendo nivelada e suave. (Pausa).

A água é flexível, subindo para a ocasião. A água aceita, não discrimina. Ela preenche todos os espaços e se molda à situação. Seguro como o ventre de sua mãe, ouça agora como a água lhe ensina suas lições de fluidez. (Longa pausa).

Pegue o búzio ou a concha grande que está no seu altar e leve ao ouvido. Ouça as batidas de seu próprio coração e o bombeamento de suas próprias águas de sangue, ouça a maré ecoante do oceano. Mergulhe profundamente nesta água, sinta ondas poderosas, sinta a atração da Lua para inchar e recuar, agitar e bater... destemido... dinâmico. Ouça como a água lhe fala de seus ciclos. (Pausa).

Como focalizar em um microscópio, puxe agora a concha que está em sua mão para trás, dê um espaço maior e segure-a, de maneira que possa ver o altar colocado diante de você. Pegue sua vela azul e segure-a em sua mão projetiva. Lembre-se do poder do oceano e canalize essa água através de suas mãos para a vela, despertando a capacidade de elas se fundirem internamente. Bata no vidro da vela três vezes até vê-lo brilhando em azul no olho da sua mente. Acenda a vela azul.

Uma luz azul também brilha através do Templo, escurecendo. Sinta as águas frias e úmidas ondulando nas proximidades – pingando, ecoando, ouça o borbulhar e o respingo. A luz ondulante reflete nas paredes. Seu sangue pulsa em resposta, a visão se alongando quando você sente uma mudança; os poderes da água estão batendo nas proximidades.

Em sua mente, vire-se para o lado Oeste de seu Templo. Levante as conchas abertas de suas mãos até a altura dos ombros, receptivas como a lua crescente.

Com poder na voz, diga em voz alta: *Poderes da Água! Você que é mistério e emoção. Eu invoco seus seres elementais, chamados ondinas, e sua/seu Soberano(a), Nicksa! Guia-me pelo caminho do amor. Conceda-me entrada em seus reinos aquáticos. Abra o Portal e me mostre o caminho! Salve e seja bem-vindo!*

Um Portal agora aparece no Oeste. Ele chama você como o estrondo das ondas. Veja-o claramente ao se aproximar do portão. Símbolos e imagens adornam o quadro. Lembre-se deles. (Pausa).

O véu entre você e o Reino da Água é como o Luar brilhando em uma enseada escura do oceano. A luz azul flui através do Portal para preencher seu campo áurico com a essência energética da água. Sua vibração se transforma em ondas fluidas, formando a segurança de um traje de mergulho ao seu redor. Como um peixe, agora você pode nadar através do espaço fluido com a velocidade do sentimento.

Sinta o poder dessa água convidando você a passar pelo Portal. Toque no portão e ele se abrirá. Como um mergulhador, mergulhe direto por aquela superfície espelhada nas profundezas do oceano azul. Olhe ao redor através da água azul, poderosa e profunda. (Pausa).

Como a máscara de um mergulhador, seu escudo energético age como uma lente mágica. Através dessa lente você vê as ondinas se aproximando, como um cardume de seres curiosos semelhantes aos peixes. Você os vê claramente ao seu redor agora, fluidez encarnada, graça e beleza feroz. Como as ondinas se apresentam para você? (Pausa).

Reunindo você no grupo deles, comunicando-se por telepatia, vocês nadam facilmente juntos. Com segurança, as ondinas protegem você de todo mal. Peça para conhecer os mistérios de seus reinos sombrios... Peça às ondinas para guiá-lo enquanto você enfrenta todos os medos do seu coração. (Pausa). Elas o encorajam a continuar e, assim, vocês mergulham juntos. Mergulhe. Mergulhe em suas profundezas emocionais mais profundas. (Longa pausa).

As ondinas levam você agora a um lugar especial de poder para conhecer o(a) Soberano(a) Nicksa. Como o canto da baleia, você canta para chamar o(a) governante do elemento Água. Em cada uma das três respirações longas, em duas sílabas, entoe Nick-sa. Respire fundo. Cantando em voz alta: Nick-sa... Nick-sa... Nick-sa...

A consciência coletiva do elemento Água se aglutina à vista. Nicksa, o(a) Soberano(a) do mar, aparece diante de você com uma beleza feroz. Apresente-se. Lembre-se de todos os detalhes de sua aparência. (Pausa).

Você pergunta em voz alta: *Nicksa! Eu busco sua orientação ao longo do Caminho do Amor em minha vida. Que medos de falta de amor me feriram no passado, quebrando o cálice do meu coração?* (Pausa). Eu busco cura, conserto e equilíbrio dentro do Amor Divino. Nicksa se aproxima e a essência brilhante da cura sentimental da água flui através de seu corpo emocional como um abraço, curando seu coração.

Você pergunta em voz alta: *Nicksa! Quais impedimentos emocionais em minha vida o Poder da Água pode me ajudar a ousar superar?* Nicksa compartilha sua sabedoria com você agora. (Longa pausa).

Você pergunta em voz alta: *Nicksa! Quais limites da minha vida devo aceitar para me moldar em uma nova forma?* Nicksa convida você a se juntar a eles em uma jornada de visão, mostrando como o poder deles flui através de sua vida emocional. (Longa pausa).

Você pergunta em voz alta: *Nicksa! Você vai fazer parceria comigo na minha magia?* (Pausa).

Se sim, você pergunta a Nicksa: *Qual Instrumento Mágico melhor convoca os poderes das ondinas e do elemento Água para minha Grande Obra? Talvez um Cálice ou um Caldeirão? Algo mais?* Nicksa apresenta esta ferramenta. De qual Instrumento você beberá em seu poder? Veja isso claramente agora. (Pausa). A você é mostrado onde e como pode adquirir esta ferramenta no Mundo Médio. Receba a visão. (Longa pausa).

Você pergunta a Nicksa: *Qual mundo ou guia ancestral pode ajudar melhor no meu equilíbrio emocional?* Nicksa apresenta um guia ancestral que pode ajudar no seu equilíbrio emocional com uma visão do que eles podem ensinar. Receba a visão. (Longa pausa).

Aceite esses presentes e visões com gratidão ao se despedir de Nicksa, que se transforma em sombra e desaparece.

As ondinas voltam a nadar ao seu redor, convidando-o a explorar com elas as águas sem limites do Planeta Terra, percorrendo os canais interligados, onde quer que deseja explorar. (Longa pausa).

À medida que você nada com as ondinas pelo oceano, suas cargas emocionais desaparecem até que fique mais leve, flutuante e menos substancial. Juntos, vocês sobem como vapor de água nas nuvens, limpos e sem grilhões. (Pausa). Juntos vocês condensam e chovem para nutrir as plantas... cada gota de chuva acumulada, sem exceções; todas as gotas de chuva encontram seu caminho nos riachos, nos rios. (Pausa). Você borbulha como fontes de água doce... fluindo através de seus relacionamentos interconectados com os outros. Fluxo e refluxo, seguindo os afluentes de volta ao oceano. (Pausa).

As ondinas guiam você de volta ao Portal do seu Templo Astral. Dê adeus a elas com sua gratidão. Elas vão embora. Nade através do espelho escuro do portão. A blindagem azul do seu traje de mergulho fica para trás e você volta facilmente à sua densidade normal e confortável.

Volte para o seu altar e coloque a ferramenta que recebeu de presente sobre ele. Você se lembra das lições da água com perfeita clareza. Sente-se por um momento à luz de velas e reflita sobre suas experiências nos Reinos da Água. (Longa pausa). Lembre-se de que você pode retornar ao seu Templo e aos portões de água sempre que desejar.

Agora é hora de retornar à consciência desperta. Saindo de seu Templo, siga o caminho de volta ao espelho. Volte, volte por onde você veio, buscando o Portal de volta para você. Veja-se naquele espelho. Passando por este Portal você seguirá mais uma vez o cordão umbilical. Três passos para trás para o seu próprio ventre. Três, dois, um, atravesse!

Suba os doze degraus da escada em espiral, indo cada vez mais alto, retornando à consciência desperta. Voltando ao quartinho atrás de seus olhos e fechando o alçapão no chão atrás de você.

Diga em voz alta: *Agradeço aos meus guias, deuses e ancestrais – todos aqueles que me mantiveram seguro e me mostraram o caminho. Abençoados sejam!* Alongue seus músculos. Quando estiver pronto para retornar ao Templo exterior, revigorado e equilibrado, vá até a janela de seus olhos e abra-os.

❧·· Reflexão do Diário ··❧

Em seu Livro dos Espelhos, registre as mensagens de seus aliados, desenhe suas visões e explore seus sentimentos sobre a experiência pelo tempo que desejar.

❧·· Desconstruindo o Templo ··❧

Feche o Portal elemental ficando de frente para o Oeste na Postura da Água, athame natural erguido em saudação.

Diga: *Poderes do Oeste! Essência da Água! Ondinas e Soberano(a) Nicksa! Agradeço por sua presença de cura e sua ajuda nesses ritos. Continuem a curar meu coração e capacitar minha Grande Obra ao longo do Caminho do Amor. Por enquanto, eu os libero para seus reinos justos e fluidos. Salve e adeus!*

Veja a haste azul e todos os poderes retrocedendo pelo Portal do seu Círculo. Desenhe o Pentagrama de Banimento com o Athame ou dedos (athame natural), como uma chave na fechadura. Conforme você circunda a estrela em sentido contrário, veja o Portal se fechando e travando.

Beije seu Athame ou dedos, mas desta vez siga em frente como um esgrimista, com um gesto de empurrar em direção ao Quadrante, brandindo sua lâmina ou dedos com determinação feroz, direcionando qualquer energia restante para fora do seu reino. Curve-se em reverência.

Libere o Círculo reunindo a esfera de energia restante em suas mãos, cada vez menor, até que ela seja imaginada como uma bola brilhante sobre o altar. Carregue a bola para iluminar ainda mais seu trajeto ao longo do Caminho do Pentáculo. Grite: *Liberte-se!* Enquanto joga a esfera para o Cosmos, batendo palmas três vezes e dizendo: *O Círculo está aberto, mas nunca quebrado. Feliz encontro, feliz partida, e feliz encontro novamente.*

Magia do Amor

Com as lições das ondinas e Nicksa frescas em seu coração, planeje um feitiço holístico para equilibrar seu corpo emocional dentro de seu Eu quíntuplo. O nome deste jogo é "autocuidado e mimos!" Os feitiços de cura emocional a seguir incluem dois trabalhos principais que se estendem entre a terceira lua escura da estação do outono, continuando pelas duas semanas do ciclo lunar crescente, a ser concluído na lua cheia seguinte. Para preparar esses feitiços, você vai precisar do incenso de ervas do elemento Água, óleo de unção e a água-mãe de aceitação carregada do Exercício 12, encontrados na seção de Fomulário da Água neste capítulo. Você também vai precisar preparar alguns materiais de formulário adicionais com antecedência: um "Sachê de Banho de Purificação Emocional" com os poderes planetários da Lua e de Vênus e uma manteiga corporal "Triunfo do Coração" que você verá a seguir, com Vênus e Sol.

❦ Sachê de Banho de Purificação Emocional ❦

Um sachê faz um grande "saco de chá" para sua água de banho, emprestando espíritos de plantas alinhados com as energias da Lua e de Vênus para criar uma poção mágica para banhos.

Influência Planetária
Magia da Lua e Vênus

Momento favorável
Organize seus materiais em qualquer segunda-feira (Lua) ou sexta-feira (Vênus), de preferência enquanto a Lua estiver em um signo de Água (Câncer, Escorpião ou Peixes).

Você vai precisar de:
- ½ xícara de sal marinho
- ½ xícara de sal Epsom
- Saco grande de musselina com:
  - Pétalas de rosa ou lavanda (amor, proteção, sono, paz, tranquilidade)
  - Hissopo (abertura espiritual, limpeza e purificação; clareia as vibrações)
  - Raiz de angélica (exorcismo, proteção, cura)
  - Casca de limão (água, limpeza, purificação, remoção de bloqueios, abertura espiritual)

Práxis

Adicione todos os ingredientes ao saco de musselina. Feche o saco e segure-o entre suas mãos. Desperte-o e carregue-o para cura emocional com as visualizações e encantamentos fornecidos na seção de Formulário da Água deste capítulo.

❧ Manteiga Corporal "Triunfo do Coração" ❧

Uma manteiga corporal é muito parecida com uma loção para suavizar e selar a pele, menos o teor de água. As manteigas corporais infundem ervas em uma combinação de óleos, que são metade líquidos e metade sólidos à temperatura ambiente. Depois de frios, uma consistência macia semelhante à manteiga permite que sejam facilmente aplicados na pele. Carregue magicamente esta poção pelos poderes de Vênus e do Sol. Quando absorvido em sua pele, ela estimula sua vibração emocional com amor, felicidade e sucesso.

Influência Planetária

Magia do Sol e Vênus

Você vai precisar de:
- Um frasco de 200 ml com tampa
- Um pauzinho para mexer
- ½ xícara de óleo de jojoba
- Uma fava de baunilha, aberta (Vênus, amor)
- Casca seca de uma pequena laranja ou tangerina (Sol, empoderamento, felicidade)

- Punhado de pétalas secas de rosa vermelha ou cor-de-rosa, cultivadas organicamente para consumo (Vênus, amor)
- 10 gotas de óleo essencial absoluto de rosa (opcional)
- 2 colheres de chá de óleo de vitamina E
- Pedra de quartzo-rosa pequena e caída
- ½ xícara de manteiga de karité africana, não refinada, ou óleo de coco

Práxis

Despeje o óleo de jojoba no frasco. Adicione a fava de baunilha, a casca e as pétalas de rosa secas ao óleo, feche o frasco e deixe o óleo infundir em um local quente e escuro por pelo menos uma semana. (A parte superior do aquecedor de água é uma boa escolha). O óleo deve cobrir completamente o material vegetal.

Após a infusão, coe o material vegetal e adicione o óleo de vitamina E, o quartzo-rosa e o óleo essencial absoluto de rosa.

Delicadamente, derreta a manteiga karité africana crua, ou o óleo de coco, colocando o recipiente original em uma tigela maior cheia de água quente. Isso aquecerá o óleo indiretamente. Quando estiver liquefeito, adicione meia xícara de óleo de karité ou óleo de coco derretido ao pote com o jojoba infundido. Sele o frasco com a tampa e gire-o em deosil enquanto invoca Vênus e o Sol para despertar seus poderes de amor-próprio, contentamento e felicidade dentro da mistura. Refrigere por cinco minutos. Retire e mexa com um pauzinho. Leve à geladeira por mais cinco minutos e repita mexendo até esfriar, sólido e batido. O resultado final será uma consistência semimole como manteiga. Uma manteiga corporal permanece sólida em temperatura ambiente, mas derrete facilmente com a temperatura corporal para ser absorvida pela pele. Carregue a mistura com o poder elemental da Água usando as visualizações e encantamentos fornecidos na seção de Formulário do elemento Água deste capítulo. Coloque data e rotule sua criação para continuar carregando, incluindo os sigilos alquímicos de Vênus ♀, do Sol ☉ e do elemento Água. Use dentro de um mês ou, para maior vida útil, guarde-o na geladeira.

❋ Feitiço 5 ❋
Curando o Coração Ferido na Lua Negra

A primeira parte deste trabalho de duas semanas começa na lua escura com um banho de purificação, liberando o apego a velhas feridas emocionais. Crie um pequeno altar de trabalho em seu banheiro o mais próximo possível da banheira para que possa regar sempre. A parte de trás do vaso sanitário pode ser ideal se você realmente considerar que é uma fonte de água corrente.

Influência Planetária
Magia da Lua e Vênus

Momento favorável
Na véspera da lua escura, enquanto ela ainda está minguando, de preferência nas treze horas anteriores à conjunção exata do Sol e da Lua no mesmo signo. Se você está seguindo a Roda no Hemisfério Norte, a lua escura em Escorpião é ideal. No Hemisfério Sul, é a lua escura em Touro, regida por Vênus.

Você vai precisar de:
- Incensário com areia, carvão redondo para narguilé, pinças, colher pequena, isqueiro ou fósforos
- Mistura de incenso do elemento Água
- Tigela com água salgada como oferenda para as ondinas
- 1 vela de carrilhão preta de 10 cm (banimento) em um castiçal seguro
- Furador, prego ou alfinete para inscrever na vela
- Vela de dedicação para o Espírito
- Sua Vela de Santuário do elemento Água, azul, carregada
- Um pequeno prato
- Sachê de banho de purificação emocional em bolsa de musselina
- Manteiga corporal "Triunfo do Coração"
- ½ xícara de pétalas de rosa secas
- 9 gotas de água-mãe de aceitação
- Retorne em seu Livro dos Espelhos para a lista de afirmações escritas para o Exercício 12: Consertando o Cálice Quebrado

Preparação

Monte seu altar do elemento Água. Acenda sua vela de dedicação e o carvão. Adicione um pouco de incenso ao incensário. Purifique a si mesmo e ao Quadrante com fumaça. Faça um pequeno Círculo, abra o Portal para o elemento Água e acenda a Vela de Santuário azul. Invoque o Deus/Deusa e seus guias para estarem presentes em seu feitiço.

Práxis

De frente para o Oeste, com o furador ou alfinete, escreva na vela preta palavras e símbolos que descrevam as feridas para as quais você busca a cura emocional. Unte a vela da base até a ponta com o óleo do elemento Água, apontando para longe da área do coração. Coloque a vela untada no prato pequeno e polvilhe um pouco do incenso sobre ela. Esfregue as ervas nas inscrições. Concentre toda a sua dor nesta vela até que ela se torne as feridas das quais você busca se libertar.

Inspire o poder de cima e de baixo e declare suas intenções em voz alta. Diga: *eu invoco o amor do Grande Deus/Deusa e os Poderes elementais da Água! Nicksa, ondinas! Ajude-me agora! Aceito as lições ensinadas pelas feridas emocionais do passado* (nomeie-os especificamente, se quiser). *Agora ouso liberar todo o apego pernicioso a essas feridas para que meu coração possa ser restaurado à integridade pela graça do Amor Divino!* Cante:

> *Por uma vela preta e uma lua escura,*
> *medos de falta de dissolução,*
> *velhos fios de coração cortados*
> *pela determinação da água,*
> *para cantar a melodia do amor.*

Acenda a vela. Repita o canto pelo menos três vezes, aumentando o poder enquanto você toma um banho quente. Adicione o sachê de banho e agite o saco através da água, criando um redemoinho. Adicione nove gotas de água-mãe de aceitação.

Declare sua intenção de que este banho serve para purificar seu corpo emocional de todos os apegos danosos às feridas causadas pelos medos da falta de Amor Divino no passado. Cante:

> *Pela água eu sou purificado*
> *para diminuir o banimento da maré lunar.*
> *Ondinas! Aliviem minha dor emocional,*
> *aceitando os medos para ousar o amor recuperar.*

Mergulhe no banho e medite sobre suas feridas emocionais infligidas por esses medos. Visualize seu corpo emocional como uma luz azul, agora fluindo livremente com a luz energética azul da água do banho. Permita-se pensar pensamentos de raiva. Sinta os sentimentos feridos. Lembre-se de quaisquer apegos persistentes a pessoas e circunstâncias que infligiram essas feridas. Como toxinas emocionais, esses sentimentos devem ser liberados em um redemoinho de luz azul. Esta poção purificadora em que você está sentado retira todo o veneno, deixando-o mais saudável e mais equilibrado. Veja as toxinas retiradas do seu corpo emocional indo para a água. Chore pelo tempo que for necessário para deixar tudo ir. Ore; ouça.

Quando estiver pronto, abra o ralo e sente-se lá enquanto observa todos os sentimentos tóxicos se esvaindo completamente. Cante:

Pelo fluxo audacioso da água, acima e abaixo,
Vou banindo toda dúvida, dentro e fora.
Assim seja!

Agora, levante-se e tome um banho de limpeza regular. Lave-se, barbeie-se, esfregue toda aquela pele velha e morta do passado. Esfregue-se de verdade, até brilhar! Recomendo também um corte de cabelo em algum momento, possivelmente até um novo começo de barba em breve. Nossos cabelos e pele mortos guardam nossas experiências e memórias dentro deles. Se você quer se desconectar de quem era e das coisas que aconteceram no passado, se livrar do cabelo que cresceu durante esse tempo pode ajudar a acelerar o processo pode ajudar a acelerar esse processo.

Enxugue-se e aplique a manteiga corporal "Triunfo do Coração" na pele úmida – do rosto aos pés. Veja uma barreira emoliente se formando em todo o seu corpo físico, criando também um limite de proteção espiritual. Massageie seus músculos usando movimentos em deosil (no sentido horário) enquanto repete as afirmações do Exercício 11. Faça declarações de gratidão pela ajuda que está recebendo. Vista roupas frescas, leves e de cores alegres para você.

Feche a porta de entrada para o elemento Água. Libere seus guias e Templo com gratidão. Deixe a vela preta queimar completamente.

❧· Feitiço 6 ·❧
Coração da Totalidade na Lua Cheia

A segunda parte do feitiço começa no dia seguinte, quando a lua volta a crescer novamente. Levante-se todas as manhãs da maré crescente e prepare-se para cada dia de sua maneira especial. Use sua manteiga "Triunfo do Coração" para hidratar conforme necessário. Vista suas roupas favoritas, loção pós-barba, maquiagem, joias ou qualquer coisa que lhe dê poder. Todos os dias em seu altar, repita suas afirmações diárias e unte seu Chacra Cardíaco com óleo do elemento Água.

Influência Planetária
Vênus e Sol

Momento favorável
Conclua o feitiço durante a próxima lua cheia, de preferência dentro de treze horas de cheia, enquanto ela ainda está crescendo.

Você vai precisar de:
- Para construir um boneco, corte duas camadas de tecido azul em uma forma aproximadamente humana, pense em um biscoito de gengibre tradicional com 23 centímetros de altura. O Denim (jeans) reciclado ou o material de uma camisa velha serve bem. Deixe uma abertura larga o suficiente no pescoço para que uma pequena pedra passe pelo espaço da cabeça.
- Linha de bordar rosa e agulha
- Três pétalas de rosa secas
- Uma dedicação pessoal, ou um *taglock*. Pode ser um fio de cabelo, um corte de unha ou seu sigilo pessoal, etc.
- Um pequeno retângulo de papel de intenção, azul, que pode ser facilmente enrolado em um pergaminho para caber dentro do boneco
- Pequena pedra de quartzo-rosa (Chacra do Coração, Vênus, amor-próprio)
- Pequena pedra de calcita-azul (para cura emocional)
- ½ xícara de pétalas de rosa secas
- Três gotas de mirra
- Uma pequena caixa rasa, como uma caixa de charutos ou um prato

Preparação

Monte seu altar de trabalho com todos os ingredientes para que seu boneco seja facilmente acessível e com espaço que lhe permita ser criativo.

Com a linha rosa, costure as duas camadas de tecido azul ao redor e do lado de fora da figura do boneco, indo do tornozelo interno de uma perna ao ao tornozelo interno da outra perna. Deixe a costura interna das pernas aberta, criando uma bolsa charmosa para carregar.

Unte seu próprio Chacra Cardíaco com óleo de unção do elemento Água na altura do seu coração.

Acenda sua vela de dedicação para acolher o Espírito, que está sempre presente. Coloque no incensário o carvão vegetal aceso, para queimar o incenso solto preparado anteriormente.

Práxis

Desperte e consagre seu altar como ensinado no Ritual 1. Consagre a tigela com água salgada como oferenda às ondinas. Purifique a si mesmo e ao espaço usando a fumaça do incenso do elemento Água. Regue o perímetro do Círculo com a água salgada. Lance seu Círculo como ensinado no Ritual 2.

Abra os portões para o elemento Água e chame a ajuda das ondinas e Nicksa. Acenda sua Vela de Santuário azul do elemento Água. Convide para estar presente seus guias, ancestrais e Deus/Deusa.

No retângulo de papel azul, escreva sua intenção de equilíbrio emocional e realização no futuro. Aqui está meu exemplo: *Meu coração é restaurado à integridade através do Amor Divino do Deus/Deusa. Eu ando seu caminho de amor com graça. Pela lua crescente, à medida que as águas audaciosas correm, sou restaurada à tranquilidade equilibrada. Posso amar novamente com compaixão, Perfeito Amor e Perfeita Confiança. Para o bem maior de todos os envolvidos, não prejudicando a ninguém. Assim seja.*

Segurando a vela azul acesa, leia seu papel de intenção em voz alta.

Para carregar e encher seu boneco, segure cada pedra e cada ingrediente, sinta-os e medite sobre o que cada um pode trazer para você, depois adicione tudo ao boneco. Primeiro, adicione sua intenção pessoal ou seu taglock: uma ficha, seu sigilo ou um fio de seu cabelo, etc. Diga ao seu boneco: *Eu nomeio você* (seu nome). *Somos um em simpatia.*

Unte a pedra de calcita-azul com óleo do elemento Água, assopre a pedra e bata três vezes nela para despertá-la.

Diga: *Desperte, desperte, desperte para seus poderes de equilíbrio.*

Imagine-se tocando naquela Lua lá em cima, que agora está cheia com sua luz fluindo através de você para a pedra. Segure-a na palma da mão; imagine-se restaurado à totalidade. Em seguida, coloque-a na cabeça do boneco azul.

Unte a pedra de quartzo-rosa com óleo do elemento Água, bata três vezes e sopre sobre a pedra.

Diga: *Desperte, desperte, desperte para seus poderes de paz.*

Imagine-se brilhando com luz rosa. Solte-a no coração do boneco azul.

Segure as três lágrimas de mirra na palma da mão. Toque nelas três vezes; sopre sobre elas.

Diga: *Desperte, desperte, desperte para seus poderes de cura emocional.*

Adicione-as ao corpo do boneco.

Segure as três pétalas de rosa na palma da mão. Toque nelas; sopre sobre elas.

Diga: *Desperte, desperte, desperte para seus poderes de amor.*

Adicione-as ao corpo do boneco.

Repita sua declaração de intenção acima. Enrole o papel firmemente e adicione-o a uma perna do boneco. Termine de costurar, feche as pernas do boneco e amarre a linha com nove nós.

Unte a área do coração do boneco com o óleo do elemento Água. Segure-o sobre a fumaça do incenso para ser purificado e carregado antecipadamente. Sopre suavemente na boca do boneco, como se o estivesse ressuscitando. Sussurre este feitiço no ouvido dele:

Eu e o boneco em simpatia,
O que te ama, é o amor a mim.
Pela lua tripla, cresça três vezes três
Como eu farei, assim seja!

Polvilhe as pétalas de rosa restantes na caixa ou no prato raso. Coloque o boneco naquele leito de rosas e deixe-o carregando em seu altar, certificando-se de que ninguém mais tenha acesso para vê-lo ou tocá-lo. Se a privacidade for um problema para você, guarde a caixa fechada embaixo da cama. Se assim decidir, adicione à caixa ou ao prato quaisquer símbolos ou itens de nutrição amorosa que sejam significativos para você.

Feche seu Templo, liberando todos os guias e fechando o Portal elemental para a água com gratidão. Apague todas as velas.

Cuide do boneco todas as noites, continuando até a próxima lua cheia, repetindo sua intenção regularmente. Abra seu espírito para a luz da lua e medite enquanto segura seu boneco. Ocasionalmente, adicione outra gota de óleo no coração do boneco para "alimentá-lo". Visualize que a energia aquosa da Lua está crescendo dentro de você, restaurando seu bem-estar emocional.

Lembre-se de que você é um filho perfeito do Deus/Deusa, e seus guias espirituais estão ao seu redor, animando-o ao longo do Caminho do Pentáculo do Amor. Você nunca será abandonado. Incline-se para este caminho com todo o seu coração. Cuide-se muito bem, coma alimentos nutritivos, beba muita água fresca e descanse, faça exercícios adequados. Cuide das suas rotinas de higiene e beleza e entregue-se aos prazeres simples da vida com mimos e mimos. Expresse amor e apreço abundantemente a todos em sua vida e sinta-os retornando a você. A lição do coração que aprendi com Afrodite é esta: o coração que se abre ao compartilhar o amor está aberto e preparado para receber amor.

Quando você sentir que o trabalho está suficientemente completo, agradeça pelo cumprimento do feitiço e, em seguida, coloque o boneco em algum lugar privado perto de onde você dorme, como debaixo do colchão, por exemplo.

❧ Reflexão do Diário: O Caminho do Amor ❧

As águas profundas da emoção podem ser especialmente desafiadoras e podem levar muitas voltas da Roda para explorar completamente suas profundezas e aplicações em sua vida. Ambos, desafios e vitórias, são igualmente importantes de serem registrados para o seu futuro Eu refletir. Para sua revisão do Livro dos Espelhos, use a estrutura da Joia do Poder da Bruxa a seguir. Registre suas impressões sobre as seguintes perguntas, para que seu Eu futuro encontre. Você se ama? De que maneira? Você está sofrendo? Quais feridas emocionais ainda precisam de sua atenção? Quais expressões práticas de Perfeito Amor e Perfeita Confiança você continuará a oferecer ao mundo em geral?

Do Ar: Conhecer e Questionar
- O que de mais impactante você aprendeu com esta lição?
- Ficou ainda alguma dúvida de algo que precisa ser mais explorado?

Do Fogo: Vontade e Rendição
- Como você aplicou sua vontade a esses exercícios?
- Você os adaptou para torná-los seus?
- O que funcionou ou não funcionou bem para você?
- Existe ainda alguma expectativa, suposição ou medo que precisa ser abandonado?

Da Água: Ousar e Aceitar
- Quais reações emocionais instintivas surgiram para você?
- O que o surpreendeu?
- Quais foram fáceis de aceitar?
- Quais você se atreve a desafiar ou superar?

Da Terra: Silenciar e Ressoar
- Agora que o trabalho está feito, preste atenção ao que está acontecendo em sua vida.
- Como este trabalho afetou suas percepções, ações, sonhos?
- Quais padrões estão surgindo?
- De que maneiras práticas você vai ressoar sua nova consciência na realidade?

CAPÍTULO 16

Quintessência do Espírito e o Caminho da Conclusão

A jornada pelo Caminho do Pentáculo busca a conclusão através dos mistérios da quintessência do Espírito. O tempo para este caminho é um pouco diferente do que nos capítulos anteriores. Após a conclusão dos mistérios elementais da Água no Samhain, a Grande Obra para esta Roda do Ano está tecnicamente completa nesta virada e está começando de novo. Isto é, supondo-se que sua prática ritual integrada também celebrasse a Grande Deusa a cada Esbat lunar e o Deus a cada Sabbat solar. No entanto, ao longo do Caminho do Pentáculo da Bruxaria Elemental, o golpe final é de conclusão quando retornamos ao quinto ponto. Este ponto superior representa a totalidade da divindade tanto dentro da matéria quanto transcendendo como Espírito, ou Deus/Deusa.

Neste capítulo, mapeamos esses mistérios para os pontos superior e inferior da Joia do Poder da Bruxa, para explorarmos os mistérios projetivos como o Grande Deus, através da Rede Wiccana e os mistérios receptivos como a Grande Deusa como as duas chaves do Templo da Bruxa: Perfeito Amor e Perfeita Confiança.

A Grande Obra: Conclusão da Roda do Ano

À medida que exploramos o Caminho da Conclusão, existem três trabalhos rituais que podem ser programados para os três ciclos lunares entre Samhain e Imbolc ou no seu próprio ritmo.

1. Uma vez que você tenha montado suas ferramentas elementais no altar, a primeira magia deste capítulo é consagrar esses Instrumento ao seu propósito divino.
2. Crie os materiais do formulário da jornada ritual para equilibrar a Grande Deusa e o Deus interior.

3. O rito culminante do Esbat integra todas as técnicas de criação de Templos que você aprendeu até agora, usando seu Cálice e Athame consagrados (e opcionalmente a Patena do Pentagrama e a Varinha) para o Banquete Simples, uma cerimônia também conhecida como "o Grande Rito Simbólico".

O Caminho do Pentáculo da Conclusão e o Corpo Espiritual	
Chacras	Coronário
Regula	Totalidade
Aberto por	Conclusão dentro do Deus/Deusa
Bloqueado por	Apego ao ego
Objetivo da magia	Integração de *anima* e *animus*, luz e sombra
Condições de amor	Reciprocidade *vs.* medo de traição
Feitiço de afirmação	Pelos "DOIS que se movem como UM", sou completo através da interconexão. Canal aberto, fluindo livremente, abençoado em todos os níveis, Assim seja!

Mistérios da Quintessência

O quinto elemento é conhecido por muitos nomes: *éter*, *espírito*, *akasha*, *prima matéria* ou *quintessência*. É simbolizado no Pentagrama tanto como a ponta superior da estrela como também o círculo circundante. A quintessência não é uma essência elemental como as que estudamos anteriormente; ela está além dos quatro elementos materiais, a "unidade de fundo" da qual eles se formam.[269] É a culminação sinérgica de Terra, Ar, Fogo e Água, que é maior que a soma de suas partes. É a transcendência de todos eles como o Espírito do mundo natural.

O alquimista Robert Allen Bartlett descreve a quintessência como "um vasto oceano de energia, tudo o que é visto e não visto faz parte dela. Os alquimistas chamavam essa energia de 'Fogo Celestial', Prima Materia, Caos e muitas outras. Tudo ao nosso redor, embora pareça separado e diferente de nós mesmos, é Um só Um. O Todo é Uno, é a mente, como diz a Primeira Lei da Hermética."[270] Como Bruxa, considero a quintessência como a consciência coletiva e o amor de "os DOIS que se movem como UM": o Deus/Deusa.

---

269. Greer, *The New Encyclopedia of the Occult*, 151.
270. Bartlett, *Real Alchemy*, 20.

A Jóia do Poder da Bruxa: Espírito como Deusa e Deus		
	Yang: Projetivo	Yin: Receptivo
Dogma de Mistério	Rede Wiccana: "Sem nenhum dano causar, faça o que desejar."	Perfeito Amor e Perfeita Confiança
Roda do Ano	Ciclos solares	Ciclos lunares
Esfera Planetária	Sol	Lua

A Joia do Poder da Bruxa: Espírito como Yin e Yang

Lembre-se de que nosso símbolo da Joia do Poder discutido no capítulo 6 é o sólido platônico conhecido como *octaedro* ou *bipirâmide*. Duas pirâmides individuais, com bases quadradas planas juntas, como um espelho uma para a outra: a pirâmide *yang* apontando para cima simboliza os mistérios projetivos do Grande Deus, e a pirâmide *yin* apontando para baixo simboliza os mistérios receptivos da Grande Deusa. Lembrando que cada face da pirâmide é um triângulo, e estes ecoam os símbolos alquímicos dos elementos por gênero mental primário. O vértice de cada pirâmide contém uma chave para o mistério do poder divino de uma Bruxa.

Yang: Vértice Projetivo do Grande Deus

Dentro da ilusão persistente de nossa separação aqui no Mundo Médio, a metade *yang* da joia fala conosco como indivíduos em nossa jornada pessoal. Lembrando as origens deste ensinamento de Eliphas Levi, as pedras angulares tradicionais para alcançar os Poderes da Esfinge eram descobrir esses poderes elementais dentro de si mesmo.[271] Lembre-se de que você é a encarnação da Divindade na Terra e então se fortaleça como um Soberano dentro de seu reino. O mago é encarregado de assumir a autoridade de sua própria mente (Ar), pegar as armas de sua vontade (Fogo), superar os medos da existência, poder e responsabilidade (Água), e então, ativamente conquistar seu lugar no mundo, defendendo esses limites (Terra).

Como a carta do Imperador (IV, Áries) no tarô: os mistérios *yang* nos pedem para nos tornarmos os líderes sábios e benevolentes de nossa própria vida por meio da inovação e do controle. No entanto, deve haver equilíbrio. O Imperador é considerado sábio, porque lidera por meio do serviço generoso

---

271. Levi, *Transcendental Magic*, 30.

e serve liderando, fazendo contribuições para o bem maior. As duas primeiras Regras da Bruxaria para Soberania Pessoal entram em jogo: "Não Queime a Bruxa" e "Não Seja o Problema".

Mistério do Espírito de Deus: Nenhum Dano

A diretiva do Deus que é simbolizada pelo vértice superior é encontrada no poema A Rede Wiccana, atribuído a Lady Gwen Thompson: Oito palavras que a Rede Wiccana respeita: "Sem nenhum dano causar, faça o que desejar."[272] Esta não é uma lei feita pelo homem. Existe apenas orientação divina e o livre-arbítrio de tomá-la ou deixá-la por sua conta e risco. A palavra "rede" vem do inglês antigo *raed*, que significava "conselho". Considere esta mensagem como um conselho para uma vida bem-sucedida, transmitida por magos que provavelmente aprenderam da maneira mais tola possível e estão tentando ajudar outros praticantes a evitar os efeitos nocivos que isso pode causar.

Esta diretriz fala do nosso processo pessoal de evolução e da nossa autodeterminação. Os mistérios projetivos do Deus são simbolizados pela varinha e pela lâmina do mago, é o impulso da criação: lançar nosso destino em encantamento e esculpir nosso lugar no mundo, que então defendemos banindo tudo o que impediria nosso progresso. Não há problema em insistir em nosso lugar de segurança, dignidade e respeito e ainda reivindicar nosso direito ao conforto e prazer aqui neste Mundo Médio. O autocuidado não é egoísta; é a necessidade de colocar sua própria máscara de oxigênio antes de ajudar os outros necessitados.

Esta liturgia exige a livre busca da felicidade, mas esse livre-arbítrio é temperado pela responsabilidade Soberana. "Nenhum dano" inclui você e qualquer outra coisa no Universo interconectado. A grande questão a ser interpretada é: o que é mal? Quando fiz esta pergunta sobre a divindade, o conselho deles em resposta foi: "se suas ações tentam negar o fluxo natural da Vontade Divina, isso é prejudicial. O dano é o impedimento intencional das Nove Condições do Amor Divino. Ações prejudiciais são originadas pelo medo da falta de amor."

As Bruxas incluem ar, água, plantas, animais, os próprios minerais da terra e o ecossistema que nos sustenta como partes vivas dessa teia da qual todos dependemos para sobreviver e prosperar. Na segunda linha do poema A Rede

---

272. "Rede", Dicionário de Etimologia on-line, Douglas Harper, acesso em 22 de Dezembro de 2020, https://www.etymonline.com/word/rede.

Wiccana, as Bruxas também são aconselhadas: "Viva e deixe viver – dê o justo para assim receber" dentro da rede.[273] Envenene qualquer parte dessa teia e estaremos todos envenenados. Passe fome em qualquer parte da teia, e todos nós perecemos. Em outras palavras, "não cague na cama em que todos dormem!"

Em suma, busque sua felicidade e realização em alinhamento com sua Vontade Divina. Viva o seu destino do seu jeito. Alcance sua Missão Sagrada de acordo com seu próprio critério. Apenas permaneça benéfico dentro de sua esfera de influência e também não impeça a liberdade de busca pela felicidade das outras pessoas. É basicamente uma regra de ouro – estender as mesmas considerações aos outros que você espera para si mesmo.

Yin: Vértice Receptivo da Grande Deusa

As lições da Grande Deusa são representadas pelo vértice da pirâmide apontando para baixo. Dentro da Deusa, voltamos ao mistério receptivo final da Patena, Cálice e Caldeirão como o útero da criação. Com os mistérios da Deusa, voltamos nossa atenção para nossas interconexões dentro da teia. Aqui voltamos às ferramentas do cooperador. Temos a tarefa de liberar nossos preconceitos e deixar entrar o ar fresco de novas ideias. Fazemos isso ouvindo a entrada externa (Ar), entregando o apego ao ego, enquanto nos envolvemos com os poderes catalisadores (Fogo), aceitamos todas as formas de Amor Divino conforme são oferecidas através das inter-relações (Água) e então compartilhamos esse poder para criar um mundo mais forte e compassivo (Terra).

Como a carta da Imperatriz (III, Vênus) no tarô: as Bruxas se tornam as Soberanas compassivas de nossa família terrena maior. Fazemos isso através da nutrição do Eu, que irradiará passivamente harmonia e totalidade em todos os níveis do nosso ser. Em equilíbrio, temos a tarefa de criar e compartilhar ativamente a beleza e oferecer graça e misericórdia sem discriminação ou julgamento.

O vértice da Deusa alinha nossos valores espirituais mais elevados e nobres a formas mais realistas e práticas. Bruxas e Magos atuam como canais criativos para gerar o Amor Divino na realidade material, onde as pessoas podem sentir esse amor, beneficiarem-se dele e utilizá-lo de uma maneira real para que possam prosperar. Esses caminhos reais começam com as Nove Condições do Amor Divino. É aqui que as duas últimas Regras de Soberania Pessoal voltam a funcionar: "Não Seja o Elo Fraco" e "Esteja Presente para Vencer".

---

273. Mathiesen e Theitic, *The Rede of the Wiccae*, 52–53

Como um cálice de água derramado em um vasto oceano, enquanto exploramos os mistérios da Grande Deusa, todas as barreiras autoimpostas entre nós, a divindade e nossos companheiros viajantes cósmicos se desfazem. Animal, vegetal ou mineral na matriz da Deusa eterna, todos são um único vasto ser. Fluímos com o destino à medida que evoluímos para um estado mais iluminado, abençoados em nossas naturezas divinas e amplamente interconectados a todos os recursos possíveis, porque a Deusa é uma fonte inesgotável de possibilidades.

Mistério do Espírito da Deusa: Perfeito Amor e Perfeita Confiança

Nos ritos Wiccanianos, para entrar no Templo do nosso Círculo Sagrado, o portador da espada pede para cada Bruxa parar no portão e as desafia, dizendo:

> *Você que está no limiar entre o agradável mundo da humanidade e os Terríveis Domínios dos Espaços Exteriores, tem coragem de entrar? Pois seria melhor correr daqui com sua lâmina e perecer do que tentar com medo em seu coração. Como você entra?* [274]

Existem duas chaves para abrir a porta do Templo de uma Bruxa, e elas estão codificadas nas primeiras linhas do poema A Rede Wiccana como: "Em Perfeito Amor e Perfeita Confiança".[275]

O conselho divino nestas linhas adverte a uma Bruxa para não chegar à encruzilhada do Deus/Deusa a menos que você tenha se preparado adequadamente através do equilíbrio do Caminho do Pentáculo. O que significa que você é soberana em suas escolhas e vem com uma mente aberta e um coração destemido. E que é digna de confiança para canalizar incondicionalmente o Amor Divino para todos os que se juntam a você em sua encruzilhada. Para aqueles que responderem corretamente, a Espada e a Vassoura são colocadas na soleira sobre a qual a Bruxa pula a fronteira liminar para dentro do Templo e é saudada com uma terceira chave: o beijo ou um abraço caloroso e um "Feliz encontro".

Perfeito Amor: reconhece a si mesmo e aos outros como Soberanos, com dignidade e valores completos, tanto na luz quanto na sombra. Uma promessa de Amor Perfeito incorpora as Condições do Amor Divino de aceitação,

---

[274]. A adaptação do Círculo Sojo da liturgia Wicca tradicional fornecida por Vivianne Crowley em *Wicca: The Old Religion in the New Millennium*, 111.
[275]. Mathiesen e Theitic, *The Rede of the Wiccae*, 52–53.

livre-arbítrio, recursos, afeto e expressão: nós nos importamos e digno de cocriar com os deuses, não vamos abandoná-lo apenas porque você pode estar tendo um dia de folga. No entanto, o Amor Perfeito é um barril de pólvora, a menos que seja temperado pela parte mais importante dessa declaração sobre Perfeita Confiança.

Amor incondicional não significa relacionamentos incondicionais. Nem significa que você tem que gostar de cada aspecto ou comportamento de todas as pessoa de sua comunidade. Infelizmente, há muitas Bruxas nas primeiras voltas do seu próprio Caminho do Pentáculo que ainda são originadas do medo. Você ainda precisa de um sólido senso de discrição e limites saudáveis. Você pode respeitar a divindade interior de um recém-chegado, com verrugas e tudo, enquanto ainda é inteligente sobre sua segurança. Mais uma vez, discrição e comunicação clara são fundamentais.

Perfeita Confiança: estabelece os limites fortes que criam um ambiente seguro para todo o amor incondicional que você oferecerá. Comprometer-se a entrar em Confiança Perfeita é uma declaração de que você é confiável. Suas próprias intenções de confiança devem ser fáceis o suficiente para serem prometidas a qualquer pessoa em qualquer momento, acima de tudo às Bruxas que se juntam a você no Espaço Sagrado.

A Confiança Perfeita incorpora as Condições do Amor Divino de segurança, autenticidade, confiabilidade e reciprocidade. Este é o contrato social entre os membros que promete que o cuidado que está prestando a eles será devolvido a você em igual medida, da melhor maneira possível. Esta é a confiança de que eles são honestos e autênticos em suas relações com você e que não transgredirão seus limites enquanto esperam o mesmo em troca, com o melhor de sua capacidade. Isso é reciprocidade; o contrato social é uma via de mão dupla e promete que todos vocês estão tentando viver de acordo com seus ideais compartilhados. Se um de vocês errar o alvo, o outro ajudará respeitosamente a voltar às suas boas graças... sem queimá-lo na fogueira, caluniá-lo nas mídias sociais ou amaldiçoá-lo como um sapo.

"Claro, Heron!" você diz. "E se algum idiota se recusar a cumprir sua parte neste contrato social?" Quando fica claro que alguém não compartilha de seus ideais – habitualmente fazendo coisas que quebram a confiança, "queimando a Bruxa", sendo "o elo fraco" e se recusando a aparecer e resolver isso? Tolos! Então as Bruxas de boa consciência têm um limite a defender. Esta é a lição de aceitação do elemento Água posta em prática. Aceite essa situação, defina esse limite e corte os laços pacificamente. Remova o acesso deles para prejudicá-lo ainda mais. Você não tem controle sobre outras pessoas, mas deve ter controle sobre suas próprias afiliações. A Rede Wiccana aborda essa questão no vigésimo primeiro dístico: "Com o tolo não perca tempo, ser seu amigo não é o seu intento."[276] Ou, como costumo dizer: *namastê a distância!* O que se traduz em: "O espírito em mim libera seu espírito em paz para buscar a felicidade a distância que agora definirei, até que você possa fazer melhor".

O Caminho da Conclusão

O Caminho da Conclusão é uma lembrança de nossa natureza quíntupla dentro da quintessência. Estar em equilíbrio dentro do nosso corpo espiritual é despertar da ilusão da separação. Ser completo é realizar plenamente nossas interconexões através da divindade, através do tempo e do espaço e dentro de nossas encarnações anteriores. Alcançar o equilíbrio espiritual é buscar o Deus/Deusa interior e, eventualmente, abraçar nossa totalidade. Como um símbolo *yin-yang* vivo, equilibramos nossa escuridão e luz, dia e noite, maldição e bálsamo, horror e beleza, qualidades projetivas e receptivas que possuímos. Todas essas coisas fazem parte de ser um Deus/Deusa encarnado. Totalidade é perfeição; somos perfeitamente humanos.

O Paradoxo da Conclusão: Unidade vs. Diversidade

O paradoxo reconciliado através da conclusão do Espírito resolve a polaridade da unidade e da diversidade. Mais uma vez, este ensinamento de mistério remonta ao "paradoxo divino" entre a verdade absoluta e a verdade relativa do Deus/Deusa; entre a unidade monolítica (os hermetistas chamam o Todo em Um) e a simultânea diversidade radical de indivíduos encarnados nessa aparente separação. Para reconciliar este paradoxo, devemos considerar igualmente evidente que: **1.** Cada coisa possível, visível e invisível, sensível ou não, é absolutamente um ser: o Amor Divino. Portanto, nenhum tipo de pessoa é maior ou menor do que qualquer outra manifestada no Cosmos. Não poderia haver raça superior, sexo dominante, "povo escolhido". **2.** O propósito final é analisar Deus/Deusa em diversas formas individuais para descobrir as verdades relativas em todos os cantos e recantos possíveis, marca, modelo, identidade, estilo de vida e demografia. A natureza é compelida a buscar mais diversificação!

---

276. Mathiesen e Theitic, *The Rede of the Wiccae*, 52–53.

A ilusão de nossa separação serve ao propósito muito útil do relacionamento. Criamos ondas de padrões de interferência à medida que interagimos uns com os outros, seja em amor, seja em tensão, e Deus/Deusa aprende com essas interações. À medida que despertamos para a verdade absoluta de nossa unidade, naturalmente evoluímos para a inclusão de verdades relativas também. Todo o fanatismo e fobias um do outro desaparecem. Desta forma, o paradoxo entre unidade dentro do Deus/Deusa e diversidade na Terra pode ser igualmente abraçado. Na Unidade somos um belo caleidoscópio de diversidade.

Chacras Coroa, Estrela da Terra e Estrela da Alma: Alinhamento Divino em Três Mundos

O Chacra da Coroa no topo da cabeça regula nossa conexão com a consciência divina, conectando nossa mente humana com a Mente Divina. Além dos sete chacras mais conhecidos, há um total de doze chacras em nosso campo áurico, com chacras transpessoais nos conectando ainda mais à divindade, acima e abaixo. Eu correspondo o Chacra Coronário à *anima mundi*, latim para "alma do mundo".[277] O Chacra da Coroa regula nossa consciência divina individual nesta encarnação atual. Veja a figura 13.

O Chacra Estrela da Terra está abaixo dos pés, conectando-se à energia planetária de nossa Deusa Mãe Terra em sua forma mais material. É através do Portal Estelar da Terra que o poder planetário ascende pela primeira vez, alimentando-se através de nosso Chacra Raiz, para serpentear pelos sete chacras principais ao longo de nossa espinha até o topo de nossa cabeça. Eu correspondo este chacra ao *corpus mundi*, latim para "corpo do mundo".[278] O Chacra Estrela da Terra regula nossa interconexão da consciência divina manifestando-se como nossos corpos físicos.

O Chacra Estrela da Alma está acima do Chacra da Coroa e é chamado de "a sede da alma", que se conecta à consciência de nível cósmico e ao Amor Divino. Através do Portal Estelar da Alma, podemos acessar as informações do reino astral (lunar), conhecido como "registros akáshicos", que são um arquivo energético de toda a experiência humana. Isso inclui as experiências acumuladas da alma de nossas próprias vidas passadas.

---

277. Greer, *The New Encyclopedia of the Occult*, 24
278. Greer, *The New Encyclopedia of the Occult*, 113.

O Portal Estelar no topo de nossas auras alimenta todos os nossos corpos sutis. Imagino a luz do Sol do Deus Pai Celestial brilhando através do Portal Estelar. Eu correspondo este chacra ao *spiritus mundi*, latim para "força vital do mundo"[279]. O Portal Estelar regula nossa interconexão com a força vital e espiritual do Deus/Deusa, que dá poder a todos.

Esses chacras se alinham facilmente com os mistérios da Joia do Poder da Bruxa como os vértices superiores e inferiores (veja a figura 15) e o paradigma hermético de Três Mundos do Mundo Superior, Mundo Médio e Mundo Inferior (veja a figura 13).

❧ Exercício 14: Equilibrando Deus/Deusa Interior ❧

O objetivo final no equilíbrio do nosso corpo espiritual é conectar conscientemente esse canal de energia que passa por nós individualmente, até a derradeira fonte de energia cósmica: Deus/Deusa acima e abaixo. A cada volta do Caminho do Pentáculo, abrimos uma das "fechaduras do canal" ao longo das muitas camadas do Eu quíntuplo. No Caminho da Conclusão, complete a abertura desse canal. Através do corpo espiritual, nós acessamos o Poder Divino da Estrela da Terra, subindo até a Estrela da Alma e o Portal Estelar além. Que desce novamente ao redor do campo do toro para subir novamente pelo nosso canal aberto em uma espiral contínua de rejuvenescimento e criação. Quanto mais livre e consciente essa conexão se torna, mais administradores eficazes da vida humana nos tornamos, porque também ganhamos uma visão mais ampla e transcendente dos padrões da vida.

O último ensinamento misterioso da Joia do Poder da Bruxa é o "Casamento Sagrado" entre o Deus e a Deusa dentro de nós mesmos. A partir daí, a jornada é pessoal, complexa e dois humanos não terão a mesma experiência. O mistério da Joia é a obtenção do equilíbrio dentro de você, dentro de seu ambiente aqui embaixo e em seu relacionamento com a divindade e os reinos espirituais acima. Através desse alinhamento Deus/Deusa, a harmonia da natureza pode fluir mais poderosamente em todos os aspectos de sua vida.

O desequilíbrio espiritual acontece quando esquecemos nossa natureza inerentemente divina, mas também quando negligenciamos nossos poderes do Deus ou Deusa. Lembre-se de que a polaridade e o gênero mental são espectros

---

279. Greer, *The New Encyclopedia of the Occult*, 450.

de possibilidades, como uma barra deslizante, não uma chave de alternância. Equilibrar nossos espíritos tem pouco a ver com nosso sexo biológico, então não se prenda a isso. O Deus/Deusa é toda possibilidade do arco-íris, e nós também. Então, ao invés de falar sobre o que é masculino ou feminino, as Bruxas são mais bem servidas para considerar sua totalidade dentro das fases projetivas e receptivas de um ciclo. Assim, o truque para equilibrar nossos corpos espirituais é abraçar todo o nosso alcance desde o lado projetivo do pensamento (Ar) e ação (Fogo) até o lado receptivo de sentir (Água) e criar (Terra), e então fortalecer as qualidades mais fracas ao longo do tempo, até que possamos ser uma potência em todas as quatro áreas.

❧ O Banquete Simples — Grande Rito Simbólico ❧

A bênção cerimonial do Cálice da Wicca para o Banquete Simples, que é descritivamente chamada de "Bolos e Vinho" ou "Bolos e Cerveja", equilibra magicamente a Deusa e o Deus dentro de nós. Este rito encena os mistérios simbólicos dos heróis gamos, o Grande Rito da união sexual.

O Casamento Sagrado Simbólico, como o próprio nome diz, é encenado simbolicamente com as ferramentas tradicionais do altar, principalmente o Cálice e o Athame. Em última análise, este icônico Ritual Wiccaniano tenta reconciliar as antigas tensões da Era Neolítica criadas entre as culturas gilânicas da Deusa da terra e as culturas patriarcais do Deus guerreiro que as invadiram e as subsumiram, conforme descrito por *O Cálice e a Espada*,[280] de Riane Eisler. Essa magia reconcilia nosso Deus/Deusa interior e pode potencialmente reconciliar o poder igual da Deusa e do Deus dentro da cultura também.

O Cálice, uma ferramenta do elemento Água, representa o ventre da Deusa como o princípio receptivo, preenchido com um "espírito" feito de uma fruta ou grão. O Athame, uma ferramenta do elemento Fogo, representa o falo do Deus e o princípio projetivo. Sobre a Patena do Pentagrama, a ferramenta do elemento Terra, um delicioso bolo, biscoito ou pão é abençoado para cada celebrante e encarregado de nutrir seus corpos e ser desfrutado. Este é um cumprimento da promessa de Amor Divino do Deus/Deusa. Embora os bolos sejam tradicionalmente abençoados com o Athame, tocando-os com uma gota de vinho abençoado, outra opção é usar a Varinha, uma ferramenta

---

280. Eisler, capítulo 4, em *The Chalice and the Blade*.

do elemento Ar, cuja finalidade é lançar encantamento. Adicionar a quarta ferramenta ao altar traz todas as quatro energias elementais para completar este rito de união quíntuplo.[281]

A bênção do Banquete Simples é chamada de O Grande Rito Simbólico, porque as ações simbólicas estão em sintonia com o verdadeiro Grande Rito de acasalamento sexual resultando em novos bebês. No entanto, essa magia se estende muito além da heterossexualidade óbvia. Este ato mágico está em sintonia com a união sagrada da Terra e de seu povo: da *anima mundi*, *spiritus mundi* e *corpus mundi*, ou a "alma", o "espírito" e o "corpo" do mundo divino.[282] É um ato mágico de internalizar a união criativa do Deus/Deusa, cujo acoplamento metafórico literalmente nos sustenta. Deus/Deusa é a culminação da luz solar, do solo, da água e da atmosfera, planejamento e trabalho pesado, nutrição e colheita. Seu Amor Divino produz as frutas, os grãos, as nozes e as carnes que percorrem toda a cadeia alimentar, desde a luz do sol até o biscoito de chocolate. Cada elo dessa corrente é um cumprimento de sua promessa de Amor Divino por meio do sacrifício e da gratidão, tomando e dando com justiça, como aconselha a Rede Wiccana.[283] A cerimônia do Banquete Simples serve para lembrar as Bruxas de suas responsabilidades.

Os "bolos" podem ser qualquer pequeno biscoito ou massa, geralmente em forma de lua crescente, ou um pedaço de fruta ou bombom de chocolate – qualquer coisa que você goste. O Cálice é tipicamente preenchido com um "espírito" fermentado, como vinhos, cervejas ou outra "poção" misturada. Se o álcool não for ideal para você, água purificada, chá de ervas ou suco podem ser escolhidos por suas associações mágicas. Consumir esses alimentos abençoados ajuda a Bruxa a internalizar essa magia da divindade.

Durante a jornada ritual para equilibrar o espírito mais adiante neste ciclo, a cerimônia do Banquete Simples será encenada. Se você ainda não possui as ferramentas mágicas para compor seu altar, como o Cálice, o Athame, Pentáculo, Patena e Varinha, agora seria um momento significativo para providenciar as suas e consagrá-las ao seu propósito sagrado antes do Grande Rito.

---

281. Vivianne *Crowley, Wicca,* 188.
282. Greer, *The New Encyclopedia of the Occult,* 24.
283. Mathiesen e Theitic, *The Rede of the Wiccae,* 52–53.

Consagração das Ferramentas do Altar

Neste ponto, dentro do sistema de Bruxaria Elemental, você já deve necessariamente ter criado as velas elementais carregadas, os incensos e as misturas de óleo que faziam parte de cada elemento em funcionamento. Este rito é a culminação das técnicas rituais e construção de Templos que você explorou até agora.

❧ Ritual 8 ❧
Consagração das Ferramentas Elementais

Momento favorável

Na lua crescente ou cheia, imediatamente após a conclusão das quatro lições elementais clássicas ou parte de sua celebração do Sabbat de Yule. Pode ser especialmente significativo rededicar suas ferramentas ao seu propósito sagrado a cada Solstício de Inverno, como nos primeiros passos para a rededicação à Grande Obra através da próxima Roda do Ano.

Você vai precisar de:

- Ferramentas elementais que você pretende consagrar
- Elementos de consagração como a tigela com sal, tigela com água, vela do elemento Fogo, incensário, carvão vegetal redondo, colher pequena e pinças
- Vela de dedicação para o Espírito, que está sempre presente
- Representações do Espírito como Deus/Deusa que são significativas para você, talvez uma imagem ou uma estatueta
- As quatro velas elementais carregadas correspondentes
- Misturas de incenso e óleos de unção correspondentes aos quatro elementos

Preparação

Limpe e organize fisicamente o espaço ritual. Tome banho e vista-se com roupas frescas e confortáveis, de preferência descalço e com os cabelos soltos, ou nu, como preferir.

Monte seu altar com a sua intenção. Acenda sua vela de dedicação para acolher o Espírito, que está sempre presente. Coloque no incensário o carvão vegetal aceso, para queimar o incenso solto preparado anteriormente.

Práxis

Desperte e consagre seu altar conforme ensinado no Ritual 1. Purifique a si mesmo e ao perímetro do Círculo com os quatro elementos, conforme ensinado no Ritual 2. Lance seu Círculo e abra os quatro Portais Elementais para os Quadrantes, acendendo suas velas. Chame Deus/Deusa e seus guias para estarem presentes.

Purificação

Tomando uma ferramenta em sua mão dominante, passe-a pela fumaça do incenso elemental correspondente; veja as energias do Ar infundindo e purificando o objeto de todas as ideias e pensamentos.

Diga: *Eu purifico* (nome da ferramenta) *com os Poderes do Ar*.

Passe através ou perto da chama da vela do Fogo, vendo as energias do fogo infundindo e queimando todas as vontades ou intenções anteriores do objeto.

Diga: *Eu purifico* (nome da ferramenta) *com os Poderes do Fogo*.

Toque o objeto na água ou unte com uma gota de água com os dedos, vendo as energias da purificação da água livres de quaisquer emoções anteriores ou impressões psíquicas do objeto.

Diga: *Eu purifico* (nome da ferramenta) *com os Poderes da Água*.

Toque a ferramenta no sal, vendo as energias do solo da Terra libertarem qualquer propriedade ou propósito anterior do objeto.

Diga: *Eu purifico esta* (nome da ferramenta) *com os Poderes da Terra*.

Passe a ferramenta pela chama ou luz da vela do Espírito e toque até a representação do Espírito no altar, vendo a luz branca do Deus/Deusa neutralizando toda história anterior do objeto, deixando-o limpo e preparado para receber novo propósito em alinhamento com a Vontade Divina.

Diga: *Eu purifico esta* (nome da ferramenta) *com os Poderes do Espírito*.

Dedicação

Diga: *Este* (tipo de objeto) *servirá como meu* (nome da ferramenta) *e será meu instrumento do elemento* (nome do elemento que ele canalizará). Exemplo: *este prato servirá como minha Patena de Pentagrama e será minha ferramenta do elemento Terra.*

Carregue a ferramenta específica com a qualidade específica de "A Carga da Deusa". A tabela a seguir tem uma sugestão, adapte ao seu idioma.

	Ferramenta	Mistério da Joia do Poder da Bruxa	Carga do Deus/Deusa
Terra	Pentáculo Patena	Eu infundo esta patena com os poderes projetivos do silêncio da Terra.	Eu carrego esta patena para manifestar minha magia, fortalecida pelo equilíbrio da natureza.
Terra	Vassoura	Eu infundo esta vassoura com os poderes receptivos de ressonância da Terra.	Eu carrego esta vassoura com reverência, defendendo minha Soberania em Perfeita Confiança Divina.
Ar	Varinha	Eu infundo esta varinha com os poderes projetivos de conhecimento do Ar.	Eu carrego esta varinha para inspirar minha magia, lançando encantamento com alegria.
Ar	Cajado	Eu infundo este cajado com os poderes receptivos de admiração do Ar.	Eu carrego este cajado para criar dentro da Mente Divina, defendendo com força minha Soberania.
Fogo	Athame	Eu infundo este Athame com os poderes projetivos da vontade do Fogo.	Eu carrego este Athame para fortalecer minha magia, banindo o medo com humildade.
Fogo	Espada	Eu infundo esta espada com os poderes receptivos de rendição do Fogo.	Eu carrego esta espada para me fortalecer através da Vontade Divina, defendendo minha Soberania com honra.
Água	Cálice	Eu infundo este Cálice com o poder projetivo de ousadia da Água.	Eu carrego este Cálice como uma fonte de beleza, que fluirá através da minha magia.
Água	Caldeirão	Eu infundo este Caldeirão com o poder receptivo de aceitação da Água.	Eu carrego este Caldeirão como uma fonte de Amor Divino Perfeito, defendendo minha Soberania com compaixão.

Toque a ferramenta agora no material de consagração correspondente (sal para Terra, fumaça de incenso para Ar, chama para Fogo, água para Água). Toque espiritualmente sua consciência na energia elemental apropriada, retornando mentalmente a esse lugar em seu Templo Astral e lembrando-se de suas conexões com esse plano. Ambos sentem e visualizam essa cor de energia (verde/Terra, amarelo/Ar, vermelho/Fogo, azul/Água) infundindo a matéria da ferramenta e se tornando um Portal para canalizar esse poder no futuro.

Unte a ferramenta com a mistura de óleo elemental apropriada.

Agora, toque a ferramenta na imagem da divindade ou na vela do Espírito no altar, sentindo as bênçãos e o poder da divindade fluindo para o objeto.

Diga: *Somente a mais pura energia divina pode entrar e trabalhar através desta* (nome da ferramenta). *Juntos, que tudo o que fazemos seja para o bem maior de todos os envolvidos, não prejudicando a ninguém. Assim seja!*

Repita esta cerimônia para todas as ferramentas do seu altar. Erga um Cone de Poder, cantando e dançando em deosil com suas ferramentas na mão. Primeiro dê algumas voltas com a Varinha e o Athame, entoando o cântico:

Pela Varinha Mágica e o Athame incandescente,
Que a verdade seja conhecida e falada!
Silfos e dragões, vento e fogo,
Enquanto eu sonho,
minha vontade é proclamada!

Em seguida, dê algumas voltas com o Cálice e a Patena do Pentagrama, cantando:

Pelo Cálice profundo e a Patena redonda,
Audacioso amor e silêncio encontrados!
Gnomos e ondinas, Terra e Água,
Como eu quero, assim seja!

❧ Desconstruir o Templo ❧

Conclua o rito e feche o Templo conforme ensinado no Ritual 2. Libere o Espírito e os guias com gratidão. Feche os Portais Elementais em sentido inverso, começando no Norte.

Reúna o Círculo em uma pequena esfera, carregue para iluminar seu caminho no futuro e solte para o Cosmos.

Diga: *O Círculo está aberto, mas nunca quebrado! Feliz encontro, feliz partida e feliz encontro novamente!*

Figura 31: Imagem do papel de embrulho da vela dedicada ao Deus por Heron Michelle

Figura 32: Imagem do papel de embrulho da vela
dedicada à Deusa por Heron Michelle

Formulário para o Espírito como Deus/Deusa

Durante o próximo ciclo lunar crescente, crie seus materiais mágicos para os rituais e magia do Espírito que estão por vir. Consulte a tabela a seguir para correspondências adicionais e faça as substituições conforme necessário, adequando-se aos materiais disponíveis regionalmente e acessíveis para você.[284]

---

[284]. Eu montei esses gráficos de correspondência de elementos de muitas fontes, mas uma boa referência é *Llewellyn's Complete Book of Correspondences*, de Sandra Kynes.

Correspondências do Espírito como Deusa/Yin e Deus/Yang		
	Deusa/Yin	Deus/Yang
Cor	Preto/Prata	Branco/Ouro
Corpo Celestial	Lua	Sol
Gênero mental	Yin, feminina	Yang, masculino
Governa	Corpo Espiritual	Corpo Espiritual
Mistério da Joia do Poder da Bruxa	Duas chaves para o Templo	A Rede Wiccana
Elementos	Água, Terra	Ar, Fogo
Ferramentas mágicas Primárias	Cálice, Caldeirão, Coroa lunar	Athame, Espada, Coroa com chifres
Ciclos Rituais	Treze Esbats do ciclo lunar	Oito Sabbats do ciclo solar
Chacra	Raiz, Chacra Estrela da Terra	Coroa, Chacra Estrela da Alma, Portal Estelar
Pedras Primárias	Azeviche, pedra da lua arco-íris, selenita, quartzo-fumê	Âmbar, topázio dourado, pedra do sol, quartzo transparente
Metais Primários	Prata	Ouro
Ervas	Maçã, amora, cardamomo, gardênia, gerânio, uva, urze, íris, lírio, rosa, romã, jasmim, lótus, artemísia, juncos, anis-estrelado	Angélica, vassoura, calêndula, cravo, camomila, canela, cravo, milho, visco, calêndula, alecrim, girassol
Resinas	Mirra	Olíbano
Árvores / Bosques / Cascas	Maçã, mimosa, algaroba, murta, azeitona, sorveira, salgueiro branco	Freixo, bétula, cedro, avelã, zimbro, louro, carvalho, nogueira
Criaturas	Raven, cavalo, urso, gato, gado, lebre, corvo, coruja, pavão, garça, cobra, mariposa, aranha	Veado, escaravelho, cabra, touro, leão, carneiro, galo, águia, falcão, guindaste, lagarto

🌿 Exercício 15 🌿
Elaboração do Formulário do Espírito

Momento favorável

Ciclo lunar crescente, dentro de treze horas de uma lua cheia exata, quando o Sol e a Lua estão em oposição.

Você vai precisar:
- Veja as prescrições a seguir para materiais e equipamentos específicos para cada receita.
- Certifique-se de ter área de superfície suficiente em seu altar de trabalho para se espalhar e ser artisticamente criativo.
- Elementos de consagração, incluindo carvão redondo para narguilé em um incensário com areia, pinça, colher pequena e isqueiro ou fósforos.
- Adicione qualquer coisa que ajude sua conexão com a divindade da natureza: estatuetas, imagens de divindades, o Sol e a Lua, etc.

Preparação

Desperte e consagre seu altar como no Ritual 1 do capítulo 9. Chame seus guias espirituais, Deusa e Deus para estarem presentes e inspirarem suas criações mágicas.

Para carregar seu material que representa o Espírito, entoe este encanto:

Feitiço de Bênção do Espírito

> *Quintessência do Espírito! Os DOIS que se movem como UM!*
> *Lua brilhante prateada, equilibra os raios dourados do sol!*
> *Venham poderes de conclusão e de unidade perfeita,*
> *De coração para coração, e de vontade para vontade, assim seja!*

🌿 Incenso do Espírito 🌿

Há muito tempo a resina perfumada da mirra tem sido associada à Lua, à divindade feminina e às forças da noite. Assim como a resina do franquincenso (olíbano) foi associada ao Sol, à divindade masculina e às forças do dia. Uma mistura igual dos dois faz o incenso espiritual perfeito para evocar "os DOIS que se movem como UM".

Você vai precisar de:
- 1 frasco pequeno
- 1 colher de sopa de resina de mirra, gotas ou pó (Deusa)
- 1 colher de sopa de resina de olíbano, gotas ou pó (Deus)

Práxis

Desperte cada resina para seu poder divino e adicione cada uma ao frasco. Aproveite o Poder da Natureza, visualizando o Grande Deus/Deusa como "os DOIS que se movem como UM" em um abraço amoroso da terra e da água encontrando o céu e a luz do sol, ou a Terra equilibrada entre a Lua e o Sol. Enquanto prepara, entoe o encanto para dar poder à mistura, equilibrar a divindade e invocar o Espírito para dentro do Templo. Rotule o frasco com nome, data e glifos do Sol, da Lua e um Pentagrama ou *yin-yang*.

❧ Óleo de Unção do Espírito ❧

Misture este óleo para restaurar o equilíbrio do Grande Deus/Deusa para qualquer ser ou objeto sobre o qual seja ungido.

Você vai precisar de:
- Frasco de vidro de cor escura com tampa hermética
- 9 gotas de óleo essencial de mirra, para as nove fases do ciclo lunar
- 8 gotas de óleo essencial de olíbano, para os oito Sabbats do Sol
- Óleo de jojoba, para vida útil mais longa, ou outro óleo carreador, para uso de curto prazo
- Opcional: uma lasca de pedra de quartzo-fumê e claro

Práxis

Toque no frasco de cada óleo essencial, despertando-os para o seu Poder Divino e adicione-os ao frasco de vidro de cor escura. Conecte-se ao Poder da Natureza, como feito anteriormente. Encha o frasco até o topo com o óleo de jojoba. Adicione lascas de pedra para carregar. Visualize, cante o encanto da criação e capacite a mistura conforme descrito acima, para equilibrar a divindade e chamar a presença do Espírito. Rotule o frasco com o nome, a data e os símbolos do Sol ☉, da Lua, do Pentagrama ou do *yin-yang*.

❧ Velas de Santuário Deus/Deusa ❧

Da mesma maneira usada anteriormente, prepare duas Vela de Santuário (votiva, de sete dias) em um pote de vidro, para canalizar os poderes do Espírito como Deus/Deusa.

Você vai precisar de:

- Vela de Santuário branca, em frasco de vidro (votivas ou de sete dias). Essas velas medem 5,5 x 20 centímetros de altura e suas recargas tem cerca de 5 centímetros de largura.
- Vela de Santuário preta, em frasco de vidro (votivas ou de sete dias). Essas velas medem 5,5 x 20 centímetros de altura e suas recargas tem cerca de 5 centímetros de largura.
- Uma imagem quadrada de 18 centímetros da figura 31a para visualizar o Deus em seus muitos aspectos pode ser copiada e colorida para criar um embrulho de vela ou você pode decorar criativamente seu próprio pedaço de papel de forma simples.
- A imagem da figura 31b pode ser copiada e colorida para criar um embrulho de vela ou você pode decorar criativamente seu próprio pedaço de papel de forma simples.
- 33 centímetros de fita ou cordão nas cores branca ou dourado
- 33 centímetros de fita ou cordão nas cores preta ou prata
- Chave de fenda de cabeça chata ou um perfurador com uma ponta adequada
- ½ colher de chá de incenso do Espírito (preparado anteriormente)
- 3 gotas de óleo essencial de olíbano
- 3 gotas de óleo essencial de mirra
- 3 pequenas lascas de quartzo transparente e quartzo-fumê, ou substituição

Práxis

Vela da Deusa: no lado em branco do papel de embrulho da vela, escreva uma oração de evocação para a Grande Deusa. Componha sua própria Chamada ou faça referência às fornecidas no Ritual 2. Se você não estiver usando a imagem fornecida na figura 31b, decore a parte externa da embalagem com imagens de Deusas da Terra, oceanos e lua, inclua o glifo planetário da Lua ☽, *yin* e *yang*, etc.

Com a chave de fenda ou o perfurador, faça três furos na cera com cerca de 2,5 cm de profundidade. Carregue a vela enfiando uma colher de chá de Incenso do Espírito (já preparado) nos furos com um pauzinho. Cubra com uma lasca de pedra de quartzo-fumê em cada buraco. Em seguida, unte com três gotas de óleo de mirra e esfregue-o ao redor, da cera, em deosil, com o dedo nu.

Enrole a embalagem de papel ao redor do frasco e amarre com o cordão ou fita preta ou prateada. O carregamento desta vela ocorrerá durante a jornada para os reinos do Espírito mais tarde.

Vela do Deus: no lado em branco do papel de embrulho da vela, escreva uma oração de evocação para o Deus. Componha sua própria Chamada ou faça referência às fornecidas no Ritual 2. Se você não estiver usando a imagem fornecida na figura 31a, decore a parte externa da embalagem com imagens de Deuses do Sol, céu, grãos e animais com chifres, inclua o glifo planetário do Sol ☉, *yin* e *yang*, etc.

Com a chave de fenda ou um perfurador, faça três furos na cera com cerca de 2,5 centímetros de profundidade. Carregue a vela enfiando uma colher de chá de Incenso do Espírito (já preparado) nos furos com um pauzinho. Cubra com uma lasca de pedra de quartzo transparente em cada buraco. Em seguida, unte com três gotas de óleo de incenso e esfregue-o ao redor da cera, em deosil, com o dedo nu.

Enrole a embalagem de papel ao redor do frasco e amarre com o cordão ou fita branca ou dourada. O carregamento desta vela ocorrerá durante a Jornada para os Reinos do Espírito que veremos a seguir.

Viagem aos Reinos do Espírito

Numa cerimônia religiosa dedicada a um Deus/Deusa da Natureza, é ideal criar este Templo ao ar livre, se o tempo o permitir. Para este rito culminante, encorajo você a escrever suas próprias aberturas de portão e evocações à Deusa e ao Deus, ou a falar diretamente do coração no êxtase do momento. Ofereço a linguagem incluída aqui como inspiração; faça como quiser. Este ritual termina com a cerimônia do Grande Rito Simbólico, conhecido como Banquete Simples. Também está incluído neste ritual o uso cerimonial das quatro ferramentas elementais tradicionais do altar, supondo que você as tenha consagradas e disponíveis. Adapte conforme necessário ao que você tem.

Como antes, esta jornada ritual interativa é melhor encenada ouvindo uma gravação da meditação ou enquanto alguém a lê em voz alta para você.

❧·· Ritual 9 ··❧
Templo Espiritual da Deusa e Deus

Momento favorável

Qualquer lua cheia em um signo de Água ou Terra enquanto o Sol está em um signo de Ar ou Fogo. No entanto, recomendo revisitar este rito de equilíbrio todos os anos, pouco antes do Solstício de Verão. No Hemisfério Norte, o Sol está em Gêmeos, quase em seu pico, "cheio". A Lua, que agora está na fase crescente, está no signo de Água, Escorpião, quase em seu pico cheio. No Hemisfério Sul, o Sol e a Lua estarão em signos opostos.

Você vai precisar de:
- Objetos que invoque uma divindade equilibrada para você: uma combinação de toalhas de mesa pretas e brancas, estatuetas da Deusa e do Deus, imagens de Sol e Lua, etc., para por no altar do Espírito
- Vela de dedicação para o Espírito, que está sempre presente
- Velas de Santuário pretas e brancas preparadas para a Deusa e o Deus
- Velas de Santuário dos quatro elementos dos exercícios anteriores
- Ferramentas de consagração do altar: vela vermelha, tigela com sal, tigela com água, incensário com areia, carvão redondo para narguilé, pinças e uma colher pequena, isqueiro ou caixa de fósforos
- Mistura de incenso de ervas do Espírito
- Mistura de óleo de unção do Espírito
- Ferramentas consagradas: Athame; Cálice com vinho, cerveja, suco ou água purificada; Pentagrama Patena (ou um prato) contendo "bolos" suficientes para as celebrações e para fazer libações em oferendas; Varinha.
- Página marcada para recitar "A Carga da Deusa" de Doreen Valiente, incluída no capítulo 3

Preparação

Prepare o seu corpo como um recipiente, descansando bastante, comendo alimentos saudáveis e recebendo hidratação adequada de água pura durante todo o dia que antecede este ritual.

Tome um banho e vista-se com roupas frescas e folgadas, com o cabelo solto, descalço, se possível (se o clima e a localização permitirem).

Monte seu altar como uma expressão artística de beleza e reverência.

Abra espaço para colocar as Velas de Santuários dos elementos ao seu redor, nas quatro direções cardeais. Considere delinear a borda do seu Círculo com farinha (Deus) e flores (Deusa).

Unte a base de sua coluna e a coroa de sua cabeça com o óleo de unção do Espírito. Acenda sua vela de dedicação para dar as boas-vindas ao Espírito, que está sempre presente. Coloque no incensário o carvão vegetal aceso, para queimar o incenso solto preparado anteriormente.

Práxis

Desperte e consagre o altar como ensinado no Ritual 1. Purifique a si mesmo e ao perímetro do Círculo pelos quatro elementos, como ensinado no Ritual 2; lance seu Círculo com o Cone de Poder Awen do canto de poder enquanto caminha pelo perímetro com sua Varinha ou Athame; feche e carregue a esfera de seu Templo, acima e abaixo.

Abra os quatro Portais Elementais conforme ensinado no Ritual 2, acendendo as Velas de Santuários dos elementos correspondentes e colocando-as nas quatro direções cardeais ao redor do seu Círculo.

Evoque os ancestrais da Terra, sangue e espírito, como ensinado no Ritual 2.

Evocação do Espírito: no altar, em posição de Pentagrama com as palmas das mãos abertas voltadas para cima, diga em voz alta: *Grande Espírito, você que habita em todas as coisas, eu lhe dou as boas-vindas. Você que é potencial ilimitado e diversidade infinita, o sonho e o sonhador, guie esta magia. Salve e seja bem-vindo!*

Acenda a vela da Deusa Negra. Fique na Postura Ramos do Deus/Deusa e levante as mãos abertas como se estivesse "puxanado a Lua para baixo".

Diga em voz alta: *Grande Deusa, em cujos pés estão as hostes do céu e o corpo circunda o Universo, bem-vinda! Tu que és a beleza da terra verde, a Lua branca entre as estrelas e o mistério das águas. Desperte como o desejo do meu coração! Grande Deusa, busco-te por dentro e por fora, em perfeito equilíbrio. Flua através desses ritos. Salve e seja bem-vinda!* Abaixe as mãos para cruzá-las sobre o peito. Veja a figura 21.

Acenda a vela branca do Deus. Agora, levante sua mão dominante em saudação aos céus como se estivesse "puxando o Sol para baixo" e sua mão receptiva apontando para a terra em posição de canal aberto. Veja a figura 21.

Diga em voz alta: *Grande Deus, nos fogos de sua Vontade queima mil sóis, cuja semente traz nosso sustento, bem-vindo! Você que é o poder da caça selvagem e o grão tosquiado do sacrifício dado graciosamente. Você que é os mistérios da morte e o milagre do renascimento. Desperte como o fogo da minha alma! Grande Deus, eu te busco por dentro e por fora, em perfeito equilíbrio! Fortaleça esses ritos! Salve e seja bem-vindo!* Cruze as mãos sobre o peito.

Sente-se confortavelmente diante de seu altar e comece a registrar a jornada guiada.

❧·· Meditação 9 ··❧
Viagem Guiada para Encontrar Deusa e Deus

Feche seus olhos; respire fundo. Imagine seu Eu mais mágico sentado em uma cadeira confortável em uma sala aconchegante dentro de sua mente. Está quieto e tranquilo em seu Santuário. Seus olhos são agora uma janela em uma parede distante daquela sala. Qualquer ruído ou pensamento disperso que o distraia são apenas pássaros voando por aquela janela distante... Liberte-os sem medo! (Pausa).

Há uma claraboia acima de você e um suave raio de luz divina brilha sobre seu Chacra Coronário. Respire a luz. Faça três respirações profundas. Inspire pelo nariz e expire pela boca, liberando toda a tensão. (Pausa para três respirações). Você está perfeitamente à vontade em todos os níveis. (Pausa).

Uma porta linda, toda ornamentada, aparece em sua mente. Abra essa porta e encontre uma escada em espiral que desce mais além. Inspire. A cada expiração você desce mais fundo em sua mente subconsciente, internalizando até seu próprio ventre. Quando chegar ao pé da escada, você atingirá à sua encruzilhada interna. Mais doze passos abaixo, girando, girando, e você pisa no último degrau da escada em espiral. (Pausa).

Diante de você está pendurado um espelho, um portal para os reinos astrais, onde todas as coisas são possíveis por um mero pensamento. Imagine seu Templo Astral através do espelho. (Pausa).

Diga: *É minha intenção viajar ao meu Templo Astral para buscar o Caminho da Perfeição dentro do Espírito. Chamo meus guias, deuses e ancestrais para me manter seguro e me mostrar o caminho. Sejam abençoados.* (Pausa).

Na contagem de três, atravesse o Portal e chegue ao Plano Astral no caminho para o seu Templo Astral. Um, dois, três, atravesse!

Você chega ao Plano Astral e toma o caminho familiar do Templo que está diante de você. Desça, desça, continue descendo pelo caminho que você percorreu, veja a luz brilhante do seu Templo logo à frente. Sinta o cheiro doce do incenso do Templo queimando, atraindo você para casa.

Enfim, você chega, entre na porta do Templo e a encontra exatamente como a deixou. No seu lugar de Água, sinta a névoa fresca das águas fluindo. No seu lugar de Ar, sinta-o soprando livremente por toda parte. Encontre o seu lugar de Fogo e as chamas sagradas que você cuida brilhando intensamente. Encontre seu lugar na Terra, o próprio altar, e fique diante dele. Abra suavemente os olhos e veja o seu altar do Mundo Médio. Em sua mente, veja-o também em seu Templo Astral.

Em oração, diga: *Grande Espírito da Natureza, busco a união equilibrada dentro de "os* DOIS *que se movem como* UM*". O recipiente do meu corpo está devidamente preparado. Minha mente se abriu para a Mente Divina. Minha vontade está alinhada à Vontade Divina. Meu coração se abriu para o Amor Divino. Guie meu espírito enquanto eu ando no Caminho da Conclusão!*

Um Portal aparece, através dele você vê o *axis mundi*, a grande Árvore do Mundo. Aproxime-se e atravesse. (Pausa).

Agora você está diante da Árvore do Mundo, cujos galhos largos sustentam o Cosmos e todos os céus, e cujas raízes profundas sustentam o Planeta e todo o Submundo. Suba em suas raízes nodosas e coloque as mãos no tronco largo da árvore. Você segura o Mundo Médio em suas palmas. Sinta o pulso da criação, o batimento cardíaco do Cosmos. Seu batimento cardíaco. (Pausa).

Você também é o *axis mundi* entre os mundos. Seu corpo é o Mundo Médio da matéria, como o tronco. Seus corpos sutis de mente, coração, vontade e espírito tocam o Cosmos, acima e abaixo, dentro e fora. Você e a árvore estão em harmonia. (Pausa). Entre na árvore. Encontre suas raízes na base da coluna, nas solas dos pés; siga suas raízes enquanto elas se aprofundam na escuridão fria e silenciosa do Submundo.

Após expirar, respire fundo pelas raízes. Empurre-as profundamente na terra, no solo superficial, além das pedras para encontrar o leito rochoso. No alicerce, suas raízes aproveitam a energia verde da nutrição mineral. Inspire esta luz verde, através de suas raízes. (Pausa). A luz verde enche seu corpo físico completamente, oferecendo estabilidade, estrutura, cura, força. Inspire a luz verde e lembre-se do Reino Elemental da Terra. Lembre-se de seus aliados, os gnomos e o(a) Soberano(a) Ghob. Lembre-se de seu silêncio e ressonância no Caminho da Soberania. Seu corpo físico é um canal aberto da divindade, inteiro e tranquilo. (Longa pausa).

Expire e empurre suas raízes mais para baixo, mais fundo na terra. Vá mais e mais fundo, até que suas raízes encontrem o lençol freático. Nesta piscina subterrânea de água fresca, há uma energia azul de refresco líquido. Respire esta luz azul através de suas raízes. A luz azul preenche seu corpo emocional completamente, oferecendo aceitação, amor incondicional, cura e compaixão. Inspire a luz azul e lembre-se do Reino elemental da Água. Lembre-se de seus aliados, as ondinas e o(a) Soberano(a) Nicksa. Lembre-se de sua ousadia e aceitação ao longo do Caminho do Amor. Seu corpo emocional é um canal aberto da divindade, inteiro e à vontade. (Longa pausa).

Expire e empurre suas raízes cada vez mais fundo, buscando o núcleo do Planeta Terra. Passando pelo Portal do Chacra Estrela da Terra, as raízes se conectam à consciência planetária, encontrando um pigmento complexo multicolorido. Encontre a Grande Deusa, a criadora de tudo. Ela o envolve em seus braços como um abraço. Refletindo nesta escuridão, você encontra a lua cheia, brilhando na dança equilibrada com o sol.

Peça à Grande Deusa que se revele de uma forma que seja correta, gentil e compreensível para você neste momento. Receba a visão. (Longa pausa).

Peça à Grande Deusa que lhe mostre quais de suas qualidades são mais fortes dentro de você. Receba a visão. (Longa pausa).

Peça à Grande Deusa que lhe mostre quais de suas qualidades precisam ser reequilibradas dentro de você. Receba a visão. (Longa pausa).

Pergunte à Grande Deusa como você pode cumprir melhor sua exigência de Amor Perfeito e incondicional? Como você pode cumprir o seu encargo de Confiabilidade Perfeita? Receba a visão. (Longa pausa).

Do centro da Terra, respire seu sustento sombrio através de suas raízes, nutrindo seu espírito em todos os níveis... como uma refeição favorita reconfortante que só a mamãe sabe fazer. Respire seu poder sombrio e sinta sua Deusa interior despertando. (Pausa). Atraia sua beleza feroz por todo o seu corpo enquanto sua luminescência flui pelo tronco de sua árvore, preenchendo você completamente, até a sua copa. Seus chacras se abrem enquanto ela sobe, buscando seu amante. Luminescência com a escuridão repousante da Deusa. Você é inteiro e completo dentro do Amor Divino dela. (Longa pausa).

Encontre seus galhos subindo pelo Ar. Sinta o balanço do vento enquanto as ideias se movem livremente, como pássaros voando. Empurre para fora na atmosfera até que você toque a energia amarela e arejada do pensamento. Respire fundo a luz amarela do Ar para preencher completamente seu corpo mental, oferecendo admiração, inspiração, verdade e sabedoria. Inspire a luz amarela e lembre-se dos Reinos Elementais do Ar. Lembre-se de seus aliados, os silfos e seu/sua Soberano(a) Paralda. Lembre-se de conhecer e questionar ao longo do Caminho da Verdade. Seu corpo mental é um canal aberto da divindade, completo e tranquilo. (Longa pausa).

Expire e empurre seus galhos cada vez mais alto, suas folhas se inclinando para a luz do sol, sentindo o calor do sol e das estrelas distantes. Empurre seus galhos mais para fora, seguindo a luz até que você toque uma energia vermelha e incandescente. Respire fundo esta luz vermelha, absorvida através de suas folhas, fluindo para sua barriga, alimentando a fornalha de sua Vontade. Esses fogos alimentam suas paixões e ambições e revigoram sua Missão Sagrada. Respire fundo a luz vermelha brilhante e lembre-se dos reinos do Fogo elemental. Lembre-se de seus aliados, as salamandras e seu/sua Soberano(a) Djinn. Lembre-se de suas lições de Vontade e se entregue ao longo do Caminho do Poder. Seu corpo de Vontade é um canal aberto da divindade, completo e tranquilo. (Longa pausa).

Expire e empurre ainda mais para passar pelo Portal da Estrela da Alma, tocando a consciência cósmica e suas memórias ao longo de todas as suas vidas. (Pausa). Empurre para cima e para fora novamente, através do Portal Estelar, viajando com a velocidade de um sonho dentro da Mente Divina, profundamente no Cosmos. (Pausa). Toque o Sol; a luz divina do Grande Deus brilha através de você como um raio de inspiração, oferecendo ordem, sabedoria, proteção e encorajamento. Ele fornece tudo que você precisa para sobreviver e prosperar... um bom pai antecipando suas necessidades...

Peça ao Grande Deus que se revele em uma forma que seja correta, gentil e compreensível para você neste momento. Receba a visão. (Longa pausa).

Peça ao Grande Deus que lhe mostre quais de suas qualidades são fortes dentro de você. Receba a visão. (Longa pausa).

Peça ao Grande Deus que lhe mostre quais de suas qualidades precisam ser reequilibradas dentro de você. Receba a visão. (Longa pausa).

Pergunte ao Grande Deus de que maneiras você deve aplicar sua Vontade Divina? Como você pode fazer melhor para cumprir o conselho dele de não prejudicar a ninguém? Receba a visão. (Longa pausa).

Atraia a energia do Deus, o poder que dele emana, enquanto a luz branca flui por todo o seu corpo. Como um raio procurando o chão, ele procura sua amante. Seus chacras se abrem à medida que o poder dele desce, e seu Deus interior desperta. Brilhe com o potencial brilhante do Deus. Você é inteiro e completo dentro do Amor Divino dele. (Longa pausa).

Em uma respiração circulante, as energias da Deusa e do Deus se fundem em seu coração. Inspire, e a Deusa das trevas ascende do Submundo para girar ao redor de seu coração. Expire, e o Deus brilhante desce dos céus para girar em torno de seu coração. (Pausa).

Inspire, e a Deusa o nutre através de sua escuridão sagrada. (Pausa). Expire, e Deus o inspirará através de sua luz sagrada. (Pausa).

Seu poder de criação conjuga dentro de seu coração, escuridão e luz, *yin e yang*, "os DOIS que se movem como UM" em perfeito equilíbrio. Você é inteiro e completo, um filho perfeito do Deus/Deusa. (Longa pausa).

É hora de voltar e se livrar da Árvore do Mundo. (Pausa). Retorne pelo Portal, volte ao seu Templo Astral.

Reflita por um momento sobre tudo o que você viu. É hora de deixar o Templo Astral e retornar ao Templo externo. Seguindo o caminho de volta, retorne ao caminho que você veio, buscando o espelho, aquele portal de volta a si mesmo. Veja-se naquele espelho. Passando por este Portal você seguirá mais uma vez o cordão umbilical. Três passos para trás ao seu próprio ventre. Três, dois, um, atravesse!

Suba a escada em espiral, cada vez mais alto, retornando à consciência desperta e voltando ao quartinho atrás de seus olhos, fechando o alçapão no chão atrás de você. Estique seus músculos, vá até a janela de seus olhos e depois abra-os, encontrando o altar em chamas de seu Templo externo diante de você. Levante-se e prepare-se para o Banquete Simples.

❦ Banquete Simples ❦
Cerimônia do Grande Rito Simbólico

Pegue o Athame em sua mão projetiva e aponte-o para os céus.

Diga em voz alta: *Nos planos externos, para criar uma nova vida humana, a energia que flui para fora do homem deve ser recebida pelo útero fértil da mulher.*

Pegue o Cálice em sua mão receptiva, segure-o mais abaixo e o apresente ao Submundo.

Diga em voz alta: *Mas nos Planos Interiores, a Deusa é completa dentro de si mesma. Ela é aquela que precede; ela está conosco desde o início e é aquilo que se alcança no fim do desejo.*[285]

---

285. Valiente, *The Charge of the Goddess*, 12–13.

Coloque as ferramentas de volta no altar e as pegue de volta nas mãos opostas (abaixe lentamente o Athame no copo). Diga em voz alta: *Como o Athame é para o Deus. Assim, o Cálice é para a Deusa, e quando unidos eles trazem bem-aventurança. Eles são o útero e a tumba, a faísca e a cinza, o sonhador e o sonho realizado. Deusa e Deus, mantidos em perfeito equilíbrio dentro de mim como "os DOIS que se movem como UM". Abençoado seja!* Desenhe o Pentagrama de Invocação da Terra no vinho, circulando em deosil três vezes como uma bênção.

No prato com água, despeje uma libação, dizendo: *Pela Deusa, Deus e ancestrais, ofereço esta libação com minha gratidão.*

Pegue a Patena dos bolos em sua mão receptiva e a Varinha em sua mão projetiva. Mergulhe a Varinha no vinho. Coloque uma gota de vinho abençoado em cada bolo. Diga: *Deus/Deusa, abençoe estes bolos como alimento espiritual, concedendo saúde ao corpo, força de vontade, alegria no coração e paz de espírito. Através desta festa o Deus/Deusa cumpre sua promessa de Amor Perfeito.*

Um bolo de libação é dado na tigela de água. Diga em voz alta: *Para a Deusa, Deus e ancestrais. Eu ofereço esta libação com minha gratidão.*

Como se estivesse brindando, levante o Cálice e diga em voz alta: *Eu Sou uma Deusa! Que eu nunca tenha sede. Abençoado seja!* Tome a bebida e saboreie-a!

Segure o bolo e diga em voz alta: *Eu Sou um Deus. Que eu nunca tenha fome. Abençoado seja!* Divirta-se comendo aquele bolo, totalmente presente no suntuoso deleite dos seus sentidos!

Reserve algum tempo para oração e reflexão à luz de velas na companhia do Deus/Deusa. Leia em voz alta o poema "A Carga da Deusa".

❧·· Reflexão do Diário ··❧

Em seu Livro dos Espelhos, registre as mensagens do Espírito, desenhe suas visões e explore seus pensamentos e sentimentos sobre a experiência.

Solte o Templo; dizendo: *Grande Espírito, Deusa e Deus, "os DOIS que se movem como UM", através dos quais sou completo. Antepassados de terra, sangue e espírito, que me guardam e me guiam, sou grato por esta jornada e por suas lições de equilíbrio. Eu sei que você anda sempre comigo enquanto eu ando no Caminho da Conclusão. Salve e adeus!* Apague as velas pretas e brancas.

Feche os Portais Elementais começando no Norte e continuando em sentido contrário, apagando suas velas enquanto os Portais são selados.

Libere o Círculo juntando a esfera em suas mãos, cada vez menor. Carregue-o para iluminar ainda mais o seu trajeto ao longo do Caminho do Pentáculo. Grite: *Liberte-se!* Enquanto você joga a esfera para o Cosmos, batendo palmas três vezes e dizendo: *o Círculo está aberto, mas nunca quebrado. Feliz encontro, feliz partida, e feliz encontro novamente.*

A Magia da Conclusão

Em vez de fornecer feitiços prontos para equilibrar sua conclusão dentro do Deus/Deusa, o desafio que coloco diante de você, caro leitor, é projetar o seu próprio feitiço. Considere isso como um exame prático no final do curso, destinado a aplicar seu domínio do assunto. No entanto, a única pessoa que deve impressionar aqui é a você mesmo. Sua boa opinião sobre suas capacidades mágicas é a única coisa que importa. Você percorreu o Caminho da Soberania e assumiu o leme de seu navio, agora pode navegar por suas próprias estrelas. Você percorreu o Caminho da Verdade e sabe melhor o que precisa fazer para o seu crescimento. Você percorreu o Caminho do Poder e do controle internalizado, percebendo que tem a autoridade necessária para melhor cumprir sua Missão Sagrada. Espero que essa autoconfiança também lhe traga uma maior sensação de segurança. Você percorreu o Caminho do Amor, curando feridas emocionais para que possa canalizar o Amor Divino do Deus/Deusa através de tudo o que faz. Não há ninguém nos Três Mundos que saiba melhor do que você a que a próxima magia deve vir. Então, coloque em prática todas as lições e técnicas que aprendeu até agora, mantenha as partes que funcionam bem para você, adapte o que precisa ao seu estilo. Se não realizamos mais nada em nosso tempo juntos, por favor, aceite sua autoridade sagrada para praticar feitiçaria benéfica, do seu jeito, em relacionamento pessoal com a natureza.

A primeira parte desta magia, independentemente de seu sexo ou identidade de gênero, é fortalecer sua completude dentro da Deusa. Convide a receptividade da divindade feminina a emergir de dentro de você, nutrindo seu lado emocional e criativo.

❧·· Exercício 16 ··❧
Fortalecendo a Deusa – *Anima*

Ao iniciar o planejamento mágico para fortalecer sua Deusa interior, aqui estão alguns momentos e atividades a serem considerados.

Momento favorável

Planeje a magia da Deusa por ciclos lunares. Trabalhe durante o período crescente até a lua cheia para fortalecimento. Trabalhe durante a fase minguante da lua escura para liberar e descansar em sua força. Sexta-feira (Vênus) e a fase crescente são excelentes para aspectos do arquétipo da Deusa Donzela. Segunda-feira (Lua) e a fase de lua cheia potencializam aspectos do arquétipo da Deusa Mãe. Sábado (Saturno) e o crescente minguante através da fase da lua escura fortalecem aspectos do arquétipo da Deusa Anciã.

Luas cheias quando a oposição Sol e Lua estão em um signo de Terra e Água seria o ideal, então procure fazer o exercício quando o Sol estiver em Capricórnio, Peixes, Touro, Câncer, Virgem ou Escorpião e, em seguida, procure um dia em que a Lua também estiver em um desses signos.

Magia Elemental

Coloque suas ferramentas mágicas da Terra e da Água em bom uso novamente, e elas naturalmente terão ingredientes que também trazem o poder da Deusa para a festa.

A mudança

A autora Vivianne Crowley sugere em seu livro *Wicca: The Old Religion in the New Millennium*, que o mistério para uma Bruxa predominantemente "masculina" que procura conhecer a Deusa é parar de procurá-la fora e convidá-la a irromper voluntariamente de dentro. "Pela fonte do seu ser eu sempre te espero. Eis que estou convosco desde o princípio".[286] A Deusa nos convida a depor nossas armas, largar nossa armadura, parar de lutar e descansar. Esteja presente em silêncio e observação silenciosa, totalmente incorporado no momento. Cultive sua arte e criatividade, intimidade e sensualidade; entregue-se a nutrição e mimos de seu corpo e coração; envolva os sentidos do tato (Terra), paladar (Água) e intuição (Espírito).

---

286. Vivianne Crowley, *Wicca*, 201–202.

Magia Prática para Equilíbrio Receptivo

- Pratique a escuta ativa com um amigo ou parceiro. Escuta ativa é quando você não apenas ouve atentamente o que alguém está expressando, mas depois repete isso com suas próprias palavras, como um meio para ter a certeza de que compreende genuinamente seus sentimentos.
- Fale "eu te amo" e "obrigado" em voz alta sempre que possível – para seus amigos, namorados, pessoas que você acabou de conhecer; diga eu te amo à árvore que dá sombra ao seu carro, às plantas da sua casa que limpam o ar, ao cachorro amigável do seu vizinho, diga até às minhocas da sua composteira. Ao fazer isso, você afirma o Deus/Deusa dentro de todos eles e também a importância dessa interconexão em sua vida.
- Crie arte visual e escreva poesia e música sem qualquer expectativa de que essa arte seja "vendida" ou qualquer exigência de que seja "boa". Apenas se expresse criativamente como uma oferenda à Deusa.
- Prepare alimentos nutritivos e compartilhe-os com seus amigos, entes queridos ou vizinhos. Abençoe a comida em gratidão a Deus/Deusa conforme fornecido, mas também como uma carga mágica para sua própria nutrição.
- Fale sobre seus sentimentos com um amigo ou ente querido de confiança, permitindo-se ficar vulnerável, e então abra sua mente de forma receptiva ao feedback deles. Se você nunca experimentou a terapia da conversa com um conselheiro profissional, este é um bom momento para buscar orientação.
- Que tipo de filme ou música realmente toca seu coração? Aproveite aqueles mais emotivos e chore o quanto quiser chorar. Deixe toda a sua água fluir.
- Mergulhe no trabalho prático e material de nutrir os seres vivos.
  - Plante uma flor ou horta; procure a centelha da consciência e da sabedoria antiga nas plantas, minerais e animais.
  - Cuide de animais e de qualquer criança em sua vida. Faça isso a partir de um lugar de reconhecimento da alma. Envolva-se com as crianças em seu nível, lembrando-se de suas almas atemporais que retornaram mais recentemente do Espírito, e de que elas se lembram daquela unidade sem os filtros que impedem os adultos. Faça-lhes perguntas sinceras, depois preste muita atenção à sua sabedoria; deixe-os ser seus professores.

- Explore questões de consentimento mútuo e toque físico separado da sexualidade. Comece oferecendo um toque terapêutico aos amigos e entes queridos sem nenhum compromisso. Peça um abraço quando precisar, permita trocas sinceras sem expectativa. Os homens na sociedade ocidental são especialmente famintos por toque e precisam reaprender o toque platônico além do aperto de mão de negócios. O consentimento é fundamental e, para isso, aprender a comunicar claramente as necessidades e respeitar os desejos entre amigos é uma magia muito necessária.
- Mime o seu corpo físico cuidando dele e arrumando-o, porque sentir-se nutrido externamente é muito importante para o amor-próprio.
- Desenvolva habilidades psíquicas por meio de práticas subjetivas de adivinhação, como vidência na fumaça, no fogo, no espelho preto ou em um caldeirão preto cheio de água.
- Como dedicação à Grande Obra, celebre os ciclos lunares dos Esbats nas luas cheia e escura, trabalhando especificamente com as divindades pagãs femininas e seus mitos ao longo da Roda do Ano.

Exercício 17
Fortalecendo o Deus – *Animus*

Para o planejamento mágico a fim de fortalecer seu Deus interior, considere as seguintes atividades de tempo e associações elementais para despertar sua imaginação.

Momento favorável

Planeje a magia do Deus pelos ciclos solares. Na mitologia Wiccana, o Rei do Carvalho governa a metade do ano a partir do Solstício de Inverno (Yule), enquanto os dias avançam mais rápido, até o pico no Solstício de Verão (Litha). O Senhor da Luz e o Deus Conífero estão associados às marés crescentes da natureza durante o inverno e a primavera. Domingo (Sol), Terça (Marte) e Quinta (Júpiter) correspondem ao fortalecimento e construção de sua natureza projetiva.

O Rei do Azevinho governa a metade escura do ano a partir do Solstício de Verão (Litha), enquanto os dias ficam mais curtos até seu declínio no Solstício de Inverno (Yule). O Senhor das Trevas, O Rei do Sacrifício e os Deuses Trapaceiros/Magos/Psicopompos do Submundo estão associados às marés minguantes da natureza durante o verão e o outono. Sábado (Saturno) e quarta-feira (Mercúrio) correspondem a diminuir e descansar em seu poder receptivo.

Aponte para as marés lunares quando o Sol e a Lua estiverem em signos de Ar e Fogo. Portanto, planeje os feitiços quando o Sol estiver em Aquário, Áries, Gêmeos, Leão, Libra ou Sagitário e, em seguida, procure um dia em que a Lua também esteja em um desses signos.

Magia Elemental
Suas ferramentas mágicas para Ar e Fogo também têm naturalmente ingredientes que fortalecem o poder do Deus em sua magia.

A Mudança
A autora Wiccan Vivianne Crowley também sugere que o mistério para a Bruxa primariamente "feminina" que busca equilibrar seu Deus interior é parar de esperar por um "cavaleiro em um cavalo branco que irá resgatá-la".[287] Vá em frente na perigosa busca para buscar o Deus selvagem dentro de você, porque ele é "aquele que é alcançado no final do desejo".[288] Independentemente do seu sexo físico ou identidade de gênero, com o propósito de fortalecer seus próprios aspectos divinos, você está convidado a pegar suas armas, vestir sua armadura e lutar o bom combate. Fortaleça seu lado intelectual, líder e guerreiro; fale, ataque e defenda seus limites; estude, explore grandes ideias cerebrais; esforce-se externamente através do ativismo e tome as medidas necessárias no mundo para criar as mudanças que você sabe que são justas.

Magia Prática para Equilíbrio Projetivo:
- Envolva seus músculos por meio de alguma forma de treinamento de arte marcial ou dança. Bata suas mãos em torno de uma fogueira; aumente o volume de sua música extasiante favorita estilo *thrash, mosh, boogaloo*, levante sua bunda do sofá e tome uma atitude.
- Explore as habilidades do diplomata. Visite um escritório ou se candidate a uma posição de liderança em sua comunidade, escola ou Coven. Jogue seu nome na lona, busque aquela promoção que você quer no trabalho. Metaforicamente, suba nas grades e balance a cerca. Projete-se no negócio em questão.

---

287. Vivianne Crowley, *Wicca*, 202.
288. Valiente, *The Charge of the Goddess*, 12–13.

- Explore sua paixão, seja um hobby, uma área de interesse acadêmico ou uma habilidade. Mergulhe e alimente esses fogos!
- Organize uma aula e ensine sobre sua paixão aos outros.
- Expresse-se. Fale o que você precisa falar. Comece um blog ou um canal no YouTube. Escreva um livro. Encontre um microfone, solte sua voz e comunique o que está em sua cabeça e em seu coração com os outros.
- Experimente as estruturas mais formalizadas de Magia Cerimonial e prática ritual, como a Cabala ou a "alquimia de laboratório!" Aprenda um dos sistemas objetivos de adivinhação, como leitura de cartas de tarô, astrologia ou runas nórdicas.
- Explore seus desejos sexuais com um parceiro disposto (ou parceiros). Vá a um bacanal selvagem, como você quiser, tudo como adoração ao seu Deus interior.
- Como dedicação à Grande Obra, celebre os ciclos solares dos oito Sabbats, trabalhando especificamente com divindades pagãs masculinas e seus mitos ao longo de toda a Roda do Ano.

Por muito tempo fomos oprimidos por uma cultura patriarcal ocidental, que negava às mulheres seu intelecto, aos homens seus sentimentos e que ainda se recusa a dar ao arco-íris de expressão de gênero não binário qualquer validação![289] O belo trabalho da Bruxaria Moderna é cumprir nossa própria mistura única de integridade espiritual e governar nossos diversos Eus por meio de "beleza e força, poder e compaixão, honra e humildade, alegria e reverência", como o Deus/Deusas encarnados encarnados que viemos aqui para ser.[290]

Adivinhação para Orientação Divina

Como um meio de ouvir ativamente a orientação divina do Deus/Deusa, eu recomendo que qualquer Bruxa se torne proficiente em algum meio de adivinhação que use um conjunto de símbolos objetivos: tarô, runas, ogham, arremesso de ossos, etc. Chega um momento na vida de toda Bruxa que, para confiar que seu subconsciente vai lhe dar uma verdade honesta e crua sobre suas práticas, as coisas precisam de uma forma mais concreta de comunicação.

---

289. Vivianne Crowley, *Wicca*, 212
290. Valiente, *The Charge of the Goddess*, 12–13.

Eu sou uma grande fã das cartas de tarô, especificamente o Tarot de Thoth, de Aleister Crowley e Lady Frieda Harris. Por sua concepção, essas imagens já se integram perfeitamente aos sistemas Herméticos de Astrologia, Cabala e Magia Elemental.

A seguinte divulgação de tarô foi desenvolvida através da minha prática elemental pessoal para ajudar a guiar o caminho do sistema da Grande Obra de Magia apresentado neste livro. Ele reflete com facilidade as lições elementais aprendidas através da Joia do Poder da Bruxa, respondendo a estas perguntas: "onde estou no Caminho do Pentáculo?", "o que faço a seguir para cumprir minha Missão Sagrada nesta vida?"

Essa propagação da Joia do Poder é como pedir ao seu sistema GPS divino para soltar o pino da "localização atual", para depois fornecer recomendações sobre os arredores e conselhos sobre para onde ir em seguida. E ainda aconselha que desvios tomar, que engarrafamentos evitar e que tipo de lanche levar para a viagem! Lembre-se de que a "vida humana" é sua Grande Obra, por isso pode ajudar a esclarecer praticamente qualquer situação que surja durante todo o ano. O que quer que você peça ao Deus/Deusa na dedicação para ajudá-lo a alcançar, é o que eles estão fornecendo como cumprimento do seu pedido. Nem sempre está claro como isso se encaixa nesse plano cósmico. Esta leitura de tarô vai ajudar. Repita a cada lua escura, se quiser. Mesmo que você ainda não seja proficiente em tarô, encontre um baralho que goste e um bom livro para acompanhá-lo. Então faça o seu melhor para descobrir isso. Todos nós começamos em algum lugar, e este é o seu momento.

❧·· Exercício 18 ··❧
A Joia do Poder da Bruxa – Leitura de Tarô

Embaralhe suas cartas em um giro aleatório de direção. Puxe uma carta central para fora e gire-a na direção oposta. Coloque as cartas de volta no topo e embaralhe novamente. Repita esse processo muitas vezes enquanto pede a seus guias e deuses para fornecer orientação para sua Grande Obra.

Pegue as primeiras cinco cartas do topo e coloque-as na ordem mostrada na figura 32. Certifique-se de pegar todas elas e colocá-las todas com os mesmos movimentos; não tente conscientemente corrigir sua direção. No entanto, se você inconscientemente girar acidentalmente uma delas de maneira estranha, apenas deixe; o Deus/Deusa interveio.

Esta tiragem não lê "inversões" do significado pretendido da carta. Apenas interpreta o significado primário dela, não importa em que direção ela esteja. No entanto, se a carta caísse de cabeça para baixo, o significado da posição mudava. Cartas verticais são lidas para o mistério *yang*/projetivo/Deus da Joia do Poder da Bruxa. As cartas invertidas são lidas como o mistério *yin*/receptivo/Deusa da Joia.

Leia esta página inteira como um bilhete de amor do Deus/Deusa.

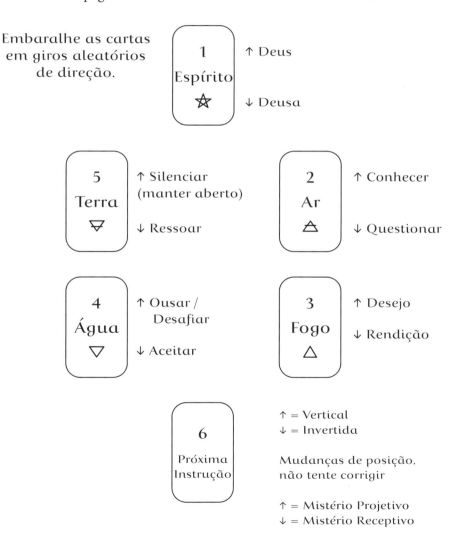

Figura 33: Joia do Poder da Bruxa representada pelo tarô

Carta #1: Foco Pessoal ou Social da Mensagem

Se a carta do Espírito (#1) estiver na posição correta, ela se refere ao seu trabalho pessoal de transformação interna. Aplique toda esta leitura a como você deve focar seu trabalho mágico em si mesmo e em seus processos internos. Como você deve se comportar? O Deus diz: "Sem nenhum dano causar, faça o que desejar."[291]

Se a carta do Espírito (#1) estiver invertida, ela se refere ao seu trabalho externo de interconexão e transformação social. Aplique toda essa leitura a como você deve se envolver em processos externos e relacionamentos interdependentes. Como você se relaciona com os outros? A Deusa diz: "Em Perfeito Amor e Perfeita Confiança". Guarde o significado da carta Espírito até o final.

Carta #2 – Equilíbrio Mental: a Mensagem do Elemento Ar

Se a carta do Ar (#2) estiver na posição correta, você entendeu o que precisa saber sobre (assunto da carta).

Se a carta do Ar (#2) estiver invertida, libere o que acha que sabe sobre (assunto da carta), abra sua mente e se questione sobre que novas informações ou perspectivas você precisa nessa área de sua vida.

Carta #3 – Equilíbrio da Vontade: a Mensagem do Elemento Fogo

Se a carta do Fogo (#3) estiver na posição correta, aplique sua vontade pessoal para a mudança; trabalhe para alcançar (assunto da carta).

Se a carta do Fogo (#3) estiver invertida, pare de se esforçar para vencer a batalha que está travando e renda-se aos fogos transformacionais de (assunto da carta) sendo aplicado a você.

Carta #4 – Equilíbrio Emocional: a Mensagem do Elemento Água

Se a carta da Água (#4) estiver na posição correta, ouse superar os limites emocionais que você está encontrando e construa uma nova paisagem emocional como o (assunto da carta).

Se a carta da Água (#4) estiver invertida, aceite os limites emocionais de (assunto da carta) e permita que eles se moldem a essa nova realidade.

---

291. Mathiesen e Theitic, *The Rede of the Wiccae*, 52–53.

Carta #5 – Equilíbrio Físico: a Mensagem do Elemento Terra

Se a carta da Terra (#5) estiver na posição correta, seu trabalho anterior está nascendo: seja paciente, fique em silêncio e mantenha aberto o espaço para receber (assunto da carta).

Se a carta da Terra (#5) estiver invertida, é hora de sintonizar uma nova frequência; definir uma nova intenção em ressonância com (assunto da carta).

Carta #1 – Equilíbrio Espiritual: Agora interprete a Mensagem do Deus/Deusa

Deus/Deusa está criando Amor Divino através do seu processo da Grande Obra e pode ser sentido ou percebido agora mesmo como (assunto da carta).

Lembre-se de que o Amor Divino do Deus/Deusa é perfeito; é o círculo completo, o que significa que às vezes é uma surra, às vezes um abraço, às vezes um carro novo e às vezes você está de castigo. No entanto, tudo isso é porque você é amado e, de alguma forma e em última análise, é isso que é necessário para o seu desenvolvimento agora. (Vamos torcer para que não saia a carta da Torre com muita frequência!)

Carta #6: Próxima Instrução

Depois de ler as primeiras cinco cartas, espalhe o baralho restante em uma linha e peça a próxima instrução. Ok, Deus/Deusa, entendi o que quiseram dizer, mas o que devo fazer sobre isso? Em seguida, lance seus olhos suavemente sobre a linha de cartas e puxe a que grita para você. Leia o significado da face da carta, independentemente da direção, e considere isso um aviso ou uma dica quente sobre o próximo movimento que você deve fazer.

⁂ Reflexão do Diário: O Caminho da Conclusão ⁂

O processo de integração do Deus/Deusa dentro de você nunca termina. Na verdade, quanto mais trabalhamos nisso e quanto mais velhos e sábios ficamos, mais fácil é essa Magia da Conclusão. Então continue assim! O Caminho da Conclusão é um esforço ao longo da vida de abraçar tanto a sombra quanto a luz dentro de nós. No entanto, sempre há algum progresso incremental à medida que engajamos ativamente nossa espiritualidade. Que avanços você deu em seu relacionamento com Deus/Deusa neste giro da Roda do Ano? De que forma suas ideias e identidade em torno de gênero e sexualidade foram influenciadas? De que maneira seu intelecto e seus sentimentos foram desafiados ou encorajados? Registre esses pensamentos e sentimentos para o seu futuro Eu encontrar.

Do Ar: Conhecer e Questionar
- O que de mais impactante você aprendeu com esta lição?
- Ficou ainda alguma dúvida de algo que precisa ser mais explorado?

Do Fogo: Vontade e Rendição
- Como você aplicou sua vontade a esses exercícios?
- Você os adaptou para torná-los seus?
- O que funcionou ou não funcionou bem para você?
- Existe ainda alguma expectativa, suposição ou medo que precisa ser abandonado?

Da Água: Ousar e Aceitar
- Quais reações emocionais instintivas surgiram para você?
- O que o surpreendeu?
- Quais foram fáceis de aceitar?
- Quais você se atreve a desafiar ou superar?

Da Terra: Silenciar e Ressoar
- Agora que o trabalho está feito, preste atenção ao que está acontecendo em sua vida.
- Como este trabalho afetou suas percepções, ações, sonhos?
- Quais padrões estão surgindo?
- De que maneiras práticas você vai ressoar sua nova consciência na realidade?

CAPÍTULO 17

O Caminho do Retorno

Este é o caminho que se refere ao retorno natural da consciência de volta à sua Fonte, para eventualmente ressurgir com o Deus/Deusa. Como um farol, depois que nossos espíritos encarnam aqui no Mundo Médio, instintivamente buscamos o reencontro com a totalidade que nossas mentes sonhadoras lembram de antes do útero. O trabalho do iniciado nesses mistérios é despertar do sono espiritual e renunciar ao apego aos nossos egos humanos limitados, para que possamos redescobrir nossa natureza divina e, de alguma forma, aliviar a dor da separação que sentimos na Terra.

Acontece por acaso, em determinado momento algum choque da vida nos leva de volta a um breve e extático reencontro. Para mim, foi a visão da Deusa me atendendo durante um parto difícil – quando, na ocasião, percebi a variedade de ancestrais e descendentes que tive ao meu redor ao longo daquele período. Num piscar de olhos entre mundos, contribuí para o êxtase da criação e enfrentei o medo da morte para sair vitoriosa. Como foi com você? Que explosão divina tropeçou em todos os seus disjuntores, acendeu sua chama de Bruxa(o) e a(o) lançou na missão?

Diz-se que, devido à natureza transitória dos elementos, os quatro principais medos existenciais que os humanos enfrentam são: o medo da morte, o medo da responsabilidade por si mesmos e sua própria liberdade, o medo da solidão e o medo do significado.[292] A diferença entre os caminhos esotéricos (internos) e os caminhos exotéricos (externos) é se você está buscando a salvação desses

---

292. Urvun D. Yalom, "Existential Psychotherapy", citado por Mark Stavish, M.A. *Problems on the Path of Return: Pathology in Kabbalistic and Alchemical Practices*. Acesso em 12 de Fevereiro de 2020. https:// hermetic.com/stavish/essays/problems-return.

medos de uma fonte externa ou de dentro de si mesmo. As características do progresso ao longo desse caminho esotérico de retorno se assemelham aos *loci* internalizados de controle, autoridade e segurança. Esse poder interno seria harmonioso com a natureza, cooperativo, humilde, gentil, mas feroz. Acho que essas qualidades descrevem uma Bruxa que tem "olhos suaves e toque leve", alguém que fala pouco e ouve muito.[293] Alguém que está totalmente presente para vencer e "não queima a Bruxa" é a solução para qualquer problema e um elo forte na cota de malha de nossa sociedade.

Pessoas iluminadas que progrediram no Caminho do Retorno – as Bruxas que realmente entendem – já estão restaurando a cultura cooperativa do Deus/Deusa onde vivem. Toda vez que lançamos um Círculo equilibrado, invocamos a Deusa e o Deus para abençoar o nosso Banquete Simples, nossa magia reconcilia as tensões entre Cálice e Athame que a humanidade sofreu desde a Era Neolítica. Eu suponho que o Espírito tenha surgido através do movimento Wicca no século passado, com a intenção de desmantelar os danos dessa cultura dominadora. Talvez, na Era de Aquário, a Grande Obra da Magia em que todos estamos trabalhando aumente o nível da humanidade para que possamos realizar o sonho pós-apocalíptico do Star Trek de Gene Roddenberry, em vez dessa trajetória de Mad Max Além da Cúpula do Trovão em que parecemos estar agora.

Mas esse é o fim do jogo; com cada giro da Roda do Ano, e após cada volta da Grande Obra, emergimos como Bruxas/Bruxos inteiros e (espero) melhorados. Um pouco mais sábios, mais amorosos, mais poderosos, mais Soberanos e completos dentro do Amor Divino do que éramos quando começamos. Para a Bruxaria do Mundo Médio, o Caminho do Retorno é principalmente sobre o seu crescimento pessoal em direção ao domínio daquilo que chamamos de "vida". À medida que crescemos em conexão com o nosso mundo, melhoramos a vida de forma eficaz e podemos aproveitar melhor as maravilhas simples da existência cotidiana. Tudo é possível quando entendemos os poderes elementais que tecem nossa experiência humana e como explorar seu fluxo para nosso benefício. A Bruxaria Elemental é uma prática que continua evoluindo, ano após ano, em oitavas superiores e inferiores, com infinitas aplicações criativas.

Ao se reconectar ritualmente aos quatro elementos e ao Espírito em seu Templo Astral, ao celebrar Esbats, Sabbats e sua prática diária de meditação,

---

293. Mathiesen e Theitic, *Rede of the Wiccae*, 52–53.

você continua a fortalecer todas as conexões e parcerias que estabeleceu neste ano. Mantenha seu canal aberto de alinhamentos com o Espírito, a Terra, o Ar, o Fogo e a Água em tudo o que fizer. Se for assim, plantar um jardim na primavera se tornará uma magia tão poderosa quanto o Grande Sabbat. A Bruxaria é um processo. No minuto em que você acha que a dominou, o Cosmos joga uma bola curva que derruba você de qualquer pedestal feito pelo homem. Continue indo à encruzilhada, pronto para trabalhar em si mesmo, e você não deixará de ter sucesso.

Conclusão

Ao fazer o caminho de volta na conclusão da sua Grande Obra, considere o quão longe você chegou. Volte e releia sua declaração de intenção no papel da vela que preparou para dedicação em seu Livro dos Espelhos deste ano. Leia a carta que escreveu para este você atual e, em seguida, passe algum tempo lendo todas as suas anotações para este ano. O quanto você progrediu? Para onde você gostaria de ir agora?

Tenha orgulho de suas realizações! Para cada pergunta que você fez e respondeu, para cada problema que resolveu e para cada ato aleatório de beleza e compaixão que compartilhou, eu o aplaudo! Orgulhe-se mesmo daqueles momentos em que você se perdeu no caminho, porque cada experiência aprimora sua compreensão. Mesmo que todas essas técnicas que aprendeu não foram sua xícara de chá, pelo menos agora você sabe e pode verificar isso na lista de coisas para tentar.

Em uma nota pessoal, saiba que estou orgulhosa de você, caro leitor(a). Gratidão por trilhar o Caminho do Pentáculo da Bruxaria Elemental comigo este ano. Gratidão pela jornada heroica para a integridade que você investiu em si mesmo! Nos próximos anos de sua Grande Obra de Magia, eu o encorajo a revisitar essas lições elementais a cada volta da Roda do Ano. Integre-as enquanto celebra os ciclos solares e lunares sobrepostos e descubra as mais íntimas profundezas que cada volta de nossa viagem espiritual revela. Para onde quer que o caminho conduza você, envie-me um cartão postal! Eu adoraria saber que novas maravilhas você descobriu. Gratidão por fazer um bom trabalho de Bruxaria. Este é um lugar melhor porque você está aqui.

Que o brilho luminoso de dentro da Joia do Poder da Bruxa acenda ainda mais nossa chama coletiva, para que as Bruxas anseiem por mais beleza, mais desafios e mais prazer nesta aventura que chamamos de "vida". Que tenhamos fome de aprender mais, ir mais além e amar mais profundamente do que antes. Vamos em frente, e que possamos todos continuar essa busca pelo nosso destino, ao encontro do Caminho do Retorno...

Em Perfeito Amor e Perfeita Confiança,

— Heron Michelle
Greenville, Carolina do Norte,
11 de junho de 2021
heronmichelle.com

Agradecimentos

Com este livro, meu sonho de toda a vida e minha Missão Sagrada são finalmente realizados. Existem muitas Bruxas, Sacerdotes e Sacerdotisas, autores, mentores e amigos devotados que ajudaram a dar forma a esta Grande Obra de Magia. A essas pessoas devo profunda gratidão: a Gerald Gardner, Pai da Bruxaria Moderna, que me ensinou a criar minha própria prática espiritual eclética, mas também a ser honesta sobre de onde tudo vem. A Doreen Valiente, Mãe da Bruxaria Moderna, que me ensinou a verificar os limites das Bruxas em uma viagem do ego e a progredir na Arte com integridade.

A Christopher Penczak, cujos brilhantes livros, workshops e orientação durante uma peregrinação às ruínas do Templo de Xunantunich me ensinaram como deve ser o serviço divino responsável e a construção da comunidade. A Timothy Roderick, por escrever um prefácio ponderado e por suas inovadoras "espirais em sentido anti-horário" de poderes elementais. Vocês plantaram as sementes que floresceram no Caminho do Pentáculo da Bruxaria Elemental apresentada aqui.

Para TylLuan, Justin Bullard, Diana Rice, Panya, Kari Starwise Powell, Kayla Cole, Preston Craddock, Donna Clifton, Alisa Brewer, Anna Meadows Helvie, Doug Helvie, Spanish Moss e Thalia, cuja amizade, conversas de "vórtice" na hora das Bruxas, empréstimo de livros, aulas, companhia de peregrinação, convites para rituais públicos e encorajamento acenderam os faróis para que eu pudesse encontrar meu próprio caminho da Bruxaria.

A todos os que buscam passar pela sala de aula do The Sojo Circle Coven; suas perguntas, contribuições e momentos "bananas" forjaram esta tradição. A Jana Webweaver Madden e Epona Petra, por revisarem os primeiros rascunhos e serem Sacerdotisas de apoio sempre que eu atingia "o Muro". A Courtney

Varnadoe por suas aulas de fitoterapia sustentável, a Jupiter Melchizedek e Melanie Godley pelas aulas de astrologia e magia popular, Jennifer Lantigua, pela experiência técnica, e a toda a equipe da Sojo, por dirigir a loja de forma brilhante para que eu pudesse escrever tudo.

A Jan Bailey, meu professor de escrita criativa na Fine Arts Center High School, que me ensinou a pensar criticamente e encontrar poesia em tudo. A Jason Mankey, por seu endosso e por me oferecer essa chance no blog Patheos Pagan. A Heather Greene, minha editora de aquisições da Llewellyn e gentil "parteira de livros", e a Hanna Grimson pela excelência em edição de texto.

A Amy Blackthorn, Dra. Vivianne Crowley, Ivo Dominguez Jr., Canu Nodiad, Raina Starr, Miles Batty e Mat Auryn, por gentilmente revisar e endossar o livro com antecedência. A Julia Belham-Payne, da Fundação Doreen Valiente, pela permissão para reimprimir "A Carga" e a Theitic pela permissão para reimprimir o poema A Rede Wiccana.

Acima de tudo, agradeço a Lipbone Redding, meu melhor amigo e amado, que um dia explodiu a tampa do meu caldeirão mental quando disse: "Sabe de uma coisa? Nunca esmagaremos o patriarcado se continuarmos usando suas armas patriarcais", e então me deu sua cópia de *O Cálice e a Espada*, de Eisler.

Gratidão a todos.

Glossário

Alquimia: de origem grega e árabe *Al-khemia*, traduzida aproximadamente como "As Artes Negras do Egito", descreve a aplicação prática da filosofia hermética à evolução espiritual e física; para transmutar e rarificar as substâncias mais básicas nas de maior valor.

Androcracia: um termo mais preciso para o patriarcado como uma cultura dominadora proposta por Riane Eisler. Um sistema social que é governado por homens com base na ameaça de força. Derivado do grego *andros* "homem", e *kratos* "governado".

Athame: lâmina de dois gumes e cabo preto de um metal que contém ferro, usada como Instrumento Mágico, associado ao planeta Marte; ferramenta de altar tradicional, usada para direcionar o poder mágico, "cortar" entre dimensões e banir encantamentos; conduz essência do elemento Fogo ou Ar, dependendo da Tradição.

Baphomet: um símbolo panenteísta dos princípios herméticos desenhado pelo ocultista francês do século 19, Eliphas Levi; uma figura hermafrodita, com torso feminino, cabeça e pernas de bode, feições de animais que funde os quatro elementos representados com uma tocha em chamas para o Fogo, asas para o Ar, escamas para a Água e peles e cascos para a Terra; detalhes que representam as operações da alquimia. Ele usa o Caduceu de Hermes como falo; sentados em postura de esoterismo com uma mão apontando para a lua branca de *Chesed* e a outra apontando para a lua negra de *Geburah*, ilustrando o acordo entre misericórdia e justiça e o axioma "Como acima, assim abaixo"; e um Pentagrama na testa com ponto espiritual ascendente e uma tocha flamejante da Mente Divina da coroa. O Baphomet de Levi é frequentemente confundido com o Bode Sabático, ou Bode de Mendes, dos Cavaleiros Templários, e mais recentemente adotado pelo Templo Satânico de Detroit, Michigan, como um símbolo de seu "movimento não teísta alinhado com Liberdade, Igualdade e Racionalismo".

Bruxaria: uma ortopraxia de rituais e técnicas mágicas baseadas na divindade da Natureza, com a qual podem ser feitas parcerias espirituais para alcançar os objetivos desejados.

Conjunção: termo da astronomia que descreve a coincidência de mais de um planeta, estrela, Lua ou outro corpo celeste ao longo da mesma longitude. Exemplo, na lua escura, tanto o Sol quanto a Lua estão em conjunção.

Deidade: uma palavra de gênero neutro para um Deus específico ou um aspecto particular da divindade. Esta pode ser uma palavra genérica para todas as formas de Deus.

Divindade: termo coletivo, de gênero neutro, com qualidades divina, espiritual, sagrada; pode se referir coletivamente a seres de vibração superior, como Anjos, Deuses, Deusas e os Poderosos Mortos.

Eclético: manter o que se considera os melhores elementos de uma variedade de sistemas estabelecidos; forjando um novo sistema de suas muitas partes.

Egrégora: forma de pensamento compartilhada em torno de um símbolo, pensamento, ideia ou visão mantida entre um grupo de pessoas que concordam com sua função e que cria uma construção energética que assume uma entidade espiritual própria ao longo do tempo.

Esbat: ritual de feitiçaria que celebra os ciclos lunares e os mistérios femininos divinos.

Formulário: uma coleção de fórmulas ou receitas para misturar materiais usados em cerimônias religiosas e feitiços mágicos, ou uma lista detalhada de medicamentos para usos específicos.

Gilânia: um termo mais preciso para uma cultura de parceria (cooperativa), proposta por Riane Eisler. Derivado do grego *gyne*, "mulher", *andros* "homem", é conectado pela letra l do verbo grego *lyein* ou *lyo*, que significa "resolver, dissolver" ou "ligar" os sexos em igual cooperação.

Gnose: conhecimento espiritual através da experiência pessoal da verdade divina. Do adjetivo grego *gnostikos* "conduzindo ao conhecimento" ou "pertencente ao conhecimento".

Grande Obra de Magia, A: um termo da alquimia hermética, referindo-se a processos de autoaperfeiçoamento intencional através da magia ritualizada com o propósito de despertar a consciência de nossa divindade manifesta e cumprir nosso destino espiritual em cada vida, para uma eventual reunificação com nossa fonte espiritual. Nosso destino humano final é a iluminação espiritual que, coletivamente, auxilia na evolução da natureza como um todo.

Grimório: um manual de operação mágica usado em Magia Cerimonial. Veja também Livro das Sombras.

Hermes Trismegisto: o ou Hermes, "o Três Vezes Grande". Associado na mitologia hermética com o Deus egípcio Thoth, e posteriormente sincretizado com o Deus romano Hermes e o Deus grego Mercúrio.

Hierarquia: sistema de classificações humanas equacionadas por superioridade ou inferioridade e impostas por ameaça de força ou controle de recursos.

Liminar: um limite que transita entre dois lados de uma área, processo ou ciclo. Exemplos: uma cerca viva entre propriedades; uma costa ou margem de um rio; amanhecer ou crepúsculo; morte e nascimento.

Livre-arbítrio: nas ciências sociais, refere-se a uma expressão de poder pessoal através dos próprios pensamentos e ações. Pessoas com livre-arbítrio pensam por si mesmas e agem para moldar suas próprias experiências e gerenciar sua própria trajetória de vida.

Livro das Sombras: manual de informações práticas de uma Bruxa(o) descrevendo rituais e práticas mágicas: instruções, conhecimento, técnicas, encantos, receitas de formulários, rituais, mitologia, princípios, leis, etc. Semelhante aos grimórios dos magos cerimoniais. Este termo foi originalmente aplicado pelo fundador da Wicca, Gerald Gardner, ao texto operacional de um Coven de Bruxaria, que é passado para novos iniciados da Tradição. Doreen Valiente relatou que Gardner provavelmente derivou este termo de um artigo na revista The Occult Observer, vol. 1, nº. 3, sobre uma forma não relacionada de adivinhação descrita em um antigo manuscrito sânscrito.

Livro dos Espelhos: diário pessoal de uma Bruxa onde eles espelham suas experiências espirituais.

Lunação: uma unidade de tempo, mês lunar, a órbita de 29,5 dias da Lua ao redor da Terra.

Macrocosmo: o Universo total e complexo como um todo, em oposição a um microcosmo.

Magia: envolver-se conscientemente e propositalmente no fluxo do poder da Natureza e canalizar esse poder para as mudanças desejadas por meio de ações simbólicas, visualizações, parceria com aliados espirituais, fala de intenções e outras técnicas de meditação e ritual que auxiliam a mudança de consciência.

Magus (Mago): antigo termo persa para designar um "Feiticeiro" ou "Sacerdote" feiticeiro ou sacerdote. Usado neste texto para se referir a qualquer praticante de magia.

Matriarcado: forma de organização social baseada na supremacia feminina na liderança, em que a mãe é chefe da família, com descendência e herança através da linha feminina (matrilinear) e residência familiar permanecendo com a família ou tribo da mãe (matrilocal).

Microcosmo: qualquer miniatura do mundo ou Universo, um modelo menor do macrocosmo.

Mitologia: coleção de histórias criadas por uma cultura para explicar a vida e o mundo. Histórias sobre deuses, espíritos, pessoas importantes e a religião de cada cultura são relatadas pela mitologia.

Neopagão: veja Pagão.

Ocultismo: do latim *occultusanum*, significa "segredo", sabedoria oculta e interconexões encontradas sob a realidade óbvia e superficial.

Oposição: termo da astronomia que descreve dois corpos celestes que estão em lados opostos um do outro ao longo da mesma longitude celeste. Exemplo: na lua cheia, Sol e Lua estão em lados exatamente opostos da Terra.

Ordo Templi Orientis, O. T. O: ordem do Templo do Oriente, uma organização religiosa oculta, que começou na Europa com raízes na Maçonaria e na filosofia esotérica ocidental. A liderança foi assumida pelo renomado mago Aleister Crowley, em 1912, e desde então incorporou as filosofias de sua religião de Thelema.

Ortodoxia: crença correta. Ideologia que define o que um adepto deve acreditar como um pré-requisito para jogar por sua equipe. Típico do monoteísmo patriarcal e de religiões como o judaísmo, o cristianismo e o islamismo.

Ortopraxia: ação correta: ideologia que sugere fazer práticas particulares. Típico da Bruxaria, que oferece técnicas testadas pelo tempo por meio das quais você será desafiado a pensar por si mesmo. Então, com a experiência e a revelação divina, uma Bruxa pode descobrir por conta própria o que ela acredita.

Pagão: movimento religioso moderno que escava as crenças religiosas e práticas rituais de culturas indígenas, tipicamente centradas na Terra com uma reverência por diversos aspectos da divindade dentro da Natureza.

Panenteísmo: do grego antigo que significa "tudo em Deus", um termo cunhado pelo filósofo alemão Karl Christian Friedrich Krause (1781-1832), em 1828. Descreve um antigo paradigma neoplatônico que acreditava tanto na imanência da divindade dentro da natureza quanto no Cosmos, mas também tendo uma consciência transcendente da divindade como um todo. Outros exemplos incluem as filosofias hindu, budista e taoísta.

Panteão: uma família ou agrupamento de divindades individuais ligadas através de uma cultura ou mitologia comum.

Panteísmo: um paradigma que reverencia profundamente o Universo e a Natureza, abraça alegremente a vida, o corpo e a terra como sagrados, mas com uma abordagem naturalista sem nenhuma crença em uma divindade transcendente ou poder "sobrenatural". Promove uma ética de respeito pelos direitos humanos e animais e por estilos de vida sustentáveis que protejam o meio ambiente.

Paranormal: significado fora das percepções normais ou eventos que não podem ser explicados em termos científicos, normalmente referindo-se a fenômenos espirituais.

Patriarcado: organização social marcada pela supremacia masculina na liderança, em que o pai é o chefe da família com descendência e herança seguindo a linha masculina (patrilinear) e a residência familiar permanece com a família ou tribo paterna (patrilocal).

Poder: energia espiritual sutil que flui através da Natureza, criando e interligando tudo dentro do Cosmos. Ser poderoso no sentido de Bruxaria é unir-se e canalizar abertamente esse fluxo em harmonia com o poder inerente da Natureza. Também chamado de *chi, ki, prana, mana,* Força, etc.

Registros Akáshicos: um termo do Espiritismo que descreve a memória coletiva de todos os "eventos, ações, pensamentos e sentimentos que ocorreram desde o início dos tempos... ao qual todos estão ligados, tornando possível a profecia e a clarividência."

Roda do Ano: um ciclo ritual neopagão moderno que começa e termina no Solstício de Inverno, quando o Sol entra em Capricórnio. Normalmente, este ciclo inclui os oito feriados solares que celebram a divisão da órbita da Terra através dos doze signos do zodíaco, quatro estações e de doze a treze luas cheias, que ocorrem dentro do mesmo período de tempo.

Sabbat: proveniente de *Sabbath*, que significa "sábado" ou "dia santo". É a celebração ritual de uma Bruxa em um determinado momento ao longo do ciclo solar, demarcando oito divisões da órbita da Terra ao redor do Sol (Roda do Ano), as mudanças sazonais e o ponto alto de cada estação.

Sincrético ou Sincretismo: resultado das tentativas de misturar e reconciliar princípios e práticas opostas e diversas dentro da filosofia e da religião.

Sobrenatural: significa "acima da natureza", normalmente referindo-se a fenômenos espirituais.

Sizígia: termo astronômico que se refere à posição de dois ou mais corpos celestes em linha reta. Por exemplo, em eclipses, a Terra, o Sol e a Lua estão em perfeito alinhamento de *sizígia*.

Tealogia: da palavra raiz grega *theas*, que significa Deusa; o estudo da religião do ponto de vista feminista, que inclui a divindade feminina em equilíbrio com à divindade masculina.

Teoria da Transformação Cultural: termo cunhado pela antropóloga Riane Eisler em *O Cálice e a Espada*. Descreve a cultura humana como detentora de dois modelos básicos de organização social: "dominador" e "de parceria". O modelo dominador se concentra na classificação de um gênero sobre o outro, venera a violência e o medo da morte. Os modelos de parceria se concentram em vincular relacionamentos em cooperação igualitária de todos os gêneros e cultuam a paz e a vida.

Teurgia: palavra de raiz grega *theourgos*, que significa "operador de milagres"; um sistema não platônico de magia e prática ritual realizada para evocar divindades com o objetivo de união divina ou buscar sua ajuda divina.

Thelema: tradição esotérica religiosa fundada pelo ocultista inglês Aleister Crowley.

Wicca: religião neopagã moderna, baseada no esoterismo e no folclore da Europa Ocidental, afirmando uma divindade dentro da Natureza como divindades femininas e masculinas, realizando magia e enfatizando um ciclo ritual baseado nas estações e no ciclo de vida. Movimento originado pelo inglês Gerald Gardner, em meados de 1900.

Zodíaco: um termo astrológico para o mapa imaginário da nossa vizinhança estelar, dividindo em doze seções iguais a faixa do espaço sideral que circunda a Terra, como percebido ao longo de nossa órbita anual ao redor do Sol.

Leitura adicional

Eu encorajo você a mergulhar profundamente nas raízes da Bruxaria Moderna lendo as obras originais escritas pelos fundadores e suas memórias e biografias: Gerald Gardner, Doreen Valiente, Robert Cochrane, Maxine e Alexander Sanders, etc., inspirou-os por Eliphas Levi, Cornelius Agrippa, Aleister Crowley, Manly P. Hall, Dion Fortune, Charles Godfrey Leland, Sir James George Frazer e Robert Graves. Há uma longa lista de títulos, mas ver o que eles dizem por si mesmo ajudará a colocar esse movimento moderno em perspectiva. Comece com *The Rebirth of Witchcraft* (Robert Hale, 1989), onde Doreen Valiente documenta seu relato pessoal de como o movimento da Bruxaria surgiu na Inglaterra, incluindo suas experiências nos Covens de Gerald Gardner e Robert Cochrane.

Para um estudo das origens arqueológicas das primeiras culturas de adoração de deusas e a mudança para o patriarcado em todo o Ocidente, confira *The Goddesses and Gods of Old Europe: 6500–3500 EAC Myths and Cult Images*, de Marija Gimbutas, *O Cálice e a Espada*, de Riane Eisler, e *Quando Deus Era Mulher*, de Merlin Stone.

Para explorar completamente a beleza e o significado do Neopaganismo em comparação e contraste com as ortodoxias invasivas, recomendo *Paganism: An Introduction to Earth-Centered Religions*, de Joyce e River Higginbotham.

Para entender melhor os sete princípios herméticos, suas influências, história e impacto, achei inspiradora a introdução de Philip Deslippe à edição do 100º aniversário do *The Kybalion*, de William Walker Atkinson (Jeremy P. Tarcher/Penguin, 2008). Melhor ainda, leia você mesmo uma tradução moderna de *O Corpus Hermeticum*.

Para uma bela integração da psicologia junguiana ao processo iniciático de três graus da Wicca britânica, aprendi quase tudo que sei com *Wicca: The Old Religion in the New Millennium* (Thorsons, 1996) da Dra. Vivianne Crowley.

Para mais da poesia sagrada da Wicca, *The Charge of the Goddess*, de Doreen Valiente, a Edição Expandida (2014) é uma delícia. *The Rede of the Wiccae:* Adriana Porter, Gwen Thompson e *The Birth of a Tradition of Witchcraft* (Olympian Press, 2005) por Robert Mathiesen e Theitic oferece uma história e análise completas de A Rede Wiccana.

Para promover sua prática ritual de acordo com o tempo astrológico, recomendo o livro de Ivo Dominguez Jr., Practical *Astrology for Witches and Pagans: Using the Planets and the Stars for Effective Spellwork, Rituals, and Magickal Work* (Weniser Books, 2016). Para entender melhor seu mapa natal, toda biblioteca de Bruxas precisa do livro de Joanna Martine Woolfolk, *The Only Astrology Book You'll Ever Need* (Taylor Trade Publishing, 2006).

Para uma exploração mais aprofundada dos poderes receptivos dos elementos, veja a apresentação original de Timothy Roderick desses conceitos em *Dark Moon Mysteries* (Llewellyn Publications, 1996) e avançada em *Apprentice to Power* (The Crossing Press, 2000).

Para rituais Wiccanianos nos Sabbats solares, veja *a Roda do Ano da Bruxa* de Jason Mankey (Llewellyn Publications, 2019). Para uma bela narrativa dos mitos do Deus/Deusa Wiccaniano ao longo da Roda do Ano, encontre o *The Green Princes Father,* de Miles Batty (Three Moons Media, 2008).

Para cada correspondência mágica possível, recomendo o livro de Sandra Kynes, Llewellyn's *Complete Book of Correspondences: A Comprehensive & Cross-Referenced Resource for Pagans & Wiccans* (Llewellyn Publications, 2013).

Para os significados do baralho Tarot de Thoth, de Aleister Crowley e Lady Frieda Harris, eu recomendo *Tarot: Mirror of the Soul: Handbook for the Aleister Crowley Tarot por Gerd Ziegler* (Weiser Books, 1988).

Para descompactar completamente os seis estágios do poder, especialmente em um ambiente organizacional como um Coven, encontrei o *Real Power: The Stages of Personal Power in Organizations,* de Janet Hagberg, 3ª ed. (Sheffield Publishing Co., 2003) muito esclarecedor.